MISAL

Para todos los domingos y fiestas del año

Ciclo dominical B
2015

Miguel Romero Pérez, S.J.
Cristóbal Orellana González, S.J.

Obra de los jesuitas de México
al servicio de la misión de la Iglesia

Misal

Para todos los domingos y fiestas del año 2015. Ciclo dominical B
Director general: Miguel Romero, S.J. Editor responsable: Cristóbal Orellana, S.J.

Portada: "La presentación del Niño Jesús en el templo"
  Fray Gabriel Chávez de la Mora, O.S.B. – Arq. Jaime Domínguez Montes.
Contraportada: "El Espíritu Santo". Detalle de la pintura del Bautismo de Jesús que se
encuentra en el bautisterio del templo de Nuestra Señora de María de Guadalupe, en la
ciudad de Zamora, Michoacán.
  Fray Gabriel Chávez de la Mora, O.S.B. – Arq. Jaime Domínguez Montes.

Dibujos en la apertura de cada Misa y de los comentarios a los evangelios:
  P. Antonio Serrano Pérez, S.J.
Comentarios a los evangelios:
  † Rafael Moya García

      Imprimatur: ✠ Víctor Sánchez Espinosa, Arzobispo de Puebla,
                      Presidente de la Comisión Episcopal para la Pastoral Litúrgica

Certificados de Licitud de Título y Contenido, nos. 6283 y 4953 respectivamente, otorga-
dos por la Comisión Calificadora de Publicaciones y Revistas Ilustradas. Certificado de
Reserva de Derechos de Autor no. 04-2006-021413092800-102.

Hecho en México

Derechos © reservados a favor de:
Obra Nacional de la Buena Prensa, A.C.
Orozco y Berra 180, Col. Sta. María la Ribera, 06400 México, D.F.
Apartado M-2181, 06000 México, D.F.
www.buenaprensa.com
Ventas y suscripciones: Tel. (55) 5546 4500, exts. 111 a 118.
Fax (55) 5535 5589 • ventas@buenaprensa.com

Con cinco librerías en el Distrito Federal, 11 en distintas ciudades de la República y una distri-
buidora en Estados Unidos: https://www.goodpress.us   Tel. (001) 619-955-7952

Siempre a su servicio en nuestra **Librería Virtual: www.buenaprensa.com**
Más cerca de usted con la **Librería Itinerante.**

Pida informes, sin costo para usted:
Tel.: 01800 5024090

Edita y distribuye OBRA NACIONAL DE LA BUENA PRENSA, A.C.
Orozco y Berra 180, Col. Sta. María la Ribera, 06400 México, D.F.

Se terminó de imprimir el 31 de julio de 2014, festividad de san Ignacio de Loyola, en los
talleres de Offset Multicolor, S.A. de C.V., Calz. de la Viga 1332, Col. El Triunfo, 09430
México, D.F. Tel. 5633 1182.

ÍNDICE

ORDINARIO DE LA MISA

RITOS INICIALES

Terminado el canto de entrada, todos, de pie, se santiguan con la señal de la cruz, mientras el sacerdote dice:

En el nombre del Padre, y del Hijo, y del Espíritu Santo.

El pueblo responde:

Amén.

SALUDO

Después el sacerdote saluda al pueblo, diciendo:

**La gracia de nuestro Señor Jesucristo,
el amor del Padre
y la comunión del Espíritu Santo
estén con todos ustedes.**

O bien:

**La gracia y la paz de parte de Dios, nuestro Padre,
y de Jesucristo, el Señor,
estén con todos ustedes.**

O bien:

El Señor esté con ustedes.

El sacerdote puede utilizar otro saludo de los que se encuentran en el misal de altar.

RESPUESTA

El pueblo responde:

Y con tu espíritu.

ACTO PENITENCIAL
(El domingo, especialmente en el Tiempo Pascual, puede ser sustituido por la bendición y aspersión del agua en memoria del Bautismo).

El sacerdote invita al acto penitencial, diciendo:

**Hermanos:
para celebrar dignamente estos sagrados misterios,
reconozcamos nuestros pecados.**

El sacerdote puede usar otra invitación de las que se encuentran en el misal de altar. Al final se hace una breve pausa en silencio.

Después, todos dicen en común la fórmula de la confesión general:

**Yo confieso ante Dios todopoderoso
y ante ustedes, hermanos,
que he pecado mucho
de pensamiento, palabra, obra y omisión.**

Y, golpeándose el pecho, dicen:

Por mi culpa, por mi culpa, por mi gran culpa.

Luego prosiguen:

**Por eso ruego a santa María, siempre Virgen,
a los ángeles, a los santos
y a ustedes, hermanos,
que intercedan por mí ante Dios, nuestro Señor.**

El sacerdote concluye:

**Dios todopoderoso
tenga misericordia de nosotros,
perdone nuestros pecados
y nos lleve a la vida eterna.**

El pueblo responde:

Amén.

El sacerdote puede emplear otra fórmula, para el acto penitencial, de las que se encuentran en el misal de altar.

Siguen las invocaciones Señor, ten piedad (Kýrie eléison), si no se han dicho ya en alguna de las fórmulas del acto penitencial.

℣. Señor, ten piedad.   ℟. **Señor, ten piedad.**
℣. Cristo, ten piedad.   ℟. **Cristo, ten piedad.**
℣. Señor, ten piedad.   ℟. **Señor, ten piedad.**

GLORIA

A continuación, cuando está prescrito, se canta o se dice el himno:

**Gloria a Dios en el cielo,
y en la tierra paz a los hombres
que ama el Señor.
Por tu inmensa gloria te alabamos,
te bendecimos,
te adoramos,
te glorificamos,**

te damos gracias,
Señor Dios, Rey celestial,
Dios Padre todopoderoso.
Señor, Hijo único, Jesucristo;
Señor Dios, Cordero de Dios,
Hijo del Padre;
tú que quitas el pecado del mundo,
ten piedad de nosotros;
tú que quitas el pecado del mundo,
atiende nuestra súplica;
tú que estás sentado a la derecha del Padre,
ten piedad de nosotros;
porque sólo tú eres Santo,
sólo tú Señor,
sólo tú Altísimo, Jesucristo,
con el Espíritu Santo
en la gloria de Dios Padre.
Amén.

ORACIÓN COLECTA
Terminado el himno, el sacerdote, con las manos juntas, dice:

Oremos.

Y todos, junto con el sacerdote, oran en silencio durante un breve espacio de tiempo.

Después el sacerdote, con las manos extendidas, dice la oración colecta.

La colecta termina siempre con la conclusión larga:

… por los siglos de los siglos.

Al final de la oración el pueblo aclama:

Amén.

LITURGIA DE LA PALABRA

PRIMERA LECTURA
El lector va al ambón y proclama la primera lectura, que todos escuchan sentados.

Para indicar el final de la lectura, el lector dice:

Palabra de Dios.

Todos responden:

Te alabamos, Señor.

SALMO

El salmista, o el cantor, canta o recita el salmo, y el pueblo pronuncia la respuesta.

SEGUNDA LECTURA

El lector lee la segunda lectura desde el ambón, como la primera.

Para indicar el final de la lectura, el lector dice:

Palabra de Dios.

Todos responden:

Te alabamos, Señor.

ACLAMACIÓN ANTES DEL EVANGELIO

Sigue el **Aleluya**, u otro canto, según lo requiera el tiempo litúrgico.

EVANGELIO

Después el diácono, o el sacerdote, va al ambón, y dice:

El Señor esté con ustedes.

El pueblo responde:

Y con tu espíritu.

El diácono, o el sacerdote:

Del santo Evangelio según san N.

El pueblo aclama:

Gloria a ti, Señor.

Luego el diácono, o el sacerdote, proclama el Evangelio.

Acabado el Evangelio, el diácono, o el sacerdote, aclama:

Palabra del Señor.

Todos responden:

Gloria a ti, Señor Jesús.

HOMILÍA

Luego se hace la homilía.

PROFESIÓN DE FE

Terminada la homilía, si corresponde, se canta o se dice el Símbolo o Profesión de fe:

Creo en un solo Dios,
Padre todopoderoso,
Creador del cielo y de la tierra,
de todo lo visible y lo invisible.

Creo en un solo Señor, Jesucristo,
Hijo único de Dios,
nacido del Padre antes de todos los siglos:
Dios de Dios, Luz de Luz,
Dios verdadero de Dios verdadero,
engendrado, no creado,
de la misma naturaleza del Padre,
por quien todo fue hecho;
que por nosotros, los hombres,
y por nuestra salvación bajó del cielo,

En las palabras que siguen, hasta se hizo hombre, todos se inclinan.

y por obra del Espíritu Santo
se encarnó de María, la Virgen, y se hizo hombre;
y por nuestra causa fue crucificado
en tiempos de Poncio Pilato;
padeció y fue sepultado,
y resucitó al tercer día, según las Escrituras,
y subió al cielo,
y está sentado a la derecha del Padre;
y de nuevo vendrá con gloria
para juzgar a vivos y muertos,
y su reino no tendrá fin.

Creo en el Espíritu Santo,
Señor y dador de vida,
que procede del Padre y del Hijo,
que con el Padre y el Hijo
recibe una misma adoración y gloria,
y que habló por los profetas.

Creo en la Iglesia,
que es una, santa, católica y apostólica.
Confieso que hay un solo bautismo
para el perdón de los pecados.
Espero la resurrección de los muertos
y la vida del mundo futuro.
Amén.

En lugar del Símbolo Niceno-constantinopolitano, sobre todo en el Tiempo de Cuaresma y en el Tiempo Pascual, se puede emplear el Símbolo bautismal de la Iglesia de Roma, también llamado "de los Apóstoles".

Creo en Dios, Padre todopoderoso,
Creador del cielo y de la tierra.

Creo en Jesucristo, su único Hijo, nuestro Señor,

En las palabras que siguen, hasta **María Virgen**, todos se inclinan.

que fue concebido por obra y gracia del Espíritu Santo,
nació de santa María Virgen,
padeció bajo el poder de Poncio Pilato,
fue crucificado, muerto y sepultado,
descendió a los infiernos,
al tercer día resucitó de entre los muertos,
subió a los cielos
y está sentado a la derecha de Dios, Padre todopoderoso.
Desde allí ha de venir a juzgar a vivos y muertos.

Creo en el Espíritu Santo,
la santa Iglesia católica,
la comunión de los santos,
el perdón de los pecados,
la resurrección de la carne
y la vida eterna.
Amén.

ORACIÓN UNIVERSAL
La plegaria universal u oración de los fieles se desarrolla de la siguiente manera:

1. Invitatorio
El sacerdote invita a los fieles a orar, por medio de una breve monición.

2. Intenciones
Las intenciones son propuestas por un diácono o, en su defecto, por un lector o por otra persona idónea.
El pueblo manifiesta su participación con una invocación u orando en silencio.

3. Conclusión
El sacerdote termina la plegaria universal con una oración conclusiva.

LITURGIA EUCARÍSTICA

PREPARACIÓN DE LOS DONES

Terminado lo anterior, comienza el canto para el ofertorio.

Conviene que los fieles expresen su participación en la ofrenda, bien sea llevando el pan y el vino para la celebración de la Eucaristía, bien presentando otros dones para las necesidades de la Iglesia o de los pobres.

El sacerdote, de pie junto al altar, toma la patena con el pan y, teniéndola con ambas manos un poco elevada sobre el altar, dice en voz baja:

Bendito seas, Señor, Dios del universo,
por este pan, fruto de la tierra y del trabajo del hombre,
que recibimos de tu generosidad y ahora te presentamos;
él será para nosotros pan de vida.

Si no se hace el canto para el ofertorio, el sacerdote puede decir estas palabras en voz alta; al final, el pueblo puede aclamar:

Bendito seas por siempre, Señor.

Después, el sacerdote toma el cáliz y, teniéndolo con ambas manos un poco elevado sobre el altar, dice en voz baja:

Bendito seas, Señor, Dios del universo,
por este vino, fruto de la vid y del trabajo del hombre,
que recibimos de tu generosidad y ahora te presentamos;
él será para nosotros bebida de salvación.

Si no se hace el canto para el ofertorio, el sacerdote puede decir estas palabras en voz alta; al final, el pueblo puede aclamar:

Bendito seas por siempre, Señor.

LAVABO

Luego el sacerdote, de pie a un lado del altar, se lava las manos.

ORACIÓN SOBRE LAS OFRENDAS

Invitación

El sacerdote, de pie en el centro del altar, dice:

Oren, hermanos,
para que este sacrificio, mío y de ustedes,
sea agradable a Dios, Padre todopoderoso.

El sacerdote puede emplear alguna otra de las fórmulas que se encuentran en el misal de altar.

El pueblo se pone de pie y responde:

El Señor reciba de tus manos este sacrificio,
para alabanza y gloria de su nombre,
para nuestro bien
y el de toda su santa Iglesia.

Oración

Luego el sacerdote, con las manos extendidas, dice la oración sobre las ofrendas.

La oración sobre las ofrendas termina siempre con la conclusión breve:

Por Jesucristo, nuestro Señor.

O bien:

… por los siglos de los siglos.

Concluida la oración sobre las ofrendas, el pueblo aclama:

Amén.

PLEGARIA EUCARÍSTICA

DIÁLOGO INTRODUCTORIO AL PREFACIO

El sacerdote empieza la Plegaria eucarística con el prefacio. Dice:

El Señor esté con ustedes.

El pueblo responde:

Y con tu espíritu.

El sacerdote prosigue:

Levantemos el corazón.

El pueblo:

Lo tenemos levantado hacia el Señor.

El sacerdote dice:

Demos gracias al Señor, nuestro Dios.

El pueblo:

Es justo y necesario.

El sacerdote prosigue el prefacio.

PREFACIO II DE ADVIENTO

En verdad es justo y necesario, es nuestro deber y salvación darte gracias siempre y en todo lugar, Señor, Padre santo, Dios todopoderoso y eterno, por Cristo, Señor nuestro.

A quien todos los profetas anunciaron y la Virgen esperó con inefable amor de madre; Juan el Bautista anunció su próxima venida y lo señaló después ya presente.

Él mismo es quien nos concede ahora prepararnos con alegría al misterio de su nacimiento, para encontrarnos así cuando llegue, velando en oración y cantando gozosos su alabanza.

Por eso, con los ángeles y los arcángeles, con los tronos y dominaciones y con todos los coros celestiales, cantamos sin cesar el himno de tu gloria: **Santo, Santo, Santo...**

PREFACIO II DE NAVIDAD

En verdad es justo y necesario, es nuestro deber y salvación darte gracias siempre y en todo lugar, Señor, Padre santo, Dios todopoderoso y eterno, por Cristo, Señor nuestro.

Quien, en el misterio santo que hoy celebramos, siendo invisible en su naturaleza divina, se hizo visible al asumir la nuestra y, engendrado antes de todo tiempo, comenzó a existir en el tiempo para devolver su perfección a la creación entera, reconstruyendo en su persona cuanto en el mundo yacía derrumbado y para llamar de nuevo al hombre caído al Reino de los cielos.

Por eso, también nosotros, unidos a todos los ángeles, te alabamos llenos de alegría, diciendo: **Santo, Santo, Santo...**

PREFACIO V DE CUARESMA

En verdad es justo bendecir tu nombre, Padre rico en misericordia, ahora que, en nuestro itinerario hacia la luz pascual, seguimos los pasos de Cristo, maestro y modelo de la humanidad reconciliada en el amor.

Tú abres a la Iglesia el camino de un nuevo éxodo a través del desierto cuaresmal, para que, llegados a la montaña santa, con el corazón contrito y humillado, reavivemos nuestra vocación de pueblo de la alianza, convocado para bendecir tu nombre, escuchar tu palabra, y experimentar con gozo tus maravillas.

Por estos signos de salvación, unidos a los ángeles, ministros de tu gloria, proclamamos el canto de tu alabanza: **Santo, Santo, Santo...**

PREFACIO I DE PASCUA

En verdad es justo y necesario, es nuestro deber y salvación glorificarte siempre, Señor, pero más que nunca (en esta noche) (en este día) (en este tiempo), en que Cristo, nuestra Pascua, fue inmolado.

Porque él es el verdadero Cordero que quitó el pecado del mundo: muriendo, destruyó nuestra muerte, y resucitando, restauró la vida.

Por eso, con esta efusión del gozo pascual, el mundo entero se desborda de alegría y también los coros celestiales, los ángeles y los arcángeles, cantan sin cesar el himno de tu gloria: **Santo, Santo, Santo...**

PREFACIO I PARA LOS DOMINGOS DEL TIEMPO ORDINARIO

En verdad es justo y necesario, es nuestro deber y salvación darte gracias siempre y en todo lugar, Señor, Padre santo, Dios todopoderoso y eterno, por Cristo, Señor nuestro.

Quien, por su Misterio Pascual, realizó la obra maravillosa de llamarnos de la esclavitud del pecado y de la muerte al honor de ser estirpe elegida, sacerdocio real, nación consagrada, pueblo de tu propiedad, para que, trasladados por ti de las tinieblas a tu luz admirable, proclamemos ante el mundo tus maravillas.

Por eso, con los ángeles y los arcángeles, con los tronos y dominaciones y con todos los coros celestiales, cantamos sin cesar el himno de tu gloria: **Santo, Santo, Santo...**

PREFACIO VII PARA LOS DOMINGOS DEL TIEMPO ORDINARIO

En verdad es justo y necesario, es nuestro deber y salvación darte gracias siempre y en todo lugar, Señor, Padre santo, Dios todopoderoso y eterno.

Porque tu amor al mundo fue tan misericordioso, que no sólo nos enviaste como Redentor a tu propio Hijo, sino que lo quisiste en todo semejante a nosotros, menos en el pecado, para poder así amar en nosotros lo que en él amabas.

Y con su obediencia nos devolviste aquellos dones que por la desobediencia del pecado habíamos perdido.

Por eso, ahora nosotros, llenos de alegría, te aclamamos con los ángeles y los santos, diciendo: **Santo, Santo, Santo...**

SANTO

En unión con el pueblo, concluye el prefacio, cantando o diciendo con voz clara:

Santo, Santo, Santo es el Señor, Dios del universo.
Llenos están el cielo y la tierra de tu gloria.
Hosanna en el cielo.
Bendito el que viene en nombre del Señor.
Hosanna en el cielo.

PLEGARIA EUCARÍSTICA II

℣. El Señor esté con ustedes.
℟. **Y con tu espíritu.**
℣. Levantemos el corazón.
℟. **Lo tenemos levantado hacia el Señor.**
℣. Demos gracias al Señor, nuestro Dios.
℟. **Es justo y necesario.**

En verdad es justo y necesario,
es nuestro deber y salvación
darte gracias, Padre santo,
siempre y en todo lugar,
por Jesucristo, tu Hijo amado.

Por él, que es tu Palabra,
hiciste todas las cosas;
tú nos lo enviaste
para que, hecho hombre por obra del Espíritu Santo
y nacido de María, la Virgen,
fuera nuestro Salvador y Redentor.

Él, en cumplimiento de tu voluntad,
para destruir la muerte
y manifestar la resurrección,
extendió sus brazos en la cruz,
y así adquirió para ti un pueblo santo.

Por eso,
con los ángeles y los santos,
proclamamos tu gloria, diciendo:
Santo, Santo, Santo...

II

El sacerdote dice:

Santo eres en verdad, Señor,
fuente de toda santidad;
por eso te pedimos que santifiques estos dones
con la efusión de tu Espíritu,
de manera que se conviertan para nosotros
en el Cuerpo y ✠ la Sangre
de Jesucristo, nuestro Señor.

El cual,
cuando iba a ser entregado a su Pasión,
voluntariamente aceptada,
tomó pan, dándote gracias, lo partió
y lo dio a sus discípulos, diciendo:

Tomen y coman todos de él,
porque esto es mi Cuerpo,
que será entregado por ustedes.

Muestra el pan consagrado al pueblo, lo deposita luego sobre la patena y lo adora haciendo genuflexión.

Después prosigue:

Del mismo modo, acabada la cena,
tomó el cáliz,
y, dándote gracias de nuevo,
lo pasó a sus discípulos, diciendo:

Tomen y beban todos de él,
porque éste es el cáliz de mi Sangre,
Sangre de la alianza nueva y eterna,
que será derramada
por ustedes y por muchos
para el perdón de los pecados.

Hagan esto en conmemoración mía.

Muestra el cáliz al pueblo, lo deposita luego sobre el corporal y lo adora haciendo genuflexión.

Luego dice una de las siguientes fórmulas:

1   Éste es el Misterio de la fe.

O bien:

Éste es el Sacramento de nuestra fe.

Y el pueblo prosigue, aclamando:

**Anunciamos tu muerte,
proclamamos tu resurrección.
¡Ven, Señor Jesús!**

2   Éste es el Misterio de la fe.
Cristo nos redimió.

Y el pueblo prosigue, aclamando:

**Cada vez que comemos de este pan
y bebemos de este cáliz,
anunciamos tu muerte, Señor,
hasta que vuelvas.**

3   Éste es el Misterio de la fe.
Cristo se entregó por nosotros.

Y el pueblo prosigue, aclamando:

**Salvador del mundo, sálvanos,
tú que nos has liberado por tu cruz
y resurrección.**

Después el sacerdote dice:

Así, pues, Padre,
al celebrar ahora el memorial
de la muerte y resurrección de tu Hijo,
te ofrecemos
el pan de vida y el cáliz de salvación,
y te damos gracias
porque nos haces dignos de servirte en tu presencia.

Te pedimos humildemente
que el Espíritu Santo congregue en la unidad
a cuantos participamos
del Cuerpo y la Sangre de Cristo.

Acuérdate, Señor,
de tu Iglesia extendida por toda la tierra;

En los domingos, cuando no hay otro **Acuérdate, Señor** propio, puede decirse:

Acuérdate, Señor,
de tu Iglesia extendida por toda la tierra
y reunida aquí en el domingo,
día en que Cristo ha vencido a la muerte
y nos ha hecho partícipes de su vida inmortal;

y con el Papa N.,
con nuestro Obispo N.,
y todos los pastores que cuidan de tu pueblo,
llévala a su perfección por la caridad.

II

Acuérdate también de nuestros hermanos
que se durmieron en la esperanza
de la resurrección,
y de todos los que han muerto en tu misericordia;
admítelos a contemplar la luz de tu rostro.
Ten misericordia de todos nosotros,
y así, con María, la Virgen Madre de Dios,
su esposo san José, los apóstoles
y cuantos vivieron en tu amistad
a través de los tiempos,
merezcamos, por tu Hijo Jesucristo,
compartir la vida eterna
y cantar tus alabanzas.

Toma la patena con el pan consagrado y el cáliz, los eleva y dice:

Por Cristo, con él y en él,
a ti, Dios Padre omnipotente,
en la unidad del Espíritu Santo,
todo honor y toda gloria
por los siglos de los siglos.

El pueblo aclama:

Amén.

Después sigue el rito de la Comunión, pág. 23.

PLEGARIA EUCARÍSTICA III

Después del prefacio, el sacerdote dice:

Santo eres en verdad, Padre,
y con razón te alaban todas tus creaturas,
ya que por Jesucristo, tu Hijo, Señor nuestro,
con la fuerza del Espíritu Santo,
das vida y santificas todo,
y congregas a tu pueblo sin cesar,
para que ofrezca en tu honor
un sacrificio sin mancha
desde donde sale el sol hasta el ocaso.

Por eso, Padre, te suplicamos
que santifiques por el mismo Espíritu
estos dones que hemos separado para ti,
de manera que se conviertan
en el Cuerpo y ✠ la Sangre de Jesucristo,
Hijo tuyo y Señor nuestro,
que nos mandó celebrar estos misterios.

III

Porque él mismo,
la noche en que iba a ser entregado,
tomó pan,
y dando gracias te bendijo,
lo partió
y lo dio a sus discípulos, diciendo:

**Tomen y coman todos de él,
porque esto es mi Cuerpo,
que será entregado por ustedes.**

Muestra el pan consagrado al pueblo, lo deposita luego sobre la patena y lo adora haciendo genuflexión.

Después prosigue:

Del mismo modo, acabada la cena,
tomó el cáliz,
dando gracias te bendijo,
y lo pasó a sus discípulos, diciendo:

Tomen y beban todos de él,
porque éste es el cáliz de mi Sangre,
Sangre de la alianza nueva y eterna,
que será derramada
por ustedes y por muchos
para el perdón de los pecados.
Hagan esto en conmemoración mía.

Muestra el cáliz al pueblo, lo deposita luego sobre el corporal y lo adora haciendo genuflexión.

Luego dice una de las siguientes fórmulas:

1 Éste es el Misterio de la fe.

O bien:

Éste es el Sacramento de nuestra fe.

Y el pueblo prosigue, aclamando:

Anunciamos tu muerte,
proclamamos tu resurrección.
¡Ven, Señor Jesús!

2 Éste es el Misterio de la fe.
Cristo nos redimió.

Y el pueblo prosigue, aclamando:

Cada vez que comemos de este pan
y bebemos de este cáliz,
anunciamos tu muerte, Señor,
hasta que vuelvas.

3 Éste es el Misterio de la fe.
Cristo se entregó por nosotros.

Y el pueblo prosigue, aclamando:

Salvador del mundo, sálvanos,
tú que nos has liberado por tu cruz
y resurrección.

Después el sacerdote dice:

Así, pues, Padre, al celebrar ahora el memorial
de la pasión salvadora de tu Hijo,
de su admirable resurrección y ascensión al cielo,
mientras esperamos su venida gloriosa, te ofrecemos,
en esta acción de gracias, el sacrificio vivo y santo.

Dirige tu mirada sobre la ofrenda de tu Iglesia,
y reconoce en ella la Víctima por cuya inmolación
quisiste devolvernos tu amistad,
para que, fortalecidos
con el Cuerpo y la Sangre de tu Hijo
y llenos de su Espíritu Santo,
formemos en Cristo
un solo cuerpo y un solo espíritu.

Que él nos transforme en ofrenda permanente,
para que gocemos de tu heredad
junto con tus elegidos:
con María, la Virgen Madre de Dios,
su esposo san José, los apóstoles y los mártires,
(san N.: santo del día o patrono)
y todos los santos, por cuya intercesión
confiamos obtener siempre tu ayuda.

Te pedimos, Padre,
que esta Víctima de reconciliación
traiga la paz y la salvación al mundo entero.
Confirma en la fe y en la caridad
a tu Iglesia, peregrina en la tierra:
a tu servidor, el Papa N., a nuestro Obispo N.,
al orden episcopal, a los presbíteros y diáconos,
y a todo el pueblo redimido por ti.

III

Atiende los deseos y súplicas de esta familia
que has congregado en tu presencia.

En los domingos, cuando no hay otro **Atiende** propio, puede decirse:

Atiende los deseos y súplicas de esta familia
que has congregado en tu presencia
en el domingo, día en que Cristo
ha vencido a la muerte
y nos ha hecho partícipes de su vida inmortal.

Reúne en torno a ti, Padre misericordioso,
a todos tus hijos dispersos por el mundo.

† A nuestros hermanos difuntos
y a cuantos murieron en tu amistad
recíbelos en tu reino,
donde esperamos gozar todos juntos
de la plenitud eterna de tu gloria,
por Cristo, Señor nuestro,
por quien concedes al mundo todos los bienes. †

Cuando esta Plegaria eucarística se utiliza en las Misas de difuntos, puede decirse:

† Recuerda a tu hijo (hija) N.,
a quien llamaste (hoy)
de este mundo a tu presencia:
concédele que, así como ha compartido ya
la muerte de Jesucristo,
comparta también con él
la gloria de la resurrección,
cuando Cristo haga resurgir de la tierra a los muertos,
y transforme nuestro cuerpo frágil
en cuerpo glorioso como el suyo.
Y a todos nuestros hermanos difuntos
y a cuantos murieron en tu amistad
recíbelos en tu reino,
donde esperamos gozar todos juntos
de la plenitud eterna de tu gloria;
allí enjugarás las lágrimas de nuestros ojos,
porque, al contemplarte como tú eres, Dios nuestro,
seremos para siempre semejantes a ti
y cantaremos eternamente tus alabanzas,
por Cristo, Señor nuestro,
por quien concedes al mundo todos los bienes. †

Por Cristo, con él y en él,
a ti, Dios Padre omnipotente,
en la unidad del Espíritu Santo,
todo honor y toda gloria
por los siglos de los siglos.

El pueblo aclama:

Amén.

RITO DE LA COMUNIÓN

Una vez depositados el cáliz y la patena sobre el altar, el sacerdote, con las manos juntas, dice:

Fieles a la recomendación del Salvador
y siguiendo su divina enseñanza,
nos atrevemos a decir:

O bien:

Llenos de alegría por ser hijos de Dios,
digamos confiadamente
la oración que Cristo nos enseñó:

O bien:

El amor de Dios ha sido derramado en nuestros corazones
con el Espíritu Santo que se nos ha dado;
digamos con fe y esperanza:

O bien:

Antes de participar en el banquete de la Eucaristía,
signo de reconciliación
y vínculo de unión fraterna,
oremos juntos como el Señor nos ha enseñado:

Junto con el pueblo, continúa:

**Padre nuestro, que estás en el cielo,
santificado sea tu nombre;
venga a nosotros tu reino;
hágase tu voluntad en la tierra como en el cielo.
Danos hoy nuestro pan de cada día;
perdona nuestras ofensas,
como también nosotros perdonamos
a los que nos ofenden;
no nos dejes caer en la tentación,
y líbranos del mal.**

Solo el sacerdote prosigue diciendo:

**Líbranos de todos los males, Señor,
y concédenos la paz en nuestros días,
para que, ayudados por tu misericordia,
vivamos siempre libres de pecado
y protegidos de toda perturbación,
mientras esperamos la gloriosa venida
de nuestro Salvador Jesucristo.**

El pueblo concluye la oración, aclamando:

**Tuyo es el reino,
tuyo el poder y la gloria, por siempre, Señor.**

Después el sacerdote dice en voz alta:

**Señor Jesucristo, que dijiste a tus apóstoles:
"La paz les dejo, mi paz les doy",
no tengas en cuenta nuestros pecados, sino la fe de tu Iglesia
y, conforme a tu palabra, concédele la paz y la unidad.
Tú que vives y reinas por los siglos de los siglos.**

El pueblo responde:

Amén.

El sacerdote añade:

La paz del Señor esté siempre con ustedes.

El pueblo responde:

Y con tu espíritu.

Luego el diácono, o el sacerdote, añade:

Dense fraternalmente la paz.

O bien:

**Como hijos de Dios, intercambien ahora
un signo de comunión fraterna.**

O bien:

**En Cristo, que nos ha hecho hermanos con su cruz,
dense la paz como signo de reconciliación.**

O bien:

**En el Espíritu de Cristo resucitado,
dense fraternalmente la paz.**

Y todos, según las costumbres del lugar, se intercambian un signo de paz.

Después el sacerdote toma el pan consagrado, lo parte sobre la patena y pone una partícula dentro del cáliz. Mientras tanto, se canta o se dice:

Cordero de Dios, que quitas el pecado del mundo, ten piedad de nosotros.
Cordero de Dios, que quitas el pecado del mundo, ten piedad de nosotros.
Cordero de Dios, que quitas el pecado del mundo, danos la paz.

El sacerdote hace genuflexión, toma el pan consagrado y, sosteniéndolo un poco elevado sobre la patena o sobre el cáliz, dice:

Éste es el Cordero de Dios, que quita el pecado del mundo. Dichosos los invitados a la cena del Señor.

Y, juntamente con el pueblo, añade:

Señor, no soy digno de que entres en mi casa, pero una palabra tuya bastará para sanarme.

Después de haber comulgado, el sacerdote se acerca a los que van a comulgar. Muestra el pan consagrado a cada uno y le dice:

El Cuerpo de Cristo.

El que va a comulgar responde:

Amén.

Y comulga.

Si se comulga bajo las dos especies, se observa el rito descrito en el misal de altar.

Cuando el sacerdote ha comulgado el Cuerpo de Cristo, comienza el canto de Comunión.

Finalizada la Comunión, el sacerdote puede volver a la sede. Si se considera oportuno, se puede dejar un breve espacio de silencio sagrado o entonar un salmo o algún cántico de alabanza.

Luego, de pie en el altar o en la sede, el sacerdote dice:

Oremos.

Todos oran en silencio durante unos momentos, a no ser que este silencio ya se haya hecho antes. Después el sacerdote dice la oración después de la Comunión.

La oración después de la Comunión termina con la conclusión breve:

Por Jesucristo, nuestro Señor.

O bien:

… por los siglos de los siglos.

El pueblo aclama:

Amén.

RITO DE CONCLUSIÓN

Siguen, si es necesario, breves avisos para el pueblo.

BENDICIÓN FINAL

Después tiene lugar la despedida. El sacerdote dice:

El Señor esté con ustedes.

El pueblo responde:

Y con tu espíritu.

El sacerdote bendice al pueblo, diciendo:

**La bendición de Dios todopoderoso,
Padre, Hijo ✠, y Espíritu Santo,
descienda sobre ustedes.**

El pueblo responde:

Amén.

En algunos días u ocasiones, a esta fórmula de bendición precede otra fórmula de bendición más solemne, o una oración sobre el pueblo.

Luego el diácono, o el mismo sacerdote, dice:

Pueden ir en paz.

O bien:

La alegría del Señor sea nuestra fuerza. Pueden ir en paz.

O bien:

Glorifiquen al Señor con su vida. Pueden ir en paz.

O bien:

En el nombre del Señor, pueden ir en paz.

O bien:

**En la paz de Cristo,
vayan a servir a Dios y a sus hermanos.**

O bien, especialmente en los domingos de Pascua:

**Anuncien a todos la alegría del Señor resucitado.
Pueden ir en paz.**

El pueblo responde:

Demos gracias a Dios.

Después el sacerdote se retira.

Misas dominicales
y festivas de 2015

1 de enero
Jueves

Santa María, Madre de Dios
(Blanco)

ANTÍFONA DE ENTRADA

Te aclamamos, santa Madre de Dios, porque has dado a luz al Rey, que gobierna el cielo y la tierra por los siglos de los siglos.

Se dice Gloria.

ORACIÓN COLECTA

Señor Dios, que por la fecunda virginidad de María diste al género humano el don de la salvación eterna, concédenos sentir la intercesión de aquella por quien recibimos al autor de la vida, Jesucristo, tu Hijo, Señor nuestro. Él, que vive y reina...

Ocho días después de su nacimiento (EVANGELIO), Jesús fue circuncidado de acuerdo con la ley de Moisés y recibió el nombre de Jesús. Eso es lo que nos relata san Lucas; pero antes, alude a la visita de los pastores al establo de Belén y, al mismo tiempo, hace una evocación de María, la Madre de Dios, completamente recogida en oración. También san Pablo la evoca (SEGUNDA LECTURA), cuando dice que Dios envió a su Hijo "nacido de una mujer", como si quisiera subrayar el papel que desempeñó María en el desarrollo del misterio de la salvación. El pasaje del Antiguo Testamento, por su parte (PRIMERA LECTURA), invoca el nombre del Señor sobre el nuevo año y le pide la paz.

PRIMERA LECTURA

Invocarán mi nombre y yo los bendeciré.

Del libro de los Números
6, 22-27

En aquel tiempo, el Señor habló a Moisés y le dijo:
"Di a Aarón y a sus hijos:
'De esta manera bendecirán a los israelitas:
El Señor te bendiga y te proteja,
haga resplandecer su rostro sobre ti y te conceda su favor.
Que el Señor te mire con benevolencia
y te conceda la paz'.
    Así invocarán mi nombre sobre los israelitas
y yo los bendeciré".
Palabra de Dios.   ℟. **Te alabamos, Señor.**

SALMO RESPONSORIAL
Del salmo 66

D. Rojas B.P. 1512

Ten pie - dad de no - so - tros, Se - ñor, y ben - dí - ce - nos y be - dí - ce - nos.

℟.   Ten piedad de nosotros, Señor, y bendícenos.

Ten piedad de nosotros y bendícenos;
vuelve, Señor, tus ojos a nosotros.
Que conozca la tierra tu bondad
y los pueblos tu obra salvadora. ℟.
    Las naciones con júbilo te canten,
porque juzgas al mundo con justicia;
con equidad tú juzgas a los pueblos
y riges en la tierra a las naciones. ℟.
    Que te alaben, Señor, todos los pueblos,
que los pueblos te aclamen todos juntos.
Que nos bendiga Dios
y que le rinda honor el mundo entero. ℟.

SEGUNDA LECTURA
Dios envió a su Hijo, nacido de una mujer.

De la carta del apóstol san Pablo a los gálatas
4, 4-7

H ermanos: Al llegar la plenitud de los tiempos, envió Dios a su Hijo, nacido de una mujer, nacido bajo la ley, para rescatar a los que estábamos bajo la ley, a fin de hacernos hijos suyos.

Puesto que ya son ustedes hijos, Dios envió a sus corazones el Espíritu de su Hijo, que clama "¡Abbá!", es decir, ¡Padre! Así que ya no eres siervo, sino hijo; y siendo hijo, eres también heredero por voluntad de Dios.

Palabra de Dios.   ℟. **Te alabamos, Señor.**

ACLAMACIÓN ANTES DEL EVANGELIO
Heb 1, 1-2

B.P. 1034 - Palazón

A - le - lu - ya, a - le - lu - ya, a - le - lu - ya.

℟.   Aleluya, aleluya.
En distintas ocasiones y de muchas maneras
habló Dios en el pasado a nuestros padres, por boca de los profetas.
Ahora, en estos tiempos, que son los últimos,
nos ha hablado por medio de su Hijo.
℟.   Aleluya, aleluya.

EVANGELIO
Encontraron a María, a José y al niño. Al cumplirse los ocho días, le pusieron por nombre Jesús.

✠ Del santo Evangelio según san Lucas
   2, 16-21

E n aquel tiempo, los pastores fueron a toda prisa hacia Belén y encontraron a María, a José y al niño, recostado en el pesebre. Después de verlo, contaron lo que se les había dicho de aquel niño, y cuantos los oían quedaban maravillados. María, por su parte, guardaba todas estas cosas y las meditaba en su corazón.

Los pastores se volvieron a sus campos, alabando y glorificando a Dios por todo cuanto habían visto y oído, según lo que se les había anunciado.

Cumplidos los ocho días, circuncidaron al niño y le pusieron el nombre de Jesús, aquel mismo que había dicho el ángel, antes de que el niño fuera concebido.

Palabra del Señor.   ℟. **Gloria a ti, Señor Jesús.**

ORACIÓN SOBRE LAS OFRENDAS

Señor Dios, que das origen y plenitud a todo bien, concédenos que, al celebrar, llenos de gozo, la solemnidad de la Santa Madre de Dios, así como nos gloriamos de las primicias de su gracia, podamos gozar también de su plenitud. Por Jesucristo, nuestro Señor.

ANTÍFONA DE LA COMUNIÓN   Heb 13, 8

Jesucristo es el mismo ayer, hoy y por todos los siglos.

ORACIÓN DESPUÉS DE LA COMUNIÓN

Señor, que estos sacramentos celestiales que hemos recibido con alegría, sean fuente de vida eterna para nosotros, que nos gloriamos de proclamar a la siempre Virgen María como Madre de tu Hijo y Madre de la Iglesia. Por Jesucristo, nuestro Señor.

MARÍA EN LA PUERTA... DEL AÑO NUEVO

Esperándonos

✳ como espera siempre la madre a los hijos, buenos y malos, jóvenes y adultos, para curar raspones en el cuerpo y "raspones" o desgarrones en el alma; para deshacer nubarrones con un beso en la frente, para compartir penas, para prodigar ternura y cuidados.

María –Madre de Dios y Madre nuestra– nos espera en la puerta de este nuevo año

✳ para decirnos cómo confiaban ella y José en la Providencia de Dios cuando escaseaban el trabajo y el dinero en la casa de Nazaret...

✳ para interceder ante su Hijo, recordándole que "no tenemos vino", ni aceite, ni con qué pagar la renta ni... muchas otras cosas necesarias...

✳ para invitarnos, como a los servidores del banquete de Caná, a que "hagamos lo que él –Cristo– nos diga"...

✳ para recordarnos desde el primero de enero lo que un doce de diciembre nos dijo: "¿No estoy yo aquí que soy tu madre? ¿No estás en mi regazo? ¿No corres por mi cuenta?".

Santa María, Madre de Dios, ruega por nosotros ahora y cada día de este año 2015 que, contigo en nuestro hogar, tiene que ser verdaderamente un Año Nuevo.

4 de enero
Domingo

La Epifanía del Señor
(Blanco)

ANTÍFONA DE ENTRADA   Cfr. Mal 3, 1; 1 Crón 29, 12
Miren que ya viene el Señor todopoderoso; en su mano están el reino, la potestad y el imperio.

ORACIÓN COLECTA

Señor Dios, que en este día manifestaste a tu Unigénito a las naciones, guiándolas por la estrella, concede a los que ya te conocemos por la fe, que lleguemos a contemplar la hermosura de tu excelsa gloria. Por nuestro Señor Jesucristo...

Todos los hombres estamos llamados a formar un solo cuerpo con Cristo y a vivir juntos cerca de Dios. En esto consiste, según san Pablo (SEGUNDA LECTURA), el misterio oculto desde siempre. Sólo algunos profetas, como Isaías (PRIMERA LECTURA), alcanzaron a presentarlo. Luego pasaron los siglos. Y he aquí que el nacimiento de Cristo transforma la esperanza en realidad. Con la llegada de los magos a Belén, el misterio comienza a revelarse: los pueblos paganos se ponen en camino hacia Cristo (EVANGELIO).

PRIMERA LECTURA
La gloria del Señor alborea sobre ti.

Del libro del profeta Isaías
60, 1-6

Levántate y resplandece, Jerusalén,
porque ha llegado tu luz
y la gloria del Señor alborea sobre ti.

Mira: las tinieblas cubren la tierra
y espesa niebla envuelve a los pueblos;
pero sobre ti resplandece el Señor
y en ti se manifiesta su gloria.
Caminarán los pueblos a tu luz
y los reyes, al resplandor de tu aurora.
Levanta los ojos y mira alrededor:
todos se reúnen y vienen a ti;
tus hijos llegan de lejos, a tus hijas las traen en brazos.
Entonces verás esto radiante de alegría;
tu corazón se alegrará, y se ensanchará,
cuando se vuelquen sobre ti los tesoros del mar
y te traigan las riquezas de los pueblos.
Te inundará una multitud de camellos y dromedarios,
procedentes de Madián y de Efá.
Vendrán todos los de Sabá
trayendo incienso y oro
y proclamando las alabanzas del Señor.

Palabra de Dios.   ℟. **Te alabamos, Señor.**

SALMO RESPONSORIAL
Del salmo 71

B. Vega B.P. 1597

Que te_a - do - ren, Se - ñor, to - dos los pue - blos.

℟.   Que te adoren, Señor, todos los pueblos.

Comunica, Señor, al rey tu juicio,
y tu justicia al que es hijo de reyes;
así tu siervo saldrá en defensa de tus pobres
y regirá a tu pueblo justamente. ℟.
Florecerá en sus días la justicia
y reinará la paz, era tras era.
De mar a mar se extenderá su reino
y de un extremo al otro de la tierra. ℟.
Los reyes de occidente y de las islas
le ofrecerán sus dones.
Ante él se postrarán todos los reyes
y todas las naciones. ℟.

[℟. Que te adoren, Señor, todos los pueblos.]

Al débil librará del poderoso
y ayudará al que se encuentra sin amparo;
se apiadará del desvalido y pobre
y salvará la vida al desdichado. ℟.

SEGUNDA LECTURA
También los paganos participan de la misma herencia que nosotros.
De la carta del apóstol san Pablo a los efesios
3, 2-3. 5-6

H ermanos: Han oído hablar de la distribución de la gracia de
Dios, que se me ha confiado en favor de ustedes. Por revelación se me dio a conocer este designio secreto, que no había sido
manifestado a los hombres en otros tiempos, pero que ha sido revelado ahora por el Espíritu a sus santos apóstoles y profetas: es
decir, que por el Evangelio, también los paganos son coherederos de
la misma herencia, miembros del mismo cuerpo y partícipes de la
misma promesa en Jesucristo.
Palabra de Dios.   ℟. **Te alabamos, Señor.**

ACLAMACIÓN ANTES DEL EVANGELIO
Mt 2, 2

B.P. 1034 - Palazón

A - le - lu - ya,   a - le - lu - ya,   a - le - lu   -   ya.

℟.   Aleluya, aleluya.
Hemos visto su estrella en el oriente
y hemos venido a adorar al Señor.
℟.   Aleluya, aleluya.

EVANGELIO
Hemos venido de oriente para adorar al rey de los judíos.

Del santo Evangelio según san Mateo
2, 1-12

J esús nació en Belén de Judá, en tiempos del rey Herodes. Unos
magos de oriente llegaron entonces a Jerusalén y preguntaron:
"¿Dónde está el rey de los judíos que acaba de nacer? Porque vimos
surgir su estrella y hemos venido a adorarlo".

Al enterarse de esto, el rey Herodes se sobresaltó y toda Jerusalén con él. Convocó entonces a los sumos sacerdotes y a los escribas del pueblo y les preguntó dónde tenía que nacer el Mesías. Ellos le contestaron: "En Belén de Judá, porque así lo ha escrito el profeta: *Y tú, Belén, tierra de Judá, no eres en manera alguna la menor entre las ciudades ilustres de Judá, pues de ti saldrá un jefe, que será el pastor de mi pueblo, Israel"*.

Entonces Herodes llamó en secreto a los magos, para que le precisaran el tiempo en que se les había aparecido la estrella y los mandó a Belén, diciéndoles: "Vayan a averiguar cuidadosamente qué hay de ese niño, y cuando lo encuentren, avísenme para que yo también vaya a adorarlo".

Después de oír al rey, los magos se pusieron en camino, y de pronto la estrella que habían visto surgir, comenzó a guiarlos, hasta que se detuvo encima de donde estaba el niño. Al ver de nuevo la estrella, se llenaron de inmensa alegría. Entraron en la casa y vieron al niño con María, su madre, y postrándose, lo adoraron. Después, abriendo sus cofres, le ofrecieron regalos: oro, incienso y mirra. Advertidos durante el sueño de que no volvieran a Herodes, regresaron a su tierra por otro camino.

Palabra del Señor.   R. **Gloria a ti, Señor Jesús.**

ORACIÓN SOBRE LAS OFRENDAS

Mira con bondad, Señor, los dones de tu Iglesia, que no consisten ya en oro, incienso y mirra, sino en lo que por esos dones se representa, se inmola y se recibe como alimento, Jesucristo, Señor nuestro. Él, que vive y reina por los siglos de los siglos.

ANTÍFONA DE LA COMUNIÓN   Cfr. Mt 2, 2

Hemos visto su estrella en el Oriente y venimos con regalos a adorar al Señor.

ORACIÓN DESPUÉS DE LA COMUNIÓN

Te pedimos, Señor, que tu luz celestial siempre y en todas partes vaya guiándonos, para que contemplemos con ojos puros y recibamos con amor sincero el misterio del que quisiste hacernos partícipes. Por Jesucristo, nuestro Señor.

SEAMOS "ESTRELLA DE BELÉN"

En nuestros hogares todavía el día de hoy está puesto nuestro "nacimiento" familiar, ya que aún estamos celebrando el Tiempo de Navidad.

A todos nos gusta identificarnos con alguno de los personajes que aparecen en el nacimiento:

✱ hay quienes ven en los pastores a la gente sencilla que, tras el anuncio de los ángeles, corre presurosa a encontrar al Niño en el pesebre, y se identifican con ellos;

✱ otros ven en los sabios venidos de oriente a quienes se saben despojar de sus "grandezas" (¿quién puede ser grande ante Dios?) para ofrecerle al Señor lo mejor que tienen;

✱ hombres y mujeres tendríamos que identificarnos con José o con María, según corresponda, para brindarle protección, alimento y seguridad al Niño;

✱ no faltará por ahí quien se identifique con el burrito, o con el buey, como signo de que ponen a los pies de Dios todo su ser;

✱ y tal vez algunos niños se quieran poner de "borreguitos", para invitar al pequeño de Belén a jugar con ellos;

✱ pero ¿habrá alguien que haya pensado en ser estrella, para indicar a todos dónde ha nacido Jesús, para anunciar que sólo ante él –junto con el Padre y el Espíritu Santo– debemos postrarnos en adoración?

✱ ¿no será que a quienes nos gozamos por el nacimiento del Niño nos toca ser esa estrella que indique a los demás, con las obras y con las palabras, que Jesucristo es el único Salvador?

11 de enero
Domingo

El Bautismo del Señor
(Blanco)

ANTÍFONA DE ENTRADA   Cfr. Mt 3, 16-17
Inmediatamente después de que Jesús recibió el bautismo, se abrieron los cielos y el Espíritu Santo se posó sobre él en forma de paloma, y resonó la voz del Padre que decía: "Éste es mi Hijo amado, en quien he puesto todo mi amor".

ORACIÓN COLECTA
Dios todopoderoso y eterno, que proclamaste solemnemente a Jesucristo como tu Hijo muy amado, cuando, al ser bautizado en el Jordán, descendió el Espíritu Santo sobre él, concede a tus hijos de adopción, renacidos del agua y del Espíritu Santo, que se conserven siempre dignos de tu complacencia. Por nuestro Señor Jesucristo...

Aquel día, Jesús bajó al Jordán para que Juan lo bautizara (EVANGE-LIO). Entonces se abrió el cielo, el Espíritu Santo descendió sobre él y la voz del Padre lo presentó como su Hijo amado. Por su parte, san Pedro dice que "Dios ungió con el poder del Espíritu Santo a Jesús de Nazaret", que pasó haciendo el bien, "sanando a todos los oprimidos por el diablo, porque Dios estaba con él" (SEGUNDA LECTURA). Ya el profeta Isaías (PRIMERA LECTURA) hablaba del siervo del Señor, el elegido, que promoverá sin descanso la justicia, a quien el mismo Señor ha puesto como luz de las naciones.

PRIMERA LECTURA

Miren a mi siervo, en quien tengo mis complacencias.

Del libro del profeta Isaías
42, 1-4. 6-7

E sto dice el Señor:
"Miren a mi siervo, a quien sostengo,
a mi elegido, en quien tengo mis complacencias.
En él he puesto mi espíritu,
para que haga brillar la justicia sobre las naciones.
No gritará, no clamará, no hará oír su voz por las calles;
no romperá la caña resquebrajada,
ni apagará la mecha que aún humea.
Promoverá con firmeza la justicia,
no titubeará ni se doblegará
hasta haber establecido el derecho sobre la tierra
y hasta que las islas escuchen su enseñanza.
    Yo, el Señor,
fiel a mi designio de salvación,
te llamé, te tomé de la mano, te he formado
y te he constituido alianza de un pueblo,
luz de las naciones,
para que abras los ojos de los ciegos,
saques a los cautivos de la prisión
y de la mazmorra a los que habitan en tinieblas".

Palabra de Dios.   ℞. **Te alabamos, Señor.**

SALMO RESPONSORIAL
Del salmo 28

B. Vega B.P. 1598

Te a-la-ba-mos, Se-ñor, te a-la-ba - mos.

℞.   Te alabamos, Señor.

Hijos de Dios, glorifiquen al Señor,
denle la gloria que merece.
Postrados en su templo santo,
alabemos al Señor. ℞.

La voz del Señor se deja oír
sobre las aguas torrenciales.
La voz del Señor es poderosa,
la voz del Señor es imponente. ℟.

El Dios de majestad hizo sonar
el trueno de su voz.
El Señor se manifestó sobre las aguas
desde su trono eterno. ℟.

SEGUNDA LECTURA
Dios ungió con el Espíritu Santo a Jesús de Nazaret.

Del libro de los Hechos de los Apóstoles
10, 34-38

E n aquellos días, Pedro se dirigió a Cornelio y a los que estaban en su casa, con estas palabras: "Ahora caigo en la cuenta de que Dios no hace distinción de personas, sino que acepta al que lo teme y practica la justicia, sea de la nación que fuere. Él envió su palabra a los hijos de Israel, para anunciarles la paz por medio de Jesucristo, Señor de todos.

Ya saben ustedes lo sucedido en toda Judea, que tuvo principio en Galilea, después del bautismo predicado por Juan: cómo Dios ungió con el poder del Espíritu Santo a Jesús de Nazaret, y cómo éste pasó haciendo el bien, sanando a todos los oprimidos por el diablo, porque Dios estaba con él".

Palabra de Dios.   ℟. **Te alabamos, Señor.**

ACLAMACIÓN ANTES DEL EVANGELIO
Cfr. Mc 9, 7

B.P. 1034 - Palazón

A - le - lu - ya,   a - le - lu - ya,   a - le - lu - ya.

℟. Aleluya, aleluya.
Se abrió el cielo y resonó la voz del Padre, que decía:
"Éste es mi Hijo amado; escúchenlo".
℟. Aleluya, aleluya.

EVANGELIO
Tú eres mi Hijo amado; yo tengo en ti mis complacencias.

✠ Del santo Evangelio según san Marcos
1, 7-11

E n aquel tiempo, Juan predicaba diciendo: "Ya viene detrás de
mí uno que es más poderoso que yo, uno ante quien no merezco
ni siquiera inclinarme para desatarle la correa de sus sandalias.
Yo los he bautizado a ustedes con agua, pero él los bautizará con el
Espíritu Santo".

Por esos días, vino Jesús desde Nazaret de Galilea y fue bautizado por Juan en el Jordán. Al salir Jesús del agua, vio que los
cielos se rasgaban y que el Espíritu, en figura de paloma, descendía
sobre él. Se oyó entonces una voz del cielo que decía: "Tú eres mi
Hijo amado; yo tengo en ti mis complacencias".

Palabra del Señor.   ℟. **Gloria a ti, Señor Jesús.**

ORACIÓN SOBRE LAS OFRENDAS
Acepta, Señor, los dones que te presentamos en la manifestación de
tu Hijo muy amado, para que la oblación de tus hijos se convierta en el
mismo sacrificio de aquel que quiso en su misericordia lavar los pecados
del mundo. Él, que vive y reina por los siglos de los siglos.

ANTÍFONA DE LA COMUNIÓN   Cfr. Jn 1, 32. 34
**Éste es aquel de quien Juan decía: Yo lo he visto y doy testimo-
nio de que él es el Hijo de Dios.**

ORACIÓN DESPUÉS DE LA COMUNIÓN
Saciados con estos sagrados dones, imploramos, Señor, tu clemencia,
para que, escuchando fielmente a tu Unigénito, nos llamemos y seamos de
verdad hijos tuyos. Por Jesucristo, nuestro Señor.

TÚ ERES MI HIJO AMADO

El día del Bautismo de Cristo:

- se vio que el cielo se abría;
- se vio que el Espíritu Santo bajaba en figura de paloma;
- se oyó una voz del cielo que decía: "Tú eres mi Hijo amado".

El día de nuestro Bautismo, no se vio nada ni se oyó nada extraordinario, pero es absolutamente cierto (de fe):

- ❏ que el cielo se abrió (para cada uno de nosotros);
- ❏ que el Espíritu Santo bajó sobre nosotros;
- ❏ y que el Padre eterno nos dijo a cada uno de nosotros: "Tú eres mi Hijo amado".

Lo anterior, a semejanza del Bautismo del Señor.

Lo que ya no fue igual fue lo que sucedió después.

Jesucristo, ungido con el poder del Espíritu Santo, como dice san Pedro en los Hechos de los Apóstoles, **pasó haciendo el bien.**

Nosotros –la mayoría–, ungidos también con el poder del Espíritu Santo, hemos pasado buena parte de nuestra vida o haciendo el mal o no haciendo todo el bien que podemos hacer.

Por fortuna, podemos empezar a hacerlo, como Cristo, a partir de hoy.

Dios no se arrepiente nunca, y cada uno de nosotros sigue siendo su "amado hijo".

Tiempo Ordinario

Comprende 34 semanas y se divide en dos etapas, una antes del ciclo Cuaresma-Pascua, la segunda después de concluido éste. En este año 2015 la primera etapa va del lunes 12 de enero hasta el martes 17 de febrero, y comprende seis semanas. La segunda etapa va desde el lunes 25 de mayo (después de Pentecostés) hasta el 28 de noviembre.

Con el nombre de "Ordinario" se quiere diferenciar este tiempo con respecto a los "fuertes". No significa que sea "poco importante".

En este tiempo se busca profundizar el sentido global de la Historia de la Salvación, a través de la contemplación continua de la Escritura y especialmente de los misterios de la vida de Cristo.

Este periodo, el más largo del año, es muy importante para el crecimiento de la vida espiritual del cristiano. Sus ejes fundamentales son el domingo –la Pascua semanal– y los respectivos ciclos de lectura continuada dominical y ferial. El eje fundamental de este año es la lectura del evangelio de san Marcos.

El espíritu del Tiempo Ordinario queda bien descrito en el prefacio VI dominical: "Dios todopoderoso y eterno. En quien vivimos, nos movemos y existimos; y todavía peregrinos en este mundo, no sólo experimentamos las pruebas cotidianas de tu amor, sino que poseemos ya, en prenda, la vida futura. Porque al poseer las primicias del Espíritu, por el cual resucitaste a Jesús de entre los muertos, esperamos disfrutar eternamente del Misterio Pascual".

18 de enero   2º Domingo del T. Ordinario

(Verde)

ANTÍFONA DE ENTRADA   Sal 65, 4
Que se postre ante ti, Señor, la tierra entera; que todos canten himnos en tu honor y alabanzas a tu nombre.

ORACIÓN COLECTA

Dios todopoderoso y eterno, que gobiernas los cielos y la tierra, escucha con amor las súplicas de tu pueblo y haz que los días de nuestra vida transcurran en tu paz. Por nuestro Señor Jesucristo...

Después de su bautismo, Jesús se encontró con Juan, Andrés y Pedro y los llamó para que fueran sus primeros discípulos (EVANGELIO). El Antiguo Testamento nos recuerda otro llamamiento, el que hizo el Señor a Samuel, cuando éste era todavía muy joven, para que se pusiera a su servicio (PRIMERA LECTURA). San Pablo indica a los corintios que sus cuerpos son miembros de Cristo y templos del Espíritu Santo, a fin de ponerlos en guardia contra la corrupción y el libertinaje de la gran ciudad de Corinto (SEGUNDA LECTURA).

PRIMERA LECTURA
Habla, Señor; tu siervo te escucha.

Del primer libro de Samuel
3, 3-10. 19

En aquellos días, el joven Samuel servía en el templo a las órdenes del sacerdote Elí. Una noche, estando Elí acostado en su habitación y Samuel en la suya, dentro del santuario donde se encontraba el arca de Dios, el Señor llamó a Samuel y éste respondió:

"Aquí estoy". Fue corriendo a donde estaba Elí y le dijo: "Aquí estoy. ¿Para qué me llamaste?". Respondió Elí: "Yo no te he llamado. Vuelve a acostarte". Samuel se fue a acostar. Volvió el Señor a llamarlo y él se levantó, fue a donde estaba Elí y le dijo: "Aquí estoy. ¿Para qué me llamaste?". Respondió Elí: "No te he llamado, hijo mío. Vuelve a acostarte".

Aún no conocía Samuel al Señor, pues la palabra del Señor no le había sido revelada. Por tercera vez llamó el Señor a Samuel; éste se levantó, fue a donde estaba Elí y le dijo: "Aquí estoy. ¿Para qué me llamaste?".

Entonces comprendió Elí que era el Señor quien llamaba al joven y dijo a Samuel: "Ve a acostarte, y si te llama alguien, responde: 'Habla, Señor; tu siervo te escucha' ". Y Samuel se fue a acostar.

De nuevo el Señor se presentó y lo llamó como antes: "Samuel, Samuel". Éste respondió: "Habla, Señor; tu siervo te escucha".

Samuel creció y el Señor estaba con él. Y todo lo que el Señor le decía, se cumplía.

Palabra de Dios.   ℟. **Te alabamos, Señor.**

SALMO RESPONSORIAL
Del salmo 39

C. Gálvez B.P. 1620

A - quí es - toy, Se - ñor, a - quí es - toy, Se - ñor,   pa-ra ha - cer tu vo-lun-tad.

℟.   Aquí estoy, Señor, para hacer tu voluntad.

Esperé en el Señor con gran confianza;
él se inclinó hacia mí y escuchó mis plegarias.
Él me puso en la boca un canto nuevo,
un himno a nuestro Dios. ℟.

Sacrificios y ofrendas no quisiste,
abriste, en cambio, mis oídos a tu voz.
No exigiste holocaustos por la culpa,
así que dije: "Aquí estoy". ℟.

En tus libros se me ordena
hacer tu voluntad;
esto es, Señor, lo que deseo:
tu ley en medio de mi corazón. ℟.

He anunciado tu justicia
en la gran asamblea;
no he cerrado mis labios,
tú lo sabes, Señor. ℟.

SEGUNDA LECTURA
Los cuerpos de ustedes son miembros de Cristo.

De la primera carta del apóstol san Pablo a los corintios
6, 13-15. 17-20

Hermanos: El cuerpo no es para fornicar, sino para servir al Señor; y el Señor, para santificar el cuerpo. Dios resucitó al Señor y nos resucitará también a nosotros con su poder.

¿No saben ustedes que sus cuerpos son miembros de Cristo? Y el que se une al Señor, se hace un solo espíritu con él. Huyan, por lo tanto, de la fornicación. Cualquier otro pecado que cometa una persona, queda fuera de su cuerpo; pero el que fornica, peca contra su propio cuerpo.

¿O es que no saben ustedes que su cuerpo es templo del Espíritu Santo, que han recibido de Dios y habita en ustedes? No son ustedes sus propios dueños, porque Dios los ha comprado a un precio muy caro. Glorifiquen, pues, a Dios con el cuerpo.

Palabra de Dios.   ℟. **Te alabamos, Señor.**

ACLAMACIÓN ANTES DEL EVANGELIO
Cfr. Jn 1, 41. 17

B.P. 1034 - Palazón

A - le - lu - ya, a - le - lu - ya, a - le - lu - ya.

℟.   Aleluya, aleluya.
Hemos encontrado a Cristo, el Mesías.
La gracia y la verdad nos han llegado por él.
℟.   Aleluya, aleluya.

EVANGELIO
Vieron dónde vivía y se quedaron con él.

✠ Del santo Evangelio según san Juan
1, 35-42

En aquel tiempo, estaba Juan el Bautista con dos de sus discípulos, y fijando los ojos en Jesús, que pasaba, dijo: "Éste es el Cordero de Dios". Los dos discípulos, al oír estas palabras, siguieron a Jesús. Él se volvió hacia ellos, y viendo que lo seguían, les preguntó: "¿Qué buscan?". Ellos le contestaron: "¿Dónde vives, Rabí?". (Rabí significa 'maestro'). Él les dijo: "Vengan a ver".

Fueron, pues, vieron dónde vivía y se quedaron con él ese día. Eran como las cuatro de la tarde. Andrés, hermano de Simón Pedro, era uno de los dos que oyeron lo que Juan el Bautista decía y siguieron a Jesús. El primero a quien encontró Andrés, fue a su hermano Simón, y le dijo: "Hemos encontrado al Mesías" (que quiere decir 'el Ungido'). Lo llevó a donde estaba Jesús y éste, fijando en él la mirada, le dijo: "Tú eres Simón, hijo de Juan. Tú te llamarás Kefás" (que significa Pedro, es decir, 'roca').

Palabra del Señor.   ℞. **Gloria a ti, Señor Jesús.**

ORACIÓN SOBRE LAS OFRENDAS

Concédenos, Señor, participar dignamente en estos misterios, porque cada vez que se celebra el memorial de este sacrificio, se realiza la obra de nuestra redención. Por Jesucristo, nuestro Señor.

ANTÍFONA DE LA COMUNIÓN   Cfr. Sal 22, 5

Para mí, Señor, has preparado la mesa y has llenado mi copa hasta los bordes.

ORACIÓN DESPUÉS DE LA COMUNIÓN

Infúndenos, Señor, el espíritu de tu caridad, para que, saciados con el pan del cielo, vivamos siempre unidos en tu amor. Por Jesucristo, nuestro Señor.

¿DÓNDE VIVES, MAESTRO?

❖ Si le preguntáramos a Cristo: "¿Dónde vives?", él nos respondería lo mismo que a los discípulos de Juan: **"Vengan a ver"**.

❖ Tendríamos que seguir a todos aquellos que son víctimas de la explotación, del desamparo y de la miseria.

❖ Nos haría recorrer con él las salas de los hospitales, donde tantos hermanos nuestros sufren no sólo el dolor sino también la soledad.

❖ Y no sólo veríamos dónde vive ahora Cristo, sino dónde tiene hambre, sed, frío, enfermedades, falta de trabajo…

❖ Porque Cristo nos dijo que lo que hiciéramos por los pobres lo haríamos por él…

❖ La pregunta es: ¿cómo vamos a ayudar a nuestro prójimo si no lo amamos? ¿Y cómo lo vamos a amar si no amamos primero al Señor? Porque la capacidad de amar no viene de nosotros, sino de Dios, que es Amor. Y hay que pedírsela.

❖ Alguien le dijo a la beata Teresa de Calcuta: "El trabajo que tú haces, yo no lo haría ni por todo el oro del mundo". A lo que ella respondió: "Yo tampoco: tomamos fuerza de la adoración a Jesús Sacramentado".

❖ ¿Hemos buscado a Jesús en la Eucaristía, donde está realmente presente, para adorarlo?

YJESÚS LES DIJO:
"VENGAN A VER"

25 de enero　　3er Domingo del T. Ordinario

(Verde)

ANTÍFONA DE ENTRADA　　　　　　　　　Cfr. Sal 95, 1. 6

Canten al Señor un cántico nuevo, hombres de toda la tierra, canten al Señor. Hay brillo y esplendor en su presencia, y en su templo, belleza y majestad.

ORACIÓN COLECTA

Dios todopoderoso y eterno, dirige nuestros pasos de manera que podamos agradarte en todo y así merezcamos, en nombre de tu Hijo amado, abundar en toda clase de obras buenas. Por nuestro Señor Jesucristo...

San Marcos (EVANGELIO) nos lleva a los comienzos de la predicación de Jesús, cuando nos pedía: "Conviértanse y crean en el Evangelio". Aquel llamado de Cristo a la conversión, es el mismo que hacía Jonás a los habitantes de Nínive, la ciudad pecadora (PRIMERA LECTURA).

En la SEGUNDA LECTURA, san Pablo pone en guardia a los cristianos contra las costumbres licenciosas y les recomienda que no se aferren a los bienes de este mundo, porque todo lo de este mundo se termina.

PRIMERA LECTURA

Los habitantes de Nínive se arrepintieron de su mala conducta.

Del libro del profeta Jonás
3, 1-5. 10

E n aquellos días, el Señor volvió a hablar a Jonás y le dijo: "Levántate y vete a Nínive, la gran capital, para anunciar ahí el mensaje que te voy a indicar".

Se levantó Jonás y se fue a Nínive, como le había mandado el Señor. Nínive era una ciudad enorme: hacían falta tres días para recorrerla. Jonás caminó por la ciudad durante un día, pregonando: "Dentro de cuarenta días Nínive será destruida".

Los ninivitas creyeron en Dios, ordenaron un ayuno y se vistieron de sayal, grandes y pequeños. Cuando Dios vio sus obras y cómo se convertían de su mala vida, cambió de parecer y no les mandó el castigo que había determinado imponerles.

Palabra de Dios.   ℟. **Te alabamos, Señor.**

SALMO RESPONSORIAL
Del salmo 24

B.P. 1621

Des - cú - bre - nos, des - cú - bre - nos, Se - ñor, tus ca - mi - nos, tus ca - mi - nos.

℟.   Descúbrenos, Señor, tus caminos.

Descúbrenos, Señor, tus caminos,
guíanos con la verdad de tu doctrina.
Tú eres nuestro Dios y salvador
y tenemos en ti nuestra esperanza. ℟.

Acuérdate, Señor, que son eternos
tu amor y tu ternura.
Según ese amor y esa ternura,
acuérdate de nosotros. ℟.

Porque el Señor es recto y bondadoso,
indica a los pecadores el sendero,
guía por la senda recta a los humildes
y descubre a los pobres sus caminos. ℟.

SEGUNDA LECTURA
Este mundo que vemos es pasajero.

De la primera carta del apóstol san Pablo a los corintios
7, 29-31

Hermanos: Les quiero decir una cosa: el tiempo apremia. Por lo tanto, conviene que los casados vivan como si no lo estuvieran; los que sufren, como si no sufrieran; los que están alegres, como si no se alegraran; los que compran, como si no compraran; los que disfrutan del mundo, como si no disfrutaran de él; porque este mundo que vemos es pasajero.

Palabra de Dios.   ℟. **Te alabamos, Señor.**

ACLAMACIÓN ANTES DEL EVANGELIO
Mc 1, 15

℟.   Aleluya, aleluya.
El Reino de Dios ya está cerca, dice el Señor.
Conviértanse y crean en el Evangelio.
℟.   Aleluya, aleluya.

EVANGELIO
Conviértanse y crean en el Evangelio.

☩ Del santo Evangelio según san Marcos
1, 14-20

Después de que arrestaron a Juan el Bautista, Jesús se fue a Galilea para predicar el Evangelio de Dios y decía: "Se ha cumplido el tiempo y el Reino de Dios ya está cerca. Conviértanse y crean en el Evangelio".

Caminaba Jesús por la orilla del lago de Galilea, cuando vio a Simón y a su hermano, Andrés, echando las redes en el lago, pues eran pescadores. Jesús les dijo: "Síganme y haré de ustedes pescadores de hombres". Inmediatamente dejaron las redes y lo siguieron.

Un poco más adelante, vio a Santiago y a Juan, hijos de Zebedeo, que estaban en una barca, remendando sus redes. Los llamó, y ellos, dejando en la barca a su padre con los trabajadores, se fueron con Jesús.

Palabra del Señor.   ℟. **Gloria a ti, Señor Jesús.**

ORACIÓN SOBRE LAS OFRENDAS
Recibe, Señor, benignamente, nuestros dones, y santifícalos, a fin de que nos sirvan para nuestra salvación. Por Jesucristo, nuestro Señor.

ANTÍFONA DE LA COMUNIÓN   Cfr. Sal 33, 6

Acudan al Señor; quedarán radiantes y sus rostros no se avergonzarán.

ORACIÓN DESPUÉS DE LA COMUNIÓN

Concédenos, Dios todopoderoso, que al experimentar el efecto vivificante de tu gracia, nos sintamos siempre dichosos por este don tuyo. Por Jesucristo, nuestro Señor.

DIOS NOS VA A PEDIR CUENTA DE NUESTRA SONRISA

✣ De aquella sonrisa que jamás veían nuestros empleados.

✣ De aquella sonrisa que nunca ofrecíamos a las personas que teníamos obligación de servir como empleados públicos.

✣ De aquella sonrisa que nadie vio en nuestros días de mal humor.

✣ De aquella sonrisa con la que casi nunca reconocíamos –por lo menos– la existencia de seres humanos como el cuidador de coches, el policía de tránsito, el repartidor de periódicos…

✣ De aquella sonrisa que tantas veces negamos a nuestro cónyuge y a nuestros hijos…

✣ De aquella sonrisa burlona con la que subrayamos la equivocación o los defectos de otras personas…

✣ De aquella sonrisa hiriente con la que molestamos a los demás…

✣ De aquella sonrisa con la que pudimos suavizar tantas situaciones tensas y no las suavizamos…

**PORQUE DIOS
NOS HA LLAMADO
A SER PESCADORES
DE HOMBRES,
NO A HUNDIRLOS MÁS**

1 de febrero 　　　　4º Domingo del T. Ordinario

(Verde)

ANTÍFONA DE ENTRADA 　　　　　　　　　　Sal 105, 47

Sálvanos, Señor y Dios nuestro; reúnenos de entre las naciones, para que podamos agradecer tu poder santo y nuestra gloria sea alabarte.

ORACIÓN COLECTA

Concédenos, Señor Dios nuestro, adorarte con toda el alma y amar a todos los hombres con afecto espiritual. Por nuestro Señor Jesucristo...

Hoy nos muestra san Marcos a la gente de la sinagoga admirada de que Jesús le proponga una doctrina nueva, hablando como un hombre que tiene autoridad (EVANGELIO). Se diría que tienen el presentimiento de que Jesús de Nazaret es el gran profeta anunciado por Moisés (PRIMERA LECTURA). Nosotros sabemos que Jesús es mucho más que un profeta: es la palabra de Dios hecha hombre y es Dios mismo el que habla en él.

San Pablo (SEGUNDA LECTURA) orienta a los cristianos hacia el más allá, proclamando la excelencia del celibato, que permite consagrarse a Dios sin divisiones.

PRIMERA LECTURA

Les daré un profeta y pondré mis palabras en su boca.

Del libro del Deuteronomio
18, 15-20

En aquellos días, habló Moisés al pueblo, diciendo: "El Señor Dios hará surgir en medio de ustedes, entre sus hermanos, un profeta como yo. A él lo escucharán. Eso es lo que pidieron al Señor, su Dios, cuando estaban reunidos en el monte Horeb: 'No queremos volver a oír la voz del Señor nuestro Dios, ni volver a ver otra vez ese gran fuego; pues no queremos morir'.

El Señor me respondió: 'Está bien lo que han dicho. Yo haré surgir en medio de sus hermanos un profeta como tú. Pondré mis palabras en su boca y él dirá lo que le mande yo. A quien no escuche las palabras que él pronuncie en mi nombre, yo le pediré cuentas. Pero el profeta que se atreva a decir en mi nombre lo que yo no le haya mandado, o hable en nombre de otros dioses, será reo de muerte' ".

Palabra de Dios.   ℟. **Te alabamos, Señor.**

SALMO RESPONSORIAL

Del salmo 94

Ma. T. Carrasco B.P. 1622

Se - ñor, que no se - a - mos sor - dos a tu voz.

℟.   Señor, que no seamos sordos a tu voz.

Vengan, lancemos vivas al Señor,
aclamemos al Dios que nos salva.
Acerquémonos a él, llenos de júbilo,
y démosle gracias. ℟.

Vengan, y puestos de rodillas,
adoremos y bendigamos al Señor, que nos hizo,
pues él es nuestro Dios y nosotros, su pueblo;
él es nuestro pastor y nosotros, sus ovejas. ℟.

Hagámosle caso al Señor, que nos dice:
"No endurezcan su corazón,
como el día de la rebelión en el desierto,
cuando sus padres dudaron de mí,
aunque habían visto mis obras". ℟.

SEGUNDA LECTURA

La mujer soltera se preocupa de las cosas del Señor.

De la primera carta del apóstol san Pablo a los corintios
7, 32-35

H ermanos: Yo quisiera que ustedes vivieran sin preocupaciones. El hombre soltero se preocupa de las cosas del Señor y de cómo agradarle; en cambio, el hombre casado se preocupa de las cosas de esta vida y de cómo agradarle a su esposa, y por eso tiene dividido el corazón. En la misma forma, la mujer que ya no tiene marido y la soltera se preocupan de las cosas del Señor y se pueden dedicar a él en cuerpo y alma. Por el contrario, la mujer casada se preocupa de las cosas de esta vida y de cómo agradarle a su esposo.

Les digo todo esto para bien de ustedes. Se lo digo, no para ponerles una trampa, sino para que puedan vivir constantemente y sin distracciones en presencia del Señor, tal como conviene.

Palabra de Dios.   ℟. **Te alabamos, Señor.**

ACLAMACIÓN ANTES DEL EVANGELIO

Mt 4, 16

B.P. 1034 - Palazón

A - le - lu - ya,   a - le - lu - ya,   a - le - lu   -   ya.

℟.   Aleluya, aleluya.
El pueblo que yacía en tinieblas vio una gran luz.
Sobre los que vivían en tierra de sombras
una luz resplandeció.
℟.   Aleluya, aleluya.

EVANGELIO

No enseñaba como los escribas, sino como quien tiene autoridad.

✠ Del santo Evangelio según san Marcos
1, 21-28

En aquel tiempo, llegó Jesús a Cafarnaúm y el sábado siguiente fue a la sinagoga y se puso a enseñar. Los oyentes quedaron asombrados de sus palabras, pues enseñaba como quien tiene autoridad y no como los escribas.

Había en la sinagoga un hombre poseído por un espíritu inmundo, que se puso a gritar: "¿Qué quieres tú con nosotros, Jesús de Nazaret? ¿Has venido a acabar con nosotros? Ya sé quién eres: el Santo de Dios". Jesús le ordenó: "¡Cállate y sal de él!". El espíritu inmundo, sacudiendo al hombre con violencia y dando un alarido, salió de él. Todos quedaron estupefactos y se preguntaban: "¿Qué es esto? ¿Qué nueva doctrina es ésta? Este hombre tiene autoridad para mandar hasta a los espíritus inmundos y lo obedecen". Y muy pronto se extendió su fama por toda Galilea.

Palabra del Señor.   ℟. **Gloria a ti, Señor Jesús.**

ORACIÓN SOBRE LAS OFRENDAS

Recibe, Señor, complacido, estos dones que ponemos sobre tu altar en señal de nuestra sumisión a ti y conviértelos en el sacramento de nuestra redención. Por Jesucristo, nuestro Señor.

ANTÍFONA DE LA COMUNIÓN   Cfr. Sal 30, 17-18

Vuelve, Señor, tus ojos a tu siervo y sálvame por tu misericordia. A ti, Señor, me acojo, que no quede yo nunca defraudado.

ORACIÓN DESPUÉS DE LA COMUNIÓN

Te rogamos, Señor, que, alimentados con el don de nuestra redención, este auxilio de salvación eterna afiance siempre nuestra fe en la verdad. Por Jesucristo, nuestro Señor.

"¡CÁLLATE Y SAL DE ÉL!"

- ◆ En aquel tiempo se hallaba Jesús en Cafarnaúm y el sábado fue a la sinagoga y se puso a enseñar.
- ◆ En nuestros tiempos –nos dice la fe– Jesús viene cada domingo a nuestras iglesias y se pone a enseñarnos durante la lectura del Evangelio.
- ◆ Entonces había en la sinagoga un hombre poseído de un espíritu inmundo.
- ◆ Ahora, en esta iglesia, durante esta Misa no hay un hombre poseído de un espíritu inmundo; habemos muchos:

❑ hombres y mujeres poseídos, quizá, por la ambición del poder y del dinero, no contentos con lo que tenemos y dispuestos a tener más sin preocuparnos mucho de los medios para obtenerlo (negocios no muy limpios, tratos no muy justos, medios no muy honrados...).

❑ adultos y jóvenes que, quizá, hemos convertido en ídolo al sexo y estamos dispuestos a sacrificarle castidad prematrimonial, fidelidad conyugal...

¿Por qué no le pedimos hoy a Cristo –cada uno en particular y unos por otros–, que diga a estos "espíritus inmundos" que nos poseen: **Cállate y sal**?

Cristo –ese Cristo cuyo Cuerpo y cuya Sangre vamos quizás a recibir en la Comunión– tiene autoridad para eso.

8 de febrero

5º Domingo del T. Ordinario

(Verde)

ANTÍFONA DE ENTRADA
Sal 94, 6-7

Entremos y adoremos de rodillas al Señor, creador nuestro, porque él es nuestro Dios.

ORACIÓN COLECTA

Te rogamos, Señor, que guardes con incesante amor a tu familia santa, que tiene puesto su apoyo sólo en tu gracia, para que halle siempre en tu protección su fortaleza. Por nuestro Señor Jesucristo...

Cuando Jesús sana a los enfermos y libera a los que se hallaban bajo el poder de Satanás (EVANGELIO), confirma su imperio sobre las fuerzas del mal. Ésas eran las fuerzas que se habían apoderado de Job (PRIMERA LECTURA), que grita sus lamentos de hombre abrumado por el sufrimiento.

San Pablo (SEGUNDA LECTURA) nos cuenta que se sentía impulsado por la fuerza de Dios para anunciar el Evangelio y que, por obra de ese impulso, libre a los ojos de todos, se convertía en servidor de todos, para ganarlos a todos.

PRIMERA LECTURA
Se me han asignado noches de dolor.

Del libro de Job
7, 1-4. 6-7

En aquel día, Job tomó la palabra y dijo:
"La vida del hombre en la tierra es como un servicio militar

y sus días, como días de un jornalero.
Como el esclavo suspira en vano por la sombra
y el jornalero se queda aguardando su salario,
así me han tocado en suerte meses de infortunio
y se me han asignado noches de dolor.
Al acostarme, pienso: '¿Cuándo será de día?'.
La noche se alarga y me canso de dar vueltas
hasta que amanece.
    Mis días corren más aprisa que una lanzadera
y se consumen sin esperanza.
Recuerda, Señor, que mi vida es un soplo.
Mis ojos no volverán a ver la dicha".
Palabra de Dios.   ℟. **Te alabamos, Señor.**

SALMO RESPONSORIAL
Del salmo 146

B. Vega B.P. 1623

A - la - be - mos al Se - ñor, nues - tro Dios.

℟. Alabemos al Señor, nuestro Dios.

Alabemos al Señor, nuestro Dios,
porque es hermoso y justo el alabarlo.
El Señor ha reconstruido a Jerusalén
y a los dispersos de Israel los ha reunido. ℟.
    El Señor sana los corazones quebrantados
y venda las heridas.
Tiende su mano a los humildes
y humilla hasta el polvo a los malvados. ℟.
    Él puede contar el número de estrellas
y llama a cada una por su nombre.
Grande es nuestro Dios, todo lo puede;
su sabiduría no tiene límites. ℟.

SEGUNDA LECTURA
¡Ay de mí, si no anuncio el Evangelio!

De la primera carta del apóstol san Pablo a los corintios
9, 16-19. 22-23

H ermanos: No tengo por qué presumir de predicar el Evangelio,
puesto que ésa es mi obligación. ¡Ay de mí, si no anuncio el

Evangelio! Si yo lo hiciera por propia iniciativa, merecería recompensa; pero si no, es que se me ha confiado una misión. Entonces, ¿en qué consiste mi recompensa? Consiste en predicar el Evangelio gratis, renunciando al derecho que tengo a vivir de la predicación.

Aunque no estoy sujeto a nadie, me he convertido en esclavo de todos, para ganarlos a todos. Con los débiles me hice débil, para ganar a los débiles. Me he hecho todo a todos, a fin de ganarlos a todos. Todo lo hago por el Evangelio, para participar yo también de sus bienes.

Palabra de Dios.   ℟. **Te alabamos, Señor.**

ACLAMACIÓN ANTES DEL EVANGELIO
Mt 8, 17

B.P. 1034 - Palazón

A - le - lu - ya,   a - le - lu - ya,   a - le - lu   -   ya.

℟.   Aleluya, aleluya.
Cristo hizo suyas nuestras debilidades
y cargó con nuestros dolores.
℟.   Aleluya, aleluya.

EVANGELIO
Curó a muchos enfermos de diversos males.

✠ Del santo Evangelio según san Marcos
1, 29-39

En aquel tiempo, al salir Jesús de la sinagoga, fue con Santiago y Juan a casa de Simón y Andrés. La suegra de Simón estaba en cama, con fiebre, y enseguida le avisaron a Jesús. Él se le acercó, y tomándola de la mano, la levantó. En ese momento se le quitó la fiebre y se puso a servirles.

Al atardecer, cuando el sol se ponía, le llevaron a todos los enfermos y poseídos del demonio, y todo el pueblo se apiñó junto a la puerta. Curó a muchos enfermos de diversos males y expulsó a muchos demonios, pero no dejó que los demonios hablaran, porque sabían quién era él.

De madrugada, cuando todavía estaba muy oscuro, Jesús se levantó, salió y se fue a un lugar solitario, donde se puso a orar. Simón y sus compañeros lo fueron a buscar, y al encontrarlo, le dijeron: "Todos te andan buscando". Él les dijo: "Vamos a los pueblos cercanos para predicar también allá el Evangelio, pues para eso he venido". Y recorrió toda Galilea, predicando en las sinagogas y expulsando a los demonios.

Palabra del Señor. R. **Gloria a ti, Señor Jesús.**

ORACIÓN SOBRE LAS OFRENDAS

Señor Dios nuestro, que has creado los frutos de la tierra sobre todo para ayuda de nuestra fragilidad, concédenos que también se conviertan para nosotros en sacramento de eternidad. Por Jesucristo, nuestro Señor.

ANTÍFONA DE LA COMUNIÓN   Cfr. Sal 106, 8-9

Demos gracias al Señor por su misericordia, por las maravillas que hace en favor de su pueblo; porque da de beber al que tiene sed y les da de comer a los hambrientos.

ORACIÓN DESPUÉS DE LA COMUNIÓN

Señor Dios, que quisiste hacernos participar de un mismo pan y un mismo cáliz, concédenos vivir de tal manera, que, hechos uno en Cristo, demos fruto con alegría para la salvación del mundo. Por Jesucristo, nuestro Señor.

TOMÁNDOLA DE LA MANO, LA LEVANTÓ

– Jesús no le dijo a la suegra de Pedro, que estaba enferma: "Resígnate, hijita, y quédate con tu enfermedad", sino que tomándola de la mano, la levantó.

– Tampoco dio este fácil consejo a los demás enfermos y poseídos del demonio que luego le presentaron, sino que a los enfermos los curó y a los endemoniados los libró de su mal.

– Al anuncio de la Buena Nueva, Jesús unió la lucha contra todo tipo de mal, físico o espiritual.

– Jesús no es un predicador cualquiera que deja igual el mundo con el que tiene contacto.

Levantar, curar, aliviar, liberar, luchar por cambiar son los verbos clave del Jesús de Marcos, y deben ser los verbos clave de cada uno de nosotros, los cristianos… **a partir de hoy.**

15 de febrero   6º Domingo del T. Ordinario

(Verde)

Hoy se nos recuerdan (PRIMERA LECTURA) las prescripciones de la antigua ley en relación con la terrible enfermedad contagiosa de la lepra, tan sólo para que comprendamos mejor la libertad de Jesús respecto a la ley –lo vemos haciendo el acto prohibido de tocar al leproso– y, al mismo tiempo, su respeto a la ley –puesto que manda al leproso ante el sacerdote para hacer constar su curación (EVANGELIO).

San Pablo confiesa que él sigue el ejemplo de Cristo (SEGUNDA LECTURA) y, por lo tanto, no es muestra de orgullo por su parte que nos invite a tomarlo a él, al mismo san Pablo, como modelo.

PRIMERA LECTURA

El leproso vivirá solo, fuera del campamento.

Del libro del Levítico
13, 1-2. 44-46

E l Señor dijo a Moisés y a Aarón: "Cuando alguno tenga en su carne una o varias manchas escamosas o una mancha blanca y brillante, síntomas de la lepra, será llevado ante el sacerdote Aarón o ante cualquiera de sus hijos sacerdotes. Se trata de un leproso, y el sacerdote lo declarará impuro. El que haya sido declarado enfermo de lepra, traerá la ropa descosida, la cabeza descubierta, se cubrirá la boca e irá gritando: '¡Estoy contaminado! ¡Soy impuro!'. Mientras le dure la lepra, seguirá impuro y vivirá solo, fuera del campamento".

Palabra de Dios.   ℟. **Te alabamos, Señor.**

SALMO RESPONSORIAL
Del salmo 31

E. Loarca B.P. 1624

Per - do - na, Se - ñor, per - do - na, Se - ñor, nues - tros pe - ca - dos, nues - tros pe - ca - dos.

℟.   Perdona, Señor, nuestros pecados.

Dichoso aquel que ha sido absuelto
de su culpa y su pecado.
Dichoso aquel en el que Dios no encuentra
ni delito ni engaño. ℟.

    Ante el Señor reconocí mi culpa,
no oculté mi pecado.
Te confesé, Señor, mi gran delito
y tú me has perdonado. ℟.

    Alégrense con el Señor y regocíjense
los justos todos,
y todos los hombres de corazón sincero
canten de gozo. ℟.

SEGUNDA LECTURA
Sean imitadores míos como yo lo soy de Cristo.

De la primera carta del apóstol san Pablo a los corintios
10, 31–11, 1

Hermanos: Todo lo que hagan ustedes, sea comer, o beber, o cualquier otra cosa, háganlo todo para gloria de Dios. No den motivo de escándalo ni a los judíos, ni a los paganos, ni a la comunidad cristiana. Por mi parte, yo procuro dar gusto a todos en todo, sin buscar mi propio interés, sino el de los demás, para que se salven. Sean, pues, imitadores míos, como yo lo soy de Cristo.

Palabra de Dios.   ℟. **Te alabamos, Señor.**

ACLAMACIÓN ANTES DEL EVANGELIO
Lc 7, 16

B.P. 1034 - Palazón

A - le - lu - ya,   a - le - lu - ya,   a - le - lu   -   ya.

℟.   Aleluya, aleluya.
Un gran profeta ha surgido entre nosotros.
Dios ha visitado a su pueblo.
℟.   Aleluya, aleluya.

EVANGELIO
Se le quitó la lepra y quedó limpio.

✠ Del santo Evangelio según san Marcos
1, 40-45

En aquel tiempo, se le acercó a Jesús un leproso para suplicarle de rodillas: "Si tú quieres, puedes curarme". Jesús se compadeció de él, y extendiendo la mano, lo tocó y le dijo: "¡Sí quiero: Sana!". Inmediatamente se le quitó la lepra y quedó limpio.

Al despedirlo, Jesús le mandó con severidad: "No se lo cuentes a nadie; pero para que conste, ve a presentarte al sacerdote y ofrece por tu purificación lo prescrito por Moisés".

Pero aquel hombre comenzó a divulgar tanto el hecho, que Jesús no podía ya entrar abiertamente en la ciudad, sino que se quedaba fuera, en lugares solitarios, a donde acudían a él de todas partes.

Palabra del Señor.   ℟. **Gloria a ti, Señor Jesús.**

ORACIÓN SOBRE LAS OFRENDAS
Que esta ofrenda, Señor, nos purifique y nos renueve, y se convierta en causa de recompensa eterna para quienes cumplimos tu voluntad. Por Jesucristo, nuestro Señor.

ANTÍFONA DE LA COMUNIÓN   Cfr. Sal 77, 29-30
El Señor colmó el deseo de su pueblo; no lo defraudó. Comieron y quedaron satisfechos.

ORACIÓN DESPUÉS DE LA COMUNIÓN

Saciados, Señor, por este manjar celestial, te rogamos que nos hagas anhelar siempre este mismo sustento por el cual verdaderamente vivimos. Por Jesucristo, nuestro Señor.

NOSOTROS NO PODEMOS CURAR A UN LEPROSO...

Pero, si queremos:

– podemos curar esas heridas que, con nuestro mal humor habitual, causamos en casa a nuestros seres queridos...

– podemos aliviar algún tanto la difícil situación económica por la que pasa esa familia que conocemos...

– podemos hacer un sincero esfuerzo para devolverle la salud a ese amor conyugal que, quizá por descuido, se nos está muriendo...

– podemos sanar la tristeza de aquel familiar al que le hemos retirado el habla o de aquel subordinado o compañero de trabajo con el que nos mostramos cortantes...

– podemos, con nuestras atenciones y cariño, hacerles más llevadera su enfermedad a la tía anciana, al abuelo inválido, al hermanito discapacitado...

– podemos curar tantas angustias, tantas pequeñas penas, tantas heridas...

TODO ESTÁ EN QUE, COMO CRISTIANOS, DIGAMOS: "SÍ QUIERO"

Cuaresma y Triduo Pascual

La Cuaresma es un verdadero sacramento –signo eficaz– de la salvación pascual: Cristo nos quiere comunicar, en este año concreto, su vida pascual. Cuarenta días de gracia en que somos invitados a una mayor oración y una escucha más atenta de su Palabra, a recordar nuestro Bautismo y a celebrar también nuestra reconciliación con Dios.

Es uno de los tiempos en que más urgentemente somos invitados a confrontar día tras día nuestra existencia con la Palabra de Dios, para renovarnos de cara a la Pascua. Pidiendo y buscando el cambio de mentalidad (*metánoia*).

Cuaresma y Pascua forman un único movimiento: cuarenta días de camino hacia la cruz, y cincuenta días de camino hacia la plenitud del Espíritu. Por eso lo más importante de la Cuaresma es la Pascua. El paso a través de la cruz hacia la vida nueva.

A la Pascua que inauguró Cristo Jesús hace casi dos mil años, le falta que sea también nuestra Pascua, que nos configuremos a él en su camino pascual, con todas sus consecuencias. Como lo diría san Pablo: "Completo en mi cuerpo lo que le falta a la pasión de Cristo" (Col 1, 24).

18 de febrero

Miércoles de Ceniza
(Morado)

Debemos creer en el Evangelio, no solamente diciendo que "estamos de acuerdo" con lo que dice el Evangelio, sino con un compromiso para toda la vida. ¿Cómo emplearé este tiempo de Cuaresma para ver si vivo conforme a lo que creo?

En la Misa de este día se bendice y se impone la ceniza hecha de ramas de olivo o de otros árboles, bendecidas el Domingo de Ramos del año anterior.

RITOS INICIALES Y LITURGIA DE LA PALABRA

ANTÍFONA DE ENTRADA   Cfr. Sab 11, 23. 24. 26

Tú, Señor, te compadeces de todos y no aborreces nada de lo que has creado, aparentas no ver los pecados de los hombres, para darles ocasión de arrepentirse, porque tú eres el Señor, nuestro Dios.

Se omite el acto penitencial, que es sustituido por el rito de la imposición de la ceniza.

ORACIÓN COLECTA

Concédenos, Señor, emprender este tiempo el combate cristiano con santos ayunos, para que en el momento de combatir contra las tentaciones, seamos fortalecidos con los auxilios de la penitencia. Por nuestro Señor Jesucristo...

*Oímos el llamado que hace el profeta Joel al pueblo de Dios (PRIMERA
LECTURA), invitándonos a la penitencia y a la conversión íntima. Ese
llamado nos prepara a escuchar la invitación de san Pablo (SEGUNDA
LECTURA), que nos pide, en nombre de Cristo, que nos reconciliemos con
Dios, porque "ahora es el día de la salvación". Después vemos en Jesús
(EVANGELIO) el espíritu con que se deben hacer la limosna, la oración y el
ayuno, y así llegamos a descubrir que no es la Iglesia la que ha elaborado
las diversas modalidades de la penitencia, sino que las ha recibido de su
Señor.*

PRIMERA LECTURA
Enluten su corazón y no sus vestidos.

Del libro del profeta Joel
2, 12-18

E sto dice el Señor:
     "Todavía es tiempo.
Conviértanse a mí de todo corazón,
con ayunos, con lágrimas y llanto;
enluten su corazón y no sus vestidos.

     Conviértanse al Señor su Dios,
porque es compasivo y misericordioso,
lento a la cólera, rico en clemencia,
y se conmueve ante la desgracia".

     Quizá se arrepienta, se compadezca de nosotros
y nos deje una bendición,
que haga posibles las ofrendas y libaciones
al Señor, nuestro Dios.

     Toquen la trompeta en Sión, promulguen un ayuno,
convoquen la asamblea, reúnan al pueblo,
santifiquen la reunión, junten a los ancianos,
convoquen a los niños, aun a los niños de pecho.
Que el recién casado deje su alcoba
y su tálamo la recién casada.

     Entre el vestíbulo y el altar lloren los sacerdotes,
ministros del Señor, diciendo:
"Perdona, Señor, perdona a tu pueblo.
No entregues tu heredad a la burla de las naciones".
Que no digan los paganos: "¿Dónde está el Dios de Israel?".

     Y el Señor se llenó de celo por su tierra
y tuvo piedad de su pueblo.

Palabra de Dios.   ℟. **Te alabamos, Señor.**

SALMO RESPONSORIAL
Del salmo 50

J. García B.P. 1516

R. Misericordia, Señor, hemos pecado.

Por tu inmensa compasión y misericordia,
Señor, apiádate de mí y olvida mis ofensas.
Lávame bien de todos mis delitos
y purifícame de mis pecados. R.

   Puesto que reconozco mis culpas,
tengo siempre presentes mis pecados.
Contra ti solo pequé, Señor,
haciendo lo que a tus ojos era malo. R.

   Crea en mí, Señor, un corazón puro,
un espíritu nuevo para cumplir tus mandamientos.
No me arrojes, Señor, lejos de ti,
ni retires de mí tu santo espíritu. R.

   Devuélveme tu salvación, que regocija,
y mantén en mí un alma generosa.
Señor, abre mis labios
y cantará mi boca tu alabanza. R.

SEGUNDA LECTURA
Aprovechen este tiempo favorable para reconciliarse con Dios.

De la segunda carta del apóstol san Pablo a los corintios
5, 20–6, 2

Hermanos: Somos embajadores de Cristo, y por nuestro medio, es como si Dios mismo los exhortara a ustedes. En nombre de Cristo les pedimos que se dejen reconciliar con Dios. Al que nunca cometió pecado, Dios lo hizo "pecado" por nosotros, para que, unidos a él, recibamos la salvación de Dios y nos volvamos justos y santos.

   Como colaboradores que somos de Dios, los exhortamos a no echar su gracia en saco roto. Porque el Señor dice: *En el tiempo favorable te escuché y en el día de la salvación te socorrí.* Pues bien, ahora es el tiempo favorable; ahora es el día de la salvación.

Palabra de Dios.   R. **Te alabamos, Señor.**

ACLAMACIÓN ANTES DEL EVANGELIO
Cfr. Sal 94, 8

Ho - nor   y glo - ria_a ti,   Se - ñor Je - sús.

℟. Honor y gloria a ti, Señor Jesús.
Hagámosle caso al Señor, que nos dice:
"No endurezcan su corazón".
℟. Honor y gloria a ti, Señor Jesús.

EVANGELIO
Tu Padre, que ve lo secreto, te recompensará.

✠ Del santo Evangelio según san Mateo
6, 1-6. 16-18

En aquel tiempo, Jesús dijo a sus discípulos: "Tengan cuidado de no practicar sus obras de piedad delante de los hombres para que los vean. De lo contrario, no tendrán recompensa con su Padre celestial.

Por lo tanto, cuando des limosna, no lo anuncies con trompeta, como hacen los hipócritas en las sinagogas y por las calles, para que los alaben los hombres. Yo les aseguro que ya recibieron su recompensa. Tú, en cambio, cuando des limosna, que no sepa tu mano izquierda lo que hace la derecha, para que tu limosna quede en secreto; y tu Padre, que ve lo secreto, te recompensará.

Cuando ustedes hagan oración, no sean como los hipócritas, a quienes les gusta orar de pie en las sinagogas y en las esquinas de las plazas, para que los vea la gente. Yo les aseguro que ya recibieron su recompensa. Tú, en cambio, cuando vayas a orar, entra en tu cuarto, cierra la puerta y ora ante tu Padre, que está allí, en lo secreto; y tu Padre, que ve lo secreto, te recompensará.

Cuando ustedes ayunen, no pongan cara triste, como esos hipócritas que descuidan la apariencia de su rostro, para que la gente note que están ayunando. Yo les aseguro que ya recibieron su recompensa. Tú, en cambio, cuando ayunes, perfúmate la cabeza y lávate la cara, para que no sepa la gente que estás ayunando, sino tu Padre, que está en lo secreto; y tu Padre, que ve lo secreto, te recompensará".

Palabra del Señor.   ℟. **Gloria a ti, Señor Jesús.**

BENDICIÓN E IMPOSICIÓN DE LA CENIZA

Después de la homilía, el sacerdote, de pie y con las manos juntas, dice:
   Queridos hermanos, pidamos humildemente a Dios Padre que bendiga con su gracia esta ceniza que, en señal de penitencia, vamos a imponer sobre nuestra cabeza.

Y, después de un breve momento de oración en silencio, con las manos extendidas, prosigue:
   Señor Dios, que te apiadas de quien se humilla y te muestras benévolo para quien se arrepiente, inclina piadosamente tu oído a nuestras súplicas y derrama la gracia de tu bendición ✠ sobre estos siervos tuyos, que van a recibir la ceniza, para que, perseverando en las prácticas cuaresmales, merezcan llegar, purificada su conciencia, a la celebración del misterio pascual de tu Hijo. Él, que vive y reina por los siglos de los siglos.
℟. **Amén**.

Y rocía la ceniza con agua bendita, sin decir nada.

Después el sacerdote impone la ceniza a todos los presentes que se acercan a él, y dice a cada uno:
Conviértete y cree en el Evangelio.
O bien:
Recuerda que eres polvo y al polvo has de volver.

Mientras tanto, se canta la antífona.

ANTÍFONA 1
   Renovemos nuestra vida con signos de penitencia; ayunemos y lloremos delante del Señor, porque la misericordia de nuestro Dios está siempre dispuesta a perdonar nuestros pecados.

ANTÍFONA 2   Cfr. Jl 2, 17; Est 4, 17
   Entre al atrio y el altar lloren los sacerdotes, ministros del Señor, diciendo: Perdona, Señor, perdona a tu pueblo, y no cierres la boca de aquellos que te alaban.

ANTÍFONA 3   Sal 50, 3
   Lávame, Señor, de mis pecados.

*Esta antífona puede repetirse después de cada verso del salmo 50 **Misericordia, Dios mío, por tu bondad**.*

RESPONSORIO   Cfr. Bar 3, 2; Sal 78, 9

Renovemos y mejoremos nuestra vida, pues por ignorancia hemos pecado; no sea que, sorprendidos por el día de la muerte, busquemos un tiempo para hacer penitencia, y ya no sea posible encontrarlo. * Escúchanos, Señor, y ten piedad, porque hemos pecado contra ti.

℟. **Escúchanos, Señor, y ten piedad, porque hemos pecado contra ti.**

Ven en nuestra ayuda, Dios salvador nuestro; por el honor de tu nombre, líbranos, Señor. ℟.

Se puede entonar tambiérn otro canto apropiado

Terminada la imposición de la ceniza, el sacerdote se lava las manos y continúa con la oración universal.

No se dice Credo.

ORACIÓN SOBRE LAS OFRENDAS

Al ofrecer el sacrificio con el que iniciamos solemnemente la Cuaresma, te rogamos, Señor, que por nuestras obras de penitencia y de caridad nos veamos libres de los vicios y los malos deseos, para que, purificados de todo pecado, merezcamos celebrar con fervor la pasión de tu Hijo. Él, que vive y reina por los siglos de los siglos.

ANTÍFONA DE LA COMUNIÓN   Cfr. Sal 1, 2-3

El que día y noche medita la ley del Señor, al debido tiempo dará su fruto.

ORACIÓN DESPUÉS DE LA COMUNIÓN

Que nos auxilien, Señor, los sacramentos que recibimos, para que nuestro ayuno sea de tu agrado y nos aproveche como remedio saludable. Por Jesucristo, nuestro Señor.

ORACIÓN SOBRE EL PUEBLO

Derrama, propicio, Señor Dios, tu espíritu de arrepentimiento sobre quienes se inclinan ante tu majestad, y que merezcan obtener, por tu misericordia, el premio prometido a los que hacen penitencia. Por Jesucristo, nuestro Señor.

LA CUARESMA ES TIEMPO DE VERDAD

❋ "Tiempo de verdad profunda que convierte, da esperanza –volviendo a poner todo en su justo lugar–, calma y hace nacer el optimismo.

❋ Tiempo que hace reflexionar sobre nuestras relaciones con nuestro Padre y restablece el orden que debe reinar entre hermanos.

❋ Tiempo que nos hace corresponsables los unos de los otros, nos arranca de nuestros egoísmos, de nuestras pequeñeces, de nuestras mezquindades, de nuestro orgullo.

❋ Tiempo que nos aclara y nos hace comprender mejor que nosotros, a ejemplo de Cristo, debemos servir.

❋ Tiempo de verdad que, como al buen samaritano, nos hace detener en el camino, reconocer a nuestro hermano y poner nuestro tiempo y nuestros bienes a su servicio en un compartir cotidiano.

❋ La Cuaresma es un tiempo de verdad.

❋ Examinémonos con sinceridad, franqueza y sencillez. Nuestro hermano está en el pobre, el enfermo, el marginado, el anciano.

❋ ¿Cómo va nuestra verdad, nuestro amor?".

San Juan Pablo II

22 de febrero — 1er Domingo de Cuaresma

22 de febrero   **1er Domingo de Cuaresma**
(Morado)

ANTÍFONA DE ENTRADA   Cfr. Sal 90, 15-16

Me invocará y yo lo escucharé; lo libraré y lo glorificaré; prolongaré los días de su vida.

No se dice Gloria.

ORACIÓN COLECTA

Concédenos, Dios todopoderoso, que por las prácticas anuales de esta celebración cuaresmal, progresemos en el conocimiento del misterio de Cristo, y traduzcamos su efecto en una conducta irreprochable. Por nuestro Señor Jesucristo...

La alianza sellada entre Dios y Noé, salvado del diluvio (PRIMERA LECTURA), fue el esbozo de la alianza que iba a sellarse entre Dios y el hombre, con la muerte y resurrección de Cristo (SEGUNDA LECTURA). Por eso, en este domingo de la tentación, se nos muestra a Jesús tentado por Satanás en el desierto (EVANGELIO), como para asegurarnos que llegaron los tiempos del combate supremo y de la alianza eterna.

PRIMERA LECTURA

Pondré mi arco iris en el cielo como señal de mi alianza con la tierra.

Del libro del Génesis
9, 8-15

En aquellos días, dijo Dios a Noé y a sus hijos: "Ahora establezco una alianza con ustedes y con sus descendientes, con todos los animales que los acompañaron, aves, ganados y fieras, con todos los que salieron del arca, con todo ser viviente sobre la tierra. Ésta es la alianza que establezco con ustedes: No volveré a exterminar la vida con el diluvio, ni habrá otro diluvio que destruya la tierra".

Y añadió: "Ésta es la señal de la alianza perpetua que yo establezco con ustedes y con todo ser viviente que esté con ustedes: pondré mi arco iris en el cielo como señal de mi alianza con la tierra, y cuando yo cubra de nubes la tierra, aparecerá el arco iris y me acordaré de mi alianza con ustedes y con todo ser viviente. No volverán las aguas del diluvio a destruir la vida".

Palabra de Dios.   ℟. **Te alabamos, Señor.**

SALMO RESPONSORIAL
Del salmo 24

E. Estrella B.P. 1599

Des - cú - bre - nos,   Se - ñor,   tus   ca - mi - nos.

℟.   Descúbrenos, Señor, tus caminos.

Descúbrenos, Señor, tus caminos,
guíanos con la verdad de tu doctrina.
Tú eres nuestro Dios y salvador
y tenemos en ti nuestra esperanza. ℟.

Acuérdate, Señor, que son eternos
tu amor y tu ternura.
Según ese amor y esa ternura,
acuérdate de nosotros. ℟.

Porque el Señor es recto y bondadoso,
indica a los pecadores el sendero,
guía por la senda recta a los humildes
y descubre a los pobres sus caminos. ℟.

SEGUNDA LECTURA
El agua del diluvio es un símbolo del bautismo, que los salva.

De la primera carta del apóstol san Pedro
3, 18-22

Hermanos: Cristo murió, una sola vez y para siempre, por los pecados de los hombres; él, el justo, por nosotros, los injustos, para llevarnos a Dios; murió en su cuerpo y resucitó glorificado. En esta ocasión, fue a proclamar su mensaje a los espíritus encarcelados, que habían sido rebeldes en los tiempos de Noé, cuando la paciencia de Dios aguardaba, mientras se construía el arca, en la que unos pocos, ocho personas, se salvaron flotando sobre el agua. Aquella agua era figura del bautismo, que ahora los salva a ustedes y que no consiste en quitar la inmundicia corporal, sino en el compromiso de vivir con una buena conciencia ante Dios, por la resurrección de Cristo Jesús, Señor nuestro, que subió al cielo y está a la derecha de Dios, a quien están sometidos los ángeles, las potestades y las virtudes.

Palabra de Dios.   ℟. **Te alabamos, Señor.**

ACLAMACIÓN ANTES DEL EVANGELIO
Mt 4, 4

B.P. 1188 Popular.

Ho - nor   y glo - ria_a ti,   Se - ñor Je - sús.

℟.   Honor y gloria a ti, Señor Jesús.
No sólo de pan vive el hombre,
sino también de toda palabra
que sale de la boca de Dios.
℟.   Honor y gloria a ti, Señor Jesús.

EVANGELIO
Fue tentado por Satanás y los ángeles le servían.

✠ Del santo Evangelio según san Marcos
1, 12-15

En aquel tiempo, el Espíritu impulsó a Jesús a retirarse al desierto, donde permaneció cuarenta días y fue tentado por Satanás. Vivió allí entre animales salvajes, y los ángeles le servían.

Después de que arrestaron a Juan el Bautista, Jesús se fue a Galilea para predicar el Evangelio de Dios y decía: "Se ha cumplido el tiempo y el Reino de Dios ya está cerca. Conviértanse y crean en el Evangelio".

Palabra del Señor.   ℟. **Gloria a ti, Señor Jesús.**

ORACIÓN SOBRE LAS OFRENDAS

Te pedimos, Señor, que nos hagas dignos de estos dones que vamos a ofrecerte, ya que con ellos celebramos el inicio de este venerable misterio. Por Jesucristo, nuestro Señor.

ANTÍFONA DE LA COMUNIÓN   Mt 4, 4
   No sólo de pan vive el hombre, sino también de toda palabra que sale de la boca de Dios.

ORACIÓN DESPUÉS DE LA COMUNIÓN
   Alimentados, Señor, de este pan celestial que nutre la fe, hace crecer la esperanza y fortalece la caridad, te suplicamos la gracia de aprender a sentir hambre de aquel que es el pan vivo y verdadero, y a vivir de toda palabra que procede de tu boca. Por Jesucristo, nuestro Señor.

ORACIÓN SOBRE EL PUEBLO
   Derrama sobre tu pueblo, Señor, la abundancia de tu bendición para que su esperanza crezca en la adversidad, su virtud se fortalezca en la tentación, y alcance la redención eterna. Por Jesucristo, nuestro Señor.

EL FRACASO DE SATANÁS

"El Espíritu impulsó a Jesús… al desierto, donde permaneció cuarenta días y fue tentado por Satanás".

✳ Lo que san Marcos no nos dice es que el demonio fracasó rotundamente en las tentaciones que le puso a Cristo.

✳ A Satanás le pasó lo que a muchas sectas religiosas: que citan la Sagrada Escritura como les conviene, sin tomar en cuenta todo lo que dice la Biblia.

✳ En la segunda tentación Satanás le dijo a Jesús: **"Si eres el Hijo de Dios, échate para abajo, porque está escrito:** *Mandará a sus ángeles que te cuiden y ellos te tomarán entre sus manos, para que no tropiece tu pie en piedra alguna"* (Mt 4,6).

✳ Pero se le olvidó el detallito, como Jesús se lo recordó, de que **también esté escrito:** *"No tentarás al Señor, tu Dios"* (Mt 4, 7; cfr. Deut 6, 16).

✳ A nosotros, los fieles católicos, que no conocemos las Sagradas Escrituras, vienen los de las sectas y nos dicen: "Hagan esto y lo otro o no hagan esto y lo de más allá…", y algunos católicos, olvidándose de que también está escrito: "Tú eres Pedro y sobre esta piedra edificaré mi Iglesia y… yo estoy con ustedes (con Pedro y sus sucesores, los Papas) hasta el fin de los tiempos", caen en la tentación de abandonar la Iglesia que Cristo fundó. **Esto, porque dejan que los de las sectas les citen unas palabras aisladas de la Biblia, como lo hizo Satanás con Jesús.**

1 de marzo

2° Domingo de Cuaresma

(Morado)

ANTÍFONA DE ENTRADA   Cfr. Sal 26, 8-9
Mi corazón me habla de ti diciendo: "Busca su rostro". Tu faz estoy buscando, Señor; no me escondas tu rostro.

No se dice Gloria.

ORACIÓN COLECTA
Señor Dios, que nos mandaste escuchar a tu Hijo muy amado, dígnate alimentarnos íntimamente con tu palabra, para que, ya purificada nuestra mirada interior, nos alegremos en la contemplación de tu gloria. Por nuestro Señor Jesucristo...

Las lecturas de hoy nos hablan de dos montañas muy importantes: la montaña donde Abraham, por obediencia a Dios, le ofrece en sacrificio a su propio hijo (PRIMERA LECTURA) y la otra, en la que Dios reveló a su Hijo lleno de gloria (EVANGELIO). Abraham, que no se negó a sacrificar a su hijo único, fue la imagen del amor infinito de Dios hacia los hombres (SEGUNDA LECTURA). En la transfiguración de Jesús, Dios nos mostró el mundo de la resurrección, al cual nos da entrada la muerte de Cristo.

PRIMERA LECTURA
El sacrificio de nuestro patriarca Abraham.

Del libro del Génesis
22, 1-2. 9-13. 15-18

E n aquel tiempo, Dios le puso una prueba a Abraham y le dijo: "¡Abraham, Abraham!". Él respondió: "Aquí estoy". Y Dios le dijo: "Toma a tu hijo único, Isaac, a quien tanto amas; vete a la región de Moria y ofrécemelo en sacrificio, en el monte que yo te indicaré".

Cuando llegaron al sitio que Dios le había señalado, Abraham levantó un altar y acomodó la leña. Luego ató a su hijo Isaac, lo puso sobre el altar, encima de la leña, y tomó el cuchillo para degollarlo.

Pero el ángel del Señor lo llamó desde el cielo y le dijo: "¡Abraham, Abraham!". Él contestó: "Aquí estoy". El ángel le dijo: "No descargues la mano contra tu hijo, ni le hagas daño. Ya veo que temes a Dios, porque no le has negado a tu hijo único".

Abraham levantó los ojos y vio un carnero, enredado por los cuernos en la maleza. Atrapó el carnero y lo ofreció en sacrificio en lugar de su hijo.

El ángel del Señor volvió a llamar a Abraham desde el cielo y le dijo: "Juro por mí mismo, dice el Señor, que por haber hecho esto y no haberme negado a tu hijo único, yo te bendeciré y multiplicaré tu descendencia como las estrellas del cielo y las arenas del mar. Tus descendientes conquistarán las ciudades enemigas. En tu descendencia serán bendecidos todos los pueblos de la tierra, porque obedeciste a mis palabras".

Palabra de Dios.   ℟. **Te alabamos, Señor.**

SALMO RESPONSORIAL
Del salmo 115

E. Estrella B.P. 1600

Siem - pre con - fia - ré en el Se - ñor.

℟.   Siempre confiaré en el Señor.

Aun abrumado de desgracias,
siempre confié en Dios.
A los ojos del Señor es muy penoso
que mueran sus amigos. ℟.

[R. Siempre confiaré en el Señor.]

De la muerte, Señor, me has librado,
a mí, tu esclavo e hijo de tu esclava.
Te ofreceré con gratitud un sacrificio
e invocaré tu nombre. R.

Cumpliré mis promesas al Señor
ante todo su pueblo,
en medio de su templo santo,
que está en Jerusalén. R.

SEGUNDA LECTURA
Dios nos entregó a su propio Hijo.

De la carta del apóstol san Pablo a los romanos
8, 31-34

Hermanos: Si Dios está a nuestro favor, ¿quién estará en contra nuestra? El que no nos escatimó a su propio Hijo, sino que lo entregó por todos nosotros, ¿cómo no va a estar dispuesto a dárnoslo todo, junto con su Hijo? ¿Quién acusará a los elegidos de Dios? Si Dios mismo es quien los perdona, ¿quién será el que los condene? ¿Acaso Jesucristo, que murió, resucitó y está a la derecha de Dios para interceder por nosotros?

Palabra de Dios.   R. **Te alabamos, Señor.**

ACLAMACIÓN ANTES DEL EVANGELIO
Cfr. Mt 17, 5

Ho - nor   y glo - ria_a ti,   Se - ñor Je - sús.

R.   Honor y gloria a ti, Señor Jesús.
En el esplendor de la nube se oyó la voz del Padre, que decía:
"Éste es mi Hijo amado; escúchenlo".
R.   Honor y gloria a ti, Señor Jesús.

EVANGELIO
Éste es mi Hijo amado.

✠ Del santo Evangelio según san Marcos
9, 2-10

E n aquel tiempo, Jesús tomó aparte a Pedro, a Santiago y a Juan, subió con ellos a un monte alto y se transfiguró en su presencia. Sus vestiduras se pusieron esplendorosamente blancas, con una blancura que nadie puede lograr sobre la tierra. Después se les aparecieron Elías y Moisés, conversando con Jesús.

Entonces Pedro le dijo a Jesús: "Maestro, ¡qué a gusto estamos aquí! Hagamos tres tiendas, una para ti, otra para Moisés y otra para Elías". En realidad no sabía lo que decía, porque estaban asustados.

Se formó entonces una nube, que los cubrió con su sombra, y de esta nube salió una voz que decía: "Éste es mi Hijo amado; escúchenlo". En ese momento miraron alrededor y no vieron a nadie sino a Jesús, que estaba solo con ellos.

Cuando bajaban de la montaña, Jesús les mandó que no contaran a nadie lo que habían visto, hasta que el Hijo del hombre resucitara de entre los muertos. Ellos guardaron esto en secreto, pero discutían entre sí qué querría decir eso de "resucitar de entre los muertos".

Palabra del Señor. ℟. **Gloria a ti, Señor Jesús.**

ORACIÓN SOBRE LAS OFRENDAS

Te rogamos, Señor, que estos dones borren nuestros pecados y santifiquen el cuerpo y el alma de tus fieles, para celebrar dignamente las fiestas pascuales. Por Jesucristo, nuestro Señor.

ANTÍFONA DE LA COMUNIÓN   Mt 17, 5

Éste es mi Hijo muy amado, en quien tengo puestas mis complacencias; escúchenlo.

ORACIÓN DESPUÉS DE LA COMUNIÓN

Al recibir, Señor, este glorioso sacramento, queremos darte gracias de todo corazón porque así nos permites, desde este mundo, participar ya de los bienes del cielo. Por Jesucristo, nuestro Señor.

ORACIÓN SOBRE EL PUEBLO

Bendice, Señor, a tus fieles con una bendición perpetua, y haz que de tal manera acojan el Evangelio de tu Hijo, que puedan debida y felizmente desear y alcanzar la gloria que él manifestó a los apóstoles. Por Jesucristo, nuestro Señor.

TAMBIÉN LOS DEMÁS
SON HIJOS AMADOS DE DIOS;
¡ESCUCHÉMOSLOS!

A veces nos hablan con palabras:

◆ "Seño, si por ahí tiene alguna ropita que ya no le sirva...".

◆ "Mire, patrón, de lo que sea. Lo que necesito urgentemente es trabajar. Tengo seis hijos...".

◆ "Una limosna, por el amor de Dios".

◆ "¿No me completa para un pan?".

◆ A veces –las más de ellas– nos hablan sin palabras:

◆ desde la humilde casita de lámina y cartón donde "viven" diez de familia.

◆ desde la puerta de nuestra casa donde aquella mujer –¿cuántos niños esperarán que ella llegue con algo de comer?– trata inútilmente de vendernos alguna oferta, que quizás a nosotros no nos hace falta, pero a ella sí...

◆ desde la tiendita esa en la que no compramos nada, porque nos es más cómodo comprar todo junto en la tiendota de autoservicio...

◆ desde el transporte público, donde la señora, el niño, el adulto mayor piden que los tratemos con respeto...

**Y AL ESCUCHARLOS,
TAMBIÉN ESTAMOS
ESCUCHANDO
A JESUCRISTO**

8 de marzo

3er Domingo de Cuaresma

(Morado)

ANTÍFONA DE ENTRADA   Cfr. Sal 24, 15-16

Mis ojos están siempre fijos en el Señor, pues él libra mis pies de toda trampa. Mírame, Señor, y ten piedad de mí, que estoy solo y afligido.

No se dice Gloria.

ORACIÓN COLECTA

Señor Dios, fuente de misericordia y de toda bondad, que enseñaste que el remedio contra el pecado está en el ayuno, la oración y la limosna, mira con agrado nuestra humilde confesión, para que a quienes agobia la propia conciencia nos reconforte siempre tu misericordia. Por nuestro Señor Jesucristo...

Dios decidió promulgar su ley al pueblo que había escogido, por medio de Moisés. Esa ley se puede sintetizar en cuatro palabras: Yo soy el Señor (PRIMERA LECTURA). Después envió Dios a su Hijo para dar su gracia a los hombres. El Hijo fue un verdadero templo de Dios vivo en su humanidad, que vino al mundo humildemente y murió con el escándalo de la cruz (SEGUNDA LECTURA). El Hijo no dio más que una señal indudable de su misión: su propia resurrección (EVANGELIO).

PRIMERA LECTURA

La ley fue dada por Dios a Moisés.

Del libro del Éxodo
20, 1-17

E n aquellos días, el Señor promulgó estos preceptos para su pueblo en el monte Sinaí, diciendo: "Yo soy el Señor, tu Dios, que te sacó de la tierra de Egipto y de la esclavitud. No tendrás otros dioses fuera de mí; no te fabricarás ídolos ni imagen alguna de lo que hay arriba, en el cielo, o abajo, en la tierra, o en el agua, y debajo de la tierra. No adorarás nada de eso ni le rendirás culto, porque yo, el Señor, tu Dios, soy un Dios celoso, que castiga la maldad de los padres en los hijos hasta la tercera y cuarta generación de aquellos que me odian; pero soy misericordioso hasta la milésima generación de aquellos que me aman y cumplen mis mandamientos.

No harás mal uso del nombre del Señor, tu Dios, porque no dejará el Señor sin castigo a quien haga mal uso de su nombre.

Acuérdate de santificar el sábado. Seis días trabajarás y en ellos harás todos tus quehaceres; pero el día séptimo es día de descanso, dedicado al Señor, tu Dios. No harás en él trabajo alguno, ni tú, ni tu hijo, ni tu hija, ni tu esclavo, ni tu esclava, ni tus animales, ni el forastero que viva contigo. Porque en seis días hizo el Señor el cielo, la tierra, el mar y cuanto hay en ellos, pero el séptimo, descansó. Por eso bendijo el Señor el sábado y lo santificó.

Honra a tu padre y a tu madre para que vivas largos años en la tierra que el Señor, tu Dios, te va a dar. No matarás. No cometerás adulterio. No robarás. No darás falso testimonio contra tu prójimo. No codiciarás la casa de tu prójimo, ni a su mujer, ni a su esclavo, ni a su esclava, ni su buey, ni su burro, ni cosa alguna que le pertenezca".

Palabra de Dios.   ℟. **Te alabamos, Señor.**

SALMO RESPONSORIAL

Del salmo 18

R. Morales B.P. 1601

Tú tie - nes, Se - ñor, pa - la - bras de vi - da e - ter - na, de vi - da e - ter - na.

℟.   Tú tienes, Señor, palabras de vida eterna.

La ley del Señor es perfecta del todo
y reconforta el alma;
inmutables son las palabras del Señor
y hacen sabio al sencillo. ℟.

En los mandamientos del Señor hay rectitud
y alegría para el corazón;
son luz los preceptos del Señor
para alumbrar el camino. ℟.
La voluntad de Dios es santa
y para siempre estable;
los mandamientos del Señor son verdaderos
y enteramente justos. ℟.
Que te sean gratas las palabras de mi boca
y los anhelos de mi corazón.
Haz, Señor, que siempre te busque,
pues eres mi refugio y salvación. ℟.

SEGUNDA LECTURA
Predicamos a Cristo crucificado, escándalo para los hombres, pero sabiduría de Dios para los llamados.

De la primera carta del apóstol san Pablo a los corintios
1, 22-25

Hermanos: Los judíos exigen señales milagrosas y los paganos piden sabiduría. Pero nosotros predicamos a Cristo crucificado, que es escándalo para los judíos y locura para los paganos; en cambio, para los llamados, sean judíos o paganos, Cristo es la fuerza y la sabiduría de Dios. Porque la locura de Dios es más sabia que la sabiduría de los hombres, y la debilidad de Dios es más fuerte que la fuerza de los hombres.

Palabra de Dios.   ℟. **Te alabamos, Señor.**

ACLAMACIÓN ANTES DEL EVANGELIO
Jn 3, 16

Ho - nor   y glo - ria_a ti,   Se - ñor Je - sús.

℟. Honor y gloria a ti, Señor Jesús.
Tanto amó Dios al mundo, que le entregó a su Hijo único,
para que todo el que crea en él tenga vida eterna.
℟. Honor y gloria a ti, Señor Jesús.

EVANGELIO

Destruyan este templo y en tres días lo reconstruiré.

✠ Del santo Evangelio según san Juan
2, 13-25

C uando se acercaba la Pascua de los judíos, Jesús llegó a Jerusalén y encontró en el templo a los vendedores de bueyes, ovejas y palomas, y a los cambistas con sus mesas. Entonces hizo un látigo de cordeles y los echó del templo, con todo y sus ovejas y bueyes; a los cambistas les volcó las mesas y les tiró al suelo las monedas; y a los que vendían palomas les dijo: "Quiten todo de aquí y no conviertan en un mercado la casa de mi Padre".

En ese momento, sus discípulos se acordaron de lo que estaba escrito: *El celo de tu casa me devora.*

Después intervinieron los judíos para preguntarle: "¿Qué señal nos das de que tienes autoridad para actuar así?". Jesús les respondió: "Destruyan este templo y en tres días lo reconstruiré". Replicaron los judíos: "Cuarenta y seis años se ha llevado la construcción del templo, ¿y tú lo vas a levantar en tres días?".

Pero él hablaba del templo de su cuerpo. Por eso, cuando resucitó Jesús de entre los muertos, se acordaron sus discípulos de que había dicho aquello y creyeron en la Escritura y en las palabras que Jesús había dicho.

Mientras estuvo en Jerusalén para las fiestas de Pascua, muchos creyeron en él, al ver los prodigios que hacía. Pero Jesús no se fiaba de ellos, porque los conocía a todos y no necesitaba que nadie le descubriera lo que es el hombre, porque él sabía lo que hay en el hombre.

Palabra del Señor.   ℟. **Gloria a ti, Señor Jesús.**

ORACIÓN SOBRE LAS OFRENDAS

Por estas ofrendas, Señor, concédenos benigno el perdón de nuestras ofensas, y ayúdanos a perdonar a nuestros hermanos. Por Jesucristo, nuestro Señor.

ANTÍFONA DE LA COMUNIÓN   Cfr. Sal 83, 4-5

El gorrión ha encontrado una casa, y la golondrina un nido donde poner sus polluelos: junto a tus altares, Señor de los ejércitos, Rey mío y Dios mío. Dichosos los que viven en tu casa y pueden alabarte siempre.

ORACIÓN DESPUÉS DE LA COMUNIÓN

Alimentados en la tierra con el pan del cielo, prenda de eterna salvación, te suplicamos, Señor, que lleves a su plenitud en nuestra vida la gracia recibida en este sacramento. Por Jesucristo, nuestro Señor.

ORACIÓN SOBRE EL PUEBLO

Dirige, Señor, los corazones de tus fieles y da en tu bondad a tus siervos una gracia tan grande que, cumpliendo en plenitud tus mandamientos, nos haga permanecer en tu amor y en el de nuestro prójimo. Por Jesucristo, nuestro Señor.

SOMOS TEMPLOS DE DIOS

Por eso:
- explotar a un trabajador,
- maltratar a la esposa o a los hijos,
- causarle un daño a un vecino,
- hablar mal de un compañero,
- hacer mal o incompleto nuestro trabajo,
- asesinar a un niño –que está totalmente indefenso– antes de nacer,
- escandalizar a un niño,
- despojar a otro de lo suyo,
- lastimar u ofender a alguien voluntariamente,
- despreciar a cualquier persona,
- aprovecharse de otra persona en cualquier forma,

SON VERDADEROS SACRILEGIOS.

De ahí que Dios haya mandado en el Antiguo Testamento: **"No matarás. No cometerás adulterio. No robarás. No darás falso testimonio contra tu prójimo..."**.

Y que Cristo nos mande con tal severidad: **"No conviertan en un mercado la casa de mi Padre"**.

15 de marzo

4º Domingo de Cuaresma

(Morado o rosa)

ORACIÓN COLECTA

Señor Dios, que por tu Palabra realizas admirablemente la reconciliación del género humano, concede al pueblo cristiano prepararse con generosa entrega y fe viva a celebrar las próximas fiestas de la Pascua. Por nuestro Señor Jesucristo...

Dios castigó a Israel por sus muchas infidelidades; pero después de setenta años, condujo a su pueblo hasta la tierra que le había prometido (PRIMERA LECTURA). Ese relato es una imagen del amor infinito de Dios hacia los hombres, a los que salvó por medio de la cruz de su Hijo (EVANGELIO), asociándolos por la fe a la gloria de la resurrección y la ascensión (SEGUNDA LECTURA).

PRIMERA LECTURA

La ira del Señor desterró a su pueblo; su misericordia lo liberó.

Del segundo libro de las Crónicas
36, 14-16. 19-23

E n aquellos días, todos los sumos sacerdotes y el pueblo multiplicaron sus infidelidades, practicando todas las abominables costumbres de los paganos, y mancharon la casa del Señor, que él se había consagrado en Jerusalén. El Señor, Dios de sus padres, los exhortó continuamente por medio de sus mensajeros, porque sentía compasión de su pueblo y quería preservar su santuario. Pero ellos se burlaron de los mensajeros de Dios, despreciaron sus advertencias y se mofaron de sus profetas, hasta que la ira del Señor contra su pueblo llegó a tal grado, que ya no hubo remedio.

Envió entonces contra ellos al rey de los caldeos. Incendiaron la casa de Dios y derribaron las murallas de Jerusalén, pegaron fuego a todos los palacios y destruyeron todos sus objetos preciosos. A los que escaparon de la espada, los llevaron cautivos a Babilonia, donde fueron esclavos del rey y de sus hijos, hasta que el reino pasó al dominio de los persas, para que se cumpliera lo que dijo Dios por boca del profeta Jeremías: *Hasta que el país haya pagado sus sábados perdidos, descansará de la desolación, hasta que se cumplan setenta años.*

En el año primero de Ciro, rey de Persia, en cumplimiento de las palabras que habló el Señor por boca de Jeremías, el Señor inspiró a Ciro, rey de los persas, el cual mandó proclamar de palabra y por escrito en todo su reino, lo siguiente: "Así habla Ciro, rey de Persia: El Señor, Dios de los cielos, me ha dado todos los reinos de la tierra y me ha mandado que le edifique una casa en Jerusalén de Judá. En consecuencia, todo aquel que pertenezca a este pueblo, que parta hacia allá, y que su Dios lo acompañe".

Palabra de Dios.   ℟. **Te alabamos, Señor.**

SALMO RESPONSORIAL
Del salmo 136

E. Estrella B.P. 1602

Tu re - cuer - do, Se - ñor, es mi a - le - grí - a.

℟. Tu recuerdo, Señor, es mi alegría.

Junto a los ríos de Babilonia nos sentábamos
a llorar de nostalgia;
de los sauces que estaban en la orilla
colgamos nuestras arpas. ℟.

[R̸. Tu recuerdo, Señor, es mi alegría.]

Aquellos que cautivos nos tenían
pidieron que cantáramos.
Decían los opresores:
"Algún cantar de Sión, alegres, cántennos". R̸.

Pero, ¿cómo podríamos cantar
un himno al Señor en tierra extraña?
¡Que la mano derecha se me seque,
si de ti, Jerusalén, yo me olvidara! R̸.

¡Que se me pegue al paladar la lengua,
Jerusalén, si no te recordara,
o si, fuera de ti,
alguna otra alegría yo buscara! R̸.

SEGUNDA LECTURA
Muertos por los pecados, ustedes han sido salvados por la gracia.

De la carta del apóstol san Pablo a los efesios
2, 4-10

Hermanos: La misericordia y el amor de Dios son muy grandes; porque nosotros estábamos muertos por nuestros pecados, y él nos dio la vida con Cristo y en Cristo. Por pura generosidad suya, hemos sido salvados. Con Cristo y en Cristo nos ha resucitado y con él nos ha reservado un sitio en el cielo. Así, en todos los tiempos, Dios muestra, por medio de Cristo Jesús, la incomparable riqueza de su gracia y de su bondad para con nosotros.

En efecto, ustedes han sido salvados por la gracia, mediante la fe; y esto no se debe a ustedes mismos, sino que es un don de Dios. Tampoco se debe a las obras, para que nadie pueda presumir, porque somos hechura de Dios, creados por medio de Cristo Jesús, para hacer el bien que Dios ha dispuesto que hagamos.

Palabra de Dios.   R̸. **Te alabamos, Señor.**

ACLAMACIÓN ANTES DEL EVANGELIO
Jn 3, 16

B.P. 1188 Popular.

Ho - nor   y glo - ria_a ti,   Se - ñor Je - sús.

R︎. Honor y gloria a ti, Señor Jesús.
Tanto amó Dios al mundo, que le entregó a su Hijo único,
para que todo el que crea en él tenga vida eterna.
R︎. Honor y gloria a ti, Señor Jesús.

EVANGELIO
Dios envió a su Hijo al mundo para que el mundo se salve por él.

✠ Del santo Evangelio según san Juan
3, 14-21

En aquel tiempo, Jesús dijo a Nicodemo: "Así como Moisés levantó la serpiente en el desierto, así tiene que ser levantado el Hijo del hombre, para que todo el que crea en él tenga vida eterna.

Porque tanto amó Dios al mundo, que le entregó a su Hijo único, para que todo el que crea en él no perezca, sino que tenga vida eterna. Porque Dios no envió a su Hijo para condenar al mundo, sino para que el mundo se salvara por él. El que cree en él no será condenado; pero el que no cree ya está condenado, por no haber creído en el Hijo único de Dios.

La causa de la condenación es ésta: habiendo venido la luz al mundo, los hombres prefirieron las tinieblas a la luz, porque sus obras eran malas. Todo aquel que hace el mal, aborrece la luz y no se acerca a ella, para que sus obras no se descubran. En cambio, el que obra el bien conforme a la verdad, se acerca a la luz, para que se vea que sus obras están hechas según Dios".
Palabra del Señor.   R︎. **Gloria a ti, Señor Jesús.**

ORACIÓN SOBRE LAS OFRENDAS
Te presentamos, Señor, llenos de alegría, estas ofrendas para el sacrificio redentor, y pedimos tu ayuda para celebrarlo con fe sincera y ofrecerlo dignamente por la salvación del mundo. Por Jesucristo, nuestro Señor.

ANTÍFONA DE LA COMUNIÓN   Cfr. Sal 121, 3-4
Jerusalén ha sido edificada como ciudad bien compacta. Allá suben las tribus, las tribus del Señor, según la costumbre de Israel, a celebrar el nombre del Señor.

ORACIÓN DESPUÉS DE LA COMUNIÓN
Señor Dios, luz que alumbra a todo hombre que viene a este mundo, ilumina nuestros corazones con el resplandor de tu gracia, para que podamos siempre pensar lo que es digno y grato a tus ojos y amarte con sincero corazón. Por Jesucristo, nuestro Señor.

ORACIÓN SOBRE EL PUEBLO

Protege, Señor, a quienes te invocan, ayuda a los débiles y reaviva siempre con tu luz a quienes caminan en medio de las tinieblas de la muerte; concédeles que, liberados por tu bondad de todos los males, alcancen los bienes supremos. Por Jesucristo, nuestro Señor.

TANTO AMÓ DIOS AL MUNDO...

✳ que nos entregó a su Hijo único para que nos salváramos...

✳ y nosotros que nos resistimos tanto –y a veces de plano nos negamos– a entregarle a Dios el hijo o la hija que él llama al sacerdocio o a la vida religiosa para que le ayuden a salvar al mundo...

✳ y nosotros que no nos atrevemos a arriesgar, aunque sea un poquito, el futuro económico de nuestros hijos a fin de hacer menos problemático el presente de los hijos de nuestros trabajadores y empleados...

✳ y nosotros que no sólo no somos capaces de sacrificar a un hijo, pero ni siquiera somos capaces de sacrificar una comodidad, un lujo innecesario, un gustito caro, un poco de nuestro tiempo para salvar a una familia pobre de sus angustias; a un hombre, lleno de deudas, de sus acreedores; a un niño sin escuela, de su marginación social...

19 de marzo
Jueves

San José, esposo de la santísima Virgen María
(Blanco)

ANTÍFONA DE ENTRADA   Cfr. Lc 12, 42
Éste es el siervo fiel y prudente, a quien el Señor puso al frente de su familia.

Se dice Gloria.

ORACIÓN COLECTA

Dios todopoderoso, que pusiste bajo la fiel custodia de san José los comienzos de la salvación humana, te pedimos que, por su intercesión, pueda tu Iglesia llevarla siempre a su plenitud. Por nuestro Señor Jesucristo...

La misión de san José al lado de Jesús y de María, queda expuesta en esta Misa. José es el hombre justo, el "siervo fiel y prudente" (ANTÍFONA DE ENTRADA), el custodio de la Sagrada Familia, el que, haciendo las veces de padre, cuidará de Jesús. Dios confió los primeros misterios de la salvación de los hombres a la fiel custodia de san José (ORACIÓN COLECTA) y el Señor quiso que siguiera desempeñando en la Iglesia, que es el cuerpo de Cristo, la misma función que desempeñó cuando se entregó por entero a servir a Jesús (ORACIÓN SOBRE LAS OFRENDAS). Así como María, Madre de Jesús, es la Madre de la Iglesia, José, el custodio de Jesús, es el protector de la Iglesia.

PRIMERA LECTURA
El Señor Dios le dará el trono de David, su padre.

Del segundo libro de Samuel
7, 4-5. 12-14. 16

En aquellos días, el Señor le habló al profeta Natán y le dijo: "Ve y dile a mi siervo David que el Señor le manda decir esto: 'Cuando tus días se hayan cumplido y descanses para siempre con tus padres, engrandeceré a tu hijo, sangre de tu sangre, y consolidaré su reino.

Él me construirá una casa y yo consolidaré su trono para siempre. Yo seré para él un padre y él será para mí un hijo. Tu casa y tu reino permanecerán para siempre ante mí, y tu trono será estable eternamente'".

Palabra de Dios.   ℟. **Te alabamos, Señor.**

SALMO RESPONSORIAL
Del salmo 88

℟.   Su descendencia perdurará eternamente.

Proclamaré sin cesar la misericordia del Señor
y daré a conocer que su fidelidad es eterna,
pues el Señor ha dicho: "Mi amor es para siempre
y mi lealtad, más firme que los cielos. ℟.

Un juramento hice a David, mi servidor,
una alianza pacté con mi elegido:
'Consolidaré tu dinastía para siempre
y afianzaré tu trono eternamente'. ℟.

Él me podrá decir: 'Tú eres mi padre,
el Dios que me protege y que me salva'.
Yo jamás le retiraré mi amor
ni violaré el juramento que le hice". ℟.

SEGUNDA LECTURA
Esperando contra toda esperanza, Abraham creyó.

De la carta del apóstol san Pablo a los romanos
4, 13. 16-18. 22

Hermanos: La promesa que Dios hizo a Abraham y a sus descendientes, de que ellos heredarían el mundo, no dependía de la observancia de la ley, sino de la justificación obtenida mediante la fe.

En esta forma, por medio de la fe, que es gratuita, queda asegurada la promesa para todos sus descendientes, no sólo para aquellos que cumplen la ley, sino también para todos los que tienen la fe de Abraham. Entonces, él es padre de todos nosotros, como dice la Escritura: *Te he constituido padre de todos los pueblos.*

Así pues, Abraham es nuestro padre delante de aquel Dios en quien creyó y que da la vida a los muertos y llama a la existencia a las cosas que todavía no existen. Él, esperando contra toda esperanza, creyó que habría de ser padre de muchos pueblos, conforme a lo que Dios le había prometido: *Así de numerosa será tu descendencia.* Por eso, Dios le acreditó esta fe como justicia.

Palabra de Dios.　℟. **Te alabamos, Señor.**

ACLAMACIÓN ANTES DEL EVANGELIO
Sal 83, 5

℟.　Honor y gloria a ti, Señor Jesús.
Dichosos los que viven en tu casa;
siempre, Señor, te alabarán.
℟.　Honor y gloria a ti, Señor Jesús.

EVANGELIO
José hizo lo que le había mandado el ángel del Señor.

✠　Del santo Evangelio según san Mateo
　　1, 16. 18-21. 24

Jacob engendró a José, el esposo de María, de la cual nació Jesús, llamado Cristo.

Cristo vino al mundo de la siguiente manera: Estando María, su madre, desposada con José y antes de que vivieran juntos, sucedió que ella, por obra del Espíritu Santo, estaba esperando un hijo. José, su esposo, que era hombre justo, no queriendo ponerla en evidencia, pensó dejarla en secreto.

Mientras pensaba en estas cosas, un ángel del Señor le dijo en sueños: "José, hijo de David, no dudes en recibir en tu casa a María, tu esposa, porque ella ha concebido por obra del Espíritu Santo. Dará a luz un hijo y tú le pondrás el nombre de Jesús, porque él salvará a su pueblo de sus pecados".

Cuando José despertó de aquel sueño, hizo lo que le había mandado el ángel del Señor.

Palabra del Señor.　℟. **Gloria a ti, Señor Jesús.**

Se dice **Credo.**

ORACIÓN SOBRE LAS OFRENDAS

Te rogamos, Señor, que así como san José sirvió con amorosa entrega a tu Unigénito, nacido de la Virgen María, así también nosotros, con un corazón limpio, merezcamos servirte en tu altar. Por Jesucristo, nuestro Señor.

ANTÍFONA DE LA COMUNIÓN   Mt 25, 21

Alégrate, siervo bueno y fiel. Entra a compartir el gozo de tu Señor.

ORACIÓN DESPUÉS DE LA COMUNIÓN

Señor, protege siempre a esta familia tuya que alimentada con el sacramento del altar, se alegra hoy al celebrar la solemnidad de san José, y conserva en ella los dones que con tanta bondad le concedes. Por Jesucristo, nuestro Señor.

ESCUCHEN QUÉ COSA Y COSA

Escuchen qué cosa y cosa
tan maravillosa, aquesta:
un marido sin mujer,
y una casada doncella.

Un padre, que no ha engendrado
a un hijo, a quien Otro engendra;
un hijo mayor que el padre,
y un casado con pureza.

Un hombre que da alimentos
al mismo que lo alimenta;
tiene por ama a una esclava,
y por esposa una reina.

Celos tuvo y confianza,
seguridad y sospechas,
riesgos y seguridades,
necesidad y riquezas.

Tuvo, en fin, todas las cosas
que pueden pensarse buenas;
y es, en fin, de María esposo,
y de Dios, padre en la tierra.

Sor Juana Inés de la Cruz

22 de marzo — 5º Domingo de Cuaresma

(Morado)

ANTÍFONA DE ENTRADA   Cfr. Sal 42, 1-2

Señor, hazme justicia. Defiende mi causa contra la gente sin piedad, sálvame del hombre traidor y malvado, tú que eres mi Dios y mi defensa.

No se dice Gloria.

ORACIÓN COLECTA

Te rogamos, Señor Dios nuestro, que, con tu auxilio, avancemos animosamente hacia aquel grado de amor con el que tu Hijo, por la salvación del mundo, se entregó a la muerte. Él, que vive y reina…

El profeta Jeremías anuncia la alianza que Dios quiere sellar con su pueblo, inscribiendo su ley en los corazones y perdonando sus pecados (PRIMERA LECTURA). Tenía que llegar la hora de esa alianza, que se selló con la pasión de Jesús (SEGUNDA LECTURA), que al ser elevado en la cruz, atraía hacia él a todos los hombres (EVANGELIO).

PRIMERA LECTURA
Haré una alianza nueva y no recordaré sus pecados.

Del libro del profeta Jeremías
31, 31-34

"Se acerca el tiempo, dice el Señor,
en que haré con la casa de Israel
y la casa de Judá una alianza nueva.

No será como la alianza que hice con los padres de ustedes,
cuando los tomé de la mano para sacarlos de Egipto.
Ellos rompieron mi alianza
y yo tuve que hacer un escarmiento con ellos.
    Ésta será la alianza nueva
que voy a hacer con la casa de Israel:
Voy a poner mi ley en lo más profundo de su mente
y voy a grabarla en sus corazones.
Yo seré su Dios y ellos serán mi pueblo.
Ya nadie tendrá que instruir a su prójimo ni a su hermano,
diciéndole: 'Conoce al Señor',
porque todos me van a conocer,
desde el más pequeño hasta el mayor de todos,
cuando yo les perdone sus culpas
y olvide para siempre sus pecados".

Palabra de Dios.   ℟. **Te alabamos, Señor.**

SALMO RESPONSORIAL
Del salmo 50

R. Morales B.P. 1603

Crea en mí, Señor, crea en mí, Señor, un corazón puro.

℟.   Crea en mí, Señor, un corazón puro.

Por tu inmensa compasión y misericordia,
Señor, apiádate de mí y olvida mis ofensas.
Lávame bien de todos mis delitos
y purifícame de mis pecados. ℟.

    Crea en mí, Señor, un corazón puro,
un espíritu nuevo para cumplir tus mandamientos.
No me arrojes, Señor, lejos de ti,
ni retires de mí tu santo espíritu. ℟.

    Devuélveme tu salvación, que regocija,
y mantén en mí un alma generosa.
Enseñaré a los descarriados tus caminos
y volverán a ti los pecadores. ℟.

SEGUNDA LECTURA
Aprendió a obedecer y se convirtió en autor de salvación eterna.

De la carta a los hebreos
5, 7-9

Hermanos: Cristo, durante su vida mortal, ofreció oraciones y súplicas, con poderoso clamor y lágrimas, a aquel que podía librarlo de la muerte, y fue escuchado por su piedad. A pesar de que era el Hijo, aprendió a obedecer padeciendo, y llegado a su perfección, se convirtió en la causa de la salvación eterna para todos los que lo obedecen.

Palabra de Dios.   ℟. **Te alabamos, Señor.**

ACLAMACIÓN ANTES DEL EVANGELIO
Jn 12, 26

B.P. 1188 Popular.

Ho - nor   y glo - ria_a ti,   Se - ñor Je - sús.

℟.   Honor y gloria a ti, Señor Jesús.
El que quiera servirme, que me siga,
para que donde yo esté,
también esté mi servidor.
℟.   Honor y gloria a ti, Señor Jesús.

EVANGELIO
Si el grano de trigo sembrado en la tierra muere, producirá mucho fruto.

✠ Del santo Evangelio según san Juan
12, 20-33

Entre los que habían llegado a Jerusalén para adorar a Dios en la fiesta de Pascua, había algunos griegos, los cuales se acercaron a Felipe, el de Betsaida de Galilea, y le pidieron: "Señor, quisiéramos ver a Jesús".

Felipe fue a decírselo a Andrés; Andrés y Felipe se lo dijeron a Jesús y él les respondió: "Ha llegado la hora de que el Hijo del hombre sea glorificado. Yo les aseguro que si el grano de trigo sembrado en la tierra no muere, queda infecundo; pero si muere, producirá mucho fruto. El que se ama a sí mismo, se pierde; el que se aborrece a sí mismo en este mundo, se asegura para la vida eterna.

El que quiera servirme, que me siga, para que donde yo esté, también esté mi servidor. El que me sirve será honrado por mi Padre.

Ahora que tengo miedo, ¿le voy a decir a mi Padre: 'Padre, líbrame de esta hora'? No, pues precisamente para esta hora he venido. Padre, dale gloria a tu nombre". Se oyó entonces una voz que decía: "Lo he glorificado y volveré a glorificarlo".

De entre los que estaban ahí presentes y oyeron aquella voz, unos decían que había sido un trueno; otros, que le había hablado un ángel. Pero Jesús les dijo: "Esa voz no ha venido por mí, sino por ustedes. Está llegando el juicio de este mundo; ya va a ser arrojado el príncipe de este mundo. Cuando yo sea levantado de la tierra, atraeré a todos hacia mí". Dijo esto, indicando de qué manera habría de morir.

Palabra del Señor.   ℟. **Gloria a ti, Señor Jesús.**

ORACIÓN SOBRE LAS OFRENDAS

Escúchanos, Dios todopoderoso, y concede a tus siervos, en quienes infundiste la sabiduría de la fe cristiana, quedar purificados, por la eficacia de este sacrificio. Por Jesucristo, nuestro Señor.

ANTÍFONA DE LA COMUNIÓN   Jn 12, 24-25
Yo les aseguro que si el grano de trigo sembrado en la tierra, no muere, queda infecundo; pero si muere, producirá mucho fruto.

ORACIÓN DESPUÉS DE LA COMUNIÓN

Te rogamos, Dios todopoderoso, que podamos contarnos siempre entre los miembros de aquel cuyo Cuerpo y Sangre acabamos de comulgar. Él, que vive y reina por los siglos de los siglos.

ORACIÓN SOBRE EL PUEBLO

Bendice, Señor, a tu pueblo, que espera los dones de tu misericordia, y concédele recibir de tu mano generosa lo que tú mismo lo mueves a pedir. Por Jesucristo, nuestro Señor.

DEL MENSAJE DE CUARESMA
DEL PAPA FRANCISCO

"Dios no hizo caer sobre nosotros la salvación desde lo alto, como la limosna de quien da parte de lo que para él es superfluo con aparente piedad filantrópica. ¡El amor de Cristo no es esto! Cuando Jesús entra en las aguas del Jordán y se hace bautizar por Juan el Bautista, no lo hace porque necesita penitencia, conversión; lo hace para estar en medio de la gente, necesitada de perdón, entre nosotros, pecadores, y cargar con el peso de nuestros pecados. Éste es el camino que ha elegido para consolarnos, salvarnos, liberarnos de nuestra miseria.

La pobreza de Cristo que nos enriquece consiste en el hecho de que se hizo carne, cargó con nuestras debilidades y nuestros pecados, comunicándonos la misericordia infinita de Dios. La pobreza de Cristo es la mayor riqueza: la riqueza de Jesús es su confianza ilimitada en Dios Padre, es encomendarse a Él en todo momento, buscando siempre y solamente su voluntad y su gloria.

La Cuaresma es un tiempo adecuado para despojarse; y nos hará bien preguntarnos de qué podemos privarnos a fin de ayudar y enriquecer a otros con nuestra pobreza. No olvidemos que la verdadera pobreza duele: no sería válido un despojo sin esta dimensión penitencial. Desconfío de la limosna que no cuesta y no duele".

Cuaresma de 2014

25 de marzo
Miércoles

Anunciación del Señor
(Blanco)

ANTÍFONA DE ENTRADA   Heb 10, 5. 7

   Cristo dijo, al entrar en el mundo: Aquí estoy, Dios mío;
vengo para cumplir tu voluntad.

Se dice Gloria.

ORACIÓN COLECTA

   Dios nuestro, que quisiste que tu Palabra asumiera la realidad
de nuestra carne en el seno de la Virgen María, concede, a quienes
proclamamos a nuestro Redentor como verdadero Dios y verdadero
hombre, que merezcamos participar de su naturaleza divina. Por
nuestro Señor Jesucristo…

*Esta solemnidad por largo tiempo fue considerada la mayor de las fiestas
de María, celebración de su maternidad del divino Niño. En la actualidad
es claramente una fiesta del Señor, pero con el apropiado enfoque a María.
El papel de la Madre de Dios se explica en la PRIMERA LECTURA y en
el EVANGELIO. Dios no entró al mundo por la fuerza; quiso ser aceptado.
El "sí" de María es la realización definitiva de la alianza. En ella está presente todo el pueblo de la promesa: el antiguo (Israel) y el nuevo (la Iglesia).
El Señor "está" con ella, es decir, Dios es nuestro Dios y nosotros somos para
siempre su pueblo.*

PRIMERA LECTURA
He aquí que la virgen concebirá.

Del libro del profeta Isaías
7, 10-14

E n aquellos tiempos, el Señor le habló a Ajaz diciendo: "Pide al Señor, tu Dios, una señal de abajo, en lo profundo, o de arriba, en lo alto". Contestó Ajaz: "No la pediré. No tentaré al Señor".

Entonces dijo Isaías: "Oye, pues, casa de David: ¿No satisfechos con cansar a los hombres, quieren cansar también a mi Dios? Pues bien, el Señor mismo les dará por eso una señal: He aquí que la virgen concebirá y dará a luz un hijo y le pondrán el nombre de Emmanuel, que quiere decir Dios-con-nosotros".

Palabra de Dios.   ℞. **Te alabamos, Señor.**

SALMO RESPONSORIAL
Del salmo 39

C. Gálvez B.P. 1620

A - quí es - toy, Se - ñor, a - quí es - toy, Se - ñor,   pa - ra ha - cer tu vo - lun - tad.

℞.   Aquí estoy, Señor, para hacer tu voluntad.

Sacrificios, Señor, tú no quisiste,
abriste, en cambio, mis oídos a tu voz.
No exigiste holocaustos por la culpa,
así que dije: "Aquí estoy". ℞.

En tus libros se me ordena
hacer tu voluntad;
esto es, Señor, lo que deseo:
tu ley en medio de mi corazón. ℞.

He anunciado tu justicia
en la gran asamblea;
no he cerrado mis labios,
tú lo sabes, Señor. ℞.

No callé tu justicia,
antes bien, proclamé tu lealtad y tu auxilio.
Tu amor y tu lealtad no los he ocultado
a la gran asamblea. ℞.

SEGUNDA LECTURA
En tu libro se me ordena hacer tu voluntad.

De la carta a los hebreos
10, 4-10

Hermanos: Es imposible que la sangre de toros y machos cabríos pueda borrar los pecados. Por eso, al entrar al mundo, Cristo dijo, conforme al salmo: *No quisiste víctimas ni ofrendas; en cambio, me has dado un cuerpo. No te agradaron los holocaustos ni los sacrificios por el pecado; entonces dije –porque a mí se refiere la Escritura–: "Aquí estoy, Dios mío; vengo para hacer tu voluntad".*

Comienza por decir: *No quisiste víctimas ni ofrendas, no te agradaron los holocaustos ni los sacrificios por el pecado* –siendo así que eso es lo que pedía la ley–; y luego añade: *"Aquí estoy, Dios mío; vengo para hacer tu voluntad".*

Con esto, Cristo suprime los antiguos sacrificios, para establecer el nuevo. Y en virtud de esta voluntad, todos quedamos santificados por la ofrenda del cuerpo de Jesucristo, hecha una vez por todas.

Palabra de Dios.   ℟. **Te alabamos, Señor.**

ACLAMACIÓN ANTES DEL EVANGELIO
Jn 1, 14

Ho - nor   y glo - ria_a ti,   Se-ñor Je - sús.

℟.   Honor y gloria a ti, Señor Jesús.
Aquel que es la Palabra se hizo hombre y habitó entre nosotros y hemos visto su gloria.
℟.   Honor y gloria a ti, Señor Jesús.

EVANGELIO
Concebirás y darás a luz un hijo.

✠ Del santo Evangelio según san Lucas
1, 26-38

En aquel tiempo, el ángel Gabriel fue enviado por Dios a una ciudad de Galilea, llamada Nazaret, a una virgen desposada con un varón de la estirpe de David, llamado José. La virgen se llamaba María.

Entró el ángel a donde ella estaba y le dijo: "Alégrate, llena de gracia, el Señor está contigo". Al oír estas palabras, ella se preocupó mucho y se preguntaba qué querría decir semejante saludo.

El ángel le dijo: "No temas, María, porque has hallado gracia ante Dios. Vas a concebir y a dar a luz un hijo y le pondrás por nombre Jesús. Él será grande y será llamado Hijo del Altísimo; el Señor Dios le dará el trono de David, su padre, y él reinará sobre la casa de Jacob por los siglos y su reinado no tendrá fin".

María le dijo entonces al ángel: "¿Cómo podrá ser esto, puesto que yo permanezco virgen?". El ángel le contestó: "El Espíritu Santo descenderá sobre ti y el poder del Altísimo te cubrirá con su sombra. Por eso, el Santo, que va a nacer de ti, será llamado Hijo de Dios. Ahí tienes a tu parienta Isabel, que a pesar de su vejez, ha concebido un hijo y ya va en el sexto mes la que llamaban estéril, porque no hay nada imposible para Dios". María contestó: "Yo soy la esclava del Señor; cúmplase en mí lo que me has dicho". Y el ángel se retiró de su presencia.

Palabra del Señor.   ℞. **Gloria a ti, Señor Jesús.**

Se dice **Credo.** *Todos se arrodillan a las palabras* **Y por obra...**

ORACIÓN SOBRE LAS OFRENDAS

Dios todopoderoso, dígnate aceptar los dones de tu Iglesia, que reconoce su origen en la encarnación de tu Unigénito, y concédele celebrar con gozo sus misterios en esta solemnidad. Por Jesucristo, nuestro Señor.

ANTÍFONA DE LA COMUNIÓN   Is 7, 14
Miren: la Virgen concebirá y dará a luz un hijo, a quien le pondrá el nombre de Emmanuel.

ORACIÓN DESPUÉS DE LA COMUNIÓN

Señor, por esta comunión fortalece en nosotros la verdadera fe, para que, cuantos proclamamos que el Hijo de la Virgen María es verdadero Dios y verdadero hombre, lleguemos a la alegría eterna por el poder salvador de su resurrección. Por Jesucristo, nuestro Señor.

PEQUEÑA LETANÍA A NUESTRA SEÑORA

✳ **Santa a pesar de todo**: De los decretos del gobernador Quirino, del precio al que se estaba poniendo el aceite y las túnicas y las rentas. Y que no fuiste menos santa cuando hubo que huir a Egipto... danos esa inmensa paciencia tuya porque a la menor contrariedad, ya estamos culpando a los demás. Amén.

✳ **Santa aun a fines de mes**. ¿Quieres decirnos, María, qué hacías cuando se te acababa el dinero y todavía faltaban varios días para que José recibiera sus próximos honorarios? Dinos qué

palabras amables decías a José y con qué sonrisa respondías al tendero que no fiaba, para que todos imitemos tus virtudes y las amas de casa se animen a imitarlas por los siglos de los siglos. Amén.

✳ **Madre de los ancianitos sin cariño**. Virgen de la Soledad, que sabes muy bien lo que es ir quedándose sola en este mundo, consuela a nuestros viejitos y haz que los demás no creamos que es suficiente con darles comida, un sillón y unas pantuflas, y acabemos de convencernos de que tienen derecho a nuestro cariño, a nuestro interés y a nuestra conversación. Amén.

✳ **Virgen rapidísima**, que te bastaron cinco minutos para decidirte a ser la "esclava del Señor", que en un dos por tres estuviste lista para huir a Egipto aquella noche, y más tardaste en enterarte de que tu prima Isabel te necesitaba, que en irte a ayudarla, haznos menos lentos a nosotros, cuando se trata de ayudar a alguien. Amén.

✳ **Torre para los matrimonios sin casa**. Tú que eres la "Torre de David" y la "Torre de marfil", mira a tantas familias que se contentarían ahora con una casa más sencilla, aunque fuera de ladrillo. Tú que sabes lo que es vivir como vivías en Egipto, haz que a nadie le falte un hogar digno de seres humanos. Amén.

29 de marzo **Domingo de Ramos
de la Pasión del Señor**

(Rojo)

Cristo nos convierte en el pueblo de Dios y nos abre el camino de la resurrección y de la vida. Sigámoslo, proclamando nuestra fe: él es el Salvador del mundo.

CONMEMORACIÓN DE LA ENTRADA DEL SEÑOR EN JERUSALÉN

Primera forma: Procesión

ANTÍFONA Mt 21, 9
   Hosanna al Hijo de David. Bendito el que viene en nombre del Señor, el Rey de Israel. Hosanna en el cielo.

SALUDO
   Queridos hermanos: Después de haber preparado nuestros corazones desde el principio de la Cuaresma con nuestra penitencia y nuestras obras de caridad, hoy nos reunimos para iniciar, unidos con toda la Iglesia, la celebración anual del Misterio Pascual, es decir, de la pasión y resurrección de nuestro Señor Jesucristo, misterios que empezaron con su entrada en Jerusalén, su ciudad.
   Por eso, recordando con toda fe y devoción esta entrada salvadora, sigamos al Señor, para que participando de su cruz, tengamos parte con él en su resurrección y su vida.

BENDICIÓN DE LAS PALMAS

ORACIÓN DE BENDICIÓN
Oremos.
Dios todopoderoso y eterno, santifica con tu bendición ✠ estos ramos, para que, quienes acompañamos jubilosos a Cristo Rey, podamos llegar, por él, a la Jerusalén del cielo. Él, que vive y reina por los siglos de los siglos.
℟. **Amén.**

EVANGELIO

"Bendito el que viene en nombre del Señor"

✠ Del santo Evangelio según san Marcos
11, 1-10

C uando Jesús y los suyos iban de camino a Jerusalén, al llegar a Betfagé y Betania, cerca del monte de los Olivos, les dijo a dos de sus discípulos: "Vayan al pueblo que ven allí enfrente; al entrar, encontrarán amarrado un burro que nadie ha montado todavía. Desátenlo y tráiganmelo. Si alguien les pregunta por qué lo hacen, contéstenle: 'El Señor lo necesita y lo devolverá pronto' ".

Fueron y encontraron al burro en la calle, atado junto a una puerta, y lo desamarraron. Algunos de los que allí estaban les preguntaron: "¿Por qué sueltan al burro?". Ellos les contestaron lo que había dicho Jesús y ya nadie los molestó.

Llevaron el burro, le echaron encima los mantos y Jesús montó en él. Muchos extendían su manto en el camino, y otros lo tapizaban con ramas cortadas en el campo. Los que iban delante de Jesús y los que lo seguían, iban gritando vivas: *"¡Hosanna! ¡Bendito el que viene en nombre del Señor!* ¡Bendito el reino que llega, el reino de nuestro padre David! *¡Hosanna* en el cielo!".

Palabra del Señor.   ℟. **Gloria a ti, Señor Jesús.**

EXHORTACIÓN PARA LA PROCESIÓN
Queridos hermanos: Imitando a la multitud que aclamaba al Señor, avancemos en paz.

PROCESIÓN

ANTÍFONA 1
Los niños hebreos, llevando ramos de olivo, salieron al encuentro del Señor, aclamando: "Hosanna en el cielo".

Si se cree oportuno, puede alternarse esta antífona con los versículos del siguiente salmo.

SALMO 23

Del Señor es la tierra y lo que ella tiene,
el orbe todo y los que en él habitan,
pues él lo edificó sobre los mares,
él fue quien lo asentó sobre los ríos.

Se repite la antífona

¿Quién subirá hasta el monte del Señor?
¿Quién podrá entrar en su recinto santo?
El de corazón limpio y manos puras
y que no jura en falso.

Se repite la antífona

Ése obtendrá la bendición de Dios
y Dios, su salvador, le hará justicia.
Ésta es la clase de hombres que te buscan
y vienen ante ti, Dios de Jacob.

Se repite la antífona

¡Puertas, ábranse de par en par;
agrándense, portones eternos,
porque va a entrar el rey de la gloria!

Se repite la antífona

Y ¿quién es el rey de la gloria?
Es el Señor, fuerte y poderoso,
el Señor, poderoso en la batalla.

Se repite la antífona

¡Puertas, ábranse de par en par;
agrándense, portones eternos,
porque va a entrar el rey de la gloria!

Se repite la antífona

Y ¿quién es el rey de la gloria?
El Señor, Dios de los ejércitos,
él es el rey de la gloria.

Se repite la antífona

Al entrar la procesión en la iglesia, se canta el siguiente responsorio u otro canto alusivo a la entrada del Señor en Jerusalén:

RESPONSORIO

℟. **Al entrar el Señor en la ciudad santa, los niños hebreos, anunciando con anticipación la resurrección del Señor de la vida, * con palmas en las manos, aclamaban: Hosanna en el cielo.**

℣. Al enterarse de que Jesús llegaba a Jerusalén, el pueblo salió a su encuentro.

℟. **Con palmas en las manos, aclamaban: Hosanna en el cielo.**

Segunda forma: Entrada solemne

Los fieles se reúnen ante la puerta de la iglesia o bien dentro de la misma iglesia, llevando los ramos en la mano. El sacerdote, los ministros y algunos de los fieles, van a un sitio adecuado de la iglesia, fuera del presbiterio, en donde pueda ser vista fácilmente la celebración, al menos por la mayor parte de los fieles.

Tercera forma: Entrada sencilla

Se efectúa como en la Misa ordinaria, comenzando, si es posible, cantando la antífona de entrada (u otro canto sobre el mismo tema). Si no se canta, el sacerdote lee la antífona después del saludo inicial.

ANTÍFONA DE ENTRADA   Cfr. Jn 12, 1. 12-13; Sal 23, 9-10

Seis días antes de la Pascua, cuando el Señor entró a la ciudad de Jerusalén, salieron los niños a su encuentro y llevando en sus manos ramos de palmera aclamaban con fuerte voz: * Hosanna en el cielo. Bendito tú, que vienes lleno de bondad y de misericordia.

Puertas, ábranse de par en par; agrándense, portones eternos, porque va a entrar el Rey de la gloria. Y ¿quién es ese Rey de la gloria? El Señor de los ejércitos es el Rey de la gloria. * Hosanna en el cielo. Bendito tú, que vienes lleno de bondad y de misericordia.

LA MISA

ORACIÓN COLECTA

Dios todopoderoso y eterno, que quisiste que nuestro Salvador se hiciera hombre y padeciera en la cruz para dar al género humano ejemplo de humildad, concédenos, benigno, seguir las enseñanzas de su pasión y que merezcamos participar de su gloriosa resurrección. Él, que vive y reina...

Jesús imprime a su realeza un tono de humildad pacífica. Al comienzo de su pasión el "rey de los judíos" no tiene otra grandeza que la de servir y entregar su vida (EVANGELIO). Está a punto de despojarse de su vida en una entrega total. Sólo así podrá decir al abatido una palabra de aliento (PRIMERA LECTURA). Pero Dios lo exaltará sobre todas las cosas y toda lengua proclamará que Jesucristo es el Señor (SEGUNDA LECTURA).

PRIMERA LECTURA

No aparté mi rostro de los insultos, y sé que no quedaré avergonzado.

Del libro del profeta Isaías
50, 4-7

En aquel entonces, dijo Isaías:
"El Señor me ha dado una lengua experta,
para que pueda confortar al abatido
con palabras de aliento.

Mañana tras mañana, el Señor despierta mi oído,
para que escuche yo, como discípulo.
El Señor Dios me ha hecho oír sus palabras
y yo no he opuesto resistencia
ni me he echado para atrás.

Ofrecí la espalda a los que me golpeaban,
la mejilla a los que me tiraban de la barba.
No aparté mi rostro de los insultos y salivazos.

Pero el Señor me ayuda,
por eso no quedaré confundido,
por eso endurecí mi rostro como roca
y sé que no quedaré avergonzado".

Palabra de Dios.   ℟. **Te alabamos, Señor.**

SALMO RESPONSORIAL
Del salmo 21

E. Estrella B.P. 1604

Dios mí - o, Dios mí - o, ¿porqué me has a - ban-do - na - do?

℟.   Dios mío, Dios mío, ¿por qué me has abandonado?

Todos los que me ven, de mí se burlan;
me hacen gestos y dicen:
"Confiaba en el Señor, pues que él lo salve;
si de veras lo ama, que lo libre". ℟.

    Los malvados me cercan por doquiera
como rabiosos perros.
Mis manos y mis pies han taladrado
y se pueden contar todos mis huesos. ℟.

    Reparten entre sí mis vestiduras
y se juegan mi túnica a los dados.
Señor, auxilio mío, ven y ayúdame,
no te quedes de mí tan alejado. ℟.

    A mis hermanos contaré tu gloria
y en la asamblea alabaré tu nombre.
Que alaben al Señor los que lo temen.
Que el pueblo de Israel siempre lo adore. ℟.

SEGUNDA LECTURA
Cristo se humilló a sí mismo; por eso Dios lo exaltó.

De la carta del apóstol san Pablo a los filipenses
2, 6-11

Cristo Jesús, siendo Dios,
no consideró que debía aferrarse
a las prerrogativas de su condición divina,
sino que, por el contrario, se anonadó a sí mismo
tomando la condición de siervo,
y se hizo semejante a los hombres.
Así, hecho uno de ellos, se humilló a sí mismo
y por obediencia aceptó incluso la muerte,
y una muerte de cruz.

Por eso Dios lo exaltó sobre todas las cosas
y le otorgó el nombre que está sobre todo nombre,
para que, al nombre de Jesús, todos doblen la rodilla
en el cielo, en la tierra y en los abismos,
y todos reconozcan públicamente que Jesucristo es el Señor,
para gloria de Dios Padre.

Palabra de Dios.   ℟. **Te alabamos, Señor.**

ACLAMACIÓN ANTES DEL EVANGELIO
Flp 2, 8-9

Ho - nor   y glo - ria_a ti,   Se - ñor Je - sús.

℟. Honor y gloria a ti, Señor Jesús.
Cristo se humilló por nosotros
y por obediencia aceptó incluso la muerte,
y una muerte de cruz.
Por eso Dios lo exaltó sobre todas las cosas
y le otorgó el nombre que está sobre todo nombre.
℟. Honor y gloria a ti, Señor Jesús.

PASIÓN DE NUESTRO SEÑOR JESUCRISTO
SEGÚN SAN MARCOS
14, 1–15, 47

Andaban buscando apresar a Jesús a traición y darle muerte

F altaban dos días para la fiesta de Pascua y de los panes Ázi-mos. Los sumos sacerdotes y los escribas andaban buscando una manera de apresar a Jesús a traición y darle muerte, pero de-cían: "No durante las fiestas, porque el pueblo podría amotinarse".

Se ha adelantado a embalsamar mi cuerpo para la sepultura

Estando Jesús sentado a la mesa, en casa de Simón el leproso, en Betania, llegó una mujer con un frasco de perfume muy caro, de nardo puro; quebró el frasco y derramó el perfume en la cabeza de Jesús. Algunos comentaron indignados: "¿A qué viene este de-rroche de perfume? Podía haberse vendido por más de trescientos denarios para dárselos a los pobres". Y criticaban a la mujer; pero

Jesús replicó: "Déjenla. ¿Por qué la molestan? Lo que ha hecho conmigo está bien, porque a los pobres los tienen siempre con ustedes y pueden socorrerlos cuando quieran; pero a mí no me tendrán siempre. Ella ha hecho lo que podía. Se ha adelantado a embalsamar mi cuerpo para la sepultura. Yo les aseguro que en cualquier parte del mundo donde se predique el Evangelio, se recordará también en su honor lo que ella ha hecho conmigo".

Le prometieron dinero a Judas Iscariote

Judas Iscariote, uno de los Doce, se presentó a los sumos sacerdotes para entregarles a Jesús. Al oírlo, se alegraron y le prometieron dinero; y él andaba buscando una buena ocasión para entregarlo.

¿Dónde está la habitación donde voy a comer la Pascua con mis discípulos?

El primer día de la fiesta de los panes Ázimos, cuando se sacrificaba el cordero pascual, le preguntaron a Jesús sus discípulos: "¿Dónde quieres que vayamos a prepararte la cena de Pascua?". Él les dijo a dos de ellos: "Vayan a la ciudad. Encontrarán a un hombre que lleva un cántaro de agua; síganlo y díganle al dueño de la casa en donde entre: 'El Maestro manda preguntar: ¿Dónde está la habitación en que voy a comer la Pascua con mis discípulos?'. Él les enseñará una sala en el segundo piso, arreglada con divanes. Prepárennos allí la cena". Los discípulos se fueron, llegaron a la ciudad, encontraron lo que Jesús les había dicho y prepararon la cena de Pascua.

Uno de ustedes, que está comiendo conmigo, me va a entregar

Al atardecer, llegó Jesús con los Doce. Estando a la mesa, cenando, les dijo: "Yo les aseguro que uno de ustedes, uno que está comiendo conmigo, me va a entregar". Ellos, consternados, empezaron a preguntarle uno tras otro: "¿Soy yo?". Él respondió: "Uno de los Doce; alguien que moja su pan en el mismo plato que yo. El Hijo del hombre va a morir, como está escrito; pero, ¡ay del que va a entregar al Hijo del hombre! ¡Más le valiera no haber nacido!".

Esto es mi cuerpo. Ésta es mi sangre, sangre de la nueva alianza

Mientras cenaban, Jesús tomó un pan, pronunció la bendición, lo partió y se lo dio a sus discípulos, diciendo: "Tomen: esto es mi cuerpo". Y tomando en sus manos una copa de vino, pronunció la acción de gracias, se la dio, todos bebieron y les dijo: "Ésta es mi sangre,

sangre de la alianza, que se derrama por todos. Yo les aseguro que no volveré a beber del fruto de la vid hasta el día en que beba el vino nuevo en el Reino de Dios".

Antes de que el gallo cante dos veces, tú me habrás negado tres

Después de cantar el himno, salieron hacia el monte de los Olivos y Jesús les dijo: "Todos ustedes se van a escandalizar por mi causa, como está escrito: *Heriré al pastor y se dispersarán las ovejas;* pero cuando resucite, iré por delante de ustedes a Galilea". Pedro replicó: "Aunque todos se escandalicen, yo no". Jesús le contestó: "Yo te aseguro que hoy, esta misma noche, antes de que el gallo cante dos veces, tú me negarás tres". Pero él insistía: "Aunque tenga que morir contigo, no te negaré". Y los demás decían lo mismo.

Empezó a sentir terror y angustia

Fueron luego a un huerto, llamado Getsemaní, y Jesús dijo a sus discípulos: "Siéntense aquí mientras hago oración". Se llevó a Pedro, a Santiago y a Juan; empezó a sentir terror y angustia, y les dijo: "Tengo el alma llena de una tristeza mortal. Quédense aquí, velando". Se adelantó un poco, se postró en tierra y pedía que, si era posible, se alejara de él aquella hora. Decía: "Padre, tú lo puedes todo: aparta de mí este cáliz. Pero que no se haga lo que yo quiero, sino lo que tú quieres".

Volvió a donde estaban los discípulos, y al encontrarlos dormidos, dijo a Pedro: "Simón, ¿estás dormido? ¿No has podido velar ni una hora? Velen y oren, para que no caigan en la tentación. El espíritu está pronto, pero la carne es débil". De nuevo se retiró y se puso a orar, repitiendo las mismas palabras. Volvió y otra vez los encontró dormidos, porque tenían los ojos cargados de sueño; por eso no sabían qué contestarle. Él les dijo: "Ya pueden dormir y descansar. ¡Basta! Ha llegado la hora. Miren que el Hijo del hombre va a ser entregado en manos de los pecadores. ¡Levántense! ¡Vamos! Ya está cerca el traidor".

Deténganlo y llévenlo bien sujeto

Todavía estaba hablando, cuando se presentó Judas, uno de los Doce, y con él, gente con espadas y palos, enviada por los sacerdotes, los escribas y los ancianos. El traidor les había dado una contraseña, diciéndoles: "Al que yo bese, ése es. Deténganlo y llévenselo bien sujeto". Llegó, se acercó y le dijo: "Maestro", y lo besó. Ellos le echaron mano y lo apresaron. Pero uno de los presentes desenvainó la espada y de un golpe le cortó la oreja a un criado del sumo sacerdote. Jesús tomó la palabra y les dijo: "¿Salieron ustedes a apresarme con espadas y palos, como si se tratara de un bandido? Todos los días he estado entre ustedes enseñando en el templo, y no me han apresado. Pero así tenía que ser para que se cumplieran las Escrituras". Todos lo abandonaron y huyeron. Lo iba siguiendo un muchacho, envuelto nada más con una sábana, y lo detuvieron; pero él soltó la sábana y se les escapó desnudo.

¿Eres tú el Mesías, el Hijo de Dios bendito?

Condujeron a Jesús a casa del sumo sacerdote y se reunieron todos los pontífices, los escribas y los ancianos. Pedro lo fue siguiendo de lejos, hasta el interior del patio del sumo sacerdote y se sentó con los criados, cerca de la lumbre, para calentarse.

   Los sumos sacerdotes y el sanedrín en pleno buscaban una acusación contra Jesús para condenarlo a muerte y no la encontraban. Pues, aunque muchos presentaban falsas acusaciones contra él, los testimonios no concordaban. Hubo unos que se pusieron de pie y dijeron: "Nosotros lo hemos oído decir: 'Yo destruiré este templo, edificado por hombres, y en tres días construiré otro, no edificado por hombres' ". Pero ni aun en esto concordaba su testimonio. Entonces el sumo sacerdote se puso de pie y le preguntó a Jesús: "¿No tienes nada que responder a todas esas acusaciones?". Pero él no le respondió nada. El sumo sacerdote le volvió a preguntar: "¿Eres tú el Mesías, el Hijo de Dios bendito?". Jesús contestó: "Sí lo soy. Y un día verán cómo el Hijo del hombre está sentado a la derecha del Todopoderoso y cómo viene entre las nubes del cielo". El sumo sacerdote se rasgó las vestiduras exclamando: "¿Qué falta hacen ya más testigos? Ustedes mismos han oído la blasfemia. ¿Qué les parece?". Y todos lo declararon reo de muerte. Algunos se pusieron a escupirle, y tapándole la cara, lo abofeteaban y le decían: "Adivina quién fue", y los criados también le daban de bofetadas.

No conozco a ese hombre del que ustedes hablan

Mientras tanto, Pedro estaba abajo, en el patio. Llegó una criada del sumo sacerdote, y al ver a Pedro calentándose, lo miró fijamente y le dijo: "Tú también andabas con Jesús Nazareno". Él lo negó, diciendo: "Ni sé ni entiendo lo que quieres decir". Salió afuera hacia el zaguán, y un gallo cantó. La criada, al verlo, se puso de nuevo a decir a los presentes: "Ése es uno de ellos". Pero él lo volvió a negar. Al poco rato, también los presentes dijeron a Pedro: "Claro que eres uno de ellos, pues eres galileo". Pero él se puso a echar maldiciones y a jurar: "No conozco a ese hombre del que hablan". Enseguida cantó el gallo por segunda vez. Pedro se acordó entonces de las palabras que le había dicho Jesús: 'Antes de que el gallo cante dos veces, tú me habrás negado tres', y rompió a llorar.

¿Quieren que les suelte al rey de los judíos?

Luego que amaneció, se reunieron los sumos sacerdotes con los ancianos, los escribas y el sanedrín en pleno, para deliberar. Ataron a Jesús, se lo llevaron y lo entregaron a Pilato. Éste le preguntó: "¿Eres tú el rey de los judíos?". Él respondió: "Sí lo soy". Los sumos sacerdotes lo acusaban de muchas cosas. Pilato le preguntó de nuevo: "¿No contestas nada? Mira de cuántas cosas te acusan". Jesús ya no le contestó nada, de modo que Pilato estaba muy extrañado.

Durante la fiesta de Pascua, Pilato solía soltarles al preso que ellos pidieran. Estaba entonces en la cárcel un tal Barrabás, con los revoltosos que habían cometido un homicidio en un motín. Vino la gente y empezó a pedir el indulto de costumbre. Pilato les dijo: "¿Quieren que les suelte al rey de los judíos?". Porque sabía que los sumos sacerdotes se lo habían entregado por envidia. Pero los sumos sacerdotes incitaron a la gente para que pidieran la libertad de Barrabás. Pilato les volvió a preguntar: "¿Y qué voy a hacer con el que llaman rey de los judíos?". Ellos gritaron: "¡Crucifícalo!". Pilato les dijo: "Pues ¿qué mal ha hecho?". Ellos gritaron más fuerte: "¡Crucifícalo!". Pilato, queriendo dar gusto a la multitud, les soltó a Barrabás; y a Jesús, después de mandarlo azotar, lo entregó para que lo crucificaran.

Le pusieron una corona de espinas

Los soldados se lo llevaron al interior del palacio, al pretorio, y reunieron a todo el batallón. Lo vistieron con un manto de color púrpura, le pusieron una corona de espinas que habían trenzado, y comenzaron a burlarse de él, dirigiéndole este saludo: "¡Viva el rey de los judíos!". Le golpeaban la cabeza con una caña, le escupían y, doblando las rodillas, se postraban ante él. Terminadas las burlas, le quitaron aquel manto de color púrpura, le pusieron su ropa y lo sacaron para crucificarlo.

Llevaron a Jesús al Gólgota

Entonces forzaron a cargar la cruz a un individuo que pasaba por ahí de regreso del campo, Simón de Cirene, padre de Alejandro y de Rufo, y llevaron a Jesús al Gólgota (que quiere decir "lugar de la Calavera"). Le ofrecieron vino con mirra, pero él no lo aceptó. Lo crucificaron y se repartieron sus ropas, echando suertes para ver qué le tocaba a cada uno.

Fue contado entre los malhechores

Era media mañana cuando lo crucificaron. En el letrero de la acusación estaba escrito: "El rey de los judíos". Crucificaron con él a dos bandidos, uno a su derecha y otro a su izquierda. Así se cumplió la Escritura que dice: *Fue contado entre los malhechores.*

Ha salvado a otros y a sí mismo no se puede salvar

Los que pasaban por ahí lo injuriaban meneando la cabeza y gritándole: "¡Anda! Tú que destruías el templo y lo reconstruías en tres días, sálvate a ti mismo y baja de la cruz". Los sumos sacerdotes se burlaban también de él y le decían: "Ha salvado a otros, pero a sí mismo no se puede salvar. Que el Mesías, el rey de Israel, baje ahora de la cruz, para que lo veamos y creamos". Hasta los que estaban crucificados con él también lo insultaban.

Y dando un fuerte grito, Jesús expiró

Al llegar el mediodía, toda aquella tierra se quedó en tinieblas hasta las tres de la tarde. Y a las tres, Jesús gritó con voz potente: *"Eloí, Eloí, ¿lemá sabactaní?"* (que significa: Dios mío, Dios mío, ¿por qué me has abandonado?). Algunos de los presentes, al oírlo, decían: "Miren; está llamando a Elías". Uno corrió a empapar una esponja en vinagre, la sujetó a un carrizo y se la acercó para que bebiera, diciendo: "Vamos a ver si viene Elías a bajarlo". Pero Jesús, dando un fuerte grito, expiró.

Aquí todos se arrodillan y guardan silencio por unos instantes.

Entonces el velo del templo se rasgó en dos, de arriba abajo. El oficial romano que estaba frente a Jesús, al ver cómo había expirado, dijo: "De veras este hombre era Hijo de Dios".

Había también ahí unas mujeres que estaban mirando todo desde lejos; entre ellas María Magdalena, María (la madre de

Santiago el menor y de José) y Salomé, que cuando Jesús estaba en Galilea, lo seguían para atenderlo; y además de ellas, otras muchas que habían venido con él a Jerusalén.

José tapó con una piedra la entrada del sepulcro

Al anochecer, como era el día de la preparación, víspera del sábado, vino José de Arimatea, miembro distinguido del sanedrín, que también esperaba el Reino de Dios. Se presentó con valor ante Pilato y le pidió el cuerpo de Jesús. Pilato se extrañó de que ya hubiera muerto, y llamando al oficial, le preguntó si hacía mucho tiempo que había muerto. Informado por el oficial, concedió el cadáver a José. Éste compró una sábana, bajó el cadáver, lo envolvió en la sábana y lo puso en un sepulcro excavado en una roca y tapó con una piedra la entrada del sepulcro. María Magdalena y María, la madre de José, se fijaron en dónde lo ponían.

Palabra del Señor.   R. **Gloria a ti, Señor Jesús.**

ORACIÓN SOBRE LAS OFRENDAS

Que la pasión de tu Unigénito, Señor, nos atraiga tu perdón, y aunque no lo merecemos por nuestras obras, por la mediación de este sacrificio único, lo recibamos de tu misericordia. Por Jesucristo, nuestro Señor.

ANTÍFONA DE LA COMUNIÓN   Mt 26, 42
Padre mío, si no es posible evitar que yo beba este cáliz, hágase tu voluntad.

ORACIÓN DESPUÉS DE LA COMUNIÓN

Tú que nos has alimentado con esta Eucaristía, y por medio de la muerte de tu Hijo nos das la esperanza de alcanzar lo que la fe nos promete, concédenos, Señor, llegar, por medio de su resurrección, a la meta de nuestras esperanzas. Por Jesucristo, nuestro Señor.

ORACIÓN SOBRE EL PUEBLO

Dios y Padre nuestro, mira con bondad a esta familia tuya, por la cual nuestro Señor Jesucristo no dudó en entregarse a sus verdugos y padecer el tormento de la cruz. Por Jesucristo, nuestro Señor.

ACTO FAMILIAR
PARA COLOCAR LA PALMA EN CASA

Encabeza este acto el papá o, en su defecto, la mamá o el hijo mayor.

PAPÁ:

✍ Con esta palma bendita, hoy hemos aclamado a nuestro Señor Jesucristo en la iglesia.

✍ Vamos a colocarla aquí *(búsquese algún lugar visible en la casa, por ejemplo, en la parte interna de la puerta de entrada)* para que cada vez que la veamos nos recuerde dos cosas:

– Una: que no queremos ofender en este hogar al que con toda sinceridad hemos aclamado en la iglesia.

– Otra: que la victoria que simboliza esta palma, Cristo la consiguió mediante su cruz y él quiere que nosotros la consigamos también llevando la cruz de todos los días: el trabajo de cada uno de nosotros, los deberes escolares bien hechos, la servicialidad de unos con otros, la comprensión y el perdón mutuos.

Oremos.

Aumenta, Señor, la fe de los que tenemos en ti nuestra esperanza, y concede a quienes agitamos estas palmas en honor de Cristo victorioso y hoy las hemos colocado en nuestro hogar, permanecer unidos a él para dar frutos de buenas obras, y poder compartir con él su victoria en el Reino de los cielos. Por Jesucristo nuestro Señor.

TODOS: Amén.

2 de abril　Jueves Santo de la Cena del Señor

(Blanco)

En la catedral, la mañana del Jueves Santo o de otro día de la semana, el obispo, rodeado de sus sacerdotes, bendice los óleos destinados a la celebración de los sacramentos. En esta ocasión se invita a los sacerdotes a renovar el compromiso que hicieron ante Dios durante su ordenación.

　　La celebración del Misterio Pascual comienza en la tarde con la Misa de la Cena.

SAGRADO TRIDUO PASCUAL

MISA VESPERTINA

En la Eucaristía de esta tarde conmemoramos y revivimos la Última Cena: nuestro pan y nuestro vino, convertidos en el sacramento del Cuerpo y la Sangre de Cristo, nos hacen entrar en comunión con él y con nuestros hermanos, mediante la fe y el amor.

ANTÍFONA DE ENTRADA　　　　　　　　　　Cfr. Gál 6, 14

Debemos gloriarnos en la cruz de nuestro Señor Jesucristo, porque en él está nuestra salvación, nuestra vida y nuestra resurrección, y por él fuimos salvados y redimidos.

Se dice Gloria.

ORACIÓN COLECTA

　　Dios nuestro, reunidos para celebrar la santísima Cena en la que tu Hijo unigénito, antes de entregarse a la muerte, confió a la Iglesia el nuevo y eterno sacrificio, banquete pascual de su amor, concédenos que, de tan sublime misterio, brote para nosotros la plenitud del amor y de la vida. Por nuestro Señor Jesucristo...

También Jesús celebró, como los otros judíos, la comida del cordero en la "noche del milagro", cuando el pueblo de Israel recordaba solemnemente su liberación del cautiverio de Egipto (PRIMERA LECTURA). Pero Jesús le dio un nuevo sentido a aquella celebración. Ante todo, quiso dar a sus discípulos una muestra del amor inmenso que les tenía y una lección de humildad y de servicio, al lavarles los pies y anunciarles su entrega para la salvación del mundo (EVANGELIO). Después, durante la cena, hizo Jesús el máximo acto de amor al instituir la Eucaristía, tal como nos lo relata san Pablo (SEGUNDA LECTURA).

PRIMERA LECTURA
Prescripciones sobre la cena pascual.

Del libro del Éxodo
12, 1-8. 11-14

En aquellos días, el Señor les dijo a Moisés y a Aarón en tierra de Egipto: "Este mes será para ustedes el primero de todos los meses y el principio del año. Díganle a toda la comunidad de Israel: 'El día diez de este mes, tomará cada uno un cordero por familia, uno por casa. Si la familia es demasiado pequeña para comérselo, que se junte con los vecinos y elija un cordero adecuado al número de personas y a la cantidad que cada cual pueda comer. Será un animal sin defecto, macho, de un año, cordero o cabrito.

Lo guardarán hasta el día catorce del mes, cuando toda la comunidad de los hijos de Israel lo inmolará al atardecer. Tomarán la sangre y rociarán las dos jambas y el dintel de la puerta de la casa donde vayan a comer el cordero. Esa noche comerán la carne, asada a fuego; comerán panes sin levadura y hierbas amargas. Comerán así: con la cintura ceñida, las sandalias en los pies, un bastón en la mano y a toda prisa, porque es la Pascua, es decir, el paso del Señor.

Yo pasaré esa noche por la tierra de Egipto y heriré a todos los primogénitos del país de Egipto, desde los hombres hasta los ganados. Castigaré a todos los dioses de Egipto, yo, el Señor. La sangre les servirá de señal en las casas donde habitan ustedes. Cuando yo vea la sangre, pasaré de largo y no habrá entre ustedes plaga exterminadora, cuando hiera yo la tierra de Egipto.

Ese día será para ustedes un memorial y lo celebrarán como fiesta en honor del Señor. De generación en generación celebrarán esta festividad, como institución perpetua' ".

Palabra de Dios.   R. **Te alabamos, Señor.**

SALMO RESPONSORIAL
Del salmo 115

B. Carrillo B.P. 1522

Gra - cias, Se - ñor, por tu san - gre que nos la - va.

R.   Gracias, Señor, por tu sangre que nos lava.

¿Cómo le pagaré al Señor
todo el bien que me ha hecho?
Levantaré el cáliz de salvación
e invocaré el nombre del Señor. R.

A los ojos del Señor es muy penoso
que mueran sus amigos.
De la muerte, Señor, me has librado,
a mí, tu esclavo e hijo de tu esclava. R.

Te ofreceré con gratitud un sacrificio
e invocaré tu nombre.
Cumpliré mis promesas al Señor
ante todo su pueblo. R.

SEGUNDA LECTURA
Cada vez que ustedes comen de este pan y beben de este cáliz, proclaman la muerte del Señor.

De la primera carta del apóstol san Pablo a los corintios
11, 23-26

Hermanos: Yo recibí del Señor lo mismo que les he transmitido: que el Señor Jesús, la noche en que iba a ser entregado, tomó pan en sus manos, y pronunciando la acción de gracias, lo partió y dijo: "Esto es mi cuerpo, que se entrega por ustedes. Hagan esto en memoria mía".

Lo mismo hizo con el cáliz después de cenar, diciendo: "Este cáliz es la nueva alianza que se sella con mi sangre. Hagan esto en memoria mía siempre que beban de él".

Por eso, cada vez que ustedes comen de este pan y beben de este cáliz, proclaman la muerte del Señor, hasta que vuelva.

Palabra de Dios.   ℟. **Te alabamos, Señor.**

ACLAMACIÓN ANTES DEL EVANGELIO
Jn 13, 34

Ho - nor   y glo - ria_a ti,   Se - ñor Je - sús.

℟.   Honor y gloria a ti, Señor Jesús.
Les doy un mandamiento nuevo, dice el Señor,
que se amen los unos a los otros, como yo los he amado.
℟.   Honor y gloria a ti, Señor Jesús.

EVANGELIO
Los amó hasta el extremo.

✠ Del santo Evangelio según san Juan
13, 1-15

Antes de la fiesta de la Pascua, sabiendo Jesús que había llegado la hora de pasar de este mundo al Padre y habiendo amado a los suyos, que estaban en el mundo, los amó hasta el extremo.

En el transcurso de la cena, cuando ya el diablo había puesto en el corazón de Judas Iscariote, hijo de Simón, la idea de entregarlo, Jesús, consciente de que el Padre había puesto en sus manos todas las cosas y sabiendo que había salido de Dios y a Dios volvía, se levantó de la mesa, se quitó el manto y tomando una toalla, se la ciñó; luego echó agua en una jofaina y se puso a lavarles los pies a los discípulos y a secárselos con la toalla que se había ceñido.

Cuando llegó a Simón Pedro, éste le dijo: "Señor, ¿me vas a lavar tú a mí los pies?". Jesús le replicó: "Lo que estoy haciendo tú no lo entiendes ahora, pero lo comprenderás más tarde". Pedro le dijo: "Tú no me lavarás los pies jamás". Jesús le contestó: "Si no te lavo, no tendrás parte conmigo". Entonces le dijo Simón Pedro: "En ese caso, Señor, no sólo los pies, sino también las manos y la cabeza". Jesús le dijo: "El que se ha bañado no necesita lavarse más que los pies, porque todo él está limpio. Y ustedes están limpios, aunque no todos". Como sabía quién lo iba a entregar, por eso dijo: 'No todos están limpios'.

Cuando acabó de lavarles los pies, se puso otra vez el manto, volvió a la mesa y les dijo: "¿Comprenden lo que acabo de hacer con ustedes? Ustedes me llaman Maestro y Señor, y dicen bien, porque lo soy. Pues si yo, que soy el Maestro y el Señor, les he lavado los pies, también ustedes deben lavarse los pies los unos a los otros. Les he dado ejemplo, para que lo que yo he hecho con ustedes, también ustedes lo hagan".

Palabra del Señor.   ℟. **Gloria a ti, Señor Jesús.**

ORACIÓN SOBRE LAS OFRENDAS

Concédenos, Señor, participar dignamente en estos misterios, porque cada vez que se celebra el memorial de este sacrificio, se realiza la obra de nuestra redención. Por Jesucristo, nuestro Señor.

ANTÍFONA DE LA COMUNIÓN   1 Cor 11, 24. 25

Esto es mi Cuerpo, que se entrega por ustedes. Este cáliz es la nueva alianza establecida por mi Sangre; cuantas veces lo beban, háganlo en memoria mía, dice el Señor.

ORACIÓN DESPUÉS DE LA COMUNIÓN

Concédenos, Dios todopoderoso, que así como somos alimentados en esta vida con la Cena pascual de tu Hijo, así también merezcamos ser saciados en el banquete eterno. Por Jesucristo, nuestro Señor.

Terminada la Misa, el sacerdote lleva en procesión el Santísimo Sacramento, mientras se entona un canto eucarístico, al sitio donde será guardado. Ya en el lugar, después de un momento de adoración, el sacerdote se retira. Todos los fieles estamos invitados a dedicar alguna parte de nuestro tiempo para adorar al Santísimo durante la noche.

DOS GRANDES COMPROMISOS

LAS DOS ALIANZAS

• **La Antigua Alianza:** Dios da a los israelitas los 10 Mandamientos como condición para hacer una alianza con ellos.

– Si los cumplen, él será su Dios y ellos serán su pueblo.

– El pueblo se compromete a cumplir esos mandamientos y, para sellar (al estilo judío) el pacto que han hecho con Dios, sacrifican unos animales y con su sangre se rocía el altar y se rocía al pueblo.

• **La Nueva Alianza:** Cristo, poco antes de la Última Cena, da a sus discípulos un Mandamiento nuevo: "Que se amen los unos a los otros, como yo los he amado" y para que entendieran bien lo que quería decir, les lavó primero los pies a sus discípulos y les dijo: "Si yo, que soy el Maestro y el Señor, les he lavado los pies, también ustedes deben lavarse los pies los unos a los otros". ¿Entienden esto?

– Si ellos cumplen este nuevo mandamiento, él será su Dios y ellos serán su nuevo pueblo.

– Para sellar esta nueva alianza, Cristo les da a comer su Cuerpo y a beber su Sangre, "Sangre de la alianza nueva y eterna, que será derramada por ustedes y por muchos".

– Dios será nuestro Dios y nosotros los cristianos seremos su nuevo pueblo en la medida en que cumplamos la condición de esta nueva alianza: amarnos los unos a los otros.

– Cada vez que nos acerquemos a comulgar, recordemos esto: el amor a los demás es la condición que debemos cumplir para ratificar con el Cuerpo y la Sangre de Cristo la alianza que hemos hecho con él.

– Cada Comunión nos compromete a amar a los demás.

3 de abril — Viernes Santo de la Pasión del Señor

(Rojo)

Este día en que celebramos la muerte de Cristo, escuchemos el llamamiento de aquel que ha muerto para darnos la vida, cuyos sufrimientos siguen resonando en aquellos que sufren y mueren.

¿Qué vamos a responder ante la cruz, señal de amor universal?

El día de hoy no hay Misa. La celebración consta de tres partes: Liturgia de la Palabra, Adoración de la Cruz y la Sagrada Comunión.

RITO DE ENTRADA

Concentrémonos, ante todo, en silencio, en la presencia de Dios y tomemos conciencia de nuestros pecados, que han causado la muerte de su Hijo en la cruz.

ORACIÓN

Acuérdate, Señor, de tu gran misericordia, y santifica a tus siervos con tu constante protección, ya que por ellos Cristo, tu Hijo, derramando su sangre, instituyó el misterio pascual. Él, que vive y reina por los siglos de los siglos.

℞. **Amén.**

LITURGIA DE LA PALABRA

PRIMERA LECTURA

Él fue traspasado por nuestros crímenes.

Del libro del profeta Isaías
52, 13–53, 12

He aquí que mi siervo prosperará,
será engrandecido y exaltado,
será puesto en alto.
Muchos se horrorizaron al verlo,
porque estaba desfigurado su semblante,
que no tenía ya aspecto de hombre;
pero muchos pueblos se llenaron de asombro.
Ante él los reyes cerrarán la boca,
porque verán lo que nunca se les había contado
y comprenderán lo que nunca se habían imaginado.
        ¿Quién habrá de creer lo que hemos anunciado?
¿A quién se le revelará el poder del Señor?
Creció en su presencia como planta débil,
como una raíz en el desierto.
No tenía gracia ni belleza.
No vimos en él ningún aspecto atrayente;
despreciado y rechazado por los hombres,
varón de dolores, habituado al sufrimiento;
como uno del cual se aparta la mirada,
despreciado y desestimado.
        Él soportó nuestros sufrimientos
y aguantó nuestros dolores;
nosotros lo tuvimos por leproso,
herido por Dios y humillado,
traspasado por nuestras rebeliones,
triturado por nuestros crímenes.
Él soportó el castigo que nos trae la paz.
Por sus llagas hemos sido curados.
        Todos andábamos errantes como ovejas,
cada uno siguiendo su camino,
y el Señor cargó sobre él todos nuestros crímenes.
Cuando lo maltrataban, se humillaba y no abría la boca,
como un cordero llevado a degollar;
como oveja ante el esquilador,
enmudecía y no abría la boca.
        Inicuamente y contra toda justicia se lo llevaron.
¿Quién se preocupó de su suerte?
Lo arrancaron de la tierra de los vivos,
lo hirieron de muerte por los pecados de mi pueblo,
le dieron sepultura con los malhechores a la hora de su muerte,
aunque no había cometido crímenes, ni hubo engaño en su boca.

El Señor quiso triturarlo con el sufrimiento.
Cuando entregue su vida como expiación,
verá a sus descendientes, prolongará sus años
y por medio de él prosperarán los designios del Señor.
Por las fatigas de su alma, verá la luz y se saciará;
con sus sufrimientos justificará mi siervo a muchos,
cargando con los crímenes de ellos.

Por eso le daré una parte entre los grandes,
y con los fuertes repartirá despojos,
ya que indefenso se entregó a la muerte
y fue contado entre los malhechores,
cuando tomó sobre sí las culpas de todos
e intercedió por los pecadores.

Palabra de Dios.   ℟. **Te alabamos, Señor.**

SALMO RESPONSORIAL
Del salmo 30

E. Estrella B.P. 1606

Pa - dre, en tus ma - nos en - co - mien - do mi_es - pí - ri - tu.

℟.   Padre, en tus manos encomiendo mi espíritu.

A ti, Señor, me acojo,
que no quede yo nunca defraudado.
En tus manos encomiendo mi espíritu
y tú, mi Dios leal, me librarás. ℟.

Se burlan de mí mis enemigos,
mis vecinos y parientes de mí se espantan,
los que me ven pasar huyen de mí.
Estoy en el olvido, como un muerto,
como un objeto tirado en la basura. ℟.

Pero yo, Señor, en ti confío.
Tú eres mi Dios,
y en tus manos está mi destino.
Líbrame de los enemigos que me persiguen. ℟.

Vuelve, Señor, tus ojos a tu siervo
y sálvame, por tu misericordia.
Sean fuertes y valientes de corazón,
ustedes, los que esperan en el Señor. ℟.

SEGUNDA LECTURA

Aprendió a obedecer y se convirtió en la causa de la salvación eterna para todos los que lo obedecen.

De la carta a los hebreos
4, 14-16; 5, 7-9

Hermanos: Jesús, el Hijo de Dios, es nuestro sumo sacerdote, que ha entrado en el cielo. Mantengamos firme la profesión de nuestra fe. En efecto, no tenemos un sumo sacerdote que no sea capaz de compadecerse de nuestros sufrimientos, puesto que él mismo ha pasado por las mismas pruebas que nosotros, excepto el pecado. Acerquémonos, por lo tanto, con plena confianza al trono de la gracia, para recibir misericordia, hallar la gracia y obtener ayuda en el momento oportuno.

Precisamente por eso, Cristo, durante su vida mortal, ofreció oraciones y súplicas, con poderoso clamor y lágrimas, a aquel que podía librarlo de la muerte, y fue escuchado por su piedad. A pesar de que era el Hijo, aprendió a obedecer padeciendo, y llegado a su perfección, se convirtió en la causa de la salvación eterna para todos los que lo obedecen.

Palabra de Dios.   ℞. **Te alabamos, Señor.**

ACLAMACIÓN ANTES DEL EVANGELIO
Flp 2, 8-9

B.P. 1188 Popular.

Ho - nor   y glo - ria_a ti,   Se - ñor Je - sús.

℞.   Honor y gloria a ti, Señor Jesús.
Cristo se humilló por nosotros
y por obediencia aceptó incluso la muerte,
y una muerte de cruz.
Por eso Dios lo exaltó sobre todas las cosas
y le otorgó el nombre que está sobre todo nombre.
℞.   Honor y gloria a ti, Señor Jesús.

PASIÓN DE NUESTRO SEÑOR JESUCRISTO SEGÚN SAN JUAN
18, 1–19, 42

Apresaron a Jesús y lo ataron

E n aquel tiempo, Jesús fue con sus discípulos al otro lado del torrente Cedrón, donde había un huerto, y entraron allí él y sus discípulos. Judas, el traidor, conocía también el sitio, porque Jesús se reunía a menudo allí con sus discípulos.

Entonces Judas tomó un batallón de soldados y guardias de los sumos sacerdotes y de los fariseos y entró en el huerto con linternas, antorchas y armas.

Jesús, sabiendo todo lo que iba a suceder, se adelantó y les dijo: "¿A quién buscan?". Le contestaron: "A Jesús, el nazareno". Les dijo Jesús: "Yo soy". Estaba también con ellos Judas, el traidor. Al decirles 'Yo soy', retrocedieron y cayeron a tierra. Jesús les volvió a preguntar: "¿A quién buscan?". Ellos dijeron: "A Jesús, el nazareno". Jesús contestó: "Les he dicho que soy yo. Si me buscan a mí, dejen que éstos se vayan". Así se cumplió lo que Jesús había dicho: 'No he perdido a ninguno de los que me diste'.

Entonces Simón Pedro, que llevaba una espada, la sacó e hirió a un criado del sumo sacerdote y le cortó la oreja derecha. Este criado se llamaba Malco. Dijo entonces Jesús a Pedro: "Mete la espada en la vaina. ¿No voy a beber el cáliz que me ha dado mi Padre?".

Llevaron a Jesús primero ante Anás

El batallón, su comandante y los criados de los judíos apresaron a Jesús, lo ataron y lo llevaron primero ante Anás, porque era suegro de Caifás, sumo sacerdote aquel año. Caifás era el que había dado a los judíos este consejo: 'Conviene que muera un solo hombre por el pueblo'.

Simón Pedro y otro discípulo iban siguiendo a Jesús. Este discípulo era conocido del sumo sacerdote y entró con Jesús en el palacio del sumo sacerdote, mientras Pedro se quedaba fuera, junto a la puerta. Salió el otro discípulo, el conocido del sumo sacerdote, habló con la portera e hizo entrar a Pedro. La portera dijo entonces a Pedro: "¿No eres tú también uno de los discípulos de ese hombre?". Él dijo: "No lo soy". Los criados y los guardias habían encendido un brasero, porque hacía frío, y se calentaban. También Pedro estaba con ellos de pie, calentándose.

El sumo sacerdote interrogó a Jesús acerca de sus discípulos y de su doctrina. Jesús le contestó: "Yo he hablado abiertamente al mundo y he enseñado continuamente en la sinagoga y en el templo, donde se reúnen todos los judíos, y no he dicho nada a escondidas. ¿Por qué me interrogas a mí? Interroga a los que me han oído, sobre lo que les he hablado. Ellos saben lo que he dicho".

Apenas dijo esto, uno de los guardias le dio una bofetada a Jesús, diciéndole: "¿Así contestas al sumo sacerdote?". Jesús le respondió: "Si he faltado al hablar, demuestra en qué he faltado; pero si he hablado como se debe, ¿por qué me pegas?". Entonces Anás lo envió atado a Caifás, el sumo sacerdote.

¿No eres tú también uno de sus discípulos? No lo soy

Simón Pedro estaba de pie, calentándose, y le dijeron: "¿No eres tú también uno de sus discípulos?". Él lo negó diciendo: "No lo soy". Uno de los criados del sumo sacerdote, pariente de aquel a quien Pedro le había cortado la oreja, le dijo: "¿Qué no te vi yo con él en el huerto?". Pedro volvió a negarlo y enseguida cantó un gallo.

Mi Reino no es de este mundo

Llevaron a Jesús de casa de Caifás al pretorio. Era muy de mañana y ellos no entraron en el palacio para no incurrir en impureza y poder así comer la cena de Pascua.

Salió entonces Pilato a donde estaban ellos y les dijo: "¿De qué acusan a este hombre?". Le contestaron: "Si éste no fuera un malhechor, no te lo hubiéramos traído". Pilato les dijo: "Pues llévenselo y júzguenlo según su ley". Los judíos le respondieron: "No estamos autorizados para dar muerte a nadie". Así se cumplió lo que había dicho Jesús, indicando de qué muerte iba a morir.

Entró otra vez Pilato en el pretorio, llamó a Jesús y le dijo: "¿Eres tú el rey de los judíos?". Jesús le contestó: "¿Eso lo preguntas por tu cuenta o te lo han dicho otros?". Pilato le respondió: "¿Acaso soy yo judío? Tu pueblo y los sumos sacerdotes te han entregado a mí. ¿Qué es lo que has hecho?". Jesús le contestó: "Mi Reino no es de este mundo. Si mi Reino fuera de este mundo, mis servidores habrían luchado para que no cayera yo en manos de los judíos. Pero mi Reino no es de aquí". Pilato le dijo: "¿Conque tú eres rey?". Jesús le contestó: "Tú lo has dicho. Soy rey. Yo nací y vine al mundo para ser testigo de la verdad. Todo el que es de la verdad, escucha mi voz". Pilato le dijo: "¿Y qué es la verdad?".

Dicho esto, salió otra vez a donde estaban los judíos y les dijo: "No encuentro en él ninguna culpa. Entre ustedes es costumbre que por Pascua ponga en libertad a un preso. ¿Quieren que les suelte al rey de los judíos?". Pero todos ellos gritaron: "¡No, a ése no! ¡A Barrabás!". (El tal Barrabás era un bandido).

¡Viva el rey de los judíos!

Entonces Pilato tomó a Jesús y lo mandó azotar. Los soldados trenzaron una corona de espinas, se la pusieron en la cabeza, le echaron encima un manto color púrpura, y acercándose a él, le decían: "¡Viva el rey de los judíos!", y le daban de bofetadas.

Pilato salió otra vez afuera y les dijo: "Aquí lo traigo para que sepan que no encuentro en él ninguna culpa". Salió, pues, Jesús, llevando la corona de espinas y el manto color púrpura. Pilato les dijo: "Aquí está el hombre". Cuando lo vieron los sumos sacerdotes y sus servidores, gritaron: "¡Crucifícalo, crucifícalo!". Pilato les dijo: "Llévenselo ustedes y crucifíquenlo, porque yo no encuentro culpa en él". Los judíos le contestaron: "Nosotros tenemos una ley y según esa ley tiene que morir, porque se ha declarado Hijo de Dios".

Cuando Pilato oyó estas palabras, se asustó aún más, y entrando otra vez en el pretorio, dijo a Jesús: "¿De dónde eres tú?". Pero Jesús no le respondió. Pilato le dijo entonces: "¿A mí no me hablas? ¿No sabes que tengo autoridad para soltarte y autoridad para crucificarte?". Jesús le contestó: "No tendrías ninguna autoridad sobre mí, si no te la hubieran dado de lo alto. Por eso, el que me ha entregado a ti tiene un pecado mayor".

¡Fuera, fuera! Crucifícalo

Desde ese momento Pilato trataba de soltarlo, pero los judíos gritaban: "¡Si sueltas a ése, no eres amigo del César!; porque todo el que pretende ser rey, es enemigo del César". Al oír estas palabras, Pilato sacó a Jesús y lo sentó en el tribunal, en el sitio que llaman "el Enlosado" (en hebreo Gábbata). Era el día de la preparación de la Pascua, hacia el mediodía. Y dijo Pilato a los judíos: "Aquí tienen a su rey". Ellos gritaron: "¡Fuera, fuera! ¡Crucifícalo!". Pilato les dijo: "¿A su rey voy a crucificar?". Contestaron los sumos sacerdotes: "No tenemos más rey que el César". Entonces se lo entregó para que lo crucificaran.

Crucificaron a Jesús y con él a otros dos

Tomaron a Jesús, y él, cargando con la cruz, se dirigió hacia el sitio llamado "la Calavera" (que en hebreo se dice Gólgota), donde lo crucificaron, y con él a otros dos, uno de cada lado, y en medio Jesús. Pilato mandó escribir un letrero y ponerlo encima de la cruz; en él estaba escrito: 'Jesús el nazareno, el rey de los judíos'. Leyeron el letrero muchos judíos, porque estaba cerca el lugar donde crucificaron a Jesús y estaba escrito en hebreo, latín y griego. Entonces los sumos sacerdotes de los judíos le dijeron a Pilato: "No escribas: 'El rey de los judíos', sino: 'Éste ha dicho: Soy rey de los judíos' ". Pilato les contestó: "Lo escrito, escrito está".

Se repartieron mi ropa

Cuando crucificaron a Jesús, los soldados cogieron su ropa e hicieron cuatro partes, una para cada soldado, y apartaron la túnica. Era una túnica sin costura, tejida toda de una pieza de arriba abajo. Por eso se dijeron: "No la rasguemos, sino echemos suertes para ver a quién le toca". Así se cumplió lo que dice la Escritura: *Se repartieron mi ropa y echaron a suerte mi túnica.* Y eso hicieron los soldados.

Ahí está tu hijo - Ahí está tu madre

Junto a la cruz de Jesús estaban su madre, la hermana de su madre, María la de Cleofás, y María Magdalena. Al ver a su madre y junto a ella al discípulo que tanto quería, Jesús dijo a su madre: "Mujer, ahí está tu hijo". Luego dijo al discípulo: "Ahí está tu madre". Y desde aquella hora el discípulo se la llevó a vivir con él.

Todo está cumplido

Después de esto, sabiendo Jesús que todo había llegado a su término, para que se cumpliera la Escritura dijo: *"Tengo sed".* Había allí un jarro lleno de vinagre. Los soldados sujetaron una esponja empapada en vinagre a una caña de hisopo y se la acercaron a la boca. Jesús probó el vinagre y dijo: "Todo está cumplido", e inclinando la cabeza, entregó el espíritu.

Aquí se arrodillan todos y se hace una breve pausa.

Inmediatamente salió sangre y agua

Entonces, los judíos, como era el día de la preparación de la Pascua, para que los cuerpos de los ajusticiados no se quedaran en la cruz el sábado, porque aquel sábado era un día muy solemne, pidieron a Pilato que les quebraran las piernas y los quitaran de la cruz.

Fueron los soldados, le quebraron las piernas a uno y luego al otro de los que habían sido crucificados con él. Pero al llegar a Jesús, viendo que ya había muerto, no le quebraron las piernas, sino que uno de los soldados le traspasó el costado con una lanza e inmediatamente salió sangre y agua.

El que vio da testimonio de esto y su testimonio es verdadero y él sabe que dice la verdad, para que también ustedes crean. Esto sucedió para que se cumpliera lo que dice la Escritura: *No le quebrarán ningún hueso;* y en otro lugar la Escritura dice: *Mirarán al que traspasaron.*

Vendaron el cuerpo de Jesús y lo perfumaron

Después de esto, José de Arimatea, que era discípulo de Jesús, pero oculto por miedo a los judíos, pidió a Pilato que lo dejara llevarse el cuerpo de Jesús. Y Pilato lo autorizó. Él fue entonces y se llevó el cuerpo.

Llegó también Nicodemo, el que había ido a verlo de noche, y trajo unas cien libras de una mezcla de mirra y áloe.

Tomaron el cuerpo de Jesús y lo envolvieron en lienzos con esos aromas, según se acostumbra enterrar entre los judíos. Había un huerto en el sitio donde lo crucificaron, y en el huerto, un sepulcro nuevo, donde nadie había sido enterrado todavía. Y como para los judíos era el día de la preparación de la Pascua y el sepulcro estaba cerca, allí pusieron a Jesús.

Palabra del Señor. ℞. **Gloria a ti, Señor Jesús.**

ORACIÓN UNIVERSAL

1. Por la santa Iglesia

Oremos, queridos hermanos, por la santa Iglesia de Dios, para que nuestro Dios y Señor le conceda la paz y la unidad, se digne protegerla en toda la tierra y nos conceda glorificarlo, como Dios Padre omnipotente, con una vida pacífica y serena.

Se ora un momento en silencio. Luego prosigue el sacerdote:

Dios todopoderoso y eterno, que en Cristo revelaste tu gloria a todas las naciones, conserva la obra de tu misericordia, para que tu Iglesia, extendida por toda la tierra, persevere con fe inquebrantable en la confesión de tu nombre. Por Jesucristo, nuestro Señor. ℞. **Amén.**

2. Por el Papa

Oremos también por nuestro Santo Padre, el Papa N., para que Dios nuestro Señor, que lo escogió para el orden de los obispos, lo conserve a salvo y sin daño para bien de su santa Iglesia, a fin de que pueda gobernar al pueblo santo de Dios.

Se ora un momento en silencio. Luego prosigue el sacerdote:

Dios todopoderoso y eterno, cuya sabiduría gobierna el universo, atiende favorablemente nuestras súplicas y protege con tu amor al Papa que nos diste, para que el pueblo cristiano, que tú mismo pastoreas, progrese bajo su cuidado en la firmeza de su fe. Por Jesucristo, nuestro Señor.

℟. **Amén.**

3. Por el pueblo de Dios y sus ministros

Oremos también por nuestro obispo N., por todos los obispos, presbíteros y diáconos de la Iglesia, y por todo el pueblo santo de Dios.

Se ora un momento en silencio. Luego prosigue el sacerdote:

Dios todopoderoso y eterno, que con tu Espíritu santificas y gobiernas a toda la Iglesia, escucha nuestras súplicas por tus ministros, para que, con la ayuda de tu gracia, te sirvan con fidelidad. Por Jesucristo, nuestro Señor.

℟. **Amén.**

4. Por los catecúmenos

Oremos también por los (nuestros) catecúmenos, para que Dios nuestro Señor abra los oídos de sus corazones y les manifieste su misericordia, y para que, mediante el bautismo, se les perdonen todos sus pecados y queden incorporados a Cristo, Señor nuestro.

Se ora un momento en silencio. Luego prosigue el sacerdote:

Dios todopoderoso y eterno, que sin cesar concedes nuevos hijos a tu Iglesia, acrecienta la fe y el conocimiento a los (nuestros) catecúmenos, para que, renacidos en la fuente bautismal, los cuentes entre tus hijos de adopción. Por Jesucristo, nuestro Señor.

℟. **Amén.**

5. Por la unidad de los cristianos

Oremos también por todos los hermanos que creen en Cristo, para que Dios nuestro Señor se digne congregar y custodiar en la única Iglesia a quienes procuran vivir en la verdad.

Se ora un momento en silencio. Luego prosigue el sacerdote:

Dios todopoderoso y eterno, que reúnes a los que están dispersos y los mantienes en la unidad, mira benignamente la grey de tu Hijo, para que, a cuantos están consagrados por el único bautismo, también los una la integridad de la fe y los asocie el vínculo de la caridad. Por Jesucristo, nuestro Señor.
℟. **Amén.**

6. Por los judíos

Oremos también por los judíos, para que a quienes Dios nuestro Señor habló primero, les conceda progresar continuamente en el amor de su nombre y en la fidelidad a su alianza.

Se ora un momento en silencio. Luego prosigue el sacerdote:

Dios todopoderoso y eterno, que confiaste tus promesas a Abraham y a su descendencia, oye compasivo los ruegos de tu Iglesia, para que el pueblo que adquiriste primero como tuyo, merezca llegar a la plenitud de la redención. Por Jesucristo, nuestro Señor.
℟. **Amén.**

7. Por los que no creen en Cristo

Oremos también por los que no creen en Cristo, para que, iluminados por el Espíritu Santo, puedan ellos encontrar el camino de la salvación.

Se ora un momento en silencio. Luego prosigue el sacerdote:

Dios todopoderoso y eterno, concede a quienes no creen en Cristo, que, caminando en tu presencia con sinceridad de corazón, encuentren la verdad; y a nosotros concédenos crecer en el amor mutuo y en el deseo de comprender mejor los misterios de tu vida, a fin de que seamos testigos cada vez más auténticos de tu amor en el mundo. Por Jesucristo, nuestro Señor.
℟. **Amén.**

8. Por los que no creen en Dios

Oremos también por los que no conocen a Dios, para que, buscando con sinceridad lo que es recto, merezcan llegar hasta él.

Se ora un momento en silencio. Luego prosigue el sacerdote:

Dios todopoderoso y eterno, que creaste a todos los hombres para que deseándote te busquen, y para que al encontrarte descansen en ti; concédenos que, en medio de las dificultades de este mundo, al ver los signos de tu amor y el testimonio de las buenas obras de los creyentes, todos los hombres se alegren al confesarte como único Dios verdadero y Padre de todos. Por Jesucristo, nuestro Señor.

℟. **Amén.**

9. Por los gobernantes

Oremos también por todos los gobernantes de las naciones, para que Dios nuestro Señor guíe sus mentes y corazones, según su voluntad providente, hacia la paz verdadera y la libertad de todos.

Se ora un momento en silencio. Luego prosigue el sacerdote:

Dios todopoderoso y eterno, en cuyas manos están los corazones de los hombres y los derechos de las naciones, mira con bondad a nuestros gobernantes, para que, con tu ayuda, se afiance en toda la tierra un auténtico progreso social, una paz duradera y una verdadera libertad religiosa. Por Jesucristo, nuestro Señor.

℟. **Amén.**

10. Por los que se encuentran en alguna tribulación

Oremos, hermanos muy queridos, a Dios Padre todopoderoso, para que libre al mundo de todos sus errores, aleje las enfermedades, alimente a los que tienen hambre, libere a los encarcelados y haga justicia a los oprimidos, conceda seguridad a los que viajan, un buen retorno a los que se hallan lejos del hogar, la salud a los enfermos y la salvación a los moribundos.

Se ora un momento en silencio. Luego prosigue el sacerdote:

Dios todopoderoso y eterno, consuelo de los afligidos y fortaleza de los que sufren, escucha a los que te invocan en su tribulación, para que todos experimenten en sus necesidades la alegría de tu misericordia. Por Jesucristo, nuestro Señor.

℟. **Amén.**

ADORACIÓN DE LA SANTA CRUZ

PRESENTACIÓN DE LA SANTA CRUZ

V. Mi-ren el ár-bol de la Cruz, don-de es-tu - vo cla-va - do
el Sal-va-dor   del   mun - do.

R. Ven - gan y a-do re - mos.

℣. Miren el árbol de la Cruz, donde estuvo clavado
el Salvador del mundo.
℟. **Vengan y adoremos.**

ADORACIÓN DE LA SANTA CRUZ

*El sacerdote, el clero, los ministros laicos y los fieles se acercan procesional-
mente y adoran la cruz, haciendo delante de ella una genuflexión simple
o algún otro signo de veneración (como el de besarla), según la costumbre
del lugar.*

*Cuando el sacerdote nos presenta la cruz para venerarla, recordemos
las palabras de Jesús: "Así como Moisés levantó la serpiente de bronce en
el desierto, así tiene que ser levantado el Hijo del hombre, para que todo el
que crea, tenga por él la vida eterna" (Jn 3, 14).*

CANTOS PARA LA ADORACIÓN DE LA SANTA CRUZ

ANTÍFONA
Tu Cruz adoramos, Señor,
tu santa resurrección alabamos y glorificamos,
pues del árbol de la Cruz
ha venido la alegría al mundo entero.

Cfr. Sal 66, 2

Que el Señor se apiade de nosotros y nos bendiga,
que nos muestre su rostro radiante y misericordioso.

Se repite la antífona: **Tu Cruz...**

Improperios

Las partes que corresponden al primer coro se indican con el número 1; las que corresponden al segundo con el número 2; las que deben cantarse juntamente por los dos coros, con los números 1 y 2. Algunos versos también pueden cantarse por dos cantores.

I

1 y 2.   Pueblo mío, ¿qué mal te he causado,
o en qué cosa te he ofendido? Respóndeme.

1.   ¿Porque yo te saqué de Egipto,
tú le has preparado una cruz a tu Salvador?

2.   Pueblo mío, ¿qué mal te he causado,
o en qué cosa te he ofendido? Respóndeme.

1. Hágios o Theós.
2. Santo Dios.
1. Hágios Ischyrós.
2. Santo fuerte.
1. Hágios Athánatos, eléison himás.
2. Santo inmortal, ten piedad de nosotros.

1 y 2.   ¿Porque yo te guíe cuarenta años por el desierto,
te alimenté con el maná y te introduje en una tierra fértil,
tú le preparaste una cruz a tu Salvador?

Hágios o Theós, etc.

1 y 2.   ¿Qué más pude hacer, o qué dejé sin hacer por ti?
Yo mismo te elegí y te planté, hermosa viña mía,
pero tú te has vuelto áspera y amarga conmigo,
porque en mi sed me diste de beber vinagre
y has plantado una lanza en el costado a tu Salvador.

Hágios o Theós, etc.

II

Se alternan los cantores (C) con la asamblea (1 y 2), que responde con el estribilo.

C.   Por ti yo azoté a Egipto y a sus primogénitos
y tú me has entregado para que me azoten.

1 y 2.   ℟. **Pueblo mío, ¿qué mal te he causado,
o en qué cosa te he ofendido? Respóndeme.**

C.   Yo te saqué de Egipto y te libré del faraón en el Mar Rojo
y tú me has entregado a los sumos sacerdotes. 1 y 2. ℟.

C. Yo te abrí camino por el mar,
y tú me has abierto el costado con tu lanza. 1 y 2. ℟.

C. Yo te serví de guía con una columna de nubes
y tú me has conducido al pretorio de Pilato. 1 y 2. ℟.

C. Yo te di de comer maná en el desierto
y tú me has dado de bofetadas y de azotes. 1 y 2. ℟.

C. Yo te di a beber el agua salvadora que brotó de la peña
y tú me has dado a beber hiel y vinagre. 1 y 2. ℟.

C. Por ti yo herí a los reyes cananeos
y tú, con una caña, me has herido en la cabeza. 1 y 2. ℟.

C. Yo puse en tus manos un cetro real
y tú me has puesto en la cabeza una corona de espinas. 1 y 2. ℟.

C. Yo te exalté con mi omnipotencia
y tú me has hecho subir a la deshonra de la Cruz. 1 y 2. ℟.

Himno

Todos (T) dicen las estrofas en letra negrita, incluyendo ℟. 1 y ℟. 2. Los cantores (C) dicen las otras estrofas.

T. **Cruz amable y redentora,
árbol noble, espléndido.
Ningún árbol fue tan rico,
ni en sus frutos ni en su flor.
Dulce leño, dulces clavos,
dulce el fruto que nos dio.**

C. Canta, oh lengua jubilosa,
el combate singular
en que el Salvador del mundo,
inmolado en una cruz,
con su sangre redentora
a los hombres rescató.

℟. 1. **Cruz amable y redentora,
árbol noble, espléndido.
Ningún árbol fue tan rico,
ni en sus frutos ni en su flor.**

C. Cuando Adán, movido a engaño,
comió el fruto del Edén,
el Creador, compadecido,
desde entonces decretó
que un árbol nos devolviera
lo que un árbol nos quitó.

℟. 2. **Dulce leño, dulces clavos,
dulce el fruto que nos dio.**

C. Quiso, con sus propias armas,
vencer Dios al seductor,
la sabiduría a la astucia
fiero duelo le aceptó,
para hacer surgir la vida
donde la muerte brotó. ℟. 1.

C. Cuando el tiempo hubo llegado,
el Eterno nos envió
a su Hijo desde el cielo,
Dios eterno como él,
que en el seno de una Virgen
carne humana revistió. ℟. 2.

C. Hecho un niño está llorando,
de un pesebre en la estrechez.
En Belén, la Virgen madre
en pañales lo envolvió.
He allí al Dios potente,
pobre, débil, párvulo. ℟. 1.

C. Cuando el cuerpo del Dios-Hombre
alcanzó su plenitud,
al tormento, libremente,
cual cordero, se entregó,
pues a ello vino al mundo
a morir en una cruz. R. 2.

C. Ya se enfrenta a las injurias,
a los golpes y al rencor,
ya la sangre está brotando
de la fuente de salud.
En qué río tan divino
se ha lavado la creación. R. 1.

C. Árbol santo, cruz excelsa,
tu dureza ablanda ya,
que tus ramas se dobleguen
al morir el Redentor
y en tu tronco suavizado,
lo sostengas con piedad. R. 2.

C. Feliz puerto preparaste
para el mundo náufrago
y el rescate presentaste
para nuestra redención,
pues la Sangre del Cordero
en tus brazos se ofrendó. R. 1.

Conclusión que nunca debe omitirse:

T. **Elevemos jubilosos
a la augusta Trinidad,
nuestra gratitud inmensa,
por su amor y redención,
al eterno Padre, al Hijo,
y al Espíritu de amor. Amén.**

SAGRADA COMUNIÓN

Sacerdote:

Fieles a la recomendación del Salvador
y siguiendo su divina enseñanza,
nos atrevemos a decir:

El sacerdote, con las manos extendidas, dice junto con el pueblo:

**Padre nuestro, que estás en el cielo,
santificado sea tu nombre;
venga a nosotros tu reino;
hágase tu voluntad en la tierra como en el cielo.
Danos hoy nuestro pan de cada día;
perdona nuestras ofensas,
como también nosotros perdonamos
a los que nos ofenden;
no nos dejes caer en la tentación,
y líbranos del mal.**

El sacerdote, con las manos extendidas, prosigue él solo:

Líbranos de todos los males, Señor,
y concédenos la paz en nuestros días,
para que, ayudados por tu misericordia,
vivamos siempre libres de pecado

y protegidos de toda perturbación,
mientras esperamos la gloriosa venida
de nuestro Salvador Jesucristo.

El sacerdote junta las manos. El pueblo concluye la oración, aclamando:
**Tuyo es el reino,
tuyo el poder y la gloria, por siempre, Señor.**

A continuación el sacerdote, con las manos juntas, dice en secreto:
*Señor Jesucristo,
la comunión de tu Cuerpo
no sea para mí un motivo de juicio y condenación,
sino que, por tu piedad,
me aproveche para defensa de alma y cuerpo
y como remedio saludable.*

*Enseguida hace genuflexión, toma una partícula, la mantiene un poco ele-
vada sobre el copón, y dice con voz clara, de cara al pueblo:*
Éste es el Cordero de Dios,
que quita el pecado del mundo.
Dichosos los invitados a la cena del Señor.

Y, juntamente con el pueblo, dice una sola vez:
**Señor, no soy digno de que entres en mi casa,
pero una palabra tuya bastará para sanarme.**

*Y, vuelto hacia el altar, comulga reverentemente el Cuerpo de Cristo.
Después distribuye la Comunión a los fieles. Durante la Comunión se puede
cantar el salmo 21, u otro canto apropiado.*

ORACIÓN DESPUÉS DE LA COMUNIÓN
Dios todopoderoso y eterno, que nos has redimido con la gloriosa
muerte y resurrección de tu Hijo Jesucristo, prosigue en nosotros la obra
de tu misericordia, para que, mediante nuestra participación en este
misterio, permanezcamos dedicados a tu servicio. Por Jesucristo, nuestro Señor.
℟. **Amén.**

ORACIÓN SOBRE EL PUEBLO
Envía, Señor, sobre este pueblo tuyo, que ha conmemorado la muerte
de tu Hijo, en espera de su resurrección, la abundancia de tu bendición;
llegue a él tu perdón, reciba tu consuelo, se acreciente su fe santa y se con-
solide su eterna redención. Por Jesucristo, nuestro Señor.
℟. **Amén.**

LAVARNOS LAS MANOS

Lavarnos las manos: el expediente fácil.

❖ Lavarnos las manos después de condenar a muchos de nuestros hermanos, por lo menos, al suplicio de que cada quien se las arregle con sus propios problemas.

❖ Lavarnos las manos de que haya millones de hermanos que padecen las más brutales necesidades materiales y espirituales.
❖ Hay millones de compatriotas que pasan hambre, pero yo me lavo las manos.
❖ Hay cientos de miles de ancianos que mueren abandonados como perros, pero yo me lavo las manos.
❖ Hay innumerables mexicanos a quienes nadie les ha enseñado ni a leer ni a escribir ni a defender sus derechos ni a salvar sus almas, pero yo me lavo las manos.
❖ Yo trabajo para mí y para los míos y quiero que conste delante de todos que soy inocente:
– de que haya hombres que se mueren de hambre,
– de que haya niños que no tienen hogar,
– de que haya ignorantes que no tienen escuela,
– de que haya padres de familia que no tienen trabajo…

Vean, señores, vean. Vean qué "limpias" tengo las manos.

Pascua

Las siete semanas de Pascua son un solo y largo día de fiesta y de gracia. Son el corazón y motor del Año litúrgico, el objeto central de nuestra fe: que hace poco menos de dos mil años Cristo resucitó y desde entonces sigue vivo y está presente en medio de su Iglesia en todo momento.

La Cincuentena pascual, desde la Vigilia Pascual hasta Pentecostés, es el "tiempo fuerte" por excelencia de todo el año cristiano. Forma una gran unidad con sus dos polos: Cristo resucitado y la efusión de su Espíritu.

La primera de las siete semanas se conoce como "Octava de Pascua". Tradicionalmente durante ella los neófitos –los recién bautizados– recibían la catequesis mistagógica para ayudarlos a profundizar en lo que habían celebrado.

Dentro de la Cincuentena se celebra también la Ascensión del Señor y la solemnidad de Pentecostés. Esta última no es una celebración independiente, sino la maduración de la Pascua.

Cada comunidad y cada uno de los cristianos tenemos como finalidad que la Pascua de Cristo, y con ello toda su vida, vaya siendo nuestra Pascua y nuestra vida.

4 de abril   Vigilia Pascual en la noche santa
(Blanco)

¿Por qué nos reunimos en la noche?

Tratamos de buscar a Dios y la noche se presta. Nos ofrece recogimiento, tiene un atractivo especial para aquellos que quieren hablar con Dios. Es la hora en que el corazón vela esperando a su Señor.

Por otro lado, Jesucristo resucitó en la noche, a una hora en que nadie esperaba. Pero esta noche es la noche más importante para el mundo. Nosotros vivimos en una noche permanente. Noche de duda, noche de pecado, noche de falta de fe, noche de decepciones, de amores que no son fieles. En medio de esta noche nuestra, que es la "hora del poder de las tinieblas", resucitó Jesucristo, nuestra luz.

En esta noche acogemos en nuestro corazón:
a Cristo, nuestra única LUZ,
a Cristo, la PALABRA DE DIOS,
a Cristo, que es la VIDA,
a Cristo, que es el PAN y el VINO, alimento para el camino.

SOLEMNE INICIO DE LA VIGILIA, O "LUCERNARIO"

BENDICIÓN DEL FUEGO Y PREPARACIÓN DEL CIRIO

El sacerdote saluda, como de costumbre, al pueblo congregado y le hace una breve exhortación, con estas palabras u otras semejantes:

Hermanos: En esta noche santa, en que nuestro Señor Jesucristo pasó de la muerte a la vida, la Iglesia invita a todos sus hijos, diseminados por el mundo, a que se reúnan para velar en oración. Conmemoremos, pues, juntos, la Pascua del Señor, escuchando su palabra y participando en sus sacramentos, con la esperanza cierta de participar también en su triunfo sobre la muerte y de vivir con él para siempre en Dios.

El fuego nuevo puede ser pequeño (en el interior de la iglesia) o imponente (en el atrio). En el segundo caso convendría que este momento se pareciera a una reunión popular, como a una fogata de campamento.

El fuego nuevo que brilla en medio de la oscuridad no debe distraer nuestra atención del símbolo principal, que es el cirio pascual.

Oremos.

Dios nuestro, que por medio de tu Hijo comunicaste a tus fieles el fuego de tu luz, santifica ✠ este fuego nuevo y concédenos que, al celebrar estas fiestas pascuales, se encienda en nosotros el deseo de las cosas celestiales, para que podamos llegar con un espíritu renovado a las fiestas de la eterna claridad. Por Jesucristo, nuestro Señor. ℟. **Amén.**

Una vez bendecido el fuego nuevo, uno de los ministros lleva el cirio pascual ante el celebrante. Éste, con un punzón, graba una cruz en el cirio. Después, traza sobre él la letra griega Alfa y, debajo, la letra Omega; entre los brazos de la cruz traza los cuatro números del año en curso, mientras dice:

Cristo ayer y hoy,
Principio y fin, Alfa y Omega.
Suyo es el tiempo y la eternidad.
A él la gloria y el poder,
por los siglos de los siglos. Amén.

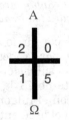

Por sus santas llagas gloriosas,
nos proteja y nos guarde
Jesucristo, nuestro Señor. Amén.

Que la luz de Cristo, resucitado y glorioso,
disipe las tinieblas de nuestro corazón
y de nuestro espíritu.

PROCESIÓN

La llama que avanza por en medio de la iglesia oscura, va iluminando progresivamente las cosas y las personas. De igual manera, Jesucristo, desde su resurrección en medio del silencio, no ha dejado de penetrar en el mundo para transfigurarlo.

El diácono, elevando el cirio, canta:

V. Luz de Cris - to.

Y todos responden:

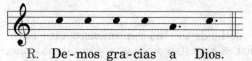

R. De - mos gra - cias a Dios.

Esto se canta en tres ocasiones. Después de la segunda vez, todos se comunican el fuego del cirio pascual, que es la luz de Cristo. Nos comunicamos unos a otros la fe y la esperanza. Todos participamos en la obra de la luz. Todos participamos en la única resurrección, que es la de Cristo.

A continuación el diácono pone el cirio pascual en el candelabro que está preparado en el presbiterio.

PREGÓN PASCUAL

El diácono (o algún otro ministro) proclama la alegría del mundo renovado, que es para todos, aun para aquellos que están afligidos.

Alégrense, por fin, los coros de los ángeles, alégrense las jerarquías del cielo y, por la victoria de rey tan poderoso, que las trompetas anuncien la salvación.

Goce también la tierra, inundada de tanta claridad, y que, radiante con el fulgor del rey eterno, se sienta libre de la tiniebla que cubría el orbe entero.

Alégrese también nuestra madre la Iglesia, revestida de luz tan brillante; resuene este recinto con las aclamaciones del pueblo.

(Por eso, queridos hermanos, que asisten a la admirable claridad de esta luz santa, invoquen conmigo la misericordia de Dios omnipotente, para que aquel que, sin mérito mío, me agregó al número de los ministros, complete mi alabanza a este cirio, infundiendo el resplandor de su luz).

℣. El Señor esté con ustedes.

℟. Y con tu espíritu).

℣. Levantemos el corazón.

℟. Lo tenemos levantado hacia el Señor.

℣. Demos gracias al Señor, nuestro Dios.

℟. Es justo y necesario.

En verdad es justo y necesario aclamar con nuestras voces y con todo el afecto del corazón, a Dios invisible, el Padre todopoderoso, y a su Hijo único, nuestro Señor Jesucristo.

Porque él ha pagado por nosotros al eterno Padre la deuda de Adán, y ha borrado con su sangre inmaculada la condena del antiguo pecado.

Porque éstas son las fiestas de Pascua, en las que se inmola el verdadero Cordero, cuya sangre consagra las puertas de los fieles.

Ésta es la noche en que sacaste de Egipto a los israelitas, nuestros padres, y los hiciste pasar a pie, sin mojarse, el Mar Rojo.

Ésta es la noche en que la columna de fuego esclareció las tinieblas del pecado.

Ésta es la noche que a todos los que creen en Cristo, por toda la tierra, los arranca de los vicios del mundo y de la oscuridad del pecado, los restituye a la gracia y los agrega a los santos.

Ésta es la noche en que, rotas las cadenas de la muerte, Cristo asciende victorioso del abismo.

¿De qué nos serviría haber nacido si no hubiéramos sido rescatados? ¡Qué asombroso beneficio de tu amor por nosotros! ¡Qué incomparable ternura y caridad! ¡Para rescatar al esclavo entregaste al Hijo!

Necesario fue el pecado de Adán, que ha sido borrado por la muerte de Cristo. ¡Feliz la culpa que mereció tal Redentor!

¡Qué noche tan dichosa! Sólo ella conoció el momento en que Cristo resucitó del abismo.

Ésta es la noche de la que estaba escrito: "Será la noche clara como el día, la noche iluminada por mi gozo".

Y así, esta noche santa ahuyenta los pecados, lava las culpas, devuelve la inocencia a los caídos, la alegría a los tristes, expulsa el odio, trae la concordia, doblega a los poderosos.

En esta noche de gracia, acepta, Padre santo, el sacrificio vespertino de alabanza, que la santa Iglesia te ofrece en la solemne ofrenda de este cirio, obra de las abejas.

Sabemos ya lo que anuncia esta columna de fuego, que arde en llama viva para la gloria de Dios. Y aunque distribuye su luz, no mengua al repartirla, porque se alimenta de cera fundida que elaboró la abeja fecunda para hacer esta lámpara preciosa.

¡Qué noche tan dichosa, en que se une el cielo con la tierra, lo humano con lo divino!

Te rogamos, Señor, que este cirio consagrado a tu nombre para destruir la oscuridad de esta noche, arda sin apagarse y, aceptado como perfume, se asocie a las lumbreras del cielo. Que el lucero matinal lo encuentre ardiendo, ese lucero que no conoce ocaso, Jesucristo, tu Hijo, que volviendo del abismo, brilla sereno para el linaje humano y vive y reina por los siglos de los siglos. ℞. **Amén.**

LITURGIA DE LA PALABRA

A la luz de Cristo, simbolizado por el cirio pascual, escuchemos los relatos de las intervenciones de Dios en la historia de su pueblo. Es una historia que preparaba el camino de aquel que vino a salvarnos a todos.

Todos apagan sus velas y se sientan. Antes de las lecturas, el sacerdote dice:

Hermanos, habiendo iniciado solemnemente la Vigilia Pascual, escuchemos con recogimiento la palabra de Dios. Meditemos cómo, en la antigua alianza, Dios salvó a su pueblo y en la plenitud de los tiempos, envió al mundo a su Hijo para que nos redimiera.

Oremos para que Dios lleve a su plenitud la obra de la redención realizada por el misterio pascual.

LECTURAS DEL ANTIGUO TESTAMENTO

Donde lo pidan circunstancias pastorales verdaderamente graves, puede reducirse el número de lecturas del Antiguo Testamento, que por lo menos han de ser tres. Aun en este caso, nunca se omita la tercera lectura, tomada del Éxodo, sobre el paso del Mar Rojo.

PRIMERA LECTURA

Vio Dios todo lo que había hecho y lo encontró muy bueno.

Todas las cosas que hizo Dios al principio de la creación eran muy buenas. Y el hombre, hecho a imagen y semejanza de Dios, fue la obra cumbre del Señor. Pero la desobediencia del hombre lo despojó de la grandeza que el Creador le había concedido. Entonces Dios inventó algo más maravilloso todavía: la redención o "re-creación" por medio de su Hijo, Jesucristo, que se hizo hombre, murió y resucitó por todos nosotros.

Del libro del Génesis
1, 1–2, 2

E n el principio creó Dios el cielo y la tierra. La tierra era soledad
y caos; y las tinieblas cubrían la faz del abismo. El espíritu de
Dios se movía sobre la superficie de las aguas.

Dijo Dios: "Que exista la luz", y la luz existió. Vio Dios que la
luz era buena, y separó la luz de las tinieblas. Llamó a la luz "día"
y a las tinieblas, "noche". Fue la tarde y la mañana del primer día.

Dijo Dios: "Que haya una bóveda entre las aguas, que separe
unas aguas de otras". E hizo Dios una bóveda y separó con ella las
aguas de arriba, de las aguas de abajo. Y así fue. Llamó Dios a la
bóveda "cielo". Fue la tarde y la mañana del segundo día.

Dijo Dios: "Que se junten las aguas de debajo del cielo en un
solo lugar y que aparezca el suelo seco". Y así fue. Llamó Dios "tierra" al suelo seco y "mar" a la masa de las aguas. Y vio Dios que era
bueno.

Dijo Dios: "Verdee la tierra con plantas que den semilla y árboles que den fruto y semilla, según su especie, sobre la tierra". Y
así fue. Brotó de la tierra hierba verde, que producía semilla, según
su especie, y árboles que daban fruto y llevaban semilla, según su
especie. Y vio Dios que era bueno. Fue la tarde y la mañana del
tercer día.

Dijo Dios: "Que haya lumbreras en la bóveda del cielo, que sepa-
ren el día de la noche, señalen las estaciones, los días y los años,
y luzcan en la bóveda del cielo para iluminar la tierra". Y así fue.
Hizo Dios las dos grandes lumbreras: la lumbrera mayor para regir
el día y la menor, para regir la noche; y también hizo las estrellas.
Dios puso las lumbreras en la bóveda del cielo para iluminar la
tierra, para regir el día y la noche, y separar la luz de las tinieblas.
Y vio Dios que era bueno. Fue la tarde y la mañana del cuarto día.

Dijo Dios: "Agítense las aguas con un hervidero de seres vivientes y revoloteen sobre la tierra las aves, bajo la bóveda del cielo".
Creó Dios los grandes animales marinos y los vivientes que en el
agua se deslizan y la pueblan, según su especie. Creó también
el mundo de las aves, según sus especies. Vio Dios que era bueno y
los bendijo, diciendo: "Sean fecundos y multiplíquense; llenen las
aguas del mar; que las aves se multipliquen en la tierra". Fue la
tarde y la mañana del quinto día.

Dijo Dios: "Produzca la tierra vivientes, según sus especies:
animales domésticos, reptiles y fieras, según sus especies". Y así

fue. Hizo Dios las fieras, los animales domésticos y los reptiles, cada uno según su especie. Y vio Dios que era bueno.

Dijo Dios: "Hagamos al hombre a nuestra imagen y semejanza; que domine a los peces del mar, a las aves del cielo, a los animales domésticos y a todo animal que se arrastra sobre la tierra".

Y creó Dios al hombre a su imagen;
a imagen suya lo creó;
hombre y mujer los creó.

Y los bendijo Dios y les dijo: "Sean fecundos y multiplíquense, llenen la tierra y sométanla; dominen a los peces del mar, a las aves del cielo y a todo ser viviente que se mueve sobre la tierra".

Y dijo Dios: "He aquí que les entrego todas las plantas de semilla que hay sobre la faz de la tierra, y todos los árboles que producen fruto y semilla, para que les sirvan de alimento. Y a todas las fieras de la tierra, a todas las aves del cielo, a todos los reptiles de la tierra, a todos los seres que respiran, también les doy por alimento las verdes plantas". Y así fue. Vio Dios todo lo que había hecho y lo encontró muy bueno. Fue la tarde y la mañana del sexto día.

Así quedaron concluidos el cielo y la tierra con todos sus ornamentos, y terminada su obra, descansó Dios el séptimo día de todo cuanto había hecho.

Palabra de Dios.   ℟. **Te alabamos, Señor.**

SALMO RESPONSORIAL
Del salmo 103

B. Carrillo B.P. 1524

Ben - di   ce   al   Se - ñor,   al - ma   mí - a.

℟.   Bendice al Señor, alma mía.

Bendice al Señor, alma mía;
Señor y Dios mío, inmensa es tu grandeza.
Te vistes de belleza y majestad,
la luz te envuelve como un manto. ℟.

Sobre bases inconmovibles
asentaste la tierra para siempre.
Con un vestido de mares la cubriste
y las aguas en los montes concentraste. ℟.

En los valles haces brotar las fuentes,
que van corriendo entre montañas;
junto al arroyo vienen a vivir las aves,
que cantan entre las ramas. ℟.
Desde tu cielo riegas los montes
y sacias la tierra del fruto de tus manos;
haces brotar hierba para los ganados
y pasto para los que sirven al hombre. ℟.
¡Qué numerosas son tus obras, Señor,
y todas las hiciste con maestría!
La tierra está llena de tus creaturas.
Bendice al Señor, alma mía. ℟.

ORACIÓN

Oremos. Dios todopoderoso y eterno, que en todas las obras de tu amor te muestras admirable, concede a quienes has redimido, comprender que el sacrificio de Cristo, nuestra Pascua, en la plenitud de los tiempos, es una obra más maravillosa todavía que la misma creación del mundo. Por Jesucristo, nuestro Señor. ℟. **Amén.**

SEGUNDA LECTURA
El sacrificio de nuestro patriarca Abraham.

> *Se puede decir que Abraham es una profecía de la acción de Dios, quien, "para rescatar al esclavo, entregó a su Hijo". El Señor había prometido a Abraham una numerosa descendencia, nacida de su hijo único, Isaac. Pero el Señor quiso probar la fe de Abraham y le ordenó sacrificar a su hijo. Abraham no dudó en sacrificarlo, como Dios se lo ordenaba, pero el mismo Dios intervino para impedir la muerte de Isaac. En esta forma, Abraham es "padre de nuestra fe" y su hijo, Isaac, representa a Cristo, que muere y resucita por nosotros.*

Del libro del Génesis
22, 1-18

En aquel tiempo, Dios le puso una prueba a Abraham y le dijo: "¡Abraham, Abraham!". Él respondió: "Aquí estoy". Y Dios le dijo: "Toma a tu hijo único, Isaac, a quien tanto amas; vete a la región de Moria y ofrécemelo en sacrificio, en el monte que yo te indicaré".

Abraham madrugó, aparejó su burro, tomó consigo a dos de sus criados y a su hijo Isaac; cortó leña para el sacrificio y se encaminó al lugar que Dios le había indicado. Al tercer día divisó a lo lejos el lugar. Les dijo entonces a sus criados: "Quédense aquí con el burro; yo iré con el muchacho hasta allá, para adorar a Dios y después regresaremos".

Abraham tomó la leña para el sacrificio, se la cargó a su hijo Isaac y tomó en su mano el fuego y el cuchillo. Los dos caminaban juntos. Isaac dijo a su padre Abraham: "¡Padre!". Él respondió: "¿Qué quieres, hijo?". El muchacho contestó: "Ya tenemos fuego y leña, pero, ¿dónde está el cordero para el sacrificio?". Abraham le contestó: "Dios nos dará el cordero para el sacrificio, hijo mío". Y siguieron caminando juntos.

Cuando llegaron al sitio que Dios le había señalado, Abraham levantó un altar y acomodó la leña. Luego ató a su hijo Isaac, lo puso sobre el altar, encima de la leña, y tomó el cuchillo para degollarlo.

Pero el ángel del Señor lo llamó desde el cielo y le dijo: "¡Abraham, Abraham!". Él contestó: "Aquí estoy". El ángel le dijo: "No descargues la mano contra tu hijo, ni le hagas daño. Ya veo que temes a Dios, porque no le has negado a tu hijo único".

Abraham levantó los ojos y vio un carnero, enredado por los cuernos en la maleza. Atrapó el carnero y lo ofreció en sacrificio en lugar de su hijo. Abraham puso por nombre a aquel sitio "el Señor provee", por lo que aun el día de hoy se dice: "el monte donde el Señor provee".

El ángel del Señor volvió a llamar a Abraham desde el cielo y le dijo: "Juro por mí mismo, dice el Señor, que por haber hecho esto y no haberme negado a tu hijo único, yo te bendeciré y multiplicaré tu descendencia como las estrellas del cielo y las arenas del mar. Tus descendientes conquistarán las ciudades enemigas. En tu descendencia serán bendecidos todos los pueblos de la tierra, porque obedeciste a mis palabras".

Palabra de Dios.   ℞. **Te alabamos, Señor.**

SALMO RESPONSORIAL
Del salmo 15

E. Estrella B.P. 1607

Pro - té - ge - me, Dios mí - o, que me re - fu - gio en ti.

℟. Protégeme, Dios mío, porque me refugio en ti.

El Señor es la parte que me ha tocado en herencia:
mi vida está en sus manos.
Tengo siempre presente al Señor
y con él a mi lado, jamás tropezaré. ℟.
  Por eso se me alegran el corazón y el alma
y mi cuerpo vivirá tranquilo,
porque tú no me abandonarás a la muerte,
ni dejarás que sufra yo la corrupción. ℟.
  Enséñame el camino de la vida,
sáciame de gozo en tu presencia
y de alegría perpetua junto a ti. ℟.

ORACIÓN

Oremos. Dios nuestro, excelso Padre de los creyentes, que por medio de la gracia de la adopción y por el misterio pascual sigues cumpliendo la promesa hecha a Abraham de multiplicar su descendencia por toda la tierra y de hacerlo el padre de todas las naciones, concede a tu pueblo responder dignamente a la gracia de tu llamada. Por Jesucristo, nuestro Señor. ℟. **Amén.**

TERCERA LECTURA
Los israelitas entraron en el mar sin mojarse.

Los israelitas salen de Egipto y cruzan el Mar Rojo: éste es el nacimiento del pueblo de Israel y un símbolo del pueblo cristiano. Los egipcios perseguidores, que se hunden en las aguas del mar, y los israelitas liberados, son una de las maravillas que el Señor ha hecho por su pueblo. El agua del Mar Rojo prefigura el agua del bautismo. Y el pueblo que cruza las aguas del mar simboliza al pueblo cristiano, que, por medio del bautismo en el agua, queda libre del pecado y de la muerte, por la victoria de Cristo.

Del libro del Éxodo
14, 15–15, 1

En aquellos días, dijo el Señor a Moisés: "¿Por qué sigues clamando a mí? Diles a los israelitas que se pongan en marcha. Y tú, alza tu bastón, extiende tu mano sobre el mar y divídelo, para que los israelitas entren en el mar sin mojarse. Yo voy a endurecer el corazón de los egipcios para que los persigan, y me cubriré de gloria a expensas del faraón y de todo su ejército, de sus carros y jinetes. Cuando me haya cubierto de gloria a expensas del faraón, de sus carros y jinetes, los egipcios sabrán que yo soy el Señor".

El ángel del Señor, que iba al frente de las huestes de Israel, se colocó tras ellas. Y la columna de nubes que iba adelante, también se desplazó y se puso a sus espaldas, entre el campamento de los israelitas y el campamento de los egipcios. La nube era tinieblas para unos y claridad para otros, y así los ejércitos no trabaron contacto durante toda la noche.

Moisés extendió la mano sobre el mar, y el Señor hizo soplar durante toda la noche un fuerte viento del este, que secó el mar, y dividió las aguas. Los israelitas entraron en el mar y no se mojaban, mientras las aguas formaban una muralla a su derecha y a su izquierda. Los egipcios se lanzaron en su persecución y toda la caballería del faraón, sus carros y jinetes, entraron tras ellos en el mar.

Hacia el amanecer, el Señor miró desde la columna de fuego y humo al ejército de los egipcios y sembró entre ellos el pánico. Trabó las ruedas de sus carros, de suerte que no avanzaban sino pesadamente. Dijeron entonces los egipcios: "Huyamos de Israel, porque el Señor lucha en su favor contra Egipto".

Entonces el Señor le dijo a Moisés: "Extiende tu mano sobre el mar, para que vuelvan las aguas sobre los egipcios, sus carros y sus jinetes". Y extendió Moisés su mano sobre el mar, y al amanecer, las aguas volvieron a su sitio, de suerte que al huir, los egipcios se encontraron con ellas, y el Señor los derribó en medio del mar. Volvieron las aguas y cubrieron los carros, a los jinetes y a todo el ejército del faraón, que se había metido en el mar para perseguir a Israel. Ni uno solo se salvó.

Pero los hijos de Israel caminaban por lo seco en medio del mar. Las aguas les hacían muralla a derecha e izquierda. Aquel día salvó el Señor a Israel de las manos de Egipto. Israel vio a los egipcios, muertos en la orilla del mar. Israel vio la mano fuerte del Señor sobre los egipcios, y el pueblo temió al Señor y creyó en el Señor y en Moisés, su siervo. Entonces Moisés y los hijos de Israel cantaron este cántico al Señor:

SALMO RESPONSORIAL
Éxodo 15

E. Estrella B.P. 1686

A - la - be - mos al Se - ñor por su vic - to - ria.

℟. Alabemos al Señor por su victoria.

Cantemos al Señor, sublime es su victoria:
caballos y jinetes arrojó en el mar.
Mi fortaleza y mi canto es el Señor,
él es mi salvación;
él es mi Dios, y yo lo alabaré,
es el Dios de mis padres, y yo le cantaré. ℟.

El Señor es un guerrero, su nombre es el Señor.
Precipitó en el mar los carros del faraón
y a sus guerreros;
ahogó en el Mar Rojo a sus mejores capitanes. ℟.

Las olas los cubrieron,
cayeron hasta el fondo, como piedras.
Señor, tu diestra brilla por su fuerza,
tu diestra, Señor, tritura al enemigo. ℟.

Tú llevas a tu pueblo
para plantarlo en el monte que le diste en herencia,
en el lugar que convertiste en tu morada,
en el santuario que construyeron tus manos.
Tú, Señor, reinarás para siempre. ℟.

ORACIÓN
Oremos. Señor Dios, cuyos antiguos prodigios los percibimos
resplandeciendo también en nuestros tiempos, puesto que aquello
mismo que realizó la diestra de tu poder para liberar a un solo pueblo de la esclavitud del faraón, lo sigues realizando también ahora,
por medio del agua del bautismo para salvar a todas las naciones,
concede que todos los hombres del mundo lleguen a contarse entre
los hijos de Abraham y participen de la dignidad del pueblo elegido.
Por Jesucristo, nuestro Señor. ℟. **Amén.**

CUARTA LECTURA

Con amor eterno se ha apiadado de ti tu redentor.

> *Las lecturas anteriores han descrito la acción salvadora de Dios con su pueblo. Ahora vamos a responder a Dios con nuestra propia historia. Los profetas nos invitan a aceptar la salvación que Dios nos ofrece, es decir, a convertirnos. Esta lectura nos recuerda que el Señor, a pesar de nuestras infidelidades, está dispuesto a recibirnos y a renovar su amor por nosotros.*

Del libro del profeta Isaías
54, 5-14

El que te creó, te tomará por esposa;
su nombre es 'Señor de los ejércitos'.
Tu redentor es el Santo de Israel;
será llamado 'Dios de toda la tierra'.
Como a una mujer abandonada y abatida
te vuelve a llamar el Señor.
¿Acaso repudia uno a la esposa de la juventud?,
dice tu Dios.

Por un instante te abandoné,
pero con inmensa misericordia te volveré a tomar.
En un arrebato de ira
te oculté un instante mi rostro,
pero con amor eterno me he apiadado de ti,
dice el Señor, tu redentor.

Me pasa ahora como en los días de Noé:
entonces juré que las aguas del diluvio
no volverían a cubrir la tierra;
ahora juro no enojarme ya contra ti
ni volver a amenazarte.
Podrán desaparecer los montes
y hundirse las colinas,
pero mi amor por ti no desaparecerá
y mi alianza de paz quedará firme para siempre.
Lo dice el Señor, el que se apiada de ti.

Tú, la afligida, la zarandeada por la tempestad,
la no consolada:
He aquí que yo mismo coloco tus piedras sobre piedras finas,
tus cimientos sobre zafiros;
te pondré almenas de rubí

y puertas de esmeralda
y murallas de piedras preciosas.

Todos tus hijos serán discípulos del Señor,
y será grande su prosperidad.
Serás consolidada en la justicia.
Destierra la angustia,
pues ya nada tienes que temer;
olvida tu miedo,
porque ya no se acercará a ti".
Palabra de Dios.   ℟. **Te alabamos, Señor.**

SALMO RESPONSORIAL
Del salmo 29

B. Carrillo B.P. 1527

Te_a - la - ba - ré,   Se - ñor,   e - ter - na - men - te.

℟. Te alabaré, Señor, eternamente.

Te alabaré, Señor, pues no dejaste
que se rieran de mí mis enemigos.
Tú, Señor, me salvaste de la muerte
y a punto de morir, me reviviste. ℟.

Alaben al Señor quienes lo aman,
den gracias a su nombre,
porque su ira dura un solo instante
y su bondad, toda la vida.
El llanto nos visita por la tarde;
por la mañana, el júbilo. ℟.

Escúchame, Señor, y compadécete;
Señor, ven en mi ayuda.
Convertiste mi duelo en alegría,
te alabaré por eso eternamente. ℟.

ORACIÓN
Oremos. Dios todopoderoso y eterno, multiplica, en honor a tu
nombre, cuanto prometiste a nuestros padres en la fe y acrecienta
la descendencia por ti prometida mediante la santa adopción filial, para que aquello que los antiguos patriarcas no dudaron que

habría de acontecer, tu Iglesia advierta que ya está en gran parte cumplido. Por Jesucristo, nuestro Señor. ℞. **Amén.**

QUINTA LECTURA

Vengan a mí y vivirán. Sellaré con ustedes una alianza perpetua.

> *En esta noche santa nacen en el seno de la Iglesia nuevos cristianos. También nosotros, que hemos seguido a Cristo, renovaremos las promesas de nuestro bautismo y nos propondremos vivir con valor la vida cristiana. A los nuevos cristianos y a los que vamos a renovar las promesas del bautismo, el profeta nos describe el camino y las riquezas de la salvación.*

Del libro del profeta Isaías
55, 1-11

Esto dice el Señor:
"Todos ustedes, los que tienen sed, vengan por agua;
y los que no tienen dinero,
vengan, tomen trigo y coman;
tomen vino y leche sin pagar.
¿Por qué gastar el dinero en lo que no es pan
y el salario, en lo que no alimenta?

Escúchenme atentos y comerán bien,
saborearán platillos sustanciosos.
Préstenme atención, vengan a mí,
escúchenme y vivirán.

Sellaré con ustedes una alianza perpetua,
cumpliré las promesas que hice a David.
Como a él lo puse por testigo ante los pueblos,
como príncipe y soberano de las naciones,
así tú reunirás a un pueblo desconocido,
y las naciones que no te conocían acudirán a ti,
por amor del Señor, tu Dios,
por el Santo de Israel, que te ha honrado.

Busquen al Señor mientras lo pueden encontrar,
invóquenlo mientras está cerca;
que el malvado abandone su camino,
y el criminal, sus planes;
que regrese al Señor, y él tendrá piedad;
a nuestro Dios, que es rico en perdón.

Mis pensamientos no son los pensamientos de ustedes,
sus caminos no son mis caminos.
Porque así como aventajan los cielos a la tierra,
así aventajan mis caminos a los de ustedes
y mis pensamientos a sus pensamientos.
Como bajan del cielo la lluvia y la nieve
y no vuelven allá, sino después de empapar la tierra,
de fecundarla y hacerla germinar,
a fin de que dé semilla para sembrar y pan para comer,
así será la palabra que sale de mi boca:
no volverá a mí sin resultado,
sino que hará mi voluntad
y cumplirá su misión".
Palabra de Dios. ℞. **Te alabamos, Señor.**

SALMO RESPONSORIAL
Isaías 12

B. Carrillo B.P. 1528

El Se - ñor es mi Dios y mi sal - va - dor.

℞. El Señor es mi Dios y salvador.

El Señor es mi Dios y salvador,
con él estoy seguro y nada temo.
El Señor es mi protección y mi fuerza
y ha sido mi salvación.
Sacarán agua con gozo
de la fuente de salvación. ℞.

Den gracias al Señor,
invoquen su nombre,
cuenten a los pueblos sus hazañas,
proclamen que su nombre es sublime. ℞.

Alaben al Señor por sus proezas,
anúncienlas a toda la tierra.
Griten jubilosos, habitantes de Sión,
porque el Dios de Israel
ha sido grande con ustedes. ℞.

ORACIÓN

Oremos. Dios todopoderoso y eterno, única esperanza del mundo, tú que anunciaste, por voz de los profetas, los misterios que estamos celebrando esta noche, multiplica en el corazón de tu pueblo los santos propósitos porque no podría ningún santo anhelo alcanzar crecimiento sin el impulso que procede de ti. Por Jesucristo, nuestro Señor. R. **Amén.**

SEXTA LECTURA
Sigue el camino que te conduce a la luz del Señor.

> *Con frecuencia nos sentimos decepcionados de nuestra propia vida, porque no hemos seguido el camino que nos habíamos propuesto, ni nos hemos entregado al Señor, como lo intentábamos. ¿Quizá nos hemos dejado cautivar por otra clase de sabiduría, diferente de la del Evangelio?... ¡No dejemos que unos ideales, contrarios al Evangelio, influyan en nosotros y nos dominen!*

Del libro del profeta Baruc
3, 9-15. 32—4, 4

Escucha, Israel, los mandatos de vida,
presta oído para que adquieras prudencia.
¿A qué se debe, Israel, que estés aún en país enemigo,
que envejezcas en tierra extranjera,
que te hayas contaminado por el trato con los muertos,
que te veas contado entre los que descienden al abismo?
Es que abandonaste la fuente de la sabiduría.
Si hubieras seguido los senderos de Dios,
habitarías en paz eternamente.
Aprende dónde están la prudencia,
la inteligencia y la energía,
así aprenderás dónde se encuentra el secreto de vivir larga vida,
y dónde la luz de los ojos y la paz.
¿Quién es el que halló el lugar de la sabiduría
y tuvo acceso a sus tesoros?
El que todo lo sabe, la conoce;
con su inteligencia la ha escudriñado.
El que cimentó la tierra para todos los tiempos,
y la pobló de animales cuadrúpedos;
el que envía la luz, y ella va,

la llama, y temblorosa le obedece;
llama a los astros, que brillan jubilosos
en sus puestos de guardia,
y ellos le responden: "Aquí estamos",
y refulgen gozosos para aquel que los hizo.
Él es nuestro Dios
y no hay otro como él;
él ha escudriñado los caminos de la sabiduría
y se la dio a su hijo Jacob,
a Israel, su predilecto.
Después de esto, ella apareció en el mundo
y convivió con los hombres.

La sabiduría es el libro de los mandatos de Dios,
la ley de validez eterna;
los que la guardan, vivirán,
los que la abandonan, morirán.

Vuélvete a ella, Jacob, y abrázala;
camina hacia la claridad de su luz;
no entregues a otros tu gloria,
ni tu dignidad a un pueblo extranjero.
Bienaventurados nosotros, Israel,
porque lo que agrada al Señor
nos ha sido revelado.

Palabra de Dios.   ℟. **Te alabamos, Señor.**

SALMO RESPONSORIAL
Del salmo 18

R. Morales B.P. 1601

Tú tie-nes, Se-ñor, pa-la-bras de vi-da_e-ter-na, de vi-da_e-ter-na.

℟.   Tú tienes, Señor, palabras de vida eterna.

La ley del Señor es perfecta del todo
y reconforta el alma;
inmutables son las palabras del Señor
y hacen sabio al sencillo. ℟.

[R. Tú tienes, Señor, palabras de vida eterna.]

En los mandamientos del Señor hay rectitud
y alegría para el corazón;
son luz los preceptos del Señor
para alumbrar el camino. R.

La voluntad de Dios es santa
y para siempre estable;
los mandatos del Señor son verdaderos
y enteramente justos. R.

Más deseables que el oro y las piedras preciosas,
las normas del Señor,
y más dulces que la miel
de un panal que gotea. R.

ORACIÓN

Oremos. Dios nuestro, que haces crecer continuamente a tu Iglesia con hijos llamados de todos los pueblos, dígnate proteger siempre con tu gracia a quienes has purificado con el agua del bautismo. Por Jesucristo, nuestro Señor. R. **Amén.**

SÉPTIMA LECTURA

Los rociaré con agua pura y les daré un corazón nuevo.

> *El pueblo de Israel estaba desterrado en Babilonia, pero el Señor le anunció la liberación. Las palabras del profeta se realizan más plenamente en nosotros: el Señor nos purifica por medio del bautismo y de nuestros sacrificios cuaresmales, por medio de su Espíritu en la confirmación y por medio de nuestra unión con la Iglesia, pueblo de Dios.*

Del libro del profeta Ezequiel
36, 16-28

En aquel tiempo, me fue dirigida la palabra del Señor en estos términos: "Hijo de hombre, cuando los de la casa de Israel habitaban en su tierra, la mancharon con su conducta y con sus obras; como inmundicia fue su proceder ante mis ojos. Entonces descargué mi furor contra ellos, por la sangre que habían derramado en el país y por haberlo profanado con sus idolatrías. Los dispersé entre las naciones y anduvieron errantes por todas las tierras. Los juzgué según su conducta, según sus acciones los sentencié. Y en las naciones a las que se fueron, desacreditaron mi santo nombre, haciendo que de ellos se dijera: 'Éste es el pueblo del Señor, y ha tenido que salir de su tierra'.

Pero, por mi santo nombre, que la casa de Israel profanó entre las naciones a donde llegó, me he compadecido. Por eso, dile a la casa de Israel: 'Esto dice el Señor: no lo hago por ustedes, casa de Israel. Yo mismo mostraré la santidad de mi nombre excelso, que ustedes profanaron entre las naciones. Entonces ellas reconocerán que yo soy el Señor, cuando por medio de ustedes les haga ver mi santidad.

Los sacaré a ustedes de entre las naciones, los reuniré de todos los países y los llevaré a su tierra. Los rociaré con agua pura y quedarán purificados; los purificaré de todas sus inmundicias e idolatrías.

Les daré un corazón nuevo y les infundiré un espíritu nuevo; arrancaré de ustedes el corazón de piedra y les daré un corazón de carne. Les infundiré mi espíritu y los haré vivir según mis preceptos y guardar y cumplir mis mandamientos. Habitarán en la tierra que di a sus padres; ustedes serán mi pueblo y yo seré su Dios'".

Palabra de Dios.   ℟. **Te alabamos, Señor.**

SALMO RESPONSORIAL
De los salmos 41 y 42

J. de Dios Delgado B.P. 1609

Es - toy se - dien - to del Dios que da la vi - da.

℟.   Estoy sediento del Dios que da la vida.

Como el venado busca
el agua de los ríos,
así, cansada, mi alma
te busca a ti, Dios mío. ℟.

    Del Dios que da la vida
está mi ser sediento.
¿Cuándo será posible
ver de nuevo su templo? ℟.

    Recuerdo cuando íbamos
a casa del Señor,
cantando, jubilosos,
alabanzas a Dios. ℟.

[R. **Estoy sediento del Dios que da la vida.**]

Envíame, Señor, tu luz y tu verdad;
que ellas se conviertan en mi guía
y hasta tu monte santo me conduzcan,
allí donde tú habitas. R.

Al altar del Señor me acercaré,
al Dios que es mi alegría,
y a mi Dios, el Señor, le daré gracias
al compás de la cítara. R.

ORACIÓN

Oremos. Dios de inmutable poder y eterna luz, mira propicio el admirable misterio de la Iglesia entera y realiza serenamente, en virtud de tu eterno designio, la obra de la humana salvación; que todo el mundo vea y reconozca que los caídos se levantan, que se renueva lo que había envejecido y que, por obra de Jesucristo, todas las cosas concurren hacia la unidad que tuvieron en el origen. Él, que vive y reina por los siglos de los siglos. R. **Amén.**

Después de la última oración, todos cantan el himno Gloria a Dios en el cielo *(p. 6).*

ORACIÓN COLECTA

Oremos. Dios nuestro, que haces resplandecer esta noche con la gloria de la resurrección del Señor, aviva en tu Iglesia el espíritu de adopción filial, para que, renovados en cuerpo y alma, nos entreguemos fielmente a tu servicio. Por nuestro Señor Jesucristo...

EPÍSTOLA

Cristo, una vez resucitado de entre los muertos, ya no morirá nunca.

De la carta del apóstol san Pablo a los romanos
6, 3-11

Hermanos: ¿No saben ustedes que todos los que hemos sido incorporados a Cristo Jesús por medio del bautismo, hemos sido incorporados a él en su muerte? En efecto, por el bautismo fuimos sepultados con él en su muerte, para que, así como Cristo resucitó de entre los muertos por la gloria del Padre, así también nosotros llevemos una vida nueva.

Porque, si hemos estado íntimamente unidos a él por una muerte semejante a la suya, también lo estaremos en su resurrección. Sabemos que nuestro hombre viejo fue crucificado con Cristo, para que el cuerpo del pecado quedara destruido, a fin de que ya no sirvamos al pecado, pues el que ha muerto queda libre del pecado.

Por lo tanto, si hemos muerto con Cristo, estamos seguros de que también viviremos con él; pues sabemos que Cristo, una vez resucitado de entre los muertos, ya no morirá nunca. La muerte ya no tiene dominio sobre él, porque al morir, murió al pecado de una vez para siempre; y al resucitar, vive ahora para Dios. Lo mismo ustedes, considérense muertos al pecado y vivos para Dios en Cristo Jesús, Señor nuestro.

Palabra de Dios.   ℟. **Te alabamos, Señor.**

SALMO RESPONSORIAL
Del salmo 117

E. Estrella B.P. 1610

A-le-lu - ya, a-le-lu - ya, a-le-lu-ya.

℟.   Aleluya, aleluya.

Te damos gracias, Señor, porque eres bueno,
porque tu misericordia es eterna.
Diga la casa de Israel:
"Su misericordia es eterna".   ℟.

La diestra del Señor es poderosa,
la diestra del Señor es nuestro orgullo.
No moriré, continuaré viviendo,
para contar lo que el Señor ha hecho.   ℟.

La piedra que desecharon los constructores,
es ahora la piedra angular.
Esto es obra de la mano del Señor,
es un milagro patente.   ℟.

EVANGELIO
Jesús de Nazaret, que fue crucificado, resucitó.

✠ Del santo Evangelio según san Marcos
16, 1-7

Transcurrido el sábado, María Magdalena, María (la madre de Santiago) y Salomé, compraron perfumes para ir a embalsamar a Jesús. Muy de madrugada, el primer día de la semana, a la salida del sol, se dirigieron al sepulcro. Por el camino se decían unas a otras: "¿Quién nos quitará la piedra de la entrada del sepulcro?". Al llegar, vieron que la piedra ya estaba quitada, a pesar de ser muy grande.

Entraron en el sepulcro y vieron a un joven, vestido con una túnica blanca, sentado en el lado derecho, y se llenaron de miedo. Pero él les dijo: "No se espanten. Buscan a Jesús de Nazaret, el que fue crucificado. No está aquí; ha resucitado. Miren el sitio donde lo habían puesto. Ahora vayan a decirles a sus discípulos y a Pedro: 'Él irá delante de ustedes a Galilea. Allá lo verán, como él les dijo' ".

Palabra del Señor.   ℟. **Gloria a ti, Señor Jesús.**

LITURGIA BAUTISMAL

Si están presentes los que se van a bautizar:
Hermanos, acompañemos con nuestra oración a quienes anhelan renacer a una nueva vida en la fuente del bautismo, para que Dios, nuestro Padre, les otorgue su protección y amor.

Si se bendice la fuente, pero no hay bautismos:
Hermanos, pidamos a Dios todopoderoso, que con su poder santifique esta fuente bautismal, para que cuantos en el bautismo van a ser regenerados en Cristo, sean agregados al número de hijos adoptivos de Dios.

LETANÍAS DE LOS SANTOS

En las letanías se pueden añadir algunos nombres de santos, especialmente el del titular de la iglesia, el de los patronos del lugar y el de los patronos de quienes serán bautizados.

Señor, ten piedad de nosotros.	Señor, ten piedad de nosotros.
Cristo, ten piedad de nosotros.	Cristo, ten piedad de nosotros.
Señor, ten piedad de nosotros.	Señor, ten piedad de nosotros.
Santa María, Madre de Dios,	ruega por nosotros.
San Miguel,	ruega por nosotros.
Santos ángeles de Dios,	rueguen por nosotros.
San Juan Bautista,	ruega por nosotros.
San José,	ruega por nosotros.
San Pedro y san Pablo,	rueguen por nosotros.
San Andrés,	ruega por nosotros.
San Juan,	ruega por nosotros.
Santa María Magdalena,	ruega por nosotros.
San Esteban,	ruega por nosotros.

San Ignacio de Antioquía,	ruega por nosotros.
San Lorenzo,	ruega por nosotros.
San Felipe de Jesús,	ruega por nosotros.
Santos Cristóbal Magallanes y compañeros, mártires,	rueguen por nosotros.
Santas Perpetua y Felícitas,	rueguen por nosotros.
Santa Inés,	ruega por nosotros.
San Gregorio,	ruega por nosotros.
San Agustín,	ruega por nosotros.
San Atanasio,	ruega por nosotros.
San Basilio,	ruega por nosotros.
San Martín,	ruega por nosotros.
San Benito,	ruega por nosotros.
San Francisco y santo Domingo,	rueguen por nosotros.
San Francisco Javier,	ruega por nosotros.
San Juan María Vianney,	ruega por nosotros.
San Rafael Guízar y Valencia,	ruega por nosotros.
San José María de Yermo y Parres,	ruega por nosotros.
Santa Catalina de Siena,	ruega por nosotros.
Santa Teresa de Jesús,	ruega por nosotros.
Santa Teresa del Niño Jesús,	ruega por nosotros.
Santa María de Jesús Sacramentado Venegas,	ruega por nosotros.
Santa María Guadalupe García Zavala,	ruega por nosotros.
San Juan Diego,	ruega por nosotros.
Todos los santos y santas de Dios,	rueguen por nosotros.

Muéstrate propicio,	líbranos, Señor.
De todo mal,	líbranos, Señor.
De todo pecado,	líbranos, Señor.
De la muerte eterna,	líbranos, Señor.
Por tu encarnación,	líbranos, Señor.
Por tu muerte y resurrección,	líbranos, Señor.
Por el don del Espíritu Santo,	líbranos, Señor.

Nosotros, que somos pecadores,	te rogamos, óyenos.

Si hay bautismos:

Para que estos elegidos renazcan a la vida nueva por medio del bautismo,	te rogamos, óyenos

Si no hay bautismos:

Para que santifiques esta fuente bautismal por la que renacerán tus hijos a la vida nueva,	te rogamos, óyenos.
Jesús, Hijo de Dios vivo,	te rogamos, óyenos.
Cristo, óyenos.	Cristo, óyenos.
Cristo, escúchanos.	Cristo, escúchanos.

Si hay bautismos, el sacerdote, con las manos extendidas, dice esta oración:

Derrama, Señor, tu infinita bondad en este sacramento del bautismo y envía tu santo Espíritu, para que haga renacer de la fuente bautismal a estos nuevos hijos tuyos, que van a ser santificados por tu gracia, mediante nuestra humilde colaboración en este ministerio. Por Jesucristo, nuestro Señor. ℞. **Amén.**

BENDICIÓN DEL AGUA BAUTISMAL

En las iglesias donde se celebran bautismos, el sacerdote bendice el agua bautismal, diciendo:

Dios nuestro, que con tu poder invisible realizas obras admirables por medio de los signos sacramentales y has hecho que tu creatura, el agua, signifique de muchas maneras la gracia del bautismo;

Dios nuestro, cuyo Espíritu aleteaba sobre la superficie de las aguas en los mismos principios del mundo, para que ya desde entonces el agua recibiera el poder de dar la vida;

Dios nuestro, que incluso en las aguas torrenciales del diluvio prefiguraste el nuevo nacimiento de los hombres, al hacer que de una manera misteriosa, un mismo elemento diera fin al pecado y origen a la virtud;

Dios nuestro, que hiciste pasar a pie, sin mojarse, el Mar Rojo a los hijos de Abraham, a fin de que el pueblo, liberado de la esclavitud del faraón, prefigurara al pueblo de los bautizados;

Dios nuestro, cuyo Hijo, al ser bautizado por el Precursor en el agua del Jordán, fue ungido por el Espíritu Santo; suspendido en la cruz, quiso que brotaran de su costado sangre y agua; y después de su resurrección mandó a sus apóstoles: "Vayan y enseñen a todas las naciones, bautizándolas en el nombre del Padre, y del Hijo y del Espíritu Santo": mira ahora a tu Iglesia en oración y abre para ella la fuente del bautismo.

Que por obra del Espíritu Santo esta agua adquiera la gracia de tu Unigénito, para que el hombre, creado a tu imagen, limpio de su antiguo pecado, por el sacramento del bautismo, renazca a la vida nueva por el agua y el Espíritu Santo.

Puede introducir el cirio pascual en el agua, una o tres veces, diciendo:

Te pedimos, Señor, que por tu Hijo, descienda sobre el agua de esta fuente el poder del Espíritu Santo,

Manteniendo el cirio dentro del agua, prosigue:

para que todos, sepultados con Cristo en su muerte por el bautismo, resuciten también con él a la vida nueva. Él, que vive y reina contigo en la unidad del Espíritu Santo y es Dios por los siglos de los siglos. ℟. **Amén.**

Enseguida saca el cirio del agua, y el pueblo dice la siguiente aclamación:

Fuentes del Señor, bendigan al Señor,
alábenlo y glorifíquenlo por los siglos.

BENDICIÓN DEL AGUA

Si no hay bautismos ni tampoco se bendice la fuente bautismal, el sacerdote prepara a los fieles para la bendición del agua, diciendo:

Pidamos, queridos hermanos, a Dios nuestro Señor, que se digne bendecir esta agua, con la cual seremos rociados en memoria de nuestro bautismo, y que nos renueve interiormente, para que permanezcamos fieles al Espíritu que hemos recibido.

Y después de una breve pausa en silencio, dice la siguiente oración:

Señor, Dios nuestro, mira con bondad a este pueblo tuyo, que vela en oración en esta noche santísima, recordando la obra admirable de nuestra creación y la obra más admirable todavía, de nuestra redención. Dígnate bendecir ✠ esta agua, que tú creaste para dar fertilidad a la tierra, frescura y limpieza a nuestros cuerpos.

Tú, además, convertiste el agua en un instrumento de tu misericordia: por ella liberaste a tu pueblo de la esclavitud y en el desierto saciaste su sed; con la imagen del agua viva los profetas anunciaron la nueva alianza que deseabas establecer con los hombres; por ella, finalmente, santificada por Cristo en el Jordán, renovaste, mediante el bautismo que nos da la vida nueva, nuestra naturaleza, corrompida por el pecado.

Que esta agua nos recuerde ahora nuestro bautismo y nos haga participar en la alegría de nuestros hermanos, que han sido bautizados en esta Pascua. Por Jesucristo, nuestro Señor. ℟. **Amén.**

RENOVACIÓN DE LAS PROMESAS BAUTISMALES

Todos, de pie y teniendo en sus manos las velas encendidas, hacen la renovación de las promesas del bautismo, junto con los bautizandos, a no ser que ya se hubieran hecho.

El sacerdote se dirige a los fieles, con estas palabras u otras semejantes:

Hermanos, por medio del bautismo, hemos sido hechos partícipes del misterio pascual de Cristo; es decir, por medio del bautismo, hemos sido sepultados con él en su muerte para resucitar con él a la vida nueva. Por eso, culminado nuestro camino cuaresmal, es muy conveniente que renovemos las promesas de nuestro bautismo, con las cuales un día renunciamos a Satanás y a sus obras y nos comprometimos a servir a Dios, en la santa Iglesia católica. Por consiguiente:

Sacerdote: ¿Renuncian ustedes a Satanás? *Todos:* **Sí, renuncio.**
Sacerdote: ¿Renuncian a todas sus obras? *Todos:* **Sí, renuncio.**
Sacerdote: ¿Renuncian a todas sus seducciones? *Todos:* **Sí, renuncio.**

O bien:

Sacerdote: ¿Renuncian ustedes al pecado, para vivir en la libertad de los hijos de Dios? *Todos:* **Sí, renuncio.**
Sacerdote: ¿Renuncian a todas las seducciones del mal, para que el pecado no los esclavice? *Todos:* **Sí, renuncio.**
Sacerdote: ¿Renuncian a Satanás, padre y autor de todo pecado? *Todos:* **Sí, renuncio.**

Prosigue el sacerdote:
¿Creen ustedes en Dios, Padre todopoderoso, creador del cielo y de la tierra? *Todos:* **Sí, creo.**
Sacerdote:
¿Creen en Jesucristo, su Hijo único y Señor nuestro, que nació de la Virgen María, padeció y murió por nosotros, resucitó y está sentado a la derecha del Padre? *Todos:* **Sí, creo.**
Sacerdote:
¿Creen en el Espíritu Santo, en la santa Iglesia católica, en la comunión de los santos, en el perdón de los pecados, en la resurrección de los muertos y en la vida eterna? *Todos:* **Sí, creo.**

Y el sacerdote concluye:
Que Dios todopoderoso, Padre de nuestro Señor Jesucristo, que nos liberó del pecado y nos ha hecho renacer por el agua y el Espíritu Santo, nos conserve con su gracia unidos a Jesucristo nuestro Señor, hasta la vida eterna. ℟. **Amén.**

El sacerdote rocía al pueblo con el agua bendita, mientras todos cantan:
Vi brotar agua del lado derecho del templo, aleluya.
Vi que en todos aquellos que recibían el agua,
surgía una vida nueva y cantaban con gozo: Aleluya, aleluya.

Hemos experimentado la alegría de estar juntos, unidos por la fe. Y es necesario que lo festejemos. Es cierto que nuestra fe es débil todavía y que nuestra asamblea es poco numerosa, en comparación con todos los que han sido invitados por Dios. La comida eucarística, con su pan y con su vino, nos da las fuerzas necesarias para proseguir nuestro camino. Pero un día nos sentaremos a la mesa de Dios. Y esta esperanza es tan maravillosa que, en medio de la noche, llena a la Iglesia de luz. Démosle gracias a Dios, nuestro Señor.

LITURGIA EUCARÍSTICA

ORACIÓN SOBRE LAS OFRENDAS
Recibe, Señor, las súplicas de tu pueblo, junto con los dones que te presentamos para que los misterios de la Pascua que hemos comenzado a celebrar, nos obtengan, con tu ayuda, el remedio para conseguir la vida eterna. Por Jesucristo, nuestro Señor.

ANTÍFONA DE LA COMUNIÓN   1 Cor 5, 7-8
Cristo, nuestro Cordero Pascual, ha sido inmolado. Aleluya. Celebremos, pues, la Pascua, con el pan sin levadura, que es de sinceridad y verdad. Aleluya.

ORACIÓN DESPUÉS DE LA COMUNIÓN
Infúndenos, Señor, el espíritu de tu caridad, para que, saciados con los sacramentos pascuales, vivamos siempre unidos en tu amor. Por Jesucristo, nuestro Señor.

DESPEDIDA
Anuncien a todos la alegría del Señor resucitado.
Vayan en paz, aleluya, aleluya.
O bien:
Pueden ir en paz, aleluya, aleluya.
℟. **Demos gracias a Dios, aleluya, aleluya.**

"NO ESTÁ AQUÍ; HA RESUCITADO"

* "Buscan a Jesús de Nazaret, el que fue crucificado. No está aquí (en el sepulcro); ha resucitado" (evangelio).
* "Una vez resucitado de entre los muertos, ya no morirá nunca". "Si hemos estado íntimamente unidos a él por una muerte semejante a la suya, también lo estaremos en su resurrección" (epístola).

¡ÉSTA ES NUESTRA FE!

* "Ahora vayan a decirles a sus discípulos".

¡ÉSTE ES NUESTRO COMPROMISO!

* Tenemos que decirle a todo el mundo, no tanto con palabras cuanto con obras, que Cristo ha resucitado.
* Pero, ¿podremos anunciar que Cristo está vivo y que actúa en la comunidad de los creyentes:

– desde un matrimonio donde los esposos cristianos estamos dejando morir el amor conyugal?,

– desde un hogar cristiano en el cual padres e hijos, hermanos y hermanas vivimos "como perros y gatos"?,

– desde una familia cristiana que se cierra a las necesidades de todo tipo de las otras familias?,

– desde una vida personal ajena a los problemas de los demás?,

– desde una vida de trabajo (profesional o manual) orientada exclusivamente a la búsqueda de los bienes materiales?,

– desde una enfermedad o una pena moral sufrida con desesperación?

5 de abril

Domingo de Pascua de la Resurrección del Señor

(Blanco)

ANTÍFONA DE ENTRADA   Cfr. Sal 138, 18. 5-6

He resucitado y estoy contigo, aleluya: has puesto tu mano sobre mí, aleluya: tu sabiduría ha sido maravillosa, aleluya, aleluya.

ORACIÓN COLECTA

Señor Dios, que por medio de tu Unigénito, vencedor de la muerte, nos has abierto hoy las puertas de la vida eterna, concede a quienes celebramos la solemnidad de la resurrección del Señor, resucitar también en la luz de la vida eterna, por la acción renovadora de tu Espíritu. Por nuestro Señor Jesucristo...

El mensaje de Pascua: ¡Cristo ha resucitado!, se repite en cada una de las lecturas de la Misa. San Juan nos lleva a la entrada del sepulcro vacío, que es la garantía de nuestra fe, o bien, san Lucas nos habla del encuentro con el Resucitado en el camino a Emaús (EVANGELIO). San Pedro afirma que ha comido y bebido con Jesús después de su resurrección y, por lo tanto, puede afirmar con seguridad que Dios resucitó a su Hijo (PRIMERA LECTURA). San Pablo nos recuerda que si hemos resucitado con Cristo por el bautismo, debemos vivir de su nueva vida, en espera de su regreso (SEGUNDA LECTURA).

PRIMERA LECTURA
Hemos comido y bebido con Cristo resucitado.

Del libro de los Hechos de los Apóstoles
10, 34. 37-43

En aquellos días, Pedro tomó la palabra y dijo: "Ya saben ustedes lo sucedido en toda Judea, que tuvo principio en Galilea, después del bautismo predicado por Juan: cómo Dios ungió con el poder del Espíritu Santo a Jesús de Nazaret, y cómo éste pasó haciendo el bien, sanando a todos los oprimidos por el diablo, porque Dios estaba con él.

Nosotros somos testigos de cuanto él hizo en Judea y en Jerusalén. Lo mataron colgándolo de la cruz, pero Dios lo resucitó al tercer día y concedió verlo, no a todo el pueblo, sino únicamente a los testigos que él, de antemano, había escogido: a nosotros, que hemos comido y bebido con él después de que resucitó de entre los muertos.

Él nos mandó predicar al pueblo y dar testimonio de que Dios lo ha constituido juez de vivos y muertos. El testimonio de los profetas es unánime: que cuantos creen en él reciben, por su medio, el perdón de los pecados".

Palabra de Dios.   ℟. **Te alabamos, Señor.**

SALMO RESPONSORIAL
Del salmo 117

P. Ernesto Estrella B.P. 1611

℟.   Éste es el día del triunfo del Señor. Aleluya.

Te damos gracias, Señor, porque eres bueno,
porque tu misericordia es eterna.
Diga la casa de Israel:
"Su misericordia es eterna".   ℟.

La diestra del Señor es poderosa,
la diestra del Señor es nuestro orgullo.
No moriré, continuaré viviendo
para contar lo que el Señor ha hecho.   ℟.

La piedra que desecharon los constructores,
es ahora la piedra angular.
Esto es obra de la mano del Señor,
es un milagro patente.   ℟.

SEGUNDA LECTURA

Busquen los bienes del cielo, donde está Cristo.

De la carta del apóstol san Pablo a los colosenses
3, 1-4

Hermanos: Puesto que han resucitado con Cristo, busquen los bienes de arriba, donde está Cristo, sentado a la derecha de Dios. Pongan todo el corazón en los bienes del cielo, no en los de la tierra, porque han muerto y su vida está escondida con Cristo en Dios. Cuando se manifieste Cristo, vida de ustedes, entonces también ustedes se manifestarán gloriosos, juntamente con él.

Palabra de Dios.   ℟. **Te alabamos, Señor.**

SECUENCIA

(Sólo el día de hoy es obligatoria; durante la octava es opcional)

Ofrezcan los cristianos
ofrendas de alabanza
a gloria de la Víctima
propicia de la Pascua.

Cordero sin pecado,
que a las ovejas salva,
a Dios y a los culpables
unió con nueva alianza.

Lucharon vida y muerte
en singular batalla,
y, muerto el que es la vida,
triunfante se levanta.

"¿Qué has visto de camino,
María, en la mañana?".
"A mi Señor glorioso,
la tumba abandonada,

los ángeles testigos,
sudarios y mortaja.
¡Resucitó de veras
mi amor y mi esperanza!

Venid a Galilea,
allí el Señor aguarda;
allí veréis los suyos
la gloria de la Pascua".

Primicia de los muertos,
sabemos por tu gracia
que estás resucitado;
la muerte en ti no manda.

Rey vencedor, apiádate
de la miseria humana
y da a tus fieles parte
en tu victoria santa.

ACLAMACIÓN ANTES DEL EVANGELIO

1 Cor 5, 7-8

B.P. 1245 - Haendel

A - le - lu - ya,   a - le - lu - ya,   a - le - lu - ya.

℞.   Aleluya, aleluya.
Cristo, nuestro cordero pascual, ha sido inmolado;
celebremos, pues, la Pascua.
℞.   Aleluya, aleluya.

EVANGELIO **
Él debía resucitar de entre los muertos.

✠   Del santo Evangelio según san Juan
20, 1-9

E l primer día después del sábado, estando todavía oscuro, fue
María Magdalena al sepulcro y vio removida la piedra que lo
cerraba. Echó a correr, llegó a la casa donde estaban Simón Pedro
y el otro discípulo, a quien Jesús amaba, y les dijo: "Se han llevado del sepulcro al Señor y no sabemos dónde lo habrán puesto".

Salieron Pedro y el otro discípulo camino del sepulcro. Los
dos iban corriendo juntos, pero el otro discípulo corrió más aprisa
que Pedro y llegó primero al sepulcro, e inclinándose, miró los
lienzos puestos en el suelo, pero no entró.

En eso llegó también Simón Pedro, que lo venía siguiendo,
y entró en el sepulcro. Contempló los lienzos puestos en el suelo y
el sudario, que había estado sobre la cabeza de Jesús, puesto no
con los lienzos en el suelo, sino doblado en sitio aparte. Entonces
entró también el otro discípulo, el que había llegado primero al
sepulcro, y vio y creyó, porque hasta entonces no habían entendido las Escrituras, según las cuales Jesús debía resucitar de entre
los muertos.
Palabra del Señor.   ℞. **Gloria a ti, Señor Jesús.**

O bien, en las Misas vespertinas:

Quédate con nosotros, porque ya es tarde.

✠   Del santo Evangelio según san Lucas
24, 13-35

E l mismo día de la resurrección, iban dos de los discípulos hacia
un pueblo llamado Emaús, situado a unos once kilómetros de
Jerusalén, y comentaban todo lo que había sucedido.

Mientras conversaban y discutían, Jesús se les acercó y comenzó a caminar con ellos; pero los ojos de los dos discípulos estaban velados y no lo reconocieron. Él les preguntó: "¿De qué cosas
vienen hablando, tan llenos de tristeza?".

Uno de ellos, llamado Cleofás, le respondió: "¿Eres tú el único
forastero que no sabe lo que ha sucedido estos días en Jerusa-

lén?". Él les preguntó: "¿Qué cosa?". Ellos le respondieron: "Lo de Jesús el nazareno, que era un profeta poderoso en obras y palabras, ante Dios y ante todo el pueblo. Cómo los sumos sacerdotes y nuestros jefes lo entregaron para que lo condenaran a muerte, y lo crucificaron. Nosotros esperábamos que él sería el libertador de Israel, y sin embargo, han pasado ya tres días desde que estas cosas sucedieron. Es cierto que algunas mujeres de nuestro grupo nos han desconcertado, pues fueron de madrugada al sepulcro, no encontraron el cuerpo y llegaron contando que se les habían aparecido unos ángeles, que les dijeron que estaba vivo. Algunos de nuestros compañeros fueron al sepulcro y hallaron todo como habían dicho las mujeres, pero a él no lo vieron".

Entonces Jesús les dijo: "¡Qué insensatos son ustedes y qué duros de corazón para creer todo lo anunciado por los profetas! ¿Acaso no era necesario que el Mesías padeciera todo esto y así entrara en su gloria?". Y comenzando por Moisés y siguiendo con todos los profetas, les explicó todos los pasajes de la Escritura que se referían a él.

Ya cerca del pueblo a donde se dirigían, él hizo como que iba más lejos; pero ellos le insistieron, diciendo: "Quédate con nosotros, porque ya es tarde y pronto va a oscurecer". Y entró para quedarse con ellos. Cuando estaban a la mesa, tomó un pan, pronunció la bendición, lo partió y se lo dio. Entonces se les abrieron los ojos y lo reconocieron, pero él se les desapareció. Y ellos se decían el uno al otro: "¡Con razón nuestro corazón ardía, mientras nos hablaba por el camino y nos explicaba las Escrituras!".

Se levantaron inmediatamente y regresaron a Jerusalén, donde encontraron reunidos a los Once con sus compañeros, los cuales les dijeron: "De veras ha resucitado el Señor y se le ha aparecido a Simón". Entonces ellos contaron lo que les había pasado en el camino y cómo lo habían reconocido al partir el pan.

Palabra del Señor.   ℟. **Gloria a ti, Señor Jesús.**

ORACIÓN SOBRE LAS OFRENDAS

Llenos de júbilo por el gozo pascual te ofrecemos, Señor, este sacrificio, mediante el cual admirablemente renace y se nutre tu Iglesia. Por Jesucristo, nuestro Señor.

ANTÍFONA DE LA COMUNIÓN   1 Cor 5, 7-8

Cristo, nuestro Cordero Pascual, ha sido inmolado. Aleluya. Celebremos, pues, la Pascua, con el pan sin levadura, que es de sinceridad y verdad. Aleluya.

ORACIÓN DESPUÉS DE LA COMUNIÓN

Dios de bondad, protege paternalmente con amor incansable a tu Iglesia, para que, renovada por los misterios pascuales, pueda llegar a la gloria de la resurrección. Por Jesucristo, nuestro Señor.

DESPEDIDA

Anuncien a todos la alegría del Señor resucitado.
Vayan en paz, aleluya, aleluya.
℟. **Demos gracias a Dios, aleluya, aleluya.**

❋ ¡Felices Pascuas, san Pedro! Nada, aquello ya pasó, ya está perdonado.

❋ ¡Felices Pascuas a ustedes, amigos, a mí… a tantos que hemos hecho lo que hizo Pedro, los muy fuertes y bravucones con las armas y la boca, pero muy débiles con la voluntad; los que somos muy machos para cortar orejas de los demás, pero somos muy gallinas para cortar nuestros caprichos o nuestro miedo al qué dirán!

❋ ¡Felicidades, san Pedro, y todos los que hemos pecado por cobardes, pero estamos arrepentidos!

❋ ¡Felicidades, porque Cristo no quiere echarnos en cara lo que hemos hecho mal, sino que le interesa lo que de este domingo en adelante **vamos a hacer!**

❋ No quiere recordarle a la Magdalena que fue una pecadora; sólo quiere saber que de hoy en adelante va a tratar de ser una santa.

❋ No quiere recordarle a Pedro que fue un cobarde; sólo quiere saber que de ahora en adelante va a ser un valiente.

❋ No quiere recordarle a Dimas que fue un malhechor; sólo quiere saber que le ha pedido perdón y que está con él en el paraíso.

¡Felices Pascuas!

12 de abril

2º Domingo de Pascua o de la Divina Misericordia

(Blanco)

ANTÍFONA DE ENTRADA   1 Pe 2, 2

Como niños recién nacidos, anhelen una leche pura y espiritual que los haga crecer hacia la salvación. Aleluya.

ORACIÓN COLECTA

Dios de eterna misericordia, que reanimas la fe de este pueblo a ti consagrado con la celebración anual de las fiestas pascuales, aumenta en nosotros los dones de tu gracia, para que todos comprendamos mejor la excelencia del bautismo que nos ha purificado, la grandeza del Espíritu que nos ha regenerado y el precio de la Sangre que nos ha redimido. Por nuestro Señor Jesucristo...

En este domingo de la octava de Pascua, Cristo se hace presente en medio de los hermanos, que se habían reunido en memoria de la resurrección, y suscita en ellos la fe (EVANGELIO). Por esa fe en Cristo resucitado, la multitud de los creyentes piensan y sienten lo mismo (PRIMERA LECTURA). Es la misma fe por la cual consigue el cristiano la victoria sobre todas las fuerzas de desintegración y de rechazo, a las que san Juan llama "el mundo" (SEGUNDA LECTURA).

PRIMERA LECTURA

Tenían un solo corazón y una sola alma.

Del libro de los Hechos de los Apóstoles
4, 32-35

L a multitud de los que habían creído tenía un solo corazón y una sola alma; todo lo poseían en común y nadie consideraba suyo nada de lo que tenía.

Con grandes muestras de poder, los apóstoles daban testimonio de la resurrección del Señor Jesús y todos gozaban de gran estimación entre el pueblo. Ninguno pasaba necesidad, pues los que poseían terrenos o casas, los vendían, llevaban el dinero y lo ponían a disposición de los apóstoles, y luego se distribuía según lo que necesitaba cada uno.

Palabra de Dios.   ℟. **Te alabamos, Señor.**

SALMO RESPONSORIAL
Del salmo 117

B. Vega B.P. 1612

℟.   La misericordia del Señor es eterna. Aleluya.

Diga la casa de Israel: "Su misericordia es eterna".
Diga la casa de Aarón: "Su misericordia es eterna".
Digan los que temen al Señor: "Su misericordia es eterna". ℟.

　　La diestra del Señor es poderosa,
la diestra del Señor es nuestro orgullo.
No moriré, continuaré viviendo
para contar lo que el Señor ha hecho.
Me castigó, me castigó el Señor;
pero no me abandonó a la muerte. ℟.

　　La piedra que desecharon los constructores,
es ahora la piedra angular.
Esto es obra de la mano del Señor,
es un milagro patente.
Éste es el día del triunfo del Señor,
día de júbilo y de gozo. ℟.

SEGUNDA LECTURA
Todo el que ha nacido de Dios vence al mundo.

De la primera carta del apóstol san Juan
5, 1-6

Queridos hijos: Todo el que cree que Jesús es el Mesías, ha nacido de Dios. Todo el que ama a un padre, ama también a los hijos de éste. Conocemos que amamos a los hijos de Dios en que amamos a Dios y cumplimos sus mandamientos, pues el amor de Dios consiste en que cumplamos sus preceptos. Y sus mandamientos no son pesados, porque todo el que ha nacido de Dios vence al mundo. Y nuestra fe es la que nos ha dado la victoria sobre el mundo. Porque, ¿quién es el que vence al mundo? Sólo el que cree que Jesús es el Hijo de Dios.

Jesucristo es el que vino por medio del agua y de la sangre; él vino, no sólo con agua, sino con agua y con sangre. Y el Espíritu es el que da testimonio, porque el Espíritu es la verdad.

Palabra de Dios.   ℟. **Te alabamos, Señor.**

SECUENCIA opcional, pág. 175.

ACLAMACIÓN ANTES DEL EVANGELIO
Jn 20, 29

B.P. 1245 - Haendel

A - le - lu - ya,   a - le - lu - ya,   a - le - lu - ya.

℟. Aleluya, aleluya.
Tomás, tú crees porque me has visto;
dichosos los que creen sin haberme visto, dice el Señor.
℟. Aleluya, aleluya.

EVANGELIO
Ocho días después, se les apareció Jesús.

 Del santo Evangelio según san Juan
20, 19-31

Al anochecer del día de la resurrección, estando cerradas las puertas de la casa donde se hallaban los discípulos, por miedo a los judíos, se presentó Jesús en medio de ellos y les dijo: "La paz esté con ustedes". Dicho esto, les mostró las manos y el costado. Cuando los discípulos vieron al Señor, se llenaron de alegría.

De nuevo les dijo Jesús: "La paz esté con ustedes. Como el Padre me ha enviado, así también los envío yo". Después de decir esto, sopló sobre ellos y les dijo: "Reciban el Espíritu Santo. A los que les perdonen los pecados, les quedarán perdonados; y a los que no se los perdonen, les quedarán sin perdonar".

Tomás, uno de los Doce, a quien llamaban el Gemelo, no estaba con ellos cuando vino Jesús, y los otros discípulos le decían: "Hemos visto al Señor". Pero él les contestó: "Si no veo en sus manos la señal de los clavos y si no meto mi dedo en los agujeros de los clavos y no meto mi mano en su costado, no creeré".

Ocho días después, estaban reunidos los discípulos a puerta cerrada y Tomás estaba con ellos. Jesús se presentó de nuevo en medio de ellos y les dijo: "La paz esté con ustedes". Luego le dijo a Tomás: "Aquí están mis manos, acerca tu dedo. Trae acá tu mano, métela en mi costado y no sigas dudando, sino cree". Tomás le respondió: "¡Señor mío y Dios mío!". Jesús añadió: "Tú crees porque me has visto; dichosos los que creen sin haber visto".

Otros muchos signos hizo Jesús en presencia de sus discípulos, pero no están escritos en este libro. Se escribieron éstos para que ustedes crean que Jesús es el Mesías, el Hijo de Dios, y para que, creyendo, tengan vida en su nombre.

Palabra del Señor.   ℟. **Gloria a ti, Señor Jesús.**

ORACIÓN SOBRE LAS OFRENDAS
Recibe, Señor, las ofrendas de tu pueblo (y de los recién bautizados), para que, renovados por la confesión de tu nombre y por el bautismo, consigamos la felicidad eterna. Por Jesucristo, nuestro Señor.

ANTÍFONA DE LA COMUNIÓN   Cfr. Jn 20, 27
Jesús dijo a Tomás: Acerca tu mano, toca los agujeros que dejaron los clavos y no seas incrédulo, sino creyente. Aleluya.

ORACIÓN DESPUÉS DE LA COMUNIÓN
Dios todopoderoso, concédenos que la gracia recibida en este sacramento pascual permanezca siempre en nuestra vida. Por Jesucristo, nuestro Señor.

DOMINGO: DÍA DEL SEÑOR

Los cristianos celebramos el domingo sabiendo que, por nuestro Bautismo, ya somos ciudadanos del cielo.

En la celebración dominical, Cristo quiere que nos sintamos en el cielo.

Cada domingo el Señor se manifiesta de nuevo a su Iglesia y la asocia a su resurrección. Y así lo hará semana a semana, hasta que llegue el domingo eterno, que marcará el fin de los tiempos.

Aquel "domingo de los domingos", que será la eternidad dichosísima, la Pascua de Cristo se extenderá a todo su Cuerpo Místico, que resucitará espiritual y corporalmente con él. Pero ya cada semana, en cada parroquia, nuestros pobres domingos nos hacen vislumbrar el estremecimiento de ese último. Por eso vamos a la Misa dominical.

El día del Señor recibimos como alimento a Jesús: "Esta comida es una comida en unión fraterna, porque todos tienen parte en ella, como en el mismo Señor. Abstenerse de esta comida es separarse del Señor mismo; la comida del domingo es la que tomamos en común con el Señor y con los hermanos" (san Juan Crisóstomo).

La Misa del domingo anticipa el banquete de las bodas del Cordero con su Iglesia, que se celebrará en el cielo. Nos reunimos con nuestros hermanos todos los domingos (presente) en torno al altar, para acordarnos de lo que ha hecho Cristo (pasado), pero más aún para exhortarnos unos a otros a no dormirnos en la espera de su glorioso retorno (futuro): **"Anunciamos tu muerte, proclamamos tu resurrección. ¡Ven, Señor Jesús"**.

19 de abril

3ᵉʳ Domingo de Pascua

(Blanco)

ANTÍFONA DE ENTRADA   Cfr. Sal 65, 1-2

Aclama a Dios, tierra entera. Canten todos un himno a su nombre, denle gracias y alábenlo. Aleluya.

ORACIÓN COLECTA

Dios nuestro, que tu pueblo se regocije siempre al verse renovado y rejuvenecido, para que, al alegrarse hoy por haber recobrado la dignidad de su adopción filial, aguarde seguro con gozosa esperanza el día de la resurrección. Por nuestro Señor Jesucristo…

En el relato sobre la aparición de Jesús resucitado a sus discípulos, al anochecer del día de Pascua (EVANGELIO), se insiste en el dato de que Jesús se dejó tocar por los suyos y comió con ellos. Aquella prueba indiscutible de la resurrección, sirvió de fundamento a la fe de los apóstoles, como lo dice Pedro al dirigirse al pueblo (PRIMERA LECTURA). Juan asegura (SEGUNDA LECTURA) que Cristo es la víctima de propiciación por nuestros pecados.

PRIMERA LECTURA

Ustedes dieron muerte al autor de la vida, pero Dios lo resucitó de entre los muertos.

Del libro de los Hechos de los Apóstoles
3, 13-15. 17-19

En aquellos días, Pedro tomó la palabra y dijo: "El Dios de Abraham, de Isaac y de Jacob, el Dios de nuestros padres, ha glorificado a su siervo Jesús, a quien ustedes entregaron a Pilato, y a quien rechazaron en su presencia, cuando él ya había decidido ponerlo en libertad. Rechazaron al santo, al justo, y pidieron el indulto de un asesino; han dado muerte al autor de la vida, pero Dios lo resucitó de entre los muertos y de ello nosotros somos testigos.

Ahora bien, hermanos, yo sé que ustedes han obrado por ignorancia, de la misma manera que sus jefes; pero Dios cumplió así lo que había predicho por boca de los profetas: que su Mesías tenía que padecer. Por lo tanto, arrepiéntanse y conviértanse, para que se les perdonen sus pecados".

Palabra de Dios.   ℟. **Te alabamos, Señor.**

SALMO RESPONSORIAL
Del salmo 4

E. Estrella B.P. 1613

En   ti,   Se - ñor, con - fí - o.   A - le - lu - ya,   a - le - lu-ya.

℟.   En ti, Señor, confío. Aleluya.

Tú que conoces lo justo de mi causa,
Señor, responde a mi clamor.
Tú que me has sacado con bien de mis angustias,
apiádate y escucha mi oración. ℟.

Admirable en bondad
ha sido el Señor para conmigo,
y siempre que lo invoco me ha escuchado;
por eso en él confío. ℟.

En paz, Señor, me acuesto
y duermo en paz,
pues sólo tú, Señor,
eres mi tranquilidad. ℟.

SEGUNDA LECTURA
Cristo es la víctima de propiciación por nuestros pecados y por los del mundo entero.

De la primera carta del apóstol san Juan
2, 1-5

Hijitos míos: Les escribo esto para que no pequen. Pero, si alguien peca, tenemos como intercesor ante el Padre, a Jesucristo, el justo. Porque él se ofreció como víctima de expiación por nuestros pecados, y no sólo por los nuestros, sino por los del mundo entero.

En esto tenemos una prueba de que conocemos a Dios, en que cumplimos sus mandamientos. El que dice: "Yo lo conozco", pero no cumple sus mandamientos, es un mentiroso y la verdad no está en él. Pero en aquel que cumple su palabra, el amor de Dios ha llegado a su plenitud, y precisamente en esto conocemos que estamos unidos a él.

Palabra de Dios.   R. **Te alabamos, Señor.**

ACLAMACIÓN ANTES DEL EVANGELIO
Cfr. Lc 24, 32

B.P. 1245 - Haendel

A - le - lu - ya,   a - le - lu - ya,   a - le - lu - ya.

R.   Aleluya, aleluya.
Señor Jesús, haz que comprendamos las Escrituras.
Enciende nuestro corazón mientras nos hablas.
R.   Aleluya, aleluya.

EVANGELIO
Está escrito que Cristo tenía que padecer y tenía que resucitar de entre los muertos al tercer día.

Del santo Evangelio según san Lucas
24, 35-48

Cuando los dos discípulos regresaron de Emaús y llegaron al sitio donde estaban reunidos los apóstoles, les contaron lo que les había pasado en el camino y cómo habían reconocido a Jesús al partir el pan.

Mientras hablaban de esas cosas, se presentó Jesús en medio de ellos y les dijo: "La paz esté con ustedes". Ellos, desconcertados y llenos de temor, creían ver un fantasma. Pero él les dijo: "No teman; soy yo. ¿Por qué se espantan? ¿Por qué surgen dudas en su interior? Miren mis manos y mis pies. Soy yo en persona. Tóquenme y convénzanse: un fantasma no tiene ni carne ni huesos, como ven que tengo yo". Y les mostró las manos y los pies. Pero como ellos no acababan de creer de pura alegría y seguían atónitos, les dijo: "¿Tienen aquí algo de comer?". Le ofrecieron un trozo de pescado asado; él lo tomó y se puso a comer delante de ellos.

Después les dijo: "Lo que ha sucedido es aquello de que les hablaba yo, cuando aún estaba con ustedes: que tenía que cumplirse todo lo que estaba escrito de mí en la ley de Moisés, en los profetas y en los salmos".

Entonces les abrió el entendimiento para que comprendieran las Escrituras y les dijo: "Está escrito que el Mesías tenía que padecer y había de resucitar de entre los muertos al tercer día, y que en su nombre se había de predicar a todas las naciones, comenzando por Jerusalén, la necesidad de volverse a Dios para el perdón de los pecados. Ustedes son testigos de esto".

Palabra del Señor.   ℞. **Gloria a ti, Señor Jesús.**

ORACIÓN SOBRE LAS OFRENDAS

Recibe, Señor, los dones que, jubilosa, tu Iglesia te presenta, y puesto que es a ti a quien debe su alegría, concédele también disfrutar de la felicidad eterna. Por Jesucristo, nuestro Señor.

ANTÍFONA DE LA COMUNIÓN   Lc 24, 46-47

Era necesario que Cristo padeciera y resucitara de entre los muertos al tercer día y que, en su nombre, se predicara a todos los pueblos el arrepentimiento para el perdón de los pecados. Aleluya.

ORACIÓN DESPUÉS DE LA COMUNIÓN

Dirige, Señor, tu mirada compasiva sobre tu pueblo, al que te has dignado renovar con estos misterios de vida eterna, y concédele llegar un día a la gloria incorruptible de la resurrección. Por Jesucristo, nuestro Señor.

SEÑOR, ¡ÁBRENOS EL ENTENDIMIENTO!

Para que:

❋ ante esa silla que en la mesa familiar ha quedado vacía para siempre…

❋ ante ese negocio que se nos ha venido abajo…

❋ ante esa cosecha que se nos malogró…

❋ ante la soledad que, con los años, se nos va haciendo cada día más difícil de sobrellevar…

❋ ante ese muchacho que se nos fue de casa…

Comprendamos que ser cristiano, es aguantar, padecer y morir, como Cristo aguantó, padeció y murió, para poder resucitar y entrar –por él y con él– en la gloria eterna.

26 de abril

4º Domingo de Pascua
(Blanco)

ANTÍFONA DE ENTRADA   Cfr. Sal 32, 5-6

La tierra está llena del amor del Señor y su palabra hizo los cielos. Aleluya.

ORACIÓN COLECTA

Dios todopoderoso y eterno, te pedimos que nos lleves a gozar de las alegrías celestiales, para que tu rebaño, a pesar de su fragilidad, llegue también a donde lo precedió su glorioso Pastor. Él, que vive y reina...

La parábola del buen pastor (EVANGELIO) adquiere mayor importancia durante estas semanas, en las que recordamos que Jesús derramó su sangre y entregó su vida por sus ovejas. También recordamos que recuperó la vida al resucitar y, en nombre del que venció a la muerte, Pedro hizo caminar al paralítico (PRIMERA LECTURA). Asimismo es Jesús quien nos introduce a la intimidad de Dios, hoy en la fe y mañana cara a cara, cuando "lo veremos tal cual es" (SEGUNDA LECTURA).

PRIMERA LECTURA
Ningún otro puede salvarnos.

Del libro de los Hechos de los Apóstoles
4, 8-12

En aquellos días, Pedro, lleno del Espíritu Santo, dijo: "Jefes del pueblo y ancianos, puesto que hoy se nos interroga acerca del beneficio hecho a un hombre enfermo, para saber cómo fue curado, sépanlo ustedes y sépalo todo el pueblo de Israel: este hombre ha quedado sano en el nombre de Jesús de Nazaret, a quien ustedes crucificaron y a quien Dios resucitó de entre los muertos. Este mismo Jesús *es la piedra que ustedes, los constructores, han desechado y que ahora es la piedra angular.* Ningún otro puede salvarnos, porque no hay bajo el cielo otro nombre dado a los hombres por el que nosotros debamos salvarnos".

Palabra de Dios.   ℟. **Te alabamos, Señor.**

SALMO RESPONSORIAL
Del salmo 117

B. Carrillo B.P. 1614

La pie - dra que de - se - cha - ron los cons - truc - to - res es a - ho - ra la pie - dra an - gu - lar. A - le - lu - ya.

℟.   La piedra que desecharon los constructores
es ahora la piedra angular. Aleluya.

Te damos gracias, Señor, porque eres bueno,
porque tu misericordia es eterna.
Más vale refugiarse en el Señor,
que poner en los hombres la confianza;
más vale refugiarse en el Señor,
que buscar con los fuertes una alianza. ℟.

Te doy gracias, Señor, pues me escuchaste
y fuiste para mí la salvación.
La piedra que desecharon los constructores,
es ahora la piedra angular.
Esto es obra de la mano del Señor,
es un milagro patente. ℟.

Bendito el que viene en nombre del Señor.
Que Dios desde su templo nos bendiga.
Tú eres mi Dios, y te doy gracias.
Tú eres mi Dios, y yo te alabo.
Te damos gracias, Señor, porque eres bueno,
porque tu misericordia es eterna. ℟.

SEGUNDA LECTURA
Veremos a Dios tal cual es.

De la primera carta del apóstol san Juan
3, 1-2

Queridos hijos: Miren cuánto amor nos ha tenido el Padre, pues no sólo nos llamamos hijos de Dios, sino que lo somos. Si el mundo no nos reconoce, es porque tampoco lo ha reconocido a él.

Hermanos míos, ahora somos hijos de Dios, pero aún no se ha manifestado cómo seremos al fin. Y ya sabemos que, cuando él se manifieste, vamos a ser semejantes a él, porque lo veremos tal cual es.

Palabra de Dios.   ℟. **Te alabamos, Señor.**

ACLAMACIÓN ANTES DEL EVANGELIO
Jn 10, 14

B.P. 1245 - Haendel

A - le - lu - ya,   a - le - lu - ya,   a - le - lu - ya.

℟.   Aleluya, aleluya.
Yo soy el buen pastor, dice el Señor;
yo conozco a mis ovejas y ellas me conocen a mí.
℟.   Aleluya, aleluya.

EVANGELIO
El buen pastor da la vida por sus ovejas.

✠ Del santo Evangelio según san Juan
10, 11-18

En aquel tiempo, Jesús dijo a los fariseos: "Yo soy el buen pastor. El buen pastor da la vida por sus ovejas. En cambio, el asalariado, el que no es el pastor ni el dueño de las ovejas, cuando ve venir al lobo, abandona las ovejas y huye; el lobo se arroja sobre ellas y las dispersa, porque a un asalariado no le importan las ovejas.

Yo soy el buen pastor, porque conozco a mis ovejas y ellas me conocen a mí, así como el Padre me conoce a mí y yo conozco al Padre. Yo doy la vida por mis ovejas. Tengo además otras ovejas que no son de este redil y es necesario que las traiga también a ellas; escucharán mi voz y habrá un solo rebaño y un solo pastor.

El Padre me ama porque doy mi vida para volverla a tomar. Nadie me la quita; yo la doy porque quiero. Tengo poder para darla y lo tengo también para volverla a tomar. Éste es el mandato que he recibido de mi Padre".

Palabra del Señor.   ℟. **Gloria a ti, Señor Jesús.**

ORACIÓN SOBRE LAS OFRENDAS

Concédenos, Señor, vivir siempre llenos de gratitud por estos misterios pascuales que celebramos, para que, continuamente renovados por su acción, se conviertan para nosotros en causa de eterna felicidad. Por Jesucristo, nuestro Señor.

ANTÍFONA DE LA COMUNIÓN

Ha resucitado el Buen Pastor, que dio la vida por sus ovejas y se entregó a la muerte por su rebaño. Aleluya.

ORACIÓN DESPUÉS DE LA COMUNIÓN

Buen Pastor, vela con solicitud por tu rebaño y dígnate conducir a las ovejas que redimiste con la preciosa sangre de tu Hijo, a las praderas eternas. Por Jesucristo, nuestro Señor.

DE LOBOS Y DE LOBITOS

✓ El evangelio nos habla de tres personajes: el buen pastor, que da la vida por sus ovejas; el mal pastor, que no se molesta ni se mete en líos por sus ovejas, y el lobo que es el que mata, come y engorda a costa de las ovejas.

✓ Como casi siempre se habla del primero o del segundo, no está de más que hoy habláramos del tercero: del lobo. Hay varias clases de lobos.

✓ Lobos, por ejemplo, aquellos padres que evitan que sus hijos lleguen a ver la luz.

✓ Lobos, la señora o el patrón a quienes no les interesa para nada el bienestar de sus empleados.

✓ Lobo, el obrero o el empleado que sabotea su trabajo.

✓ Lobo, el informador que oculta la verdad, falsea los hechos y lanza cortinas de humo sobre graves problemas que el público tiene derecho a conocer.

✓ Lobo, el sacerdote o el cristiano que en su actuación pública o privada deja mal al cristianismo y a Cristo.

3 de mayo

5º Domingo de Pascua

(Blanco)

ANTÍFONA DE ENTRADA   Cfr. Sal 97, 1-2

Canten al Señor un cántico nuevo, porque ha hecho maravillas y todos los pueblos han presenciado su victoria. Aleluya.

ORACIÓN COLECTA

Dios todopoderoso y eterno, lleva a su plenitud en nosotros el sacramento pascual, para que, a quienes te dignaste renovar por el santo bautismo, les hagas posible, con el auxilio de tu protección, abundar en frutos buenos, y alcanzar los gozos de la vida eterna. Por nuestro Señor Jesucristo…

Después de su conversión en el camino de Damasco, san Pablo se presentó a los apóstoles para que su misión fuera auténtica en el seno de la Iglesia (PRIMERA LECTURA). San Juan nos habla después de la esencia de esta misión de apostolado, cifrada en la intimidad con Jesús: "que creamos en la persona de Jesucristo (…) y nos amemos los unos a los otros, conforme al precepto que nos dio" (SEGUNDA LECTURA). Luego, el mismo san Juan nos relata la parábola de la viña (EVANGELIO), en la que Jesús dice: "Yo soy la vid, ustedes los sarmientos", para indicarnos que vivimos de su vida.

PRIMERA LECTURA

Les contó cómo había visto al Señor en el camino.

Del libro de los Hechos de los Apóstoles
9, 26-31

C uando Pablo regresó a Jerusalén, trató de unirse a los discípulos, pero todos le tenían miedo, porque no creían que se hubiera convertido en discípulo.

Entonces, Bernabé lo presentó a los apóstoles y les refirió cómo Saulo había visto al Señor en el camino, cómo el Señor le había hablado y cómo él había predicado en Damasco, con valentía, en el nombre de Jesús. Desde entonces, vivió con ellos en Jerusalén, iba y venía, predicando abiertamente en el nombre del Señor, hablaba y discutía con los judíos de habla griega y éstos intentaban matarlo. Al enterarse de esto, los hermanos condujeron a Pablo a Cesarea y lo despacharon a Tarso.

En aquellos días, las comunidades cristianas gozaban de paz en toda Judea, Galilea y Samaria, con lo cual se iban consolidando, progresaban en la fidelidad a Dios y se multiplicaban, animadas por el Espíritu Santo.

Palabra de Dios.   ℟. **Te alabamos, Señor.**

SALMO RESPONSORIAL
Del salmo 21

B. Carrillo B.P. 1615

Ben - di - to se - a el Se - ñor. A - le - lu - ya.

℟.   Bendito sea el Señor. Aleluya.

Le cumpliré mis promesas al Señor
delante de sus fieles.
Los pobres comerán hasta saciarse
y alabarán al Señor los que lo buscan:
su corazón ha de vivir para siempre. ℟.

 Recordarán al Señor y volverán a él
desde los últimos lugares del mundo;
en su presencia se postrarán
todas las familias de los pueblos.
Sólo ante él se postrarán todos los que mueren. ℟.

 Mi descendencia lo servirá
y le contará a la siguiente generación,
al pueblo que ha de nacer,
la justicia del Señor
y todo lo que él ha hecho. ℟.

SEGUNDA LECTURA
Éste es su mandamiento: que creamos y que nos amemos.

De la primera carta del apóstol san Juan
3, 18-24

Hijos míos: No amemos solamente de palabra, amemos de verdad y con las obras. En esto conoceremos que somos de la verdad y delante de Dios tranquilizaremos nuestra conciencia de cualquier cosa que ella nos reprochare, porque Dios es más grande que nuestra conciencia y todo lo conoce. Si nuestra conciencia no nos remuerde, entonces, hermanos míos, nuestra confianza en Dios es total.

Puesto que cumplimos los mandamientos de Dios y hacemos lo que le agrada, ciertamente obtendremos de él todo lo que le pidamos. Ahora bien, éste es su mandamiento: que creamos en la persona de Jesucristo, su Hijo, y nos amemos los unos a los otros, conforme al precepto que nos dio. Quien cumple sus mandamientos permanece en Dios y Dios en él. En esto conocemos, por el Espíritu que él nos ha dado, que él permanece en nosotros.

Palabra de Dios.   ℟. **Te alabamos, Señor.**

ACLAMACIÓN ANTES DEL EVANGELIO
Jn 15, 4. 5

B.P. 1245 - Haendel

A - le - lu - ya,   a - le - lu - ya,   a - le - lu - ya.

℟.   Aleluya, aleluya.
Permanezcan en mí y yo en ustedes, dice el Señor;
el que permanece en mí da fruto abundante.
℟.   Aleluya, aleluya.

EVANGELIO
El que permanece en mí y yo en él, ése da fruto abundante.

✠ Del santo Evangelio según san Juan
15, 1-8

En aquel tiempo, Jesús dijo a sus discípulos: "Yo soy la verdadera vid y mi Padre es el viñador. Al sarmiento que no da fruto en mí, él lo arranca, y al que da fruto lo poda para que dé más fruto.

Ustedes ya están purificados por las palabras que les he dicho. Permanezcan en mí y yo en ustedes. Como el sarmiento no puede dar fruto por sí mismo, si no permanece en la vid, así tampoco ustedes, si no permanecen en mí. Yo soy la vid, ustedes los sarmientos; el que permanece en mí y yo en él, ése da fruto abundante, porque sin mí nada pueden hacer. Al que no permanece en mí se le echa fuera, como al sarmiento, y se seca; luego lo recogen, lo arrojan al fuego y arde.

Si permanecen en mí y mis palabras permanecen en ustedes, pidan lo que quieran y se les concederá. La gloria de mi Padre consiste en que den mucho fruto y se manifiesten así como discípulos míos".

Palabra del Señor.   ℟. **Gloria a ti, Señor Jesús.**

ORACIÓN SOBRE LAS OFRENDAS

Dios nuestro, que por el santo valor de este sacrificio nos hiciste participar de tu misma y gloriosa vida divina, concédenos que, así como hemos conocido tu verdad, de igual manera vivamos de acuerdo con ella. Por Jesucristo, nuestro Señor.

ANTÍFONA DE LA COMUNIÓN   Cfr. Jn 15, 1. 5

Yo soy la vid verdadera y ustedes los sarmientos, dice el Señor; si permanecen en mí y yo en ustedes darán fruto abundante. Aleluya.

ORACIÓN DESPUÉS DE LA COMUNIÓN

Señor, muéstrate benigno con tu pueblo, y ya que te dignaste alimentarlo con los misterios celestiales, hazlo pasar de su antigua condición de pecado a una vida nueva. Por Jesucristo, nuestro Señor.

LA COMIDA DEL DOMINGO

❖ En nuestras familias, la comida del domingo tiene una importancia especial. Se tiene tiempo. Se vuelve uno a encontrar en familia. No sólo es cuestión de alimentarse, sino de vivir juntos. El domingo es el día de la familia, porque es el día del amor. Un día, también, para descansar.

❖ La comida del domingo no debe ser una manifestación pagana. Ella está en la línea de la Misa. El banquete de la tierra es una imagen y prolongación terrestre del festín de la Eucaristía. No se trata de transformar nuestras comidas del domingo en algo aparatoso, sino en aceptar el sentido cristiano de este momento, conviviendo sanamente con nuestros familiares y amigos.

❖ Esta consideración de fe nos pone delante de lo siguiente: ¿Hemos pensado en los que están solos (solteros, viudos, ancianos, enfermos, huérfanos)? ¿No deberíamos hacer algo para que ellos también pudieran compartir con alguien –con nosotros, si es posible– la mesa de los domingos?

❖ Pero también, ¿quién piensa en la sobrecarga de trabajo que para muchas madres de familia implica la comida del domingo? ¿No deberíamos colaborar todos con ella, ya sea lavando los platos y las cacerolas, arreglando la mesa, picando verduras?

Y si antes que nada le damos gracias a Dios por los alimentos que nos da, podremos vivir nuestro domingo más a lo cristiano.

10 de mayo

6º Domingo de Pascua

(Blanco)

Con voz de júbilo, anúncienlo; que se oiga. Que llegue a todos los rincones de la tierra: el Señor ha liberado a su pueblo. Aleluya.

ORACIÓN COLECTA

Dios todopoderoso, concédenos continuar celebrando con incansable amor estos días de tanta alegría en honor del Señor resucitado, y que los misterios que hemos venido conmemorando se manifiesten siempre en nuestras obras. Por nuestro Señor Jesucristo...

Los Hechos de los Apóstoles (PRIMERA LECTURA) nos refieren hoy el bautismo del oficial romano Cornelio, efectuado por san Pedro. La Iglesia de Jesús, al acoger por primera vez a un pagano en su seno, afirma su catolicidad. San Juan nos presenta a esa misma Iglesia, llena del Espíritu, como una fraternidad. Es la Iglesia del amor, de acuerdo con el mandato que recibió de su Señor (EVANGELIO). Es también ése el principio de vida que recibió de Dios y que lo orienta hacia él, porque Dios es amor (SEGUNDA LECTURA).

PRIMERA LECTURA

El don del Espíritu Santo se ha derramado también sobre los paganos.

Del libro de los Hechos de los Apóstoles
10, 25-26. 34-35. 44-48

En aquel tiempo, entró Pedro en la casa del oficial Cornelio, y éste le salió al encuentro y se postró ante él en señal de adoración.

Pedro lo levantó y le dijo: "Ponte de pie, pues soy un hombre como tú". Luego añadió: "Ahora caigo en la cuenta de que Dios no hace distinción de personas, sino que acepta al que lo teme y practica la justicia, sea de la nación que fuere".

Todavía estaba hablando Pedro, cuando el Espíritu Santo descendió sobre todos los que estaban escuchando el mensaje. Al oírlos hablar en lenguas desconocidas y proclamar la grandeza de Dios, los creyentes judíos que habían venido con Pedro, se sorprendieron de que el don del Espíritu Santo se hubiera derramado también sobre los paganos.

Entonces Pedro sacó esta conclusión: "¿Quién puede negar el agua del bautismo a los que han recibido el Espíritu Santo lo mismo que nosotros?". Y los mandó bautizar en el nombre de Jesucristo. Luego le rogaron que se quedara con ellos algunos días.

Palabra de Dios.   ℟. **Te alabamos, Señor.**

SALMO RESPONSORIAL
Del salmo 97
J.J. García B.P. 1616

℟.   El Señor nos ha mostrado su amor y su lealtad. Aleluya.

Cantemos al Señor un canto nuevo,
pues ha hecho maravillas.
Su diestra y su santo brazo
le han dado la victoria. ℟.

El Señor ha dado a conocer su victoria
y ha revelado a las naciones su justicia.
Una vez más ha demostrado Dios
su amor y su lealtad hacia Israel. ℟.

La tierra entera ha contemplado
la victoria de nuestro Dios.
Que todos los pueblos y naciones
aclamen con júbilo al Señor. ℟.

SEGUNDA LECTURA
Dios es amor.

De la primera carta del apóstol san Juan
4, 7-10

Queridos hijos: Amémonos los unos a los otros, porque el amor viene de Dios; y todo el que ama ha nacido de Dios y conoce a Dios. El que no ama, no conoce a Dios, porque Dios es amor. El amor que Dios nos tiene se ha manifestado en que envió al mundo a su Hijo unigénito, para que vivamos por él.

El amor consiste en esto: no en que nosotros hayamos amado a Dios, sino en que él nos amó primero y nos envió a su Hijo, como víctima de expiación por nuestros pecados.

Palabra de Dios.   ℟. **Te alabamos, Señor.**

ACLAMACIÓN ANTES DEL EVANGELIO
Jn 14, 23

B.P. 1245 - Haendel

A - le - lu - ya,   a - le - lu - ya,   a - le - lu - ya.

℟. Aleluya, aleluya.
El que me ama, cumplirá mi palabra, dice el Señor;
y mi Padre lo amará y vendremos a él.
℟. Aleluya, aleluya.

EVANGELIO
Nadie tiene amor más grande a sus amigos que el que da la vida por ellos.

✠ Del santo Evangelio según san Juan
15, 9-17

En aquel tiempo, Jesús dijo a sus discípulos: "Como el Padre me ama, así los amo yo. Permanezcan en mi amor. Si cumplen mis mandamientos, permanecen en mi amor; lo mismo que yo cumplo los mandamientos de mi Padre y permanezco en su amor. Les he dicho esto para que mi alegría esté en ustedes y su alegría sea plena.

Éste es mi mandamiento: que se amen los unos a los otros como yo los he amado. Nadie tiene amor más grande a sus amigos que el que da la vida por ellos. Ustedes son mis amigos, si hacen lo que yo les mando. Ya no los llamo siervos, porque el siervo no sabe lo que hace su amo; a ustedes los llamo amigos, porque les he dado a conocer todo lo que le he oído a mi Padre.

No son ustedes los que me han elegido, soy yo quien los ha elegido y los ha destinado para que vayan y den fruto y su fruto permanezca, de modo que el Padre les conceda cuanto le pidan en mi nombre. Esto es lo que les mando: que se amen los unos a los otros".

Palabra del Señor.   ℟. **Gloria a ti, Señor Jesús.**

ORACIÓN SOBRE LAS OFRENDAS

Suba hasta ti, Señor, nuestra oración, acompañada por estas ofrendas, para que, purificados por tu bondad, nos dispongas para celebrar el sacramento de tu inmenso amor. Por Jesucristo, nuestro Señor.

ANTÍFONA DE LA COMUNIÓN   Jn 14, 15-16

Si me aman, cumplirán mis mandamientos, dice el Señor; y yo rogaré al Padre, y él les dará otro Abogado, que permanecerá con ustedes para siempre. Aleluya.

ORACIÓN DESPUÉS DE LA COMUNIÓN

Dios todopoderoso y eterno, que, por la resurrección de Cristo, nos has hecho renacer a la vida eterna, multiplica en nosotros el efecto de este sacramento pascual, e infunde en nuestros corazones el vigor que comunica este alimento de salvación. Por Jesucristo, nuestro Señor.

¿SIERVOS O AMIGOS?

◆ En el evangelio de hoy Cristo nos dice: *"Ya no los llamo siervos, sino amigos"*, lo que equivale a decir: "Ya no los trato como siervos, sino como amigos", puesto que no sólo se trata de usar una palabra por otra.

◆ Cristo nos manda que así como él nos ama, debemos amarnos los unos a los otros: *"Éste es mi mandamiento: que se amen los unos a los otros como yo los he amado"*.

◆ Es cosa, pues, de hacer un serio examen de conciencia:
– ¿Cómo tratamos los maridos a nuestra esposa, o las esposas al marido?
– ¿Cómo tratamos los papás a nuestros hijos, o los hijos a los papás?
– ¿Cómo tratamos a nuestros trabajadores?

¿Como *siervos* o como *amigos*?
– ¿Tratamos a los demás como Dios quiere que lo hagamos?

17 de mayo — La Ascensión del Señor

(Blanco)

ANTÍFONA DE ENTRADA   Hech 1, 11

Hombres de Galilea, ¿qué hacen allí parados mirando al cielo? Ese mismo Jesús, que los ha dejado para subir al cielo, volverá como lo han visto marcharse. Aleluya.

ORACIÓN COLECTA

Concédenos, Dios todopoderoso, rebosar de santa alegría y, gozosos, elevar a ti fervorosas gracias ya que la ascensión de Cristo, tu Hijo, es también nuestra victoria, pues a donde llegó él, que es nuestra cabeza, esperamos llegar también nosotros, que somos su cuerpo. Por nuestro Señor Jesucristo...

Al principio del libro de los Hechos de los Apóstoles (PRIMERA LECTURA), se describe la Ascensión del Señor al cielo, mientras que san Marcos (EVANGELIO) nos habla de las últimas instrucciones que Jesús resucitado dio a sus discípulos antes de subir al cielo. Por su parte, san Pablo (SEGUNDA LECTURA), también menciona que el Señor subió a las alturas, y además nos recuerda que él dio su gracia a cada uno de nosotros, en diversa medida, para desempeñar diversas funciones en la edificación de la Iglesia, hasta que alcancemos la plenitud de Cristo mismo.

PRIMERA LECTURA

Se fue elevando a la vista de sus apóstoles.

Del libro de los Hechos de los Apóstoles
1, 1-11

En mi primer libro, querido Teófilo, escribí acerca de todo lo que Jesús hizo y enseñó, hasta el día en que ascendió al cielo, después de dar sus instrucciones, por medio del Espíritu Santo, a los apóstoles que había elegido. A ellos se les apareció después de la pasión, les dio numerosas pruebas de que estaba vivo y durante cuarenta días se dejó ver por ellos y les habló del Reino de Dios.

Un día, estando con ellos a la mesa, les mandó: "No se alejen de Jerusalén. Aguarden aquí a que se cumpla la promesa de mi Padre, de la que ya les he hablado: Juan bautizó con agua; dentro de pocos días ustedes serán bautizados con el Espíritu Santo".

Los ahí reunidos le preguntaban: "Señor, ¿ahora sí vas a restablecer la soberanía de Israel?". Jesús les contestó: "A ustedes no les toca conocer el tiempo y la hora que el Padre ha determinado con su autoridad; pero cuando el Espíritu Santo descienda sobre ustedes, los llenará de fortaleza y serán mis testigos en Jerusalén, en toda Judea, en Samaria y hasta los últimos rincones de la tierra".

Dicho esto, se fue elevando a la vista de ellos, hasta que una nube lo ocultó a sus ojos. Mientras miraban fijamente al cielo, viéndolo alejarse, se les presentaron dos hombres vestidos de blanco, que les dijeron: "Galileos, ¿qué hacen allí parados, mirando al cielo? Ese mismo Jesús que los ha dejado para subir al cielo, volverá como lo han visto alejarse".

Palabra de Dios.   ℟. **Te alabamos, Señor.**

SALMO RESPONSORIAL
Del salmo 46

E. Estrella B.P. 1617

En - tre vo - ces de jú - bi - lo, Dios as - cien - de a su tro - no. A - le - lu - ya, a - le - lu - ya.

℟.   Entre voces de júbilo, Dios asciende a su trono. Aleluya.

Aplaudan, pueblos todos;
aclamen al Señor, de gozo llenos;
que el Señor, el Altísimo, es terrible
y de toda la tierra, rey supremo. ℟.

Entre voces de júbilo y trompetas,
Dios, el Señor, asciende hasta su trono.
Cantemos en honor de nuestro Dios,
al rey honremos y cantemos todos. ℟.
Porque Dios es el rey del universo,
cantemos el mejor de nuestros cantos.
Reina Dios sobre todas las naciones
desde su trono santo. ℟.

SEGUNDA LECTURA
Hasta que alcancemos en todas sus dimensiones la plenitud de Cristo.

De la carta del apóstol san Pablo a los efesios
4, 1-13

Hermanos: Yo, Pablo, prisionero por la causa del Señor, los exhorto a que lleven una vida digna del llamamiento que han recibido. Sean siempre humildes y amables; sean comprensivos y sopórtense mutuamente con amor; esfuércense en mantenerse unidos en el Espíritu con el vínculo de la paz.

Porque no hay más que un solo cuerpo y un solo Espíritu, como es también sólo una la esperanza del llamamiento que ustedes han recibido. Un solo Señor, una sola fe, un solo bautismo, un solo Dios y Padre de todos, que reina sobre todos, actúa a través de todos y vive en todos.

Cada uno de nosotros ha recibido la gracia en la medida en que Cristo se la ha dado. Por eso dice la Escritura: *Subiendo a las alturas, llevó consigo a los cautivos y dio dones a los hombres.*

¿Y qué quiere decir "subió"? Que primero bajó a lo profundo de la tierra. Y el que bajó es el mismo que subió a lo más alto de los cielos, para llenarlo todo.

Él fue quien concedió a unos ser apóstoles; a otros, ser profetas; a otros, ser evangelizadores; a otros, ser pastores y maestros. Y esto, para capacitar a los fieles, a fin de que, desempeñando debidamente su tarea, construyan el cuerpo de Cristo, hasta que todos lleguemos a estar unidos en la fe y en el conocimiento del Hijo de Dios, y lleguemos a ser hombres perfectos, que alcancemos en todas sus dimensiones la plenitud de Cristo.

Palabra de Dios.   ℟. **Te alabamos, Señor.**

ACLAMACIÓN ANTES DEL EVANGELIO
Mt 28, 19. 20

B.P. 1245 - Haendel

A - le - lu - ya,   a - le - lu - ya,   a - le - lu - ya.

℟. Aleluya, aleluya.
Vayan y hagan discípulos a todos los pueblos, dice el Señor,
y sepan que yo estoy con ustedes todos los días,
hasta el fin del mundo.
℟. Aleluya, aleluya.

EVANGELIO
Subió al cielo y está sentado a la derecha de Dios.

✠ Del santo Evangelio según san Marcos
16, 15-20

En aquel tiempo, se apareció Jesús a los Once y les dijo: "Vayan por todo el mundo y prediquen el Evangelio a toda creatura. El que crea y se bautice, se salvará; el que se resista a creer, será condenado. Éstos son los milagros que acompañarán a los que hayan creído: arrojarán demonios en mi nombre, hablarán lenguas nuevas, cogerán serpientes en sus manos, y si beben un veneno mortal, no les hará daño; impondrán las manos a los enfermos y éstos quedarán sanos".

El Señor Jesús, después de hablarles, subió al cielo y está sentado a la derecha de Dios. Ellos fueron y proclamaron el Evangelio por todas partes, y el Señor actuaba con ellos y confirmaba su predicación con los milagros que hacían.

Palabra del Señor.   ℟. **Gloria a ti, Señor Jesús.**

ORACIÓN SOBRE LAS OFRENDAS
Al ofrecerte, Señor, este sacrificio en la gloriosa festividad de la ascensión, concédenos que por este santo intercambio, nos elevemos también nosotros a las cosas del cielo. Por Jesucristo, nuestro Señor.

ANTÍFONA DE LA COMUNIÓN   Mt 28, 20
Yo estaré con ustedes todos los días, hasta el fin del mundo. Aleluya.

ORACIÓN DESPUÉS DE LA COMUNIÓN

Dios todopoderoso y eterno, que nos permites participar en la tierra de los misterios divinos, concede que nuestro fervor cristiano nos oriente hacia el cielo, donde ya nuestra naturaleza humana está contigo. Por Jesucristo, nuestro Señor.

LA ÚLTIMA VOLUNTAD DE CRISTO

La última voluntad de Cristo –vale decir su testamento– tal y como la consigna san Marcos en el evangelio de hoy, fue ésta:

"Vayan por todo el mundo y prediquen el Evangelio a toda creatura".

✱ Y esa última voluntad de Cristo es válida tanto para los cristianos de entonces como para los cristianos de ahora.

✱ Tenemos que ir por todo el mundo y predicar el Evangelio.

✱ Y como predicar el Evangelio es fundamentalmente demostrar a los demás que es "vivible", es decir, que es posible vivir de acuerdo con él, tenemos que:

– hacer que todos aquellos que se encuentran en alguna necesidad comprueben que los "buenos samaritanos" no están descontinuados…

– hacer que quienes nos ofenden o lastiman comprueben que se puede perdonar hasta setenta veces siete…

– que los vecinos puedan comprobar que aquello de "también ustedes tienen que lavarse los pies unos a otros", sigue teniendo vigencia hasta el día de hoy…

– hacer que los hijos puedan comprobar que no hay "amor más grande" que dar la vida, el tiempo, el esfuerzo y sacrificar las comodidades y los gustos personales por aquellos a los que se ama…

– hacer que nuestro cónyuge pueda comprobar que es posible amar al prójimo como a uno mismo… y más que a uno mismo.

ÉSTA ES LA ÚLTIMA VOLUNTAD DE CRISTO

24 de mayo — Domingo de Pentecostés

(Rojo)

ANTÍFONA DE ENTRADA   Sab 1, 7

El Espíritu del Señor llena toda la tierra; él da consistencia al universo y sabe todo lo que el hombre dice. Aleluya.

ORACIÓN COLECTA

Dios nuestro, que por el misterio de la festividad que hoy celebramos santificas a tu Iglesia, extendida por todas las naciones, concede al mundo entero los dones del Espíritu Santo y continúa obrando en el corazón de tus fieles las maravillas que te dignaste realizar en los comienzos de la predicación evangélica. Por nuestro Señor Jesucristo…

En el pasaje de los Hechos de los Apóstoles (PRIMERA LECTURA), se nos describe en detalle el acontecimiento del día de Pentecostés, cuando el Espíritu descendió sobre los apóstoles para que cumplieran con la misión que se les había encomendado. Nuestro Señor Jesucristo da a sus discípulos el Espíritu Santo, al tiempo que les da el poder para perdonar los pecados (EVANGELIO). También san Pablo se refiere a la venida del Espíritu Santo como principio de la unidad de la Iglesia en la diversidad de sus ministerios (SEGUNDA LECTURA).

PRIMERA LECTURA

Todos quedaron llenos del Espíritu Santo y empezaron a hablar.

Del libro de los Hechos de los Apóstoles
2, 1-11

El día de Pentecostés, todos los discípulos estaban reunidos en un mismo lugar. De repente se oyó un gran ruido que venía del cielo, como cuando sopla un viento fuerte, que resonó por toda la casa donde se encontraban. Entonces aparecieron lenguas de fuego, que se distribuyeron y se posaron sobre ellos; se llenaron todos del Espíritu Santo y empezaron a hablar en otros idiomas, según el Espíritu los inducía a expresarse.

En esos días había en Jerusalén judíos devotos, venidos de todas partes del mundo. Al oír el ruido, acudieron en masa y quedaron desconcertados, porque cada uno los oía hablar en su propio idioma.

Atónitos y llenos de admiración, preguntaban: "¿No son galileos todos estos que están hablando? ¿Cómo, pues, los oímos hablar en nuestra lengua nativa? Entre nosotros hay medos, partos y elamitas; otros vivimos en Mesopotamia, Judea, Capadocia, en el Ponto y en Asia, en Frigia y en Panfilia, en Egipto o en la zona de Libia que limita con Cirene. Algunos somos visitantes, venidos de Roma, judíos y prosélitos; también hay cretenses y árabes. Y sin embargo, cada quien los oye hablar de las maravillas de Dios en su propia lengua".

Palabra de Dios.   ℞. **Te alabamos, Señor.**

SALMO RESPONSORIAL
Del salmo 103

J. González B.P. 1619

℞.   Envía, Señor, tu Espíritu a renovar la tierra. Aleluya.

Bendice al Señor, alma mía;
Señor y Dios mío, inmensa es tu grandeza.
¡Qué numerosas son tus obras, Señor!
La tierra está llena de tus creaturas. ℞.

    Si retiras tu aliento,
toda creatura muere y vuelve al polvo.
Pero envías tu espíritu, que da vida,
y renuevas el aspecto de la tierra. ℞.

[℟. Envía, Señor, tu Espíritu a renovar la tierra. Aleluya.]

Que Dios sea glorificado para siempre
y se goce en sus creaturas.
Ojalá que le agraden mis palabras
y yo me alegraré en el Señor. ℟.

SEGUNDA LECTURA

Hemos sido bautizados en un mismo Espíritu para formar un solo cuerpo.

De la primera carta del apóstol san Pablo a los corintios
12, 3-7. 12-13

Hermanos: Nadie puede llamar a Jesús "Señor", si no es bajo la acción del Espíritu Santo.

Hay diferentes dones, pero el Espíritu es el mismo. Hay diferentes servicios, pero el Señor es el mismo. Hay diferentes actividades, pero Dios, que hace todo en todos, es el mismo.

En cada uno se manifiesta el Espíritu para el bien común. Porque así como el cuerpo es uno y tiene muchos miembros y todos ellos, a pesar de ser muchos, forman un solo cuerpo, así también es Cristo. Porque todos nosotros, seamos judíos o no judíos, esclavos o libres, hemos sido bautizados en un mismo Espíritu para formar un solo cuerpo, y a todos se nos ha dado a beber del mismo Espíritu.

Palabra de Dios.   ℟. **Te alabamos, Señor.**

SECUENCIA

Ven, Dios Espíritu Santo,
y envíanos desde el cielo
tu luz, para iluminarnos.

Ven ya, padre de los pobres,
luz que penetra en las almas,
dador de todos los dones.

Fuente de todo consuelo,
amable huésped del alma,
paz en las horas de duelo.

Eres pausa en el trabajo;
brisa, en un clima de fuego;
consuelo, en medio del llanto.

Ven, luz santificadora,
y entra hasta el fondo del alma
de todos los que te adoran.

Sin tu inspiración divina
los hombres nada podemos
y el pecado nos domina.

Lava nuestras inmundicias,
fecunda nuestros desiertos
y cura nuestras heridas.

Doblega nuestra soberbia,
calienta nuestra frialdad,
endereza nuestras sendas.

Concede a aquellos que ponen
en ti su fe y su confianza
tus siete sagrados dones.

Danos virtudes y méritos,
danos una buena muerte
y contigo el gozo eterno.

ACLAMACIÓN ANTES DEL EVANGELIO

B.P. 1246 - Bernal

A - le - lu - ya, a - le - lu - ya.

℟. Aleluya, aleluya.
Ven, Espíritu Santo, llena los corazones de tus fieles
y enciende en ellos el fuego de tu amor.
℟. Aleluya, aleluya.

EVANGELIO

Como el Padre me ha enviado, así también los envío yo: Reciban el Espíritu Santo.

✠ Del santo Evangelio según san Juan
20, 19-23

Al anochecer del día de la resurrección, estando cerradas las puertas de la casa donde se hallaban los discípulos, por miedo a los judíos, se presentó Jesús en medio de ellos y les dijo: "La paz esté con ustedes". Dicho esto, les mostró las manos y el costado. Cuando los discípulos vieron al Señor, se llenaron de alegría.

De nuevo les dijo Jesús: "La paz esté con ustedes. Como el Padre me ha enviado, así también los envío yo". Después de decir esto, sopló sobre ellos y les dijo: "Reciban el Espíritu Santo. A los que les perdonen los pecados, les quedarán perdonados; y a los que no se los perdonen, les quedarán sin perdonar".

Palabra del Señor. ℟. **Gloria a ti, Señor Jesús.**

ORACIÓN SOBRE LAS OFRENDAS

Concédenos, Señor, que, conforme a la promesa de tu Hijo, el Espíritu Santo nos haga comprender con más plenitud el misterio de este sacrificio y haz que nos descubra toda su verdad. Por Jesucristo, nuestro Señor.

ANTÍFONA DE LA COMUNIÓN   Hech 2, 4. 11

Todos quedaron llenos del Espíritu Santo, y proclamaban las maravillas de Dios. Aleluya.

ORACIÓN DESPUÉS DE LA COMUNIÓN

Dios nuestro, tú que concedes a tu Iglesia dones celestiales consérvale la gracia que le has dado, para que permanezca siempre vivo en ella el don del Espíritu Santo que le infundiste; y que este alimento espiritual nos sirva para alcanzar la salvación eterna. Por Jesucristo, nuestro Señor.

DESPEDIDA

Anuncien a todos la alegría del Señor resucitado.
Vayan en paz, aleluya, aleluya.
℞. **Demos gracias a Dios, aleluya, aleluya.**

¡VEN, ESPÍRITU SANTO!

☞ Para que nos comuniques el gusto por las cosas de Dios, a las que cada día les encontramos menos sabor (Don de Sabiduría).

☞ Para que nos des un conocimiento más profundo de las verdades de nuestra fe (Don de Entendimiento).

☞ Para que nos enseñes a darle a las cosas terrenas su verdadero valor de medio y no de fines (Don de Ciencia).

☞ Para que nos ayudes a resolver con criterios cristianos los pequeños o grandes conflictos de nuestra vida diaria (Don de Consejo).

☞ Para que aprendamos a relacionarnos con Dios como verdadero Padre nuestro y sepamos amarlo y confiar en él como verdaderos hijos suyos (Don de Piedad).

☞ Para que nos impulses a huir de cualquier cosa que pueda ofender a Dios por ser él quien es (Don de Temor de Dios).

☞ Para que despiertes en nosotros la audacia que nos impulse al apostolado con entusiasmo y podamos superar el miedo a meternos en líos por defender los derechos de Dios y de los demás (Don de Fortaleza).

Y ¡LLÉNANOS DE TUS DONES!

31 de mayo

La Santísima Trinidad

(Blanco)

Bendito sea Dios, Padre, Hijo y Espíritu Santo, porque ha tenido misericordia con nosotros.

ORACIÓN COLECTA

Dios Padre, que al enviar al mundo la Palabra de verdad y el Espíritu santificador, revelaste a todos los hombres tu misterio admirable, concédenos que, profesando la fe verdadera, reconozcamos la gloria de la eterna Trinidad y adoremos la Unidad de su majestad omnipotente. Por nuestro Señor Jesucristo...

El libro del Deuteronomio nos dice (PRIMERA LECTURA) que al revelarse Dios a Moisés, se dio a conocer como el 'único', el que habla en medio de las llamas y, a la vez, el que está muy cerca de su pueblo y camina con él. Posteriormente, los hombres descubrieron en Jesucristo que Dios tenía un Hijo igual a él y que este Hijo nos dio el Espíritu, que nos hace ser hijos del Padre y herederos de Dios (SEGUNDA LECTURA). Por eso, de acuerdo con lo ordenado por Jesús, la Iglesia bautiza a los creyentes en el nombre del Padre y del Hijo y del Espíritu Santo (EVANGELIO).

PRIMERA LECTURA

El Señor es el Dios del cielo y de la tierra, y no hay otro.

Del libro del Deuteronomio
4, 32-34. 39-40

En aquellos días, habló Moisés al pueblo y le dijo: "Pregunta a los tiempos pasados, investiga desde el día en que Dios creó al hombre sobre la tierra. ¿Hubo jamás, desde un extremo al otro del cielo, una cosa tan grande como ésta? ¿Se oyó algo semejante? ¿Qué pueblo ha oído, sin perecer, que Dios le hable desde el fuego, como tú lo has oído? ¿Hubo algún dios que haya ido a buscarse un pueblo en medio de otro pueblo, a fuerza de pruebas, de milagros y de guerras, con mano fuerte y brazo poderoso? ¿Hubo acaso hechos tan grandes como los que, ante sus propios ojos, hizo por ustedes en Egipto el Señor su Dios?

Reconoce, pues, y graba hoy en tu corazón que el Señor es el Dios del cielo y de la tierra y que no hay otro. Cumple sus leyes y mandamientos, que yo te prescribo hoy, para que seas feliz tú y tu descendencia, y para que vivas muchos años en la tierra que el Señor, tu Dios, te da para siempre".

Palabra de Dios.   ℟. **Te alabamos, Señor.**

SALMO RESPONSORIAL
Del salmo 32

M.T. Carrasco B.P. 1652

Di - cho - so el pue - blo es - co - gi - do por Dios.

℟.   Dichoso el pueblo escogido por Dios.

Sincera es la palabra del Señor
y todas sus acciones son leales.
Él ama la justicia y el derecho,
la tierra llena está de sus bondades. ℟.

La palabra del Señor hizo los cielos
y su aliento, los astros;
pues el Señor habló y fue hecho todo;
lo mandó con su voz y surgió el orbe. ℟.

Cuida el Señor de aquellos que lo temen
y en su bondad confían;
los salva de la muerte
y en épocas de hambre les da vida. ℟.

En el Señor está nuestra esperanza,
pues él es nuestra ayuda y nuestro amparo.
Muéstrate bondadoso con nosotros,
puesto que en ti, Señor, hemos confiado. ℟.

SEGUNDA LECTURA
Ustedes han recibido un espíritu de hijos en virtud del cual podemos llamar Padre a Dios.

De la carta del apóstol san Pablo a los romanos
8, 14-17

Hermanos: Los que se dejan guiar por el Espíritu de Dios, ésos son hijos de Dios. No han recibido ustedes un espíritu de esclavos, que los haga temer de nuevo, sino un espíritu de hijos, en virtud del cual podemos llamar Padre a Dios.

El mismo Espíritu Santo, a una con nuestro propio espíritu, da testimonio de que somos hijos de Dios. Y si somos hijos, somos también herederos de Dios y coherederos con Cristo, puesto que sufrimos con él para ser glorificados junto con él.

Palabra de Dios. ℟. **Te alabamos, Señor.**

ACLAMACIÓN ANTES DEL EVANGELIO
Cfr. Apoc 1, 8

B.P. 1246 - Bernal

A - le - lu - ya, a - le - lu - ya.

℟. Aleluya, aleluya.
Gloria al Padre y al Hijo y al Espíritu Santo.
Al Dios que es, que era y que vendrá.
℟. Aleluya, aleluya.

EVANGELIO
Bauticen a los pueblos en el nombre del Padre y del Hijo y del Espíritu Santo.

✠ Del santo Evangelio según san Mateo
28, 16-20

En aquel tiempo, los once discípulos se fueron a Galilea y subieron al monte en el que Jesús los había citado. Al ver a Jesús, se postraron, aunque algunos titubeaban.

Entonces, Jesús se acercó a ellos y les dijo: "Me ha sido dado todo poder en el cielo y en la tierra. Vayan, pues, y hagan discípulos a todos los pueblos, bautizándolos en el nombre del Padre y del Hijo y del Espíritu Santo, y enseñándoles a cumplir todo cuanto yo les he mandado; y sepan que yo estoy con ustedes todos los días, hasta el fin del mundo".

Palabra del Señor. ℟. **Gloria a ti, Señor Jesús.**

ORACIÓN SOBRE LAS OFRENDAS

Por la invocación de tu nombre, santifica, Señor, estos dones que te presentamos y transfórmanos por ellos en una continua oblación a ti. Por Jesucristo, nuestro Señor.

ANTÍFONA DE LA COMUNIÓN   Gál 4, 6

Porque ustedes son hijos de Dios, Dios infundió en sus corazones el Espíritu de su Hijo, que clama: Abbá, Padre.

ORACIÓN DESPUÉS DE LA COMUNIÓN

Que la recepción de este sacramento y nuestra profesión de fe en la Trinidad santa y eterna, y en su Unidad indivisible, nos aprovechen, Señor, Dios nuestro, para la salvación de cuerpo y alma. Por Jesucristo, nuestro Señor.

ENSEÑAR Y CUMPLIR TODO (pero TODO) EL EVANGELIO

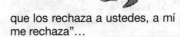

Momentos antes de subir al cielo, Jesús dijo: "Vayan, pues, y hagan discípulos a todos los pueblos, bautizándolos en el nombre del Padre y del Hijo y del Espíritu Santo", y añadió: "Enseñándoles a cumplir TODO cuanto yo les he mandado".

☞ Lo que no está nada mal que recordemos, porque nos hemos hecho nuestro propio resumencito del Evangelio.

☞ Unos, por ejemplo, omitimos lo del joven rico que no quiso seguir a Jesús, porque tenía muchas posesiones, lo de "dichosos los pobres de espíritu, porque...", lo de Zaqueo, que promete dar el cuádruple de lo que hubiera defraudado...

☞ Otros nos comemos aquello que Cristo dice de obedecer a la Iglesia: "El que los escucha a ustedes, a mí me escucha; el que los rechaza a ustedes, a mí me rechaza"...

☞ Otros más le ponemos un paréntesis a "lo que Dios unió, que no lo separe el hombre"...

☞ El gran problema de las sectas es que cada una de ellas también se ha hecho un compendio muy personal del Evangelio y no incluyen el "tú eres Pedro y sobre esta piedra edificaré mi Iglesia"... Cuando Cristo dice: "Enseñándoles a cumplir todo cuanto yo les he mandado", quiere decir... TODO.

4 de junio
Jueves

El Cuerpo
y la Sangre de Cristo
(Blanco)

Alimentó a su pueblo con lo mejor del trigo y lo sació con miel sacada de la roca.

Se dice Gloria.

ORACIÓN COLECTA

Señor nuestro Jesucristo, que en este admirable sacramento nos dejaste el memorial de tu pasión, concédenos venerar de tal modo los sagrados misterios de tu Cuerpo y de tu Sangre, que experimentemos continuamente en nosotros el fruto de tu redención. Tú que vives y reinas...

En la Misa de hoy se nos pide que reflexionemos sobre el misterio de la Sangre de Cristo. Vemos a Jesús ofreciendo la copa de vino a sus discípulos (EVANGELIO), mientras declara: "Ésta es mi sangre, sangre de la alianza". Con estas palabras evocaba el sacrificio de la alianza sellada entre Dios y su pueblo en el Sinaí (PRIMERA LECTURA), una alianza que prefiguraba el sacrificio de Cristo en la cruz. Por eso se nos pide (SEGUNDA LECTURA) que meditemos sobre el alcance del sacrificio ofrecido por Cristo.

PRIMERA LECTURA
Ésta es la sangre de la alianza que el Señor ha hecho con ustedes.

Del libro del Éxodo
24, 3-8

En aquellos días, Moisés bajó del monte Sinaí y refirió al pueblo todo lo que el Señor le había dicho y los mandamientos que le había dado. Y el pueblo contestó a una voz: "Haremos todo lo que dice el Señor".

Moisés puso por escrito todas las palabras del Señor. Se levantó temprano, construyó un altar al pie del monte y puso al lado del altar doce piedras conmemorativas, en representación de las doce tribus de Israel.

Después mandó a algunos jóvenes israelitas a ofrecer holocaustos e inmolar novillos, como sacrificios pacíficos en honor del Señor. Tomó la mitad de la sangre, la puso en vasijas y derramó sobre el altar la otra mitad.

Entonces tomó el libro de la alianza y lo leyó al pueblo, y el pueblo respondió: "Obedeceremos. Haremos todo lo que manda el Señor".

Luego Moisés roció al pueblo con la sangre, diciendo: "Ésta es la sangre de la alianza que el Señor ha hecho con ustedes, conforme a las palabras que han oído".

Palabra de Dios.   ℟. **Te alabamos, Señor.**

SALMO RESPONSORIAL
Del salmo 115

B. Carrillo B.P. 1653

Le - van - ta - ré   el   cá - liz   de   sal - va - ción.

℟.   Levantaré el cáliz de la salvación.

¿Cómo le pagaré al Señor
todo el bien que me ha hecho?
Levantaré el cáliz de salvación
e invocaré el nombre del Señor. ℟.

A los ojos del Señor es muy penoso
que mueran sus amigos.
De la muerte, Señor, me has librado,
a mí, tu esclavo e hijo de tu esclava. ℟.

Te ofreceré con gratitud un sacrificio
e invocaré tu nombre.
Cumpliré mis promesas al Señor
ante todo su pueblo. ℟.

SEGUNDA LECTURA
La sangre de Cristo purificará nuestra conciencia.

De la carta a los hebreos
9, 11-15

Hermanos: Cuando Cristo se presentó como sumo sacerdote que nos obtiene los bienes definitivos, penetró una sola vez y para siempre en el "lugar santísimo", a través de una tienda, que no estaba hecha por mano de hombres, ni pertenecía a esta creación. No llevó consigo sangre de animales, sino su propia sangre, con la cual nos obtuvo una redención eterna.

Porque si la sangre de los machos cabríos y de los becerros y las cenizas de una ternera, cuando se esparcían sobre los impuros, eran capaces de conferir a los israelitas una pureza legal, meramente exterior, ¡cuánto más la sangre de Cristo purificará nuestra conciencia de todo pecado, a fin de que demos culto al Dios vivo, ya que a impulsos del Espíritu Santo, se ofreció a sí mismo como sacrificio inmaculado a Dios, y así podrá purificar nuestra conciencia de las obras que conducen a la muerte, para servir al Dios vivo!

Por eso, Cristo es el mediador de una alianza nueva. Con su muerte hizo que fueran perdonados los delitos cometidos durante la antigua alianza, para que los llamados por Dios pudieran recibir la herencia eterna que él les había prometido.

Palabra de Dios. ℟. **Te alabamos, Señor.**

SECUENCIA
(Puede omitirse o puede recitarse en forma abreviada, comenzando por la estrofa: * "El pan que del cielo baja...").

Al Salvador alabemos,
que es nuestro pastor y guía.
Alabémoslo con himnos
y canciones de alegría.

Alabémoslo sin límites
y con nuestras fuerzas todas;
pues tan grande es el Señor,
que nuestra alabanza es poca.

Gustosos hoy aclamamos
a Cristo, que es nuestro pan,
pues él es el pan de vida,
que nos da vida inmortal.

Doce eran los que cenaban
y les dio pan a los doce.
Doce entonces lo comieron,
y, después, todos los hombres.

Sea plena la alabanza
y llena de alegres cantos;
que nuestra alma se desborde
en todo un concierto santo.

Hoy celebramos con gozo
la gloriosa institución
de este banquete divino,
el banquete del Señor.

Ésta es la nueva Pascua,
Pascua del único Rey,
que termina con la alianza
tan pesada de la ley.

Esto nuevo, siempre nuevo,
es la luz de la verdad,
que sustituye a lo viejo
con reciente claridad.

En aquella última cena
Cristo hizo la maravilla
de dejar a sus amigos
el memorial de su vida.

Enseñados por la Iglesia,
consagramos pan y vino,
que a los hombres nos redimen,
y dan fuerza en el camino.

Es un dogma del cristiano
que el pan se convierte en carne,
y lo que antes era vino
queda convertido en sangre.

Hay cosas que no entendemos,
pues no alcanza la razón;
mas si las vemos con fe,
entrarán al corazón.

Bajo símbolos diversos
y en diferentes figuras,
se esconden ciertas verdades
maravillosas, profundas.

Su sangre es nuestra bebida;
su carne, nuestro alimento;
pero en el pan o en el vino
Cristo está todo completo.

Quien lo come no lo rompe,
no lo parte ni divide;
él es el todo y la parte;
vivo está en quien lo recibe.

Puede ser tan sólo uno
el que se acerca al altar,
o pueden ser multitudes:
Cristo no se acabará.

Lo comen buenos y malos,
con provecho diferente;
no es lo mismo tener vida
que ser condenado a muerte.

A los malos les da muerte
y a los buenos les da vida.
¡Qué efecto tan diferente
tiene la misma comida!

Si lo parten, no te apures;
sólo parten lo exterior;
en el mínimo fragmento
entero late el Señor.

Cuando parten lo exterior
sólo parten lo que has visto;
no es una disminución
de la persona de Cristo.

*El pan que del cielo baja
es comida de viajeros.
Es un pan para los hijos.
¡No hay que tirarlo a los perros!

Isaac, el inocente,
es figura de este pan,
con el cordero de Pascua
y el misterioso maná.

Ten compasión de nosotros,
buen pastor, pan verdadero.
Apaciéntanos y cuídanos
y condúcenos al cielo.

Todo lo puedes y sabes,
pastor de ovejas, divino.
Concédenos en el cielo
gozar la herencia contigo.
Amén.

ACLAMACIÓN ANTES DEL EVANGELIO
Jn 6, 51

B.P. 1246 - Bernal

A - le - lu - ya,   a - le - lu - ya.

℟.   Aleluya, aleluya.
Yo soy el pan vivo que ha bajado del cielo, dice el Señor;
el que coma de este pan vivirá para siempre.
℟.   Aleluya, aleluya.

EVANGELIO
Esto es mi cuerpo. Ésta es mi sangre.

✠   Del santo Evangelio según san Marcos
14, 12-16. 22-26

El primer día de la fiesta de los panes Ázimos, cuando se sacrificaba el cordero pascual, le preguntaron a Jesús sus discípulos: "¿Dónde quieres que vayamos a prepararte la cena de Pascua?". Él les dijo a dos de ellos: "Vayan a la ciudad. Encontrarán a un hombre que lleva un cántaro de agua; síganlo y díganle al dueño de la casa en donde entre: 'El Maestro manda preguntar: ¿Dónde está la habitación en que voy a comer la Pascua con mis discípulos?'. Él les enseñará una sala en el segundo piso, arreglada con divanes. Prepárennos allí la cena". Los discípulos se fueron, llegaron a la ciudad, encontraron lo que Jesús les había dicho y prepararon la cena de Pascua.

Mientras cenaban, Jesús tomó un pan, pronunció la bendición, lo partió y se lo dio a sus discípulos, diciendo: "Tomen: esto es mi cuerpo". Y tomando en sus manos una copa de vino, pronunció la acción de gracias, se la dio, todos bebieron y les dijo: "Ésta es mi sangre, sangre de la alianza, que se derrama por todos. Yo les aseguro que no volveré a beber del fruto de la vid hasta el día en que beba el vino nuevo en el Reino de Dios".

Después de cantar el himno, salieron hacia el monte de los Olivos.

Palabra del Señor.   ℟. **Gloria a ti, Señor Jesús.**

Se dice **Credo**.

ORACIÓN SOBRE LAS OFRENDAS

Señor, concede, bondadoso, a tu Iglesia, los dones de la unidad y de la paz, significados místicamente en las ofrendas que te presentamos. Por Jesucristo, nuestro Señor.

ANTÍFONA DE LA COMUNIÓN   Jn 6, 56

El que come mi carne y bebe mi sangre, permanece en mí y yo en él, dice el Señor.

ORACIÓN DESPUÉS DE LA COMUNIÓN

Concédenos, Señor Jesucristo, disfrutar eternamente del gozo de tu divinidad que ahora pregustamos, en la comunión de tu Cuerpo y de tu Sangre. Tú que vives y reinas por los siglos de los siglos.

¿A QUÉ NOS COMPROMETEN EL CUERPO Y LA SANGRE DE CRISTO?

✛ Jesús, después de lavarles los pies a sus discípulos, les dijo: "Si yo, que soy el Maestro y el Señor, les he lavado los pies, también ustedes deben lavarse los pies los unos a los otros".

✛ "Les doy un mandamiento nuevo: que se amen los unos a otros, como yo los he amado; y por este amor reconocerán todos que ustedes son mis discípulos".

✛ "Como el Padre me ha enviado, así también los envío yo".

✛ "Que sean uno para que el mundo crea que tú me has enviado".

✛ Luego tomó pan… y lo dio a sus discípulos y dijo: "Tomen… esto es mi Cuerpo". Tomó el cáliz… lo pasó a sus discípulos, diciendo: "Éste es el cáliz de mi Sangre, Sangre de la alianza nueva y eterna, que será derramada por ustedes y por muchos".

✛ Por medio del Cuerpo y de la Sangre que recibimos en la Comunión, nosotros nos comprometemos a cumplir el nuevo mandamiento de Jesucristo.

¿HAREMOS TODO LO QUE NOS MANDA JESUCRISTO?

7 de junio 10° Domingo del T. Ordinario

(Verde)

   El Señor es mi luz y mi salvación, ¿a quién temeré? El Señor es la defensa de mi vida, ¿quién me hará temblar? Cuando me asaltan mis enemigos, tropiezan y caen.

ORACIÓN COLECTA

   Señor Dios, de quien todo bien procede, escucha nuestras súplicas y concédenos que comprendiendo, por inspiración tuya, lo que es recto, eso mismo, bajo tu guía, lo hagamos realidad. Por nuestro Señor Jesucristo...

San Marcos, en el EVANGELIO, comienza a enumerar las oposiciones que va encontrando Jesús. Hoy lo acosan las calumnias. El Señor responde a ellas proclamando su victoria sobre Satanás. Esta victoria de Cristo sobre el demonio había sido ya profetizada en el relato del comienzo del mundo, cuando Dios anuncia que, aunque la mujer haya sucumbido a la tentación, su descendencia aplastará la cabeza de la serpiente (PRIMERA LECTURA). En la SEGUNDA LECTURA, san Pablo nos habla de sus miserias y sufrimientos y nos enseña cómo las supera, gracias a su fe en Cristo resucitado.

PRIMERA LECTURA

El Señor puso enemistad entre la serpiente y la mujer.

Del libro del Génesis
3, 9-15

Después de que el hombre y la mujer comieron del fruto del árbol prohibido, el Señor Dios llamó al hombre y le preguntó: "¿Dónde estás?". Éste le respondió: "Oí tus pasos en el jardín y tuve miedo, porque estoy desnudo, y me escondí". Entonces le dijo Dios: "¿Y quién te ha dicho que estabas desnudo? ¿Has comido acaso del árbol del que te prohibí comer?".

Respondió Adán: "La mujer que me diste por compañera me ofreció del fruto del árbol y comí". El Señor Dios dijo a la mujer: "¿Por qué has hecho esto?". Repuso la mujer: "La serpiente me engañó y comí".

Entonces dijo el Señor Dios a la serpiente:
"Porque has hecho esto,
serás maldita entre todos los animales
y entre todas las bestias salvajes.
Te arrastrarás sobre tu vientre y comerás polvo
todos los días de tu vida.
Pondré enemistad entre ti y la mujer,
entre tu descendencia y la suya;
y su descendencia te aplastará la cabeza,
mientras tú tratarás de morder su talón".

Palabra de Dios.   ℟. **Te alabamos, Señor.**

SALMO RESPONSORIAL
Del salmo 129

J.R. López B.P. 1628

℟.   Perdónanos, Señor, y viviremos.

Desde el abismo de mis pecados clamo a ti;
Señor, escucha mi clamor;
que estén atentos tus oídos
a mi voz suplicante. ℟.

Si conservaras el recuerdo de las culpas,
¿quién habría, Señor, que se salvara?
Pero de ti procede el perdón,
por eso con amor te veneramos. ℟.

Confío en el Señor,
mi alma espera y confía en su palabra;
mi alma aguarda al Señor,
mucho más que a la aurora el centinela. R̶.
Como aguarda a la aurora el centinela,
aguarda Israel al Señor,
porque del Señor viene la misericordia
y la abundancia de la redención,
y él redimirá a su pueblo
de todas sus iniquidades. R̶.

SEGUNDA LECTURA
Creemos y por eso hablamos.

De la segunda carta del apóstol san Pablo a los corintios
4, 13–5, 1

Hermanos: Como poseemos el mismo espíritu de fe que se expresa en aquel texto de la Escritura: *Creo, por eso hablo,* también nosotros creemos y por eso hablamos, sabiendo que aquel que resucitó a Jesús nos resucitará también a nosotros con Jesús y nos colocará a su lado con ustedes. Y todo esto es para bien de ustedes, de manera que, al extenderse la gracia a más y más personas, se multiplique la acción de gracias para gloria de Dios.

Por esta razón no nos acobardamos; pues aunque nuestro cuerpo se va desgastando, nuestro espíritu se renueva de día en día. Nuestros sufrimientos momentáneos y ligeros nos producen una riqueza eterna, una gloria que los sobrepasa con exceso.

Nosotros no ponemos la mira en lo que se ve, sino en lo que no se ve, porque lo que se ve es transitorio y lo que no se ve es eterno. Sabemos que, aunque se desmorone esta morada terrena, que nos sirve de habitación, Dios nos tiene preparada en el cielo una morada eterna, no construida por manos humanas.

Palabra de Dios.   R̶. **Te alabamos, Señor.**

ACLAMACIÓN ANTES DEL EVANGELIO
Jn 12, 31-32

B.P. 1033 - Palazón

A - le - lu - ya,   a - le - lu - ya,   a - le - lu - ya.

R. Aleluya, aleluya.
Ya va a ser arrojado el príncipe de este mundo.
Cuando yo sea levantado de la tierra,
atraeré a todos hacia mí, dice el Señor.
R. Aleluya, aleluya.

EVANGELIO
Satanás ha llegado a su fin.

✠ Del santo Evangelio según san Marcos
3, 20-35

En aquel tiempo, Jesús entró en una casa con sus discípulos y acudió tanta gente, que no los dejaban ni comer. Al enterarse sus parientes, fueron a buscarlo, pues decían que se había vuelto loco.

Los escribas que habían venido de Jerusalén, decían acerca de Jesús: "Este hombre está poseído por Satanás, príncipe de los demonios, y por eso los echa fuera".

Jesús llamó entonces a los escribas y les dijo en parábolas: "¿Cómo puede Satanás expulsar a Satanás? Porque si un reino está dividido en bandos opuestos, no puede subsistir. Una familia dividida tampoco puede subsistir. De la misma manera, si Satanás se rebela contra sí mismo y se divide, no podrá subsistir, pues ha llegado su fin. Nadie puede entrar en la casa de un hombre fuerte y llevarse sus cosas, si primero no lo ata. Sólo así podrá saquear la casa.

Yo les aseguro que a los hombres se les perdonarán todos sus pecados y todas sus blasfemias. Pero el que blasfeme contra el Espíritu Santo nunca tendrá perdón; será reo de un pecado eterno". Jesús dijo esto, porque lo acusaban de estar poseído por un espíritu inmundo.

Llegaron entonces su madre y sus parientes; se quedaron fuera y lo mandaron llamar. En torno a él estaba sentada una multitud, cuando le dijeron: "Ahí fuera están tu madre y tus hermanos, que te buscan".

Él les respondió: "¿Quién es mi madre y quiénes son mis hermanos?". Luego, mirando a los que estaban sentados a su alrededor, dijo: "Éstos son mi madre y mis hermanos. Porque el que cumple la voluntad de Dios, ése es mi hermano, mi hermana y mi madre".
Palabra del Señor. R. **Gloria a ti, Señor Jesús.**

ORACIÓN SOBRE LAS OFRENDAS

Mira, Señor, con bondad nuestro servicio para que esta ofrenda se convierta para ti en don aceptable y para nosotros, en aumento de nuestra caridad. Por Jesucristo, nuestro Señor.

ANTÍFONA DE LA COMUNIÓN   Sal 17, 3

Señor, tú eres mi fortaleza, mi refugio, mi liberación y mi ayuda. Tú eres mi Dios.

ORACIÓN DESPUÉS DE LA COMUNIÓN

Señor, que la virtud medicinal de este sacramento nos cure por tu bondad de nuestras maldades y nos haga avanzar por el camino recto. Por Jesucristo, nuestro Señor.

LA MISA NO ES UN "VIDEO" NI UNA "TRANSMISIÓN DIFERIDA"

❑ No se trata de venir a escuchar lo que los profetas, los apóstoles o Cristo dijeron hace mucho tiempo, sino el mensaje que Dios nos quiere dar HOY.

❑ No se trata de venir a recordar lo que sucedió en la Última Cena hace casi 2 mil años, sino de volver a celebrar HOY el banquete eucarístico por medio del cual el sacrificio de la cruz, con sus mismos efectos redentores, se hace presente continuamente en la Iglesia.

❑ No se trata de conmemorar la alianza de Dios con su pueblo, sino de actualizarla HOY mediante el sacrificio de Cristo y la comunión con su Cuerpo.

❑ No se trata de apartarnos del mundo durante la celebración, sino de escuchar el mensaje de Dios, de ofrecernos al Padre con Cristo muerto y resucitado, y de recibirlo en la Comunión para llevarlo HOY al mundo de HOY, a donde no llegará, si nosotros los cristianos no lo llevamos.

12 de junio

Viernes

El Sagrado Corazón de Jesús

(Blanco)

ANTÍFONA DE ENTRADA   Sal 32, 11. 19

Los proyectos de su corazón subsisten de generación en generación, para librar de la muerte a sus fieles y reanimarlos en tiempo de hambre.

Se dice Gloria.

ORACIÓN COLECTA

Concédenos, Dios todopoderoso, que, gozosos de honrar el Corazón de tu amado Hijo, al recordar la grandeza de los beneficios de su amor, merezcamos recibir gracias cada vez más abundantes de esa fuente celestial. Por nuestro Señor Jesucristo...

Cuando Jesús estaba muerto en la cruz, le abrieron el costado de una lanzada (EVANGELIO). Ésa fue la suprema revelación del amor de Dios. Ya desde antes, por boca del profeta Oseas, había hablado Dios a su pueblo con honda ternura (PRIMERA LECTURA). Esta ternura de Dios no alcanza sólo a la descendencia de Abraham, sino a todos los hombres en Jesucristo, que los salvó por su sangre. De ese misterio nos habla san Pablo, al invitarnos a contemplar "la anchura y la longitud, la altura y la profundidad del amor de Cristo" (SEGUNDA LECTURA).

PRIMERA LECTURA

Mi corazón se conmueve.

Del libro del profeta Oseas
11, 1. 3-4. 8-9

"Cuando Israel era niño, yo lo amé,
y de Egipto llamé a mi hijo, dice el Señor.
Yo fui quien enseñó a andar a Efraín;
yo, quien lo llevaba en brazos;
pero no comprendieron que yo cuidaba de ellos.
Yo los atraía hacia mí con los lazos del cariño,
con las cadenas del amor.
Yo fui para ellos como un padre
que estrecha a su criatura
y se inclina hacia ella para darle de comer.
    Mi corazón se conmueve dentro de mí
y se inflama toda mi compasión.
No cederé al ardor de mi cólera,
no volveré a destruir a Efraín,
pues yo soy Dios y no hombre,
santo en medio de ti
y no enemigo a la puerta".
Palabra de Dios.   ℟. **Te alabamos, Señor.**

SALMO RESPONSORIAL
Isaías 12

B.P. 1235 B. Carrillo

Sa - ca - rán a - gua con go - zo de la fuen-te de la sal - va - ción.

℟.   Sacarán agua con gozo de la fuente de salvación.

El Señor es mi Dios y salvador,
con él estoy seguro y nada temo.
El Señor es mi protección y mi fuerza,
y ha sido mi salvación.
Sacarán agua con gozo
de la fuente de salvación. ℟.

    Den gracias al Señor,
invoquen su nombre,
cuenten a los pueblos sus hazañas,
proclamen que su nombre es sublime. ℟.

    Alaben al Señor por sus proezas,
anúncienlas a toda la tierra.
Griten jubilosos, habitantes de Sión,
porque el Dios de Israel ha sido grande con ustedes. ℟.

SEGUNDA LECTURA
Experimenten el amor de Cristo, que sobrepasa todo conocimiento.

De la carta del apóstol san Pablo a los efesios
3, 8-12. 14-19

Hermanos: A mí, el más insignificante de todos los fieles, se me ha dado la gracia de anunciar a los paganos la incalculable riqueza que hay en Cristo, y dar a conocer a todos cómo va cumpliéndose este designio de salvación, oculto desde el principio de los siglos en Dios, creador de todo.

Él lo dispuso así, para que la multiforme sabiduría de Dios sea dada a conocer ahora, por medio de la Iglesia, a los espíritus celestiales, según el designio eterno realizado en Cristo Jesús, nuestro Señor, por quien podemos acercarnos libre y confiadamente a Dios, por medio de la fe en Cristo.

Me arrodillo ante el Padre, de quien procede toda paternidad en el cielo y en la tierra, para que, conforme a los tesoros de su bondad, les conceda que su Espíritu los fortalezca interiormente y que Cristo habite por la fe en sus corazones. Así, arraigados y cimentados en el amor, podrán comprender con todo el pueblo de Dios, la anchura y la longitud, la altura y la profundidad del amor de Cristo, y experimentar ese amor que sobrepasa todo conocimiento humano, para que así queden ustedes colmados con la plenitud misma de Dios.

Palabra de Dios.   ℟. **Te alabamos, Señor.**

ACLAMACIÓN ANTES DEL EVANGELIO
Mt 11, 29

B.P. 1244 - Sosa

A - le - lu - ya,   a - le - lu - ya,   a - le - lu   -   ya.

℟.   Aleluya, aleluya.
Tomen mi yugo sobre ustedes, dice el Señor,
y aprendan de mí, que soy manso y humilde de corazón.
℟.   Aleluya, aleluya.

EVANGELIO

Le abrió el costado con una lanza e inmediatamente salió sangre y agua.

✠ Del santo Evangelio según san Juan
19, 31-37

C omo era el día de la preparación de la Pascua, para que los cuerpos de los ajusticiados no se quedaran en la cruz el sábado, porque aquel sábado era un día muy solemne, los judíos pidieron a Pilato que les quebraran las piernas y los quitaran de la cruz.

Fueron los soldados, le quebraron las piernas a uno y luego al otro de los que habían sido crucificados con Jesús. Pero al llegar a él, viendo que ya había muerto, no le quebraron las piernas, sino que uno de los soldados le traspasó el costado con una lanza e inmediatamente salió sangre y agua.

El que vio da testimonio de esto y su testimonio es verdadero y él sabe que dice la verdad, para que también ustedes crean. Esto sucedió para que se cumpliera lo que dice la Escritura: *No le quebrarán ningún hueso;* y en otro lugar la Escritura dice: *Mirarán al que traspasaron.*

Palabra del Señor.   ℟. **Gloria a ti, Señor Jesús.**

Se dice Credo.

ORACIÓN SOBRE LAS OFRENDAS

Mira, Señor, el inefable amor del Corazón de tu Hijo amado, para que este don que te ofrecemos sea agradable a tus ojos y sirva como expiación de nuestros pecados. Por Jesucristo, nuestro Señor.

ANTÍFONA DE LA COMUNIÓN   Cfr. Jn 7, 37-38

Dice el Señor: si alguno tiene sed, que venga a mí y beba. De aquel que cree en mí, brotarán ríos de agua viva.

ORACIÓN DESPUÉS DE LA COMUNIÓN

Señor y Padre nuestro, que este sacramento de amor nos haga arder en santo afecto, de modo que, atraídos siempre hacia tu Hijo, sepamos reconocerlo en nuestros hermanos. Él, que vive y reina por los siglos de los siglos.

CONSAGRACIÓN FAMILIAR AL CORAZÓN DE JESÚS

▲ Señor Jesucristo, arrodillados a tus pies, renovamos alegremente la consagración de nuestra familia a tu divino Corazón.

▲ Sé, hoy y siempre, el guía, el jefe protector de nuestro hogar, rey y centro de nuestros corazones.

▲ Bendice a nuestra familia, nuestra casa, a nuestros vecinos, parientes y amigos.

▲ Ayúdanos a cumplir fielmente nuestros deberes, participa de nuestras alegrías y angustias, de nuestras esperanzas y dudas, de nuestro trabajo y de nuestras diversiones.

▲ Danos fuerza, Señor, para que carguemos nuestra cruz de cada día y sepamos ofrecer todos nuestros actos, junto con tu sacrificio, al Padre.

▲ Que la justicia, la fraternidad, el perdón y la misericordia estén presentes en nuestro hogar y en nuestras comunidades. Queremos ser instrumentos de paz y vida.

▲ Que nuestro amor a tu Corazón compense, de alguna manera, la frialdad y la indiferencia, la ingratitud y la falta de amor de quienes no te conocen, o que te desprecian y rechazan.

▲ Sagrado Corazón de Jesús, tenemos confianza en ti. Confianza profunda, ilimitada. Y estamos seguros de que no quedaremos defraudados. Amén.

14 de junio   11º Domingo del T. Ordinario

(Verde)

ORACIÓN COLECTA

Señor Dios, fortaleza de los que en ti esperan, acude, bondadoso, a nuestro llamado y puesto que sin ti nada puede nuestra humana debilidad, danos siempre la ayuda de tu gracia, para que, en el cumplimiento de tu voluntad, te agrademos siempre con nuestros deseos y acciones. Por nuestro Señor Jesucristo...

Las dos parábolas que leemos hoy (EVANGELIO): la de la semilla que germina lentamente y la del grano de mostaza que crece hasta convertirse en arbusto, evocan el estado glorioso del Reino futuro que sucederá al estado actual de humildad. Al narrar estas parábolas, Jesús se refería en forma directa a un texto del profeta Ezequiel (PRIMERA LECTURA).

Después de recordar las pruebas sufridas durante su ministerio (SEGUNDA LECTURA), san Pablo expresa su deseo del cielo y su preocupación por agradar al Señor caminando en la fe.

PRIMERA LECTURA

Elevaré los árboles pequeños.

Del libro del profeta Ezequiel
17, 22-24

E sto dice el Señor Dios:
"Yo tomaré un renuevo de la copa de un gran cedro,

de su más alta rama cortaré un retoño.
Lo plantaré en la cima de un monte excelso y sublime.
Lo plantaré en la montaña más alta de Israel.
Echará ramas, dará fruto
y se convertirá en un cedro magnífico.
En él anidarán toda clase de pájaros
y descansarán al abrigo de sus ramas.
    Así, todos los árboles del campo sabrán que yo, el Señor,
humillo los árboles altos
y elevo los árboles pequeños;
que seco los árboles lozanos
y hago florecer los árboles secos.
Yo, el Señor, lo he dicho y lo haré".
Palabra de Dios.   ℞. **Te alabamos, Señor.**

SALMO RESPONSORIAL
Del salmo 91

C. Sánchez B.P. 1629

℞.   ¡Qué bueno es darte gracias, Señor!

¡Qué bueno es darte gracias, Dios altísimo,
y celebrar tu nombre,
pregonando tu amor cada mañana
y tu fidelidad, todas las noches! ℞.
    Los justos crecerán como las palmas,
como los cedros en los altos montes;
plantados en la casa del Señor,
en medio de sus atrios darán flores. ℞.
    Seguirán dando fruto en su vejez,
frondosos y lozanos como jóvenes,
para anunciar que en Dios, mi protector,
ni maldad ni injusticia se conocen. ℞.

SEGUNDA LECTURA
En el destierro o en la patria, nos esforzamos por agradar al Señor.

De la segunda carta del apóstol san Pablo a los corintios
5, 6-10

Hermanos: Siempre tenemos confianza, aunque sabemos que, mientras vivimos en el cuerpo, estamos desterrados, lejos del Señor. Caminamos guiados por la fe, sin ver todavía. Estamos, pues, llenos de confianza y preferimos salir de este cuerpo para vivir con el Señor.

Por eso procuramos agradarle, en el destierro o en la patria. Porque todos tendremos que comparecer ante el tribunal de Cristo, para recibir el premio o el castigo por lo que hayamos hecho en esta vida.

Palabra de Dios.   ℟. **Te alabamos, Señor.**

ACLAMACIÓN ANTES DEL EVANGELIO

B.P. 1244 - Sosa

A - le - lu - ya,   a - le - lu - ya,   a - le - lu - ya.

℟.   Aleluya, aleluya.
La semilla es la palabra de Dios y el sembrador es Cristo;
todo aquel que lo encuentra, vivirá para siempre.
℟.   Aleluya, aleluya.

EVANGELIO

El hombre siembra su campo, y sin que él sepa cómo, la semilla germina y crece.

✠ Del santo Evangelio según san Marcos
4, 26-34

En aquel tiempo, Jesús dijo a la multitud: "El Reino de Dios se parece a lo que sucede cuando un hombre siembra la semilla en la tierra: que pasan las noches y los días, y sin que él sepa cómo, la semilla germina y crece; y la tierra, por sí sola, va produciendo el fruto: primero los tallos, luego las espigas y después los granos en las espigas. Y cuando ya están maduros los granos, el hombre echa mano de la hoz, pues ha llegado el tiempo de la cosecha".

Les dijo también: "¿Con qué compararemos el Reino de Dios? ¿Con qué parábola lo podremos representar? Es como una semilla de mostaza que, cuando se siembra, es la más pequeña de las semillas; pero una vez sembrada, crece y se convierte en el mayor de los arbustos y echa ramas tan grandes, que los pájaros pueden anidar a su sombra".

Y con otras muchas parábolas semejantes les estuvo exponiendo su mensaje, de acuerdo con lo que ellos podían entender. Y no les hablaba sino en parábolas; pero a sus discípulos les explicaba todo en privado.

Palabra del Señor.   ℞. **Gloria a ti, Señor Jesús.**

ORACIÓN SOBRE LAS OFRENDAS

Tú que con este pan y este vino que te presentamos das al género humano el alimento que lo sostiene y el sacramento que lo renueva, concédenos, Señor, que nunca nos falte esta ayuda para el cuerpo y el alma. Por Jesucristo, nuestro Señor.

ANTÍFONA DE LA COMUNIÓN   Sal 26, 4
Una sola cosa he pedido y es lo único que busco, habitar en la casa del Señor todos los días de mi vida.

ORACIÓN DESPUÉS DE LA COMUNIÓN

Señor, que esta santa comunión, que acabamos de recibir, así como significa la unión de los fieles en ti, así también lleve a efecto la unidad en tu Iglesia. Por Jesucristo, nuestro Señor.

EVANGELIO PARA "SEMBRADORES" DESANIMADOS

☞ Para papás y mamás desanimados, para maestros y maestras desanimados, para trabajadores y trabajadoras desanimados, para ciudadanos y luchadores sociales desanimados…

☞ Es decir, para todos aquellos que pensamos: para qué seguir sembrando… para qué seguir predicando en la familia con la palabra y el ejemplo, para qué seguir siendo honrados y cumplidos en el trabajo, para qué seguir luchando por mejorar nuestra sociedad… cuando vemos que "pasan los días y las noches" y como si no hubiéramos sembrado.

☞ Algún día, sin que sepamos cómo y cuándo –como dice el evangelio de hoy– la semilla germinará y crecerá y producirá su fruto.

☞ Así es el Reino de Dios.

21 de junio   12º Domingo del T. Ordinario

(Verde)

ANTÍFONA DE ENTRADA   Cfr. Sal 27, 8-9

El Señor es la fuerza de su pueblo, defensa y salvación para su Ungido. Sálvanos, Señor, vela sobre nosotros y guíanos siempre.

ORACIÓN COLECTA

Señor, concédenos vivir siempre en el amor y respeto a tu santo nombre, ya que jamás dejas de proteger a quienes estableces en el sólido fundamento de tu amor. Por nuestro Señor Jesucristo...

El Señor le recuerda a su siervo Job, que él es el único dueño de la creación (PRIMERA LECTURA). De igual manera, Jesús aprovecha la ocasión de aplacar la tempestad en medio del lago, para que sus discípulos mediten en el origen divino de su Maestro (EVANGELIO).

San Pablo nos revela que el amor de Cristo lo ha conquistado por completo y ha hecho de él una creatura nueva, con una visión renovada del mundo: todo lo viejo ha pasado. Ya todo es nuevo (SEGUNDA LECTURA).

PRIMERA LECTURA

Aquí se romperá la arrogancia de tus olas.

Del libro de Job
38, 1. 8-11

El Señor habló a Job desde la tormenta y le dijo:
"Yo le puse límites al mar,
cuando salía impetuoso del seno materno;

yo hice de la niebla sus mantillas
y de las nubes sus pañales;
yo le impuse límites con puertas y cerrojos y le dije:
'Hasta aquí llegarás, no más allá.
Aquí se romperá la arrogancia de tus olas'".
Palabra de Dios.   ℟. **Te alabamos, Señor.**

SALMO RESPONSORIAL
Del salmo 106

E. Estrella B.P. 1630

℟.   Demos gracias al Señor por sus bondades.

Los que la mar surcaban con sus naves,
por las aguas inmensas negociando,
el poder del Señor y sus prodigios
en medio del abismo contemplaron. ℟.

    Habló el Señor y un viento huracanado
las olas encrespó;
al cielo y al abismo eran lanzados,
sobrecogidos de terror. ℟.

    Clamaron al Señor en tal apuro
y él los libró de sus congojas.
Cambió la tempestad en suave brisa
y apaciguó las olas. ℟.

    Se alegraron al ver la mar tranquila
y el Señor los llevó al puerto anhelado.
Den gracias al Señor por los prodigios
que su amor por el hombre ha realizado. ℟.

SEGUNDA LECTURA
Ya todo es nuevo.

De la segunda carta del apóstol san Pablo a los corintios
5, 14-17

H ermanos: El amor de Cristo nos apremia, al pensar que si uno murió por todos, todos murieron. Cristo murió por todos para que los que viven ya no vivan para sí mismos, sino para aquel que murió y resucitó por ellos.

Por eso nosotros ya no juzgamos a nadie con criterios humanos. Si alguna vez hemos juzgado a Cristo con tales criterios, ahora ya no lo hacemos. El que vive según Cristo es una creatura nueva; para él todo lo viejo ha pasado. Ya todo es nuevo.

Palabra de Dios.   ℟. **Te alabamos, Señor.**

ACLAMACIÓN ANTES DEL EVANGELIO
Lc 7, 16

B.P. 1244 - Sosa

A - le - lu - ya,   a - le - lu - ya,   a - le - lu - ya.

℟.   Aleluya, aleluya.
Un gran profeta ha surgido entre nosotros.
Dios ha visitado a su pueblo.
℟.   Aleluya, aleluya.

EVANGELIO
¿Quién es éste, a quien hasta el viento y el mar obedecen?

✠ Del santo Evangelio según san Marcos
4, 35-41

Un día, al atardecer, Jesús dijo a sus discípulos: "Vamos a la otra orilla del lago". Entonces los discípulos despidieron a la gente y condujeron a Jesús en la misma barca en que estaba. Iban además otras barcas.

De pronto se desató un fuerte viento y las olas se estrellaban contra la barca y la iban llenando de agua. Jesús dormía en la popa, reclinado sobre un cojín. Lo despertaron y le dijeron: "Maestro, ¿no te importa que nos hundamos?". Él se despertó, reprendió al viento y dijo al mar: "¡Cállate, enmudece!". Entonces el viento cesó y sobrevino una gran calma. Jesús les dijo: "¿Por qué tenían tanto miedo? ¿Aún no tienen fe?". Todos se quedaron espantados y se decían unos a otros: "¿Quién es éste, a quien hasta el viento y el mar obedecen?".

Palabra del Señor.   ℟. **Gloria a ti, Señor Jesús.**

ORACIÓN SOBRE LAS OFRENDAS
Recibe, Señor, este sacrificio de reconciliación y alabanza y concédenos que, purificados por su eficacia, podamos ofrecerte el entrañable afecto de nuestro corazón. Por Jesucristo, nuestro Señor.

ANTÍFONA DE LA COMUNIÓN   Sal 144, 15
   Los ojos de todos esperan en ti, Señor; y tú les das la comida a su tiempo.

ORACIÓN DESPUÉS DE LA COMUNIÓN
   Renovados, Señor, por el alimento del sagrado Cuerpo y la preciosa Sangre de tu Hijo, concédenos que lo que realizamos con asidua devoción, lo recibamos convertido en certeza de redención. Por Jesucristo, nuestro Señor.

LO IMPORTANTE NO ES "NO TENER MIEDO", SINO "TENER FE"

✣ Ante la tempestad, los discípulos se llenaron de miedo.

✣ Ante los sufrimientos de su Pasión y de la muerte que le esperaba en la cruz, Jesús tuvo miedo, tanto, que empezó a sudar sangre.

✣ Ante el diagnóstico de un cáncer, ante un desempleo que se prolonga, ante un negocio que se viene para abajo, ante un hijo que va de mal en peor, ante tantos problemas de la vida... los cristianos tenemos miedo.

✣ Es de lo más natural.

✣ El mensaje de este evangelio no es que no tengamos miedo.

✣ El mensaje es que tengamos fe, que no dejemos de confiar en Dios, aun en las peores circunstancias, porque en nuestra enfermedad, en nuestro desempleo, en nuestros apuros económicos y familiares, Dios sigue con nosotros y es capaz de decirle al viento y al mar: "¡Cállate, enmudece!".

✣ Lo cual no necesariamente quiere decir que Dios nos vaya a curar de forma milagrosa de nuestras enfermedades o a sacarnos de nuestros problemas, aunque puede hacerlo, si lo considera conveniente.

✣ Pero ciertamente quiere decir que en nuestro corazón **sobrevendrá una gran calma.**

24 de junio
Miércoles

Natividad de
san Juan Bautista
(Blanco)

ANTÍFONA DE ENTRADA   Jn 1, 6-7; Lc 1, 17
Vino un hombre enviado por Dios, que se llamaba Juan. Él vino para dar testimonio de la luz y prepararle al Señor un pueblo dispuesto a recibirlo.

Se dice Gloria.

ORACIÓN COLECTA
Dios nuestro, que suscitaste a san Juan Bautista para prepararle a Cristo, el Señor, un pueblo dispuesto a recibirlo, concede ahora a tu Iglesia el don de la alegría espiritual, y guía a tus fieles por el camino de la salvación y de la paz. Por nuestro Señor Jesucristo...

Con el fin de comprender mejor la vocación de Juan el Bautista, en la PRIMERA LECTURA se nos recuerda la vocación de Isaías. Por su parte, en la SEGUNDA LECTURA, san Pablo afirma claramente que la misión de Juan el Bautista es preparar la venida de Jesús, el Salvador. El EVANGELIO, que relata el nacimiento de Juan, nos deja entrever la austera formación a la que quiso someterlo el Señor, haciéndolo vivir en el desierto "hasta el día en que se dio a conocer al pueblo de Israel".

PRIMERA LECTURA
Te convertiré en luz de las naciones.

Del libro del profeta Isaías
49, 1-6

Escúchenme, islas;
pueblos lejanos, atiéndanme.
El Señor me llamó desde el vientre de mi madre;
cuando aún estaba yo en el seno materno,
él pronunció mi nombre.
    Hizo de mi boca una espada filosa,
me escondió en la sombra de su mano,
me hizo flecha puntiaguda,
me guardó en su aljaba y me dijo:
"Tú eres mi siervo, Israel;
en ti manifestaré mi gloria".
Entonces yo pensé: "En vano me he cansado,
inútilmente he gastado mis fuerzas;
en realidad mi causa estaba en manos del Señor,
mi recompensa la tenía mi Dios".
    Ahora habla el Señor,
el que me formó desde el seno materno,
para que fuera su servidor,
para hacer que Jacob volviera a él
y congregar a Israel en torno suyo
–tanto así me honró el Señor
y mi Dios fue mi fuerza–.
Ahora, pues, dice el Señor:
"Es poco que seas mi siervo
sólo para restablecer a las tribus de Jacob
y reunir a los sobrevivientes de Israel;
te voy a convertir en luz de las naciones,
para que mi salvación llegue
hasta los últimos rincones de la tierra".
Palabra de Dios.   ℟. **Te alabamos, Señor.**

SALMO RESPONSORIAL
Del salmo 138

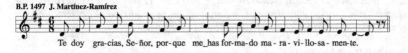

B.P. 1497 J. Martínez-Ramírez

Te doy gra-cias, Se-ñor, por-que me has for-ma-do ma - ra - vi-llo-sa - men-te.

℟. Te doy gracias, Señor, porque me has formado
maravillosamente.

Tú me conoces, Señor, profundamente:
Tú conoces cuándo me siento y me levanto;
desde lejos sabes mis pensamientos,
tú observas mi camino y mi descanso,
todas mis sendas te son familiares. ℟.
  Tú formaste mis entrañas,
me tejiste en el seno materno.
Te doy gracias por tan grandes maravillas;
soy un prodigio y tus obras son prodigiosas. ℟.
  Conocías plenamente mi alma;
no se te escondía mi organismo,
cuando en lo oculto me iba formando
y entretejiendo en lo profundo de la tierra. ℟.

SEGUNDA LECTURA

Antes de que Jesús llegara, Juan predicó a todo Israel un bautismo de penitencia.

Del libro de los Hechos de los Apóstoles
13, 22-26

En aquellos días, Pablo les dijo a los judíos: "Hermanos: Dios les dio a nuestros padres como rey a David, de quien hizo esta alabanza: *He hallado a David, hijo de Jesé, hombre según mi corazón, quien realizará todos mis designios.*

  Del linaje de David, conforme a la promesa, Dios hizo nacer para Israel un Salvador, Jesús. Juan preparó su venida, predicando a todo el pueblo de Israel un bautismo de penitencia, y hacia el final de su vida, Juan decía: 'Yo no soy el que ustedes piensan. Después de mí viene uno a quien no merezco desatarle las sandalias'.

  Hermanos míos, descendientes de Abraham, y cuantos temen a Dios: Este mensaje de salvación les ha sido enviado a ustedes".

Palabra de Dios.   ℟. **Te alabamos, Señor.**

ACLAMACIÓN ANTES DEL EVANGELIO

Lc 1, 76

B.P. 1032 - Sosa

A - le - lu - ya, a - le - lu - ya, a - le - lu - ya.

℟. Aleluya, aleluya.
Y a ti, niño, te llamarán profeta del Altísimo,
porque irás delante del Señor a preparar sus caminos.
℟. Aleluya, aleluya.

EVANGELIO
Juan es su nombre.

✠ Del santo Evangelio según san Lucas
1, 57-66. 80

P or aquellos días, le llegó a Isabel la hora de dar a luz y tuvo un
hijo. Cuando sus vecinos y parientes se enteraron de que el
Señor le había manifestado tan grande misericordia, se regocijaron
con ella.

A los ocho días fueron a circuncidar al niño y le querían poner
Zacarías, como su padre; pero la madre se opuso, diciéndoles: "No.
Su nombre será Juan". Ellos le decían: "Pero si ninguno de tus
parientes se llama así".

Entonces le preguntaron por señas al padre cómo quería que se
llamara el niño. Él pidió una tablilla y escribió: "Juan es su nombre". Todos se quedaron extrañados. En ese momento a Zacarías se
le soltó la lengua, recobró el habla y empezó a bendecir a Dios.

Un sentimiento de temor se apoderó de los vecinos, y en toda la
región montañosa de Judea se comentaba este suceso. Cuantos se
enteraban de ello se preguntaban impresionados: "¿Qué va a ser de
este niño?". Esto lo decían, porque realmente la mano de Dios estaba con él.

El niño se iba desarrollando físicamente y su espíritu se iba
forteciendo, y vivió en el desierto hasta el día en que se dio a
conocer al pueblo de Israel.
Palabra del Señor. ℟. **Gloria a ti, Señor Jesús.**

ORACIÓN SOBRE LAS OFRENDAS
Presentamos, Señor, en tu altar estos dones, al celebrar con el debido
honor el nacimiento de aquel que no sólo anunció al Salvador que habría
de venir, sino, además, lo mostró ya presente. Él, que vive y reina por los
siglos de los siglos.

ANTÍFONA DE LA COMUNIÓN   Cfr. Lc 1, 78
**Por la entrañable misericordia de nuestro Dios, nos ha visita-
do el sol que nace de lo alto.**

ORACIÓN DESPUÉS DE LA COMUNIÓN

Renovados por el banquete celestial del Cordero, te rogamos, Señor, que tu Iglesia, llena de alegría por el nacimiento de Juan el Bautista, reconozca en aquel que Juan anunció que habría de venir al autor de la salvación. Por Jesucristo, nuestro Señor.

"SE REGOCIJARON CON ELLA"

- Por aquellos días, Isabel tuvo un hijo, y cuando sus vecinos y parientes se enteraron, se regocijaron con ella. Pero ¡claro! eso era en los tiempos bíblicos.

- En esos tiempos, en que el nacimiento de un niño era visto como una muestra de la misericordia de Dios y no como un grave peligro para la salud psíquica de la madre, para la economía familiar, para el progreso nacional o para el porvenir del mundo.

- En esos mismos tiempos en que, consecuentemente, los vecinos y parientes se regocijaban con la madre y el padre del niño, en vez de mirar con lástima a la primera y de recriminar al segundo en nombre de la escasez de alimentos, de la falta de oportunidades educativas y de la carencia de fuentes de trabajo.

- En esos tiempos en que, al nacer un niño, se preguntaban: "¿Qué va a ser de este niño?", en lugar de preguntarse: "¿Qué diablos iremos a hacer con este niño?".

- Tiempos felices aquellos en que a los padres, en vez de maldecir su suerte, les daba, como a Zacarías, por bendecir a Dios.

- ¿Sería que en aquellos tiempos los medios de comunicación de Dios (es decir, los ángeles) decían de un niño: "Será para ti gozo y alegría" y ahora los medios de comunicación de los hombres nos sugieren todo lo contrario?

- Y que conste que no se trata de traer al mundo todos los niños que se pueda o de no tomar en cuenta, antes de "encargar" otro niño, las circunstancias económicas o de salud de cada matrimonio.

- Una cosa es la paternidad responsable y otra muy distinta es el egoísmo, la comodidad y la manipulación de la que somos objeto por medio de la propaganda.

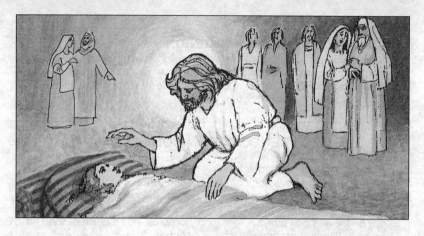

28 de junio 13ᵉʳ Domingo del T. Ordinario

(Verde)

✚ ANTÍFONA DE ENTRADA Sal 46, 2

Pueblos todos, aplaudan y aclamen a Dios con gritos de júbilo.

✚ ORACIÓN COLECTA

Señor Dios, que mediante la gracia de la adopción filial quisiste que fuéramos hijos de la luz, concédenos que no nos dejemos envolver en las tinieblas del error, sino que permanezcamos siempre vigilantes en el esplendor de la verdad. Por nuestro Señor Jesucristo…

La victoria de Cristo sobre la muerte, ilustrada en la resurrección de la hija de Jairo (EVANGELIO), se ilumina con las palabras del libro de la Sabiduría (PRIMERA LECTURA): "Dios no hizo la muerte", sino que por envidia del diablo entró la muerte en el mundo. De suerte que si hemos sido redimidos del pecado por la muerte de Cristo, somos ya unos resucitados en la esperanza en Cristo.

San Pablo pide a los cristianos de Corinto (SEGUNDA LECTURA) que ayuden a sus hermanos de Jerusalén, recordándoles que ayudar al pobre es imitar a Cristo.

PRIMERA LECTURA
Por la envidia del diablo entró la muerte en el mundo.

Del libro de la Sabiduría
1, 13-15; 2, 23-24

Dios no hizo la muerte,
ni se recrea en la destrucción de los vivientes.
Todo lo creó para que subsistiera.
Las creaturas del mundo son saludables;
no hay en ellas veneno mortal.

Dios creó al hombre para que nunca muriera,
porque lo hizo a imagen y semejanza de sí mismo;
mas por envidia del diablo
entró la muerte en el mundo
y la experimentan quienes le pertenecen.

Palabra de Dios.   ℟. **Te alabamos, Señor.**

SALMO RESPONSORIAL
Del salmo 29

A. Gómez B.P. 1631

Te_a-la-ba - ré, Se - ñor, e - ter - na - men- te.   Te_a - la - ba - men- te.

℟.   Te alabaré, Señor, eternamente.

Te alabaré, Señor, pues no dejaste
que se rieran de mí mis enemigos.
Tú, Señor, me salvaste de la muerte
y a punto de morir, me reviviste. ℟.

Alaben al Señor quienes lo aman,
den gracias a su nombre,
porque su ira dura un solo instante
y su bondad, toda la vida.
El llanto nos visita por la tarde;
por la mañana, el júbilo. ℟.

Escúchame, Señor, y compadécete;
Señor, ven en mi ayuda.
Convertiste mi duelo en alegría,
te alabaré por eso eternamente. ℟.

SEGUNDA LECTURA
Que la abundancia de ustedes remedie la necesidad de sus hermanos pobres.

De la segunda carta del apóstol san Pablo a los corintios
8, 7. 9. 13-15

Hermanos: Ya que ustedes se distinguen en todo: en fe, en palabra, en sabiduría, en diligencia para todo y en amor hacia nosotros, distínganse también ahora por su generosidad.

Bien saben lo generoso que ha sido nuestro Señor Jesucristo, que siendo rico, se hizo pobre por ustedes, para que ustedes se hicieran ricos con su pobreza.

No se trata de que los demás vivan tranquilos, mientras ustedes están sufriendo. Se trata, más bien, de aplicar durante nuestra vida una medida justa; porque entonces la abundancia de ustedes remediará las carencias de ellos, y ellos, por su parte, los socorrerán a ustedes en sus necesidades. En esa forma habrá un justo medio, como dice la Escritura: *Al que recogía mucho, nada le sobraba; al que recogía poco, nada le faltaba.*

Palabra de Dios.   ℟. **Te alabamos, Señor.**

ACLAMACIÓN ANTES DEL EVANGELIO
Cfr. 2 Tim 1, 10

B.P. 1244 - Sosa

A - le - lu - ya,   a - le - lu - ya,   a - le - lu - ya.

℟.   Aleluya, aleluya.
Jesucristo, nuestro Salvador, ha vencido la muerte
y ha hecho resplandecer la vida por medio del Evangelio.
℟.   Aleluya, aleluya.

EVANGELIO
¡Óyeme, niña, levántate!

✠ Del santo Evangelio según san Marcos
5, 21-43

En aquel tiempo, cuando Jesús regresó en la barca al otro lado del lago, se quedó en la orilla y ahí se le reunió mucha gente. Entonces se acercó uno de los jefes de la sinagoga, llamado Jairo. Al ver a Jesús, se echó a sus pies y le suplicaba con insistencia: "Mi hija está agonizando. Ven a imponerle las manos para que se cure y viva". Jesús se fue con él, y mucha gente lo seguía y lo apretujaba.

Entre la gente había una mujer que padecía flujo de sangre desde hacía doce años. Había sufrido mucho a manos de los médicos y había gastado en eso toda su fortuna, pero en vez de mejorar, había empeorado. Oyó hablar de Jesús, vino y se le acercó por detrás entre la gente y le tocó el manto, pensando que, con sólo tocarle el vestido, se curaría. Inmediatamente se le secó la fuente de su hemorragia y sintió en su cuerpo que estaba curada.

Jesús notó al instante que una fuerza curativa había salido de él, se volvió hacia la gente y les preguntó: "¿Quién ha tocado mi manto?". Sus discípulos le contestaron: "Estás viendo cómo te empuja la gente y todavía preguntas: '¿Quién me ha tocado?' ". Pero él seguía mirando alrededor, para descubrir quién había sido. Entonces se acercó la mujer, asustada y temblorosa, al comprender lo que había pasado; se postró a sus pies y le confesó la verdad. Jesús la tranquilizó, diciendo: "Hija, tu fe te ha curado. Vete en paz y queda sana de tu enfermedad".

Todavía estaba hablando Jesús, cuando unos criados llegaron de casa del jefe de la sinagoga para decirle a éste: "Ya se murió tu hija. ¿Para qué sigues molestando al Maestro?". Jesús alcanzó a oír lo que hablaban y le dijo al jefe de la sinagoga: "No temas, basta que tengas fe". No permitió que lo acompañaran más que Pedro, Santiago y Juan, el hermano de Santiago.

Al llegar a la casa del jefe de la sinagoga, vio Jesús el alboroto de la gente y oyó los llantos y los alaridos que daban. Entró y les dijo: "¿Qué significa tanto llanto y alboroto? La niña no está muerta, está dormida". Y se reían de él.

Entonces Jesús echó fuera a la gente, y con los padres de la niña y sus acompañantes, entró a donde estaba la niña. La tomó de la mano y le dijo: "¡Talitá, kum!", que significa: "¡Óyeme, niña, levántate!". La niña, que tenía doce años, se levantó inmediatamente y se puso a caminar. Todos se quedaron asombrados. Jesús les ordenó severamente que no lo dijeran a nadie y les mandó que le dieran de comer a la niña.

Palabra del Señor.   ℟. **Gloria a ti, Señor Jesús.**

ORACIÓN SOBRE LAS OFRENDAS

Señor Dios, que bondadosamente realizas el fruto de tus sacramentos, concédenos que seamos capaces de servirte como corresponde a tan santos misterios. Por Jesucristo, nuestro Señor.

ANTÍFONA DE LA COMUNIÓN   Cfr. Sal 102, 1

Bendice, alma mía, al Señor; que todo mi ser bendiga su santo nombre.

ORACIÓN DESPUÉS DE LA COMUNIÓN

Que la víctima divina que te hemos ofrecido y que acabamos de recibir, nos vivifique, Señor, para que, unidos a ti con perpetuo amor, demos frutos que permanezcan para siempre. Por Jesucristo, nuestro Señor.

"YA SE MURIÓ TU HIJA… ¿PARA QUÉ SIGUES MOLESTANDO AL MAESTRO?"

❖ Ya se murió ese amor generoso, solícito y delicado de los primeros años de nuestro matrimonio…

❖ Ya desaparecieron todas esas muestras de cariño y ternura: el ramo de flores inesperado, la invitación a cenar solos, el caminar tomados de la mano, el barquillo de nieve compartido…

❖ Ya se murió la esperanza de que el hijo o la hija vuelvan al buen camino…

❖ Ya se murió esa confianza en el amor de Dios que nos hacía ir al confesionario a pedirle perdón y a tomar fuerzas para reemprender una nueva vida…

❖ ¿No sería bueno preguntarnos este domingo si demasiadas veces no pensamos que "ya se murió" lo que aún pudiera tener vida o puede resucitar si se lo pedimos a Dios?

**"NO TEMAS,
BASTA QUE TENGAS FE…
LA NIÑA NO ESTÁ MUERTA,
ESTÁ DORMIDA"**

29 de junio
Lunes

Santos Pedro y Pablo, apóstoles

(Rojo)

ANTÍFONA DE ENTRADA

Éstos son los que, viviendo en nuestra carne, con su sangre fecundaron a la Iglesia, bebieron del cáliz del Señor, y fueron hechos amigos suyos.

Se dice Gloria.

ORACIÓN COLECTA

Dios nuestro, tú que nos llenas de una venerable y santa alegría en la solemnidad de tus santos apóstoles Pedro y Pablo, concede a tu Iglesia que se mantenga siempre fiel a todas las enseñanzas de aquellos por quienes comenzó la propagación de la fe. Por nuestro Señor Jesucristo…

Los Hechos de los Apóstoles cuentan la liberación milagrosa de Pedro, como respuesta a la oración de toda la Iglesia, cuando el apóstol se hallaba preso en Jerusalén (PRIMERA LECTURA). San Mateo, por su parte, nos muestra cómo la fe inquebrantable en Cristo, convierte a Simón Pedro en la "piedra fundamental de la Iglesia" (EVANGELIO). Se reproduce también (SEGUNDA LECTURA) el último mensaje de san Pablo a su discípulo Timoteo, cuando estaba prisionero en Roma, dispuesto a recibir el martirio.

PRIMERA LECTURA

Ahora sí estoy seguro de que el Señor envió a su ángel, para librarme de las manos de Herodes.

Del libro de los Hechos de los Apóstoles
12, 1-11

En aquellos días, el rey Herodes mandó apresar a algunos miembros de la Iglesia para maltratarlos. Mandó pasar a cuchillo a Santiago, hermano de Juan, y viendo que eso agradaba a los judíos, también hizo apresar a Pedro. Esto sucedió durante los días de la fiesta de los panes Ázimos. Después de apresarlo, lo hizo encarcelar y lo puso bajo la vigilancia de cuatro turnos de guardia, de cuatro soldados cada turno. Su intención era hacerlo comparecer ante el pueblo después de la Pascua. Mientras Pedro estaba en la cárcel, la comunidad no cesaba de orar a Dios por él.

La noche anterior al día en que Herodes iba a hacerlo comparecer ante el pueblo, Pedro estaba durmiendo entre dos soldados, atado con dos cadenas y los centinelas cuidaban la puerta de la prisión. De pronto apareció el ángel del Señor y el calabozo se llenó de luz. El ángel tocó a Pedro en el costado, lo despertó y le dijo: "Levantate pronto". Entonces las cadenas que le sujetaban las manos se le cayeron. El ángel le dijo: "Cíñete la túnica y ponte las sandalias", y Pedro obedeció. Después le dijo: "Ponte el manto y sígueme". Pedro salió detrás de él, sin saber si era verdad o no lo que el ángel hacía, y le parecía más bien que estaba soñando. Pasaron el primero y el segundo puesto de guardia y llegaron a la puerta de hierro que daba a la calle. La puerta se abrió sola delante de ellos. Salieron y caminaron hasta la esquina de la calle y de pronto el ángel desapareció.

Entonces, Pedro se dio cuenta de lo que pasaba y dijo: "Ahora sí estoy seguro de que el Señor envió a su ángel para librarme de las manos de Herodes y de todo cuanto el pueblo judío esperaba que me hicieran".

Palabra de Dios.   ℟. **Te alabamos, Señor.**

SALMO RESPONSORIAL
Del salmo 33

J. Venegas B.P. 1741

El Se - ñor me li - bró   de to - dos mis te - mo - res.

℟.   El Señor me libró de todos mis temores.

Bendeciré al Señor a todas horas,
no cesará mi boca de alabarlo.
Yo me siento orgulloso del Señor,
que se alegre su pueblo al escucharlo. ℟.

Proclamemos la grandeza del Señor
y alabemos todos juntos su poder.
Cuando acudí al Señor, me hizo caso
y me libró de todos mis temores. ℟.
Confía en el Señor y saltarás de gusto,
jamás te sentirás decepcionado,
porque el Señor escucha el clamor de los pobres
y los libra de todas sus angustias. ℟.
Junto a aquellos que temen al Señor
el ángel del Señor acampa y los protege.
Haz la prueba y verás qué bueno es el Señor.
Dichoso el hombre que se refugia en él. ℟.

SEGUNDA LECTURA

Ahora sólo espero la corona merecida.

De la segunda carta del apóstol san Pablo a Timoteo
4, 6-8. 17-18

Querido hermano: Ha llegado para mí la hora del sacrificio y se acerca el momento de mi partida. He luchado bien en el combate, he corrido hasta la meta, he perseverado en la fe. Ahora sólo espero la corona merecida, con la que el Señor, justo juez, me premiará en aquel día, y no solamente a mí, sino a todos aquellos que esperan con amor su glorioso advenimiento.

Cuando todos me abandonaron, el Señor estuvo a mi lado y me dio fuerzas para que, por mi medio, se proclamara claramente el mensaje de salvación y lo oyeran todos los paganos. Y fui librado de las fauces del león. El Señor me seguirá librando de todos los peligros y me llevará sano y salvo a su Reino celestial.

Palabra de Dios.   ℟. **Te alabamos, Señor.**

ACLAMACIÓN ANTES DEL EVANGELIO

Mt 16, 18

B.P. 1033 - Palazón

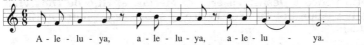

A - le - lu - ya,   a - le - lu - ya,   a - le - lu - ya.

℟. Aleluya, aleluya.
Tú eres Pedro y sobre esta piedra edificaré mi Iglesia,
y los poderes del infierno
no prevalecerán sobre ella, dice el Señor.
℟. Aleluya, aleluya.

EVANGELIO
Tú eres Pedro y yo te daré las llaves del Reino de los cielos.

✠ Del santo Evangelio según san Mateo
16, 13-19

En aquel tiempo, cuando llegó Jesús a la región de Cesarea de Filipo, hizo esta pregunta a sus discípulos: "¿Quién dice la gente que es el Hijo del hombre?". Ellos le respondieron: "Unos dicen que eres Juan el Bautista; otros, que Elías; otros, que Jeremías o alguno de los profetas".

Luego les preguntó: "Y ustedes, ¿quién dicen que soy yo?". Simón Pedro tomó la palabra y le dijo: "Tú eres el Mesías, el Hijo de Dios vivo".

Jesús le dijo entonces: "¡Dichoso tú, Simón, hijo de Juan, porque esto no te lo ha revelado ningún hombre, sino mi Padre, que está en los cielos! Y yo te digo a ti que tú eres Pedro y sobre esta piedra edificaré mi Iglesia. Los poderes del infierno no prevalecerán sobre ella. Yo te daré las llaves del Reino de los cielos; todo lo que ates en la tierra quedará atado en el cielo, y todo lo que desates en la tierra quedará desatado en el cielo".

Palabra del Señor. ℟. **Gloria a ti, Señor Jesús.**

Se dice Credo.

ORACIÓN SOBRE LAS OFRENDAS
Haz, Señor, que la oración de tus santos Apóstoles acompañe la ofrenda que te presentamos, y nos permita celebrar con devoción este santo sacrificio. Por Jesucristo, nuestro Señor.

ANTÍFONA DE LA COMUNIÓN   Cfr. Mt 16, 16. 18
Dijo Pedro a Jesús: Tú eres el Mesías, el Hijo de Dios vivo. Jesús le respondió: Tú eres Pedro, y sobre esta piedra edificaré mi Iglesia.

ORACIÓN DESPUÉS DE LA COMUNIÓN
Renovados por este sacramento, Señor, concédenos vivir de tal manera en tu Iglesia que, perseverando en la fracción del pan y en la enseñanza de los Apóstoles, tengamos un solo corazón y un mismo espíritu, fortalecidos por tu amor. Por Jesucristo, nuestro Señor.

¿CRISTO NOMBRÓ A PEDRO JEFE DE SU IGLESIA?

Todas las Iglesias protestantes y las sectas evangélicas derivadas de ellas lo niegan. Nosotros los católicos lo creemos firmemente porque de acuerdo con la Palabra de Dios, que es la única razón para creer, Cristo:

☉ Le confirió a Pedro autoridad sobre su Iglesia. Luego de que Pedro reconoció a Jesús como "el Mesías, el Hijo de Dios vivo", éste le dijo: "Y yo te digo a ti que tú eres Pedro y sobre esta piedra edificaré mi Iglesia. Los poderes del infierno no prevalecerán sobre ella. Yo te daré las llaves del Reino de los cielos; todo lo que ates en la tierra quedará atado en el cielo, y todo lo que desates en la tierra quedará desatado en el cielo" (Mt 16, 16-19).

☉ A Pedro le encargó que confirmara en la fe a sus hermanos:

"Simón, Simón, mira que Satanás ha pedido permiso para zarandearlos como trigo; pero yo he orado por ti, para que tu fe no desfallezca; y tú, una vez convertido, confirma a tus hermanos" (Lc 22, 31-32).

☉ Y a Pedro le dio el encargo de guiar, cuidar y alimentar a su rebaño. Después de la resurrección Jesús le preguntó a Pedro si lo amaba de veras más que los otros apóstoles; tres veces le respondió Pedro: "Tú sabes que te quiero" y tres veces le repitió Jesús: "Apacienta mis ovejas" (Jn 21, 15-17).

Éstas son las razones fundamentales por las que los católicos creemos que el Papa, sucesor de Pedro, es el vicario de Cristo, y por lo que lo amamos, lo obedecemos y vivimos seguros en nuestra fe.

5 de julio　　　**14º Domingo del T. Ordinario**

(Verde)

ANTÍFONA DE ENTRADA　　　　　　　　Cfr. Sal 47, 10-11

Meditamos, Señor, los dones de tu amor, en medio de tu templo. Tu alabanza llega hasta los confines de la tierra como tu fama. Tu diestra está llena de justicia.

ORACIÓN COLECTA

Señor Dios, que por medio de la humillación de tu Hijo reconstruiste el mundo derrumbado, concede a tus fieles una santa alegría para que, a quienes rescataste de la esclavitud del pecado, nos hagas disfrutar del gozo que no tiene fin. Por nuestro Señor Jesucristo...

La doctrina de Jesús y sus milagros, provocaban la admiración de las muchedumbres; pero los conciudadanos del Maestro se endurecían en su incredulidad (EVANGELIO). De la misma manera había resistido con frecuencia el pueblo de Dios a su Señor (PRIMERA LECTURA).

San Pablo nos confiesa (SEGUNDA LECTURA) que, a pesar de haber sido objeto de revelaciones extraordinarias por parte de su Señor, sentía intensamente su debilidad, esa debilidad que lo lleva a ponerse enteramente en manos de Cristo.

PRIMERA LECTURA

Esta raza rebelde sabrá que hay un profeta en medio de ellos.

Del libro del profeta Ezequiel
2, 2-5

E n aquellos días, el espíritu entró en mí, hizo que me pusiera en pie y oí una voz que me decía:

"Hijo de hombre, yo te envío a los israelitas, a un pueblo rebelde, que se ha sublevado contra mí. Ellos y sus padres me han traicionado hasta el día de hoy. También sus hijos son testarudos y obstinados. A ellos te envío para que les comuniques mis palabras. Y ellos, te escuchen o no, porque son una raza rebelde, sabrán que hay un profeta en medio de ellos".

Palabra de Dios. ℟. **Te alabamos, Señor.**

SALMO RESPONSORIAL
Del salmo 122

M. Íñiguez B.P. 1632

℟. Ten piedad de nosotros, ten piedad.

En ti, Señor, que habitas en lo alto,
fijos los ojos tengo,
como fijan sus ojos en las manos
de su señor, los siervos. ℟.

    Así como la esclava en su señora
tiene fijos los ojos,
fijos en el Señor están los nuestros,
hasta que Dios se apiade de nosotros. ℟.

    Ten piedad de nosotros, ten piedad,
porque estamos, Señor, hartos de injurias;
saturados estamos de desprecios,
de insolencias y burlas. ℟.

SEGUNDA LECTURA
Me glorío de mis debilidades, para que se manifieste en mí el poder de Cristo.

De la segunda carta del apóstol san Pablo a los corintios
12, 7-10

H ermanos: Para que yo no me llene de soberbia por la subli- midad de las revelaciones que he tenido, llevo una espina clavada en mi carne, un enviado de Satanás, que me abofetea para humillarme. Tres veces le he pedido al Señor que me libre de esto, pero él me ha respondido: "Te basta mi gracia, porque mi poder se manifiesta en la debilidad".

Así pues, de buena gana prefiero gloriarme de mis debilidades, para que se manifieste en mí el poder de Cristo. Por eso me alegro de las debilidades, los insultos, las necesidades, las persecuciones y las dificultades que sufro por Cristo, porque cuando soy más débil, soy más fuerte.

Palabra de Dios.   ℟. **Te alabamos, Señor.**

ACLAMACIÓN ANTES DEL EVANGELIO
Cfr. Lc 4, 18

B.P. 1244 - Sosa

A - le - lu - ya,   a - le - lu - ya,   a - le - lu - ya.

℟.   Aleluya, aleluya.
El Espíritu del Señor está sobre mí;
él me ha enviado para llevar a los pobres la buena nueva.
℟.   Aleluya, aleluya.

EVANGELIO
Todos honran a un profeta, menos los de su tierra.

✠ Del santo Evangelio según san Marcos
6, 1-6

E n aquel tiempo, Jesús fue a su tierra en compañía de sus dis- cípulos. Cuando llegó el sábado, se puso a enseñar en la sina- goga, y la multitud que lo escuchaba se preguntaba con asombro: "¿Dónde aprendió este hombre tantas cosas? ¿De dónde le viene esa sabiduría y ese poder para hacer milagros? ¿Qué no es éste el carpintero, el hijo de María, el hermano de Santiago, José, Judas y Simón? ¿No viven aquí, entre nosotros, sus hermanas?". Y estaban desconcertados.

Pero Jesús les dijo: "Todos honran a un profeta, menos los de su tierra, sus parientes y los de su casa". Y no pudo hacer allí ningún milagro, sólo curó a algunos enfermos imponiéndoles las manos. Y estaba extrañado de la incredulidad de aquella gente. Luego se fue a enseñar en los pueblos vecinos.

Palabra del Señor.   ℞. **Gloria a ti, Señor Jesús.**

ORACIÓN SOBRE LAS OFRENDAS

La oblación que te ofrecemos, Señor, nos purifique, y nos haga participar, de día en día, de la vida del reino glorioso. Por Jesucristo, nuestro Señor.

ANTÍFONA DE LA COMUNIÓN   Sal 33, 9

Prueben y vean qué bueno es el Señor; dichoso quien se acoge a él.

ORACIÓN DESPUÉS DE LA COMUNIÓN

Señor, que nos has colmado con tantas gracias, concédenos alcanzar los dones de la salvación y que nunca dejemos de alabarte. Por Jesucristo, nuestro Señor.

COLABORACIÓN DE TODOS EN LA VIDA PÚBLICA

"Es perfectamente conforme a la naturaleza humana que se constituyan estructuras jurídico-políticas que ofrezcan a todos los ciudadanos, sin discriminación alguna y con perfección creciente, posibilidades efectivas de tomar parte libre y activamente en la determinación de los fundamentos jurídicos de la comunidad política, en el gobierno de la cosa pública... y de la elección de los gobernantes.

Recuerden, por lo tanto, que *todos los ciudadanos tenemos el derecho y al mismo tiempo el deber de votar con libertad para promover el bien común*".

Concilio Vaticano II.
Constitución Gaudium et spes,
sobre la Iglesia
en el mundo actual, n. 75.

12 de julio   15º Domingo del T. Ordinario

(Verde)

ORACIÓN COLECTA

Señor Dios, que muestras la luz de tu verdad a los que andan extraviados para que puedan volver al buen camino, concede a cuantos se profesan como cristianos rechazar lo que sea contrario al nombre que llevan y cumplir lo que ese nombre significa. Por nuestro Señor Jesucristo...

La actitud de Jesús al enviar a sus apóstoles en misión para continuar su obra (EVANGELIO), se relaciona con lo que relata el profeta Amós sobre su vocación, diciendo que el Señor elige por mensajero suyo a quien él quiere y cuando él quiere (PRIMERA LECTURA).

En la carta a los efesios (SEGUNDA LECTURA), san Pablo nos habla sobre el plan de Dios, que nos ha destinado desde toda la eternidad a convertirnos en hijos suyos por Jesucristo, para alabanza de su gloria.

PRIMERA LECTURA

Ve y profetiza a mi pueblo.

Del libro del profeta Amós

7, 12-15

E n aquel tiempo, Amasías, sacerdote de Betel, le dijo al profeta Amós: "Vete de aquí, visionario, y huye al país de Judá; gánate allá el pan, profetizando; pero no vuelvas a profetizar en Betel, porque es santuario del rey y templo del reino".

Respondió Amós:
"Yo no soy profeta ni hijo de profeta,
sino pastor y cultivador de higos.
El Señor me sacó de junto al rebaño y me dijo:
'Ve y profetiza a mi pueblo, Israel' ".

Palabra de Dios.   ℟. **Te alabamos, Señor.**

SALMO RESPONSORIAL
Del salmo 84

C. Gálvez B.P. 1633

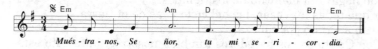

Mués - tra - nos, Se - ñor, tu mi - se - ri - cor - dia.

℟.   Muéstranos, Señor, tu misericordia.

Escucharé las palabras del Señor,
palabras de paz para su pueblo santo.
Está ya cerca nuestra salvación
y la gloria del Señor habitará en la tierra. ℟.

La misericordia y la verdad se encontraron,
la justicia y la paz se besaron,
la fidelidad brotó en la tierra
y la justicia vino del cielo. ℟.

Cuando el Señor nos muestre su bondad,
nuestra tierra producirá su fruto.
La justicia le abrirá camino al Señor
e irá siguiendo sus pisadas. ℟.

SEGUNDA LECTURA
Dios nos eligió en Cristo antes de crear el mundo.

De la carta del apóstol san Pablo a los efesios
1, 3-14

B endito sea Dios, Padre de nuestro Señor Jesucristo,
que nos ha bendecido en él
con toda clase de bienes espirituales y celestiales.

Él nos eligió en Cristo, antes de crear el mundo,
para que fuéramos santos
e irreprochables a sus ojos, por el amor,
y determinó, porque así lo quiso,
que, por medio de Jesucristo, fuéramos sus hijos,
para que alabemos y glorifiquemos la gracia
con que nos ha favorecido por medio de su Hijo amado.

Pues por Cristo, por su sangre,
hemos recibido la redención,
el perdón de los pecados.
Él ha prodigado sobre nosotros el tesoro de su gracia,
con toda sabiduría e inteligencia,
dándonos a conocer el misterio de su voluntad.
Éste es el plan que había proyectado realizar por Cristo,
cuando llegara la plenitud de los tiempos:
hacer que todas las cosas, las del cielo y las de la tierra,
tuvieran a Cristo por cabeza.

Con Cristo somos herederos también nosotros. Para esto estábamos destinados, por decisión del que lo hace todo según su voluntad: para que fuéramos una alabanza continua de su gloria, nosotros, los que ya antes esperábamos en Cristo.

En él, también ustedes, después de escuchar la palabra de la verdad, el Evangelio de su salvación, y después de creer, han sido marcados con el Espíritu Santo prometido. Este Espíritu es la garantía de nuestra herencia, mientras llega la liberación del pueblo adquirido por Dios, para alabanza de su gloria.

Palabra de Dios.   ℟. **Te alabamos, Señor.**

ACLAMACIÓN ANTES DEL EVANGELIO
Cfr. Ef 1, 17-18

B.P. 1244 - Sosa

A - le - lu - ya,   a - le - lu - ya,   a - le - lu - ya.

℟.   Aleluya, aleluya.
Que el Padre de nuestro Señor Jesucristo
ilumine nuestras mentes,
para que podamos comprender cuál es la esperanza
que nos da su llamamiento.
℟.   Aleluya, aleluya.

EVANGELIO

Envió a los discípulos de dos en dos.

✠ Del santo Evangelio según san Marcos
6, 7-13

En aquel tiempo, llamó Jesús a los Doce, los envió de dos en dos y les dio poder sobre los espíritus inmundos. Les mandó que no llevaran nada para el camino: ni pan, ni mochila, ni dinero en el cinto, sino únicamente un bastón, sandalias y una sola túnica.

Y les dijo: "Cuando entren en una casa, quédense en ella hasta que se vayan de ese lugar. Si en alguna parte no los reciben ni los escuchan, al abandonar ese lugar, sacúdanse el polvo de los pies, como una advertencia para ellos".

Los discípulos se fueron a predicar la conversión. Expulsaban a los demonios, ungían con aceite a los enfermos y los curaban.

Palabra del Señor. ℟. **Gloria a ti, Señor Jesús.**

ORACIÓN SOBRE LAS OFRENDAS

Mira, Señor, los dones de tu Iglesia suplicante, y concede que, al recibirlos, sirvan a tus fieles para crecer en santidad. Por Jesucristo, nuestro Señor.

ANTÍFONA DE LA COMUNIÓN   Cfr. Sal 83, 4-5

El gorrión ha encontrado una casa, y la golondrina un nido donde poner sus polluelos: junto a tus altares, Señor de los ejércitos, Rey mío y Dios mío. Dichosos los que viven en tu casa y pueden alabarte siempre.

ORACIÓN DESPUÉS DE LA COMUNIÓN

Alimentados con los dones que hemos recibido, te suplicamos, Señor, que, participando frecuentemente de este sacramento, crezcan los efectos de nuestra salvación. Por Jesucristo, nuestro Señor.

Y LOS ENVIÓ A PREDICAR DE DOS EN DOS...

✿ Aunque nosotros los casados no somos de los Doce que Jesús llamó al sacerdocio, sino de las docenas de miles que llamó por otro camino, también a nosotros nos envía a predicar de dos en dos.

✿ Es decir, nos envía a que digamos –a cuantos nos rodean– no con palabras sino con nuestro amor conyugal, que así como nosotros nos amamos, así –claro que infinitamente más– Dios nos ama a todos.

✿ Esta es la gran misión de los matrimonios cristianos: la de hacer que la gente que ve cómo nos queremos, pueda darse por lo menos una ligera idea de lo que Dios nos quiere.

✿ Porque, como dice uno de los prefacios de la Misa que se dice el día del Matrimonio: "que en la unión del hombre y la mujer has dejado la imagen verdadera de tu amor".

✿ Por eso el Matrimonio cristiano no se puede deshacer. Es imagen del amor de Dios, y el amor de Dios es eterno.

¿No sería bueno reflexionar un poco a ver qué imagen del amor de Dios andamos dando?

19 de julio   16º Domingo del T. Ordinario

(Verde)

ANTÍFONA DE ENTRADA   Sal 53, 6. 8

El Señor es mi auxilio y el único apoyo en mi vida. Te ofreceré de corazón un sacrificio y daré gracias a tu nombre, Señor, porque eres bueno.

ORACIÓN COLECTA

Sé propicio, Señor, con tus siervos y multiplica, bondadoso, sobre ellos los dones de tu gracia, para que, fervorosos en la fe, la esperanza y la caridad, perseveren siempre fieles en el cumplimiento de tus mandatos. Por nuestro Señor Jesucristo...

La muchedumbre que seguía al Maestro se encontró de pronto fatigada, hambrienta y desamparada, como un rebaño de ovejas sin pastor (EVANGELIO) y Jesús se compadeció de ellos. Así tenía que ser, porque Jesús es el verdadero pastor; no sólo el rey pastor, hijo de David, que Dios había prometido a su pueblo (PRIMERA LECTURA), sino el único pastor de Israel.

San Pablo nos expone el plan de Dios, en el cual todos los hombres se unen a Cristo para formar con él un solo cuerpo (SEGUNDA LECTURA).

PRIMERA LECTURA

Reuniré el resto de mis ovejas y les pondré pastores.

Del libro del profeta Jeremías
23, 1-6

¡A y de los pastores que dispersan y dejan perecer a las ovejas de mi rebaño!, dice el Señor.

Por eso habló así el Señor, Dios de Israel, contra los pastores que apacientan a mi pueblo: "Ustedes han rechazado y dispersado a mis ovejas y no las han cuidado. Yo me encargaré de castigar la maldad de las acciones de ustedes. Yo mismo reuniré al resto de mis ovejas de todos los países a donde las había expulsado y las volveré a traer a sus pastos, para que ahí crezcan y se multipliquen. Les pondré pastores que las apacienten. Ya no temerán ni se espantarán y ninguna se perderá.

Miren: Viene un tiempo, dice el Señor,
en que haré surgir un renuevo en el tronco de David:
será un rey justo y prudente
y hará que en la tierra se observen la ley y la justicia.
En sus días será puesto a salvo Judá,
Israel habitará confiadamente
y a él lo llamarán con este nombre:
'El Señor es nuestra justicia' ".
Palabra de Dios.   ℟. **Te alabamos, Señor.**

SALMO RESPONSORIAL
Del salmo 22
V.M. Amaral B.P. 1736

El Se - ñor es mi pas - tor, na - da me fal - ta - rá.

℟.   El Señor es mi pastor, nada me faltará.

El Señor es mi pastor, nada me falta;
en verdes praderas me hace reposar
y hacia fuentes tranquilas me conduce
para reparar mis fuerzas. ℟.

Por ser un Dios fiel a sus promesas,
me guía por el sendero recto;
así, aunque camine por cañadas oscuras,
nada temo, porque tú estás conmigo.
Tu vara y tu cayado me dan seguridad. ℟.

Tú mismo me preparas la mesa,
a despecho de mis adversarios;
me unges la cabeza con perfume
y llenas mi copa hasta los bordes. ℟.

   Tu bondad y tu misericordia me acompañarán
todos los días de mi vida;
y viviré en la casa del Señor
por años sin término. ℞.

SEGUNDA LECTURA
Cristo es nuestra paz; él ha hecho de los judíos y de los no judíos un solo pueblo.

De la carta del apóstol san Pablo a los efesios
2, 13-18

Hermanos: Ahora, unidos a Cristo Jesús, ustedes, que antes estaban lejos, están cerca, en virtud de la sangre de Cristo.

   Porque él es nuestra paz; él hizo de los judíos y de los no judíos un solo pueblo; él destruyó, en su propio cuerpo, la barrera que los separaba: el odio; él abolió la ley, que consistía en mandatos y reglamentos, para crear en sí mismo, de los dos pueblos, un solo hombre nuevo, estableciendo la paz, y para reconciliar a ambos, hechos un solo cuerpo, con Dios, por medio de la cruz, dando muerte en sí mismo al odio.

   Vino para anunciar la buena nueva de la paz, tanto a ustedes, los que estaban lejos, como a los que estaban cerca.

   Así, unos y otros podemos acercarnos al Padre, por la acción de un mismo Espíritu.

Palabra de Dios.   ℞. **Te alabamos, Señor.**

ACLAMACIÓN ANTES DEL EVANGELIO
Jn 10, 27

B.P. 1244 - Sosa

A - le - lu - ya,   a - le - lu - ya,   a - le - lu - ya.

℞.   Aleluya, aleluya.
Mis ovejas escuchan mi voz, dice el Señor;
yo las conozco y ellas me siguen.
℞.   Aleluya, aleluya.

EVANGELIO
Andaban como ovejas sin pastor.

✠ Del santo Evangelio según san Marcos
6, 30-34

En aquel tiempo, los apóstoles volvieron a reunirse con Jesús y le contaron todo lo que habían hecho y enseñado. Entonces él les dijo: "Vengan conmigo a un lugar solitario, para que descansen un poco". Porque eran tantos los que iban y venían, que no les dejaban tiempo ni para comer.

Jesús y sus apóstoles se dirigieron en una barca hacia un lugar apartado y tranquilo. La gente los vio irse y los reconoció; entonces de todos los poblados fueron corriendo por tierra a aquel sitio y se les adelantaron.

Cuando Jesús desembarcó, vio una numerosa multitud que lo estaba esperando y se compadeció de ellos, porque andaban como ovejas sin pastor, y se puso a enseñarles muchas cosas.

Palabra del Señor.   ℟. **Gloria a ti, Señor Jesús.**

ORACIÓN SOBRE LAS OFRENDAS
Dios nuestro, que con la perfección de un único sacrificio pusiste fin a la diversidad de sacrificios de la antigua ley, recibe las ofrendas de tus fieles, y santifícalas como bendijiste la ofrenda de Abel, para que aquello que cada uno te ofrece en honor de tu gloria, sea de provecho para la salvación de todos. Por Jesucristo, nuestro Señor.

ANTÍFONA DE LA COMUNIÓN   Sal 110, 4-5
Ha hecho maravillas memorables, el Señor es piadoso y clemente; él da alimento a sus fieles.

ORACIÓN DESPUÉS DE LA COMUNIÓN
Señor, muéstrate benigno con tu pueblo, y ya que te dignaste alimentarlo con los misterios celestiales, hazlo pasar de su antigua condición de pecado a una vida nueva. Por Jesucristo, nuestro Señor.

¡SEÑOR, COMPADÉCETE DE NOSOTROS!

◆ Porque andamos, igual que la multitud que viste junto al lago, como ovejas sin pastor, o quizá, para ser más exactos, como borregos con malos pastores.

◆ Nos pastorean diversos medios de comunicación, y todos pensamos como piensa el mundo: que la felicidad consiste en tener esto y lo otro y lo de más allá; que el éxito de la vida consiste en vivirla como fulanito en la película X o fulanita en la telenovela Z.

◆ Nos pastorea la música de moda, y repetimos las canciones que oímos por todas partes, aunque sean cosas que vayan contra nuestra fe y contra la vida cristiana.

◆ Nos pastorea la prensa, y pensamos como piensa ella, según la tendencia ideológica del diario o la revista que leamos y, por supuesto, sólo estamos informados de lo que quienes la manejan quieren que estemos enterados.

◆ ¡Compadécete de nosotros, porque cada vez nos aborregamos más: nos vestimos de la misma manera, comemos lo mismo, masticamos lo mismo, bebemos la misma marca de bebida!

◆ Pero lo peor es que pensamos lo mismo, decimos lo mismo, elegimos lo mismo y actuamos de la misma manera.

◆ Nos da un miedo pavoroso separarnos de las corrientes masivas de pensamiento y de comportamiento.

Somos unos verdaderos borregos no sólo sin pastor sino, a veces, ¡con cada pastor!, que más valdría andar solos.

26 de julio · 17° Domingo del T. Ordinario

(Verde)

ANTÍFONA DE ENTRADA Cfr. Sal 67, 6-7. 36

Dios habita en su santuario; él nos hace habitar juntos en su casa; es la fuerza y el poder de su pueblo.

ORACIÓN COLECTA

Señor Dios, protector de los que en ti confían, sin ti, nada es fuerte, ni santo; multiplica sobre nosotros tu misericordia para que, bajo tu dirección, de tal modo nos sirvamos ahora de los bienes pasajeros, que nuestro corazón esté puesto en los bienes eternos. Por nuestro Señor Jesucristo…

San Juan nos relata hoy la milagrosa multiplicación de los panes (EVAN-GELIO), como una introducción al sermón de Jesús acerca del pan de la vida, que el mismo evangelista nos presentará durante los cinco domingos siguientes. Por eso, en el segundo libro de los Reyes (PRIMERA LECTURA) se nos recuerda un milagro semejante realizado por el profeta Eliseo.

San Pablo nos recuerda que, si somos un solo cuerpo con Cristo (SE-GUNDA LECTURA), debemos vivir este misterio de unidad en nuestra vida diaria.

PRIMERA LECTURA

Comerán y todavía sobrará.

Del segundo libro de los Reyes
4, 42-44

E n aquellos días, llegó de Baal-Salisá un hombre que traía para el siervo de Dios, Eliseo, como primicias, veinte panes de cebada y grano tierno en espiga.

Entonces Eliseo dijo a su criado: "Dáselos a la gente para que coman". Pero él le respondió: "¿Cómo voy a repartir estos panes entre cien hombres?".

Eliseo insistió: "Dáselos a la gente para que coman, porque esto dice el Señor: 'Comerán todos y sobrará'".

El criado repartió los panes a la gente; todos comieron y todavía sobró, como había dicho el Señor.

Palabra de Dios.   ℟. **Te alabamos, Señor.**

SALMO RESPONSORIAL
Del salmo 144

M. Pacheco B.P. 1635

Ben - de - ci - ré   al   Se - ñor   e - ter - na - men - te.

℟.   Bendeciré al Señor eternamente.

Que te alaben, Señor, todas tus obras
y que todos tus fieles te bendigan.
Que proclamen la gloria de tu reino
y den a conocer tus maravillas. ℟.

A ti, Señor, sus ojos vuelven todos
y tú los alimentas a su tiempo.
Abres, Señor, tus manos generosas
y cuantos viven quedan satisfechos. ℟.

Siempre es justo el Señor en sus designios
y están llenas de amor todas sus obras.
No está lejos de aquellos que lo buscan;
muy cerca está el Señor, de quien lo invoca. ℟.

SEGUNDA LECTURA
Un solo cuerpo, un solo Señor, una sola fe, un solo bautismo.

De la carta del apóstol san Pablo a los efesios
4, 1-6

Hermanos: Yo, Pablo, prisionero por la causa del Señor, los exhorto a que lleven una vida digna del llamamiento que han recibido. Sean siempre humildes y amables; sean comprensivos y sopórtense mutuamente con amor; esfuércense en mantenerse unidos en el Espíritu con el vínculo de la paz.

Porque no hay más que un solo cuerpo y un solo Espíritu, como también una sola es la esperanza del llamamiento que ustedes han recibido. Un solo Señor, una sola fe, un solo bautismo, un solo Dios y Padre de todos, que reina sobre todos, actúa a través de todos y vive en todos.

Palabra de Dios.   ℟. **Te alabamos, Señor.**

ACLAMACIÓN ANTES DEL EVANGELIO
Lc 7, 16

B.P. 1033 - Palazón

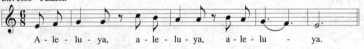

A - le - lu - ya,   a - le - lu - ya,   a - le - lu - ya.

℟.   Aleluya, aleluya.
Un gran profeta ha surgido entre nosotros.
Dios ha visitado a su pueblo.
℟.   Aleluya, aleluya.

EVANGELIO
Jesús distribuyó el pan a los que estaban sentados, hasta que se saciaron.

✠ Del santo Evangelio según san Juan
6, 1-15

En aquel tiempo, Jesús se fue a la otra orilla del mar de Galilea o lago de Tiberíades. Lo seguía mucha gente, porque habían visto los signos que hacía curando a los enfermos. Jesús subió al monte y se sentó allí con sus discípulos.

Estaba cerca la Pascua, festividad de los judíos. Viendo Jesús que mucha gente lo seguía, le dijo a Felipe: "¿Cómo compraremos pan para que coman éstos?". Le hizo esta pregunta para ponerlo a prueba, pues él bien sabía lo que iba a hacer. Felipe le respondió: "Ni doscientos denarios de pan bastarían para que a cada uno le tocara un pedazo de pan". Otro de sus discípulos, Andrés, el hermano de Simón Pedro, le dijo: "Aquí hay un muchacho que trae cinco panes de cebada y dos pescados. Pero, ¿qué es eso para tanta gente?".

Jesús le respondió: "Díganle a la gente que se siente". En aquel lugar había mucha hierba. Todos, pues, se sentaron ahí; y tan sólo los hombres eran unos cinco mil.

Enseguida tomó Jesús los panes, y después de dar gracias a Dios, se los fue repartiendo a los que se habían sentado a comer. Igualmente les fue dando de los pescados todo lo que quisieron. Después de que todos se saciaron, dijo a sus discípulos: "Recojan los pedazos sobrantes, para que no se desperdicien". Los recogieron y con los pedazos que sobraron de los cinco panes llenaron doce canastos.

Entonces la gente, al ver el signo que Jesús había hecho, decía: "Éste es, en verdad, el profeta que habría de venir al mundo". Pero Jesús, sabiendo que iban a llevárselo para proclamarlo rey, se retiró de nuevo a la montaña, él solo.

Palabra del Señor. ℞. **Gloria a ti, Señor Jesús.**

ORACIÓN SOBRE LAS OFRENDAS

Recibe, Señor, los dones que por tu generosidad te presentamos, para que, por el poder de tu gracia, estos sagrados misterios santifiquen toda nuestra vida y nos conduzcan a la felicidad eterna. Por Jesucristo, nuestro Señor.

ANTÍFONA DE LA COMUNIÓN   Sal 102, 2
Bendice, alma mía, al Señor, y no te olvides de sus beneficios.

ORACIÓN DESPUÉS DE LA COMUNIÓN

Habiendo recibido, Señor, el sacramento celestial, memorial perpetuo de la pasión de tu Hijo, concédenos que este don, que él mismo nos dio con tan inefable amor, nos aproveche para nuestra salvación eterna. Él, que vive y reina por los siglos de los siglos.

INVITACIÓN A REPETIR HOY EL MILAGRO
DE LA MULTIPLICACIÓN

✤ En aquel tiempo había mucha gente que alimentar y sólo un muchacho llevaba cinco panes y dos pescados. Los puso a disposición de Cristo y éste obró el milagro de dar de comer a más de cinco mil hombres y mujeres.

✤ Hoy, aquí en la iglesia y fuera de aquí (en nuestra calle, en nuestra colonia, en nuestro pueblo) hay también mucha gente que tiene hambre.

✤ Hoy, en nuestra iglesia, también hay mucha gente que tiene cinco panes y dos pescados, es decir, algo más de lo que necesita para comer.

✤ ¿Por qué las personas o las familias que tengamos cinco panes y dos pescados, no pensamos en alguna persona o en alguna familia que no los tenga, y hoy o mañana ponemos a su disposición una despensa o un sobre con su equivalente en dinero?

✤ ¿Por qué no repetir esta operación cada quince días o cada mes?

✤ En esta forma, Cristo por nuestro medio (pues como se ve en el evangelio de hoy, no le gusta "milagrear" solo) habrá hecho el milagro de multiplicar si no por cinco mil, al menos por dos nuestros panes y pescados.

✤ Hay dos formas de seguir a Cristo: una, por haber visto los "signos" que hacía curando a los enfermos; otra, compartiendo con los demás lo mucho o lo poco que tenemos.

**ESTA SEGUNDA
ES LA VERDADERA FORMA
DE SEGUIR A CRISTO**

2 de agosto   18° Domingo del T. Ordinario

(Verde)

ANTÍFONA DE ENTRADA   Sal 69, 2. 6

Dios mío, ven en mi ayuda; Señor, date prisa en socorrerme. Tú eres mi auxilio y mi salvación; Señor, no tardes.

ORACIÓN COLECTA

Ayuda, Señor, a tus siervos, que imploran tu continua benevolencia, y ya que se glorían de tenerte como su creador y su guía, renueva en ellos tu obra creadora y consérvales los dones de tu redención. Por nuestro Señor Jesucristo...

Al multiplicar los panes, Jesús se presentó como un nuevo Moisés. Éste había conseguido que Dios enviara del cielo un alimento para el pueblo hambriento en el desierto, como nos lo dice el libro del Éxodo (PRIMERA LECTURA). Jesús nos da el pan de vida, o sea que se nos da él mismo y nos invita a comerlo, ante todo, por medio de la fe (EVANGELIO).

San Pablo nos recuerda que el cristiano es un hombre nuevo, ya que, por ser discípulo de Cristo, tiene que abandonar su modo de vida anterior y "revestirse" de Cristo, que es el hombre nuevo (SEGUNDA LECTURA).

PRIMERA LECTURA

Voy a hacer que llueva pan del cielo.

Del libro del Éxodo
16, 2-4. 12-15

En aquellos días, toda la comunidad de los hijos de Israel murmuró contra Moisés y Aarón en el desierto, diciendo: "Ojalá hubiéramos muerto a manos del Señor en Egipto, cuando nos sentábamos junto a las ollas de carne y comíamos pan hasta saciarnos. Ustedes nos han traído a este desierto para matar de hambre a toda esta multitud".

Entonces dijo el Señor a Moisés: "Voy a hacer que llueva pan del cielo. Que el pueblo salga a recoger cada día lo que necesita, pues quiero probar si guarda mi ley o no. He oído las murmuraciones de los hijos de Israel. Diles de parte mía: 'Por la tarde comerán carne y por la mañana se hartarán de pan, para que sepan que yo soy el Señor, su Dios' ".

Aquella misma tarde, una bandada de codornices cubrió el campamento. A la mañana siguiente había en torno a él una capa de rocío que, al evaporarse, dejó el suelo cubierto con una especie de polvo blanco, semejante a la escarcha. Al ver eso, los israelitas se dijeron unos a otros: "¿Manhú?" (es decir: "¿Qué es esto?"), pues no sabían lo que era. Moisés les dijo: "Éste es el pan que el Señor les da por alimento".

Palabra de Dios.   ℟. **Te alabamos, Señor.**

SALMO RESPONSORIAL
Del salmo 77

U. Ochoa B.P. 1636

El Se - ñor les dio pan del cie - lo.

℟.   El Señor les dio pan del cielo.

Cuanto hemos escuchado y conocemos
del poder del Señor y de su gloria,
cuanto nos han narrado nuestros padres,
nuestros hijos lo oirán de nuestra boca. ℟.

A las nubes mandó desde lo alto
que abrieran las compuertas de los cielos;
hizo llover maná sobre su pueblo,
trigo celeste envió como alimento. ℟.

Así el hombre comió pan de los ángeles;
Dios le dio de comer en abundancia
y luego los condujo hasta la tierra
y el monte que su diestra conquistara. ℟.

SEGUNDA LECTURA
Revístanse del nuevo yo, creado a imagen de Dios.

De la carta del apóstol san Pablo a los efesios
4, 17. 20-24

H ermanos: Declaro y doy testimonio en el Señor, de que no deben ustedes vivir como los paganos, que proceden conforme a lo vano de sus criterios. Esto no es lo que ustedes han aprendido de Cristo; han oído hablar de él y en él han sido adoctrinados, conforme a la verdad de Jesús. Él les ha enseñado a abandonar su antiguo modo de vivir, ese viejo yo, corrompido por deseos de placer.

Dejen que el Espíritu renueve su mente y revístanse del nuevo yo, creado a imagen de Dios, en la justicia y en la santidad de la verdad.

Palabra de Dios.   ℟. **Te alabamos, Señor.**

ACLAMACIÓN ANTES DEL EVANGELIO
Mt 4, 4

B.P. 1033 - Palazón

A - le - lu - ya,   a - le - lu - ya,   a - le - lu - ya.

℟. Aleluya, aleluya.
No sólo de pan vive el hombre,
sino también de toda palabra
que sale de la boca de Dios.
℟. Aleluya, aleluya.

EVANGELIO
El que viene a mí no tendrá hambre, y el que cree en mí nunca tendrá sed.

✠ Del santo Evangelio según san Juan
6, 24-35

E n aquel tiempo, cuando la gente vio que en aquella parte del lago no estaban Jesús ni sus discípulos, se embarcaron y fueron a Cafarnaúm para buscar a Jesús.

Al encontrarlo en la otra orilla del lago, le preguntaron: "Maestro, ¿cuándo llegaste acá?". Jesús les contestó: "Yo les aseguro que ustedes no me andan buscando por haber visto signos, sino por haber comido de aquellos panes hasta saciarse. No trabajen por ese alimento que se acaba, sino por el alimento que dura para la vida eterna y que les dará el Hijo del hombre; porque a éste, el Padre Dios lo ha marcado con su sello".

Ellos le dijeron: "¿Qué debemos hacer para realizar las obras de Dios?". Respondió Jesús: "La obra de Dios consiste en que crean en aquel a quien él ha enviado". Entonces la gente le preguntó a Jesús: "¿Qué signo vas a realizar tú, para que lo veamos y podamos creerte? ¿Cuáles son tus obras? Nuestros padres comieron el maná en el desierto, como está escrito: *Les dio a comer pan del cielo*".

Jesús les respondió: "Yo les aseguro: No fue Moisés quien les dio pan del cielo; es mi Padre quien les da el verdadero pan del cielo. Porque el pan de Dios es aquel que baja del cielo y da la vida al mundo".

Entonces le dijeron: "Señor, danos siempre de ese pan". Jesús les contestó: "Yo soy el pan de la vida. El que viene a mí no tendrá hambre, y el que cree en mí nunca tendrá sed".

Palabra del Señor.   ℞. **Gloria a ti, Señor Jesús.**

ORACIÓN SOBRE LAS OFRENDAS

Santifica, Señor, por tu piedad, estos dones y al recibir en oblación este sacrificio espiritual, conviértenos para ti en una perenne ofrenda. Por Jesucristo, nuestro Señor.

ANTÍFONA DE LA COMUNIÓN   Sab 16, 20

Nos has enviado, Señor, pan del cielo, que encierra en sí toda delicia, y satisface todos los gustos.

ORACIÓN DESPUÉS DE LA COMUNIÓN

Acompaña, Señor, con tu permanente auxilio, a quienes renuevas con el don celestial, y a quienes no dejas de proteger, concédeles ser cada vez más dignos de la eterna redención. Por Jesucristo, nuestro Señor.

¿QUÉ SEÑAL VAMOS A REALIZAR NOSOTROS PARA QUE NOS CREAN?

✳ ¿Vamos a seguir aprovechándonos de nuestro puesto en alguna oficina gubernamental para algún negocito –o negociote– chueco?

✳ ¿Vamos a seguir haciendo trampitas –o trampotas– en nuestros comercios o empresas de servicio?

✳ ¿Vamos a seguir haciéndole al "ahí se va" en nuestro trabajo en la fábrica, en la oficina, en el taller o en el campo, o en la escuela?

✳ ¿Vamos a seguir diciendo que los problemas particulares de nuestros trabajadores no son asuntos que deban importarle a la empresa?

✳ ¿Vamos los esposos a seguir viviendo como perros y gatos?

✳ ¿Vamos a seguir dejando que se las arreglen como puedan los pobres que viven a nuestro alrededor?

✳ ¿Vamos a seguir en nuestros comercios aligerando los kilos, acortando los metros o los litros e inflando los precios?

✳ ¿Vamos a seguir votando en las elecciones, sin ninguna preocupación por el bien general de nuestro país? ¿Qué obras vamos a hacer los cristianos para que la gente crea que nuestra religión sirve para algo?

9 de agosto   19° Domingo del T. Ordinario

(Verde)

ORACIÓN COLECTA

Dios todopoderoso y eterno, a quien, enseñados por el Espíritu Santo, invocamos con el nombre de Padre, intensifica en nuestros corazones el espíritu de hijos adoptivos tuyos, para que merezcamos entrar en posesión de la herencia que nos tienes prometida. Por nuestro Señor Jesucristo…

La principal enseñanza en la Misa de hoy, es que Jesús se nos ha entregado como pan de vida, no solamente en la fe, sino también en la Eucaristía (EVANGELIO). Nuestra fe y la Eucaristía restituyen constantemente nuestras fuerzas en el camino hacia Dios, así como el pan que el ángel del Señor le llevó al profeta Elías (PRIMERA LECTURA).

San Pablo nos indica que, si llevamos en nosotros la señal del Espíritu Santo, hemos de imitar a Dios y vivir como Cristo en el amor (SEGUNDA LECTURA).

PRIMERA LECTURA

Con la fuerza de aquel alimento, caminó hasta el monte de Dios.

Del primer libro de los Reyes
19, 4-8

En aquellos tiempos, caminó Elías por el desierto un día entero y finalmente se sentó bajo un árbol de retama, sintió deseos de morir y dijo: "Basta ya, Señor. Quítame la vida, pues yo no valgo más que mis padres". Después se recostó y se quedó dormido.

Pero un ángel del Señor llegó a despertarlo y le dijo: "Levántate y come". Elías abrió los ojos y vio a su cabecera un pan cocido en las brasas y un jarro de agua. Después de comer y beber, se volvió a recostar y se durmió.

Por segunda vez, el ángel del Señor lo despertó y le dijo: "Levántate y come, porque aún te queda un largo camino". Se levantó Elías. Comió y bebió. Y con la fuerza de aquel alimento, caminó cuarenta días y cuarenta noches hasta el Horeb, el monte de Dios.

Palabra de Dios.   ℟. **Te alabamos, Señor.**

SALMO RESPONSORIAL
Del salmo 33

U. Ochoa B.P. 1637

Haz la prue-ba y ve-rás qué bue-no es el Se - ñor.

℟.   Haz la prueba y verás qué bueno es el Señor.

Bendeciré al Señor a todas horas,
no cesará mi boca de alabarlo.
Yo me siento orgulloso del Señor,
que se alegre su pueblo al escucharlo. ℟.

Proclamemos la grandeza del Señor
y alabemos todos juntos su poder.
Cuando acudí al Señor, me hizo caso
y me libró de todos mis temores. ℟.

Confía en el Señor y saltarás de gusto;
jamás te sentirás decepcionado,
porque el Señor escucha el clamor de los pobres
y los libra de todas sus angustias. ℟.

Junto a aquellos que temen al Señor
el ángel del Señor acampa y los protege.
Haz la prueba y verás qué bueno es el Señor.
Dichoso el hombre que se refugia en él. ℟.

SEGUNDA LECTURA

Vivan amando como Cristo, que nos amó y se entregó por nosotros.

De la carta del apóstol san Pablo a los efesios
4, 30–5, 2

Hermanos: No le causen tristeza al Espíritu Santo, con el que Dios los ha marcado para el día de la liberación final.

Destierren de ustedes la aspereza, la ira, la indignación, los insultos, la maledicencia y toda clase de maldad. Sean buenos y comprensivos, y perdónense los unos a los otros, como Dios los perdonó, por medio de Cristo.

Imiten, pues, a Dios como hijos queridos. Vivan amando como Cristo, que nos amó y se entregó por nosotros, como ofrenda y víctima de fragancia agradable a Dios.

Palabra de Dios.   ℟. **Te alabamos, Señor.**

ACLAMACIÓN ANTES DEL EVANGELIO

Jn 6, 51

B.P. 1033 - Palazón

A - le - lu - ya,   a - le - lu - ya,   a - le - lu - ya.

℟. Aleluya, aleluya.
Yo soy el pan vivo que ha bajado del cielo, dice el Señor;
el que coma de este pan vivirá para siempre.
℟. Aleluya, aleluya.

EVANGELIO

Yo soy el pan vivo que ha bajado del cielo.

✠ Del santo Evangelio según san Juan
6, 41-51

En aquel tiempo, los judíos murmuraban contra Jesús, porque había dicho: "Yo soy el pan vivo que ha bajado del cielo", y decían: "¿No es éste, Jesús, el hijo de José? ¿Acaso no conocemos a su padre y a su madre? ¿Cómo nos dice ahora que ha bajado del ciclo?".

Jesús les respondió: "No murmuren. Nadie puede venir a mí, si no lo atrae el Padre, que me ha enviado; y a ése yo lo resucitaré el último día. Está escrito en los profetas: *Todos serán discípulos de*

Dios. Todo aquel que escucha al Padre y aprende de él, se acerca a mí. No es que alguien haya visto al Padre, fuera de aquel que procede de Dios. Ése sí ha visto al Padre.

Yo les aseguro: el que cree en mí, tiene vida eterna. Yo soy el pan de la vida. Sus padres comieron el maná en el desierto y sin embargo, murieron. Éste es el pan que ha bajado del cielo para que, quien lo coma, no muera. Yo soy el pan vivo que ha bajado del cielo; el que coma de este pan vivirá para siempre. Y el pan que yo les voy a dar es mi carne para que el mundo tenga vida".

Palabra del Señor.   ℟. **Gloria a ti, Señor Jesús.**

ORACIÓN SOBRE LAS OFRENDAS

Recibe benignamente, Señor, los dones de tu Iglesia, y, al concederle en tu misericordia que te los pueda ofrecer, haces al mismo tiempo que se conviertan en sacramento de nuestra salvación. Por Jesucristo, nuestro Señor.

ANTÍFONA DE LA COMUNIÓN   Sal 147, 12. 14

Alaba, Jerusalén, al Señor, porque te alimenta con lo mejor de su trigo.

ORACIÓN DESPUÉS DE LA COMUNIÓN

La comunión de tus sacramentos que hemos recibido, Señor, nos salven y nos confirmen en la luz de tu verdad. Por Jesucristo, nuestro Señor.

COMO PARA QUE LE DÉ CORAJE
A CRISTO

◆ Nos anuncian una nueva crema que viene de quién sabe dónde y que es una maravilla para rejuvenecer… y salimos a galope tendido para conseguirla…

◆ Nos dicen que acaba de llegar un tinte para el cabello que nos hará parecer 10 años más jóvenes… y allí estamos dándole una "manita de gato" a las canas.

◆ Nos avisan que hay unas pildoritas alemanas que lo hacen a uno mantenerse en perfecta forma… y no paramos hasta que damos con ellas.

◆ Aunque de sobra sabemos que ni la crema rejuvenece, ni el tinte quita años, ni la pildorita nos devuelve la juventud y viene Cristo (que sabemos que nunca nos engaña) y nos habla de un pan que ha bajado del cielo y que quien lo come no sólo se mantiene en perfecta forma (espiritualmente hablando), sino que además vivirá para siempre… ¡y el caso que le hacemos!

◆ Prueba de ello es que venimos cada domingo a su Cena y muchos raramente o nunca comemos su Pan.

◆ Y luego nos quejamos de no estar en forma: de que no tenemos fuerzas para perdonar al que nos ofendió, para resistir la tentación de hacer un buen negocio –aunque no muy limpio– para sacrificarnos un poco por los demás…

De veras que es como para que a Cristo le diera coraje.

15 de agosto
Sábado

Asunción de la santísima Virgen María

(Blanco)

ANTÍFONA DE ENTRADA   Cfr. Apoc 12, 1

Una gran señal apareció en el cielo: una mujer vestida de sol, con la luna bajo sus pies y una corona de doce estrellas sobre su cabeza.

Se dice Gloria.

ORACIÓN COLECTA

Dios todopoderoso y eterno, que elevaste a la gloria celestial en cuerpo y alma a la inmaculada Virgen María, Madre de tu Hijo, concédenos tender siempre hacia los bienes eternos, para que merezcamos participar de su misma gloria. Por nuestro Señor Jesucristo…

El pasaje del Apocalipsis se refiere al combate de la Iglesia de Cristo contra las fuerzas del mal. Nos habla de la señal de la mujer, porque es en la Virgen María en donde la Iglesia ha triunfado sobre el pecado y sobre la muerte (PRIMERA LECTURA). San Pablo nos recuerda la resurrección de Cristo y nuestra resurrección, y nosotros sabemos que entre una y otra se encuentra María, nuestra medianera y la primogénita de los cristianos (SEGUNDA LECTURA). Después oímos el cántico de la propia María que, al saber que es Madre de Dios, exclama: "Ha hecho en mí grandes cosas el que todo lo puede" (EVANGELIO).

PRIMERA LECTURA

Una mujer envuelta por el sol, con la luna bajo sus pies.

Del libro del Apocalipsis del apóstol san Juan
11, 19; 12, 1-6. 10

S e abrió el templo de Dios en el cielo y dentro de él se vio el arca de la alianza. Apareció entonces en el cielo una figura prodigiosa: una mujer envuelta por el sol, con la luna bajo sus pies y con una corona de doce estrellas en la cabeza. Estaba encinta y a punto de dar a luz y gemía con los dolores del parto.

Pero apareció también en el cielo otra figura: un enorme dragón, color de fuego, con siete cabezas y diez cuernos, y una corona en cada una de sus siete cabezas. Con su cola barrió la tercera parte de las estrellas del cielo y las arrojó sobre la tierra. Después se detuvo delante de la mujer que iba a dar a luz, para devorar a su hijo, en cuanto éste naciera. La mujer dio a luz un hijo varón, destinado a gobernar todas las naciones con cetro de hierro; y su hijo fue llevado hasta Dios y hasta su trono. Y la mujer huyó al desierto, a un lugar preparado por Dios.

Entonces oí en el cielo una voz poderosa, que decía: "Ha sonado la hora de la victoria de nuestro Dios, de su dominio y de su reinado, y del poder de su Mesías".

Palabra de Dios.   ℞. **Te alabamos, Señor.**

SALMO RESPONSORIAL
Del salmo 44

E. Estrella B.P. 1660

℞.   De pie, a tu derecha, está la reina.

Hijas de reyes salen a tu encuentro.
De pie, a tu derecha, está la reina,
enjoyada con oro de Ofir. ℞.

Escucha, hija, mira y pon atención:
olvida a tu pueblo y la casa paterna;
el rey está prendado de tu belleza;
ríndele homenaje, porque él es tu señor. ℞.

Entre alegría y regocijo
van entrando en el palacio real.
A cambio de tus padres, tendrás hijos,
que nombrarás príncipes por toda la tierra. ℞.

SEGUNDA LECTURA
Resucitó primero Cristo, como primicia; después los que son de Cristo.

De la primera carta del apóstol san Pablo a los corintios
15, 20-27

Hermanos: Cristo resucitó, y resucitó como la primicia de todos los muertos. Porque si por un hombre vino la muerte, también por un hombre vendrá la resurrección de los muertos.

En efecto, así como en Adán todos mueren, así en Cristo todos volverán a la vida; pero cada uno en su orden: primero Cristo, como primicia; después, a la hora de su advenimiento, los que son de Cristo.

Enseguida será la consumación, cuando, después de haber aniquilado todos los poderes del mal, Cristo entregue el Reino a su Padre. Porque él tiene que reinar hasta que el Padre ponga bajo sus pies a todos sus enemigos. El último de los enemigos en ser aniquilado, será la muerte, porque todo lo ha sometido Dios bajo los pies de Cristo.

Palabra de Dios.   ℞. **Te alabamos, Señor.**

ACLAMACIÓN ANTES DEL EVANGELIO

B.P. 1245 - Haendel

A - le - lu - ya,   a - le - lu - ya,   a - le - lu - ya.

℞.   Aleluya, aleluya.
María fue llevada al cielo
y todos los ángeles se alegran.
℞.   Aleluya, aleluya.

EVANGELIO
Ha hecho en mí grandes cosas el que todo lo puede. Exalta a los humildes.

Del santo Evangelio según san Lucas
1, 39-56

En aquellos días, María se encaminó presurosa a un pueblo de las montañas de Judea, y entrando en la casa de Zacarías, saludó a Isabel. En cuanto ésta oyó el saludo de María, la criatura saltó en su seno.

Entonces Isabel quedó llena del Espíritu Santo y levantando la voz, exclamó: "¡Bendita tú entre las mujeres y bendito el fruto de tu vientre! ¿Quién soy yo, para que la madre de mi Señor venga a verme? Apenas llegó tu saludo a mis oídos, el niño saltó de gozo en mi seno. Dichosa tú, que has creído, porque se cumplirá cuanto te fue anunciado de parte del Señor".

Entonces dijo María:
"Mi alma glorifica al Señor
y *mi espíritu se llena de júbilo en Dios, mi salvador,*
porque *puso sus ojos en la humildad de su esclava.*

Desde ahora me llamarán dichosa todas las generaciones,
porque ha hecho en mí grandes cosas el que todo lo puede.
Santo es su nombre,
y su misericordia llega de generación en generación
a los que lo temen.

Él hace sentir el poder de su brazo:
dispersa a los de corazón altanero,
destrona a los potentados
y exalta a los humildes.
A los hambrientos los colma de bienes
y a los ricos los despide sin nada.

Acordándose de su misericordia,
viene en ayuda de Israel, su siervo,
como lo había prometido a nuestros padres,
a Abraham y a su descendencia,
para siempre".

María permaneció con Isabel unos tres meses, y luego regresó a su casa.

Palabra del Señor. ℟. **Gloria a ti, Señor Jesús.**

Se dice Credo.

ORACIÓN SOBRE LAS OFRENDAS

Suba hasta ti, Señor, nuestra ofrenda fervorosa y, por intercesión de la santísima Virgen María, elevada al cielo, haz que nuestros corazones tiendan hacia ti, inflamados en el fuego de tu amor. Por Jesucristo, nuestro Señor.

ANTÍFONA DE LA COMUNIÓN   Lc 1, 48-49
   Desde ahora me llamarán dichosa todas las generaciones, porque ha hecho en mí grandes cosas el que todo lo puede.

ORACIÓN DESPUÉS DE LA COMUNIÓN
   Habiendo recibido el sacramento de la salvación, te pedimos, Señor, nos concedas que, por intercesión de santa María Virgen, elevada al cielo, seamos llevados a la gloria de la resurrección. Por Jesucristo, nuestro Señor.

MARÍA, LA VIRGEN RÁPIDA

❋ Tiene prisa María; prisa de llegar a la casa de Isabel, su prima anciana que, milagrosamente, va a tener un niño.

❋ Prisa por servir. Prisa por ayudar. Prisa por hacer felices a los demás. El Evangelio dice que María se encaminó **"presurosa"**.

❋ Presurosa, es decir, con prisa, porque hay tantas cosas buenas que hacer en la vida, que la vida es corta y hay que vivirla intensamente.

❋ Y María llegó rápidamente a casa de Isabel y desde entonces se encargó de todos los quehaceres más trabajosos en la casa de Isabel.

❋ María barriendo los suelos de la casa de Isabel. María limpiando los polvos de todas las esquinas.

❋ María llevando la basura, por todo el pueblo, hasta el barranco. María, la Madre de Dios, y con Dios mismo en su seno, haciendo todas estas cosas en una casa que no es la suya.

❋ María, la patrona de las trabajadoras domésticas: de las que han venido del pueblo, dejando allí a sus seres queridos; de las que ponen sus manos sobre tanta cosa sucia para volverla limpia.

Y todo, porque sabe que ese Niño que lleva en su seno, no ha venido a ser servido, sino a servir. Sabe que la frase más feliz que ha dicho, inspirada por Dios, ha sido: "Yo soy la esclava del Señor".

16 de agosto   20° Domingo del T. Ordinario

(Verde)

Jesús expone con precisión su doctrina sobre la Eucaristía, frente a las protestas y objeciones de sus oyentes (EVANGELIO). Por esa doctrina entramos y nos quedamos en la intimidad del Señor, mientras dispone dentro de nosotros un germen de vida eterna. Gracias al banquete eucarístico, la sabiduría de Dios hace que el hombre aspire a participar en el festín que se anuncia (PRIMERA LECTURA).

Sin referirse directamente a la Eucaristía, san Pablo (SEGUNDA LECTURA) nos relata la alegría con la que las primeras comunidades cristianas celebraban sus asambleas.

PRIMERA LECTURA

Coman de mi pan y beban del vino que les he preparado.

Del libro de los Proverbios
9, 1-6

La sabiduría se ha edificado una casa,
ha preparado un banquete,
ha mezclado el vino
y puesto la mesa.
Ha enviado a sus criados para que,
desde los puntos que dominan la ciudad, anuncien esto:
"Si alguno es sencillo, que venga acá".
    Y a los faltos de juicio les dice:
"Vengan a comer de mi pan
y a beber del vino que he preparado.
Dejen su ignorancia y vivirán;
avancen por el camino de la prudencia".
Palabra de Dios. ℟. **Te alabamos, Señor.**

SALMO RESPONSORIAL
Del salmo 33

Uriel Ochoa, B.P. 1638

Haz la prue-ba y ve-rás qué bue-no es el Se-ñor.

℟. Haz la prueba y verás qué bueno es el Señor.

Bendeciré al Señor a todas horas,
no cesará mi boca de alabarlo.
Yo me siento orgulloso del Señor;
que se alegre su pueblo al escucharlo. ℟.

    Que amen al Señor todos sus fieles,
pues nada faltará a los que lo aman.
El rico empobrece y pasa hambre;
a quien busca al Señor, nada le falta. ℟.

    Escúchame, hijo mío:
voy a enseñarte cómo amar al Señor.
¿Quieres vivir y disfrutar la vida?
Guarda del mal tu lengua
y aleja de tus labios el engaño.
Apártate del mal y haz el bien;
busca la paz y ve tras ella. ℟.

SEGUNDA LECTURA
Traten de entender cuál es la voluntad de Dios.

De la carta del apóstol san Pablo a los efesios
5, 15-20

H ermanos: Tengan cuidado de portarse no como insensatos, sino como prudentes, aprovechando el momento presente, porque los tiempos son malos.

No sean irreflexivos, antes bien, traten de entender cuál es la voluntad de Dios. No se embriaguen, porque el vino lleva al libertinaje. Llénense, más bien, del Espíritu Santo; expresen sus sentimientos con salmos, himnos y cánticos espirituales, cantando con todo el corazón las alabanzas al Señor. Den continuamente gracias a Dios Padre por todas las cosas, en el nombre de nuestro Señor Jesucristo.

Palabra de Dios.   ℟. **Te alabamos, Señor.**

ACLAMACIÓN ANTES DEL EVANGELIO
Jn 6, 56

B.P. 1033 - Palazón

A - le - lu - ya,   a - le - lu - ya,   a - le - lu - ya.

℟. Aleluya, aleluya.
El que come mi carne y bebe mi sangre,
permanece en mí y yo en él, dice el Señor.
℟. Aleluya, aleluya.

EVANGELIO
Mi carne es verdadera comida y mi sangre es verdadera bebida.

✠ Del santo Evangelio según san Juan
6, 51-58

E n aquel tiempo, Jesús dijo a los judíos: "Yo soy el pan vivo, que ha bajado del cielo; el que coma de este pan vivirá para siempre. Y el pan que yo les voy a dar es mi carne, para que el mundo tenga vida".

Entonces los judíos se pusieron a discutir entre sí: "¿Cómo puede éste darnos a comer su carne?".

Jesús les dijo: "Yo les aseguro: Si no comen la carne del Hijo del hombre y no beben su sangre, no podrán tener vida en ustedes. El que come mi carne y bebe mi sangre, tiene vida eterna y yo lo resucitaré el último día.

Mi carne es verdadera comida y mi sangre es verdadera bebida. El que come mi carne y bebe mi sangre, permanece en mí y yo en él. Como el Padre, que me ha enviado, posee la vida y yo vivo por él, así también el que me come vivirá por mí.

Éste es el pan que ha bajado del cielo; no es como el maná que comieron sus padres, pues murieron. El que come de este pan vivirá para siempre".

Palabra del Señor.   ℟. **Gloria a ti, Señor Jesús.**

ORACIÓN SOBRE LAS OFRENDAS

Recibe, Señor, nuestros dones, con los que se realiza tan glorioso intercambio, para que, al ofrecerte lo que tú nos diste, merezcamos recibirte a ti mismo. Por Jesucristo, nuestro Señor.

ANTÍFONA DE LA COMUNIÓN   Sal 129, 7

Con el Señor viene la misericordia, y la abundancia de su redención.

ORACIÓN DESPUÉS DE LA COMUNIÓN

Unidos a Cristo por este sacramento, suplicamos humildemente, Señor, tu misericordia, para que, hechos semejantes a él aquí en la tierra, merezcamos gozar de su compañía en el cielo. Él, que vive y reina por los siglos de los siglos.

MI CARNE ES VERDADERA COMIDA

✓ Cuando Jesucristo les dijo que el pan que les iba a dar era su carne, los judíos se escandalizaron.

✓ A muchos cristianos el que la carne de Cristo sea verdadera comida y su sangre, verdadera bebida, no nos escandaliza, simplemente "nos vale".

✓ Nos falta energía para cumplir nuestras responsabilidades laborales; en el hogar languidece el amor conyugal, el amor filial y el amor fraternal, vamos por la vida **arrastrando la cobija**, sin más ideal que irla pasando lo menos mal posible… y lo menos que se nos ocurre es comer la carne de Cristo, que es verdadera comida y, por consiguiente, da energía, alienta y alegra, porque en un sola palabra, es **vida**.

23 de agosto   21er Domingo del T. Ordinario

(Verde)

Cfr. Sal 85, 1-3
   Inclina tu oído, Señor, y escúchame. Salva a tu siervo, que confía en ti. Ten piedad de mí, Dios mío, pues sin cesar te invoco.

ORACIÓN COLECTA
   Señor Dios, que unes en un mismo sentir los corazones de tus fieles, impulsa a tu pueblo a amar lo que mandas y a desear lo que prometes, para que, en medio de la inestabilidad del mundo, estén firmemente anclados nuestros corazones donde se halla la verdadera felicidad. Por nuestro Señor Jesucristo...

El anuncio de la Eucaristía hizo que muchos de los discípulos se apartaran de Jesús; sólo quedaron los verdaderamente fieles, con Pedro a la cabeza, después de renovar su profesión de fe (EVANGELIO). Las palabras que en aquella ocasión dijo Pedro, son iguales a las que había pronunciado el pueblo de Dios al entrar en la tierra prometida para reiterar su decisión de servir al Señor (PRIMERA LECTURA).

   San Pablo nos habla del amor conyugal como un signo del amor de Cristo a su Iglesia y señala que debemos tomar ese amor de Cristo como modelo del amor humano (SEGUNDA LECTURA).

PRIMERA LECTURA
Serviremos al Señor, porque él es nuestro Dios.

Del libro de Josué
24, 1-2. 15-17. 18

En aquellos días, Josué convocó en Siquem a todas las tribus de Israel y reunió a los ancianos, a los jueces, a los jefes y a los escribas. Cuando todos estuvieron en presencia del Señor, Josué le dijo al pueblo: "Si no les agrada servir al Señor, digan aquí y ahora a quién quieren servir: ¿a los dioses a los que sirvieron sus antepasados al otro lado del río Éufrates, o a los dioses de los amorreos, en cuyo país ustedes habitan? En cuanto a mí toca, mi familia y yo serviremos al Señor".

El pueblo respondió: "Lejos de nosotros abandonar al Señor para servir a otros dioses, porque el Señor es nuestro Dios; él fue quien nos sacó de la esclavitud de Egipto, el que hizo ante nosotros grandes prodigios, nos protegió por todo el camino que recorrimos y en los pueblos por donde pasamos. Así pues, también nosotros serviremos al Señor, porque él es nuestro Dios".

Palabra de Dios. ℟. **Te alabamos, Señor.**

SALMO RESPONSORIAL
Del salmo 33

M.J. Pacheco B.P. 1639

Haz la prue-ba y ve-rás qué bue-no es el Se-ñor.

℟. Haz la prueba y verás qué bueno es el Señor.

Bendeciré al Señor a todas horas,
no cesará mi boca de alabarlo.
Yo me siento orgulloso del Señor,
que se alegre su pueblo al escucharlo. ℟.

Los ojos del Señor cuidan al justo,
y a su clamor están atentos sus oídos.
Contra el malvado, en cambio, está el Señor,
para borrar de la tierra su recuerdo. ℟.

Escucha el Señor al hombre justo
y lo libra de todas sus congojas.
El Señor no está lejos de sus fieles
y levanta a las almas abatidas. ℟.

Muchas tribulaciones pasa el justo,
pero de todas ellas Dios lo libra.
Por los huesos del justo vela Dios,
sin dejar que ninguno se le quiebre.
Salva el Señor la vida de sus siervos;
no morirán quienes en él esperan. ℟.

SEGUNDA LECTURA

Éste es un gran misterio, y yo lo refiero a Cristo y a la Iglesia.

De la carta del apóstol san Pablo a los efesios
5, 21-32

Hermanos: Respétense unos a otros, por reverencia a Cristo: que las mujeres respeten a sus maridos, como si se tratara del Señor, porque el marido es cabeza de la mujer, como Cristo es cabeza y salvador de la Iglesia, que es su cuerpo. Por lo tanto, así como la Iglesia es dócil a Cristo, así también las mujeres sean dóciles a sus maridos en todo.

Maridos, amen a sus esposas como Cristo amó a su Iglesia y se entregó por ella para santificarla, purificándola con el agua y la palabra, pues él quería presentársela a sí mismo toda resplandeciente, sin mancha ni arruga ni cosa semejante, sino santa e inmaculada.

Así los maridos deben amar a sus esposas, como cuerpos suyos que son. El que ama a su esposa se ama a sí mismo, pues nadie jamás ha odiado a su propio cuerpo, sino que le da alimento y calor, como Cristo hace con la Iglesia, porque somos miembros de su cuerpo. *Por eso abandonará el hombre a su padre y a su madre, se unirá a su mujer y serán los dos una sola carne.* Éste es un gran misterio, y yo lo refiero a Cristo y a la Iglesia.

Palabra de Dios.   ℟. **Te alabamos, Señor.**

ACLAMACIÓN ANTES DEL EVANGELIO

Cfr. Jn 6, 63. 68

B.P. 1033 - Palazón

A - le - lu - ya,   a - le - lu - ya,   a - le - lu - ya.

℟.   Aleluya, aleluya.
Tus palabras, Señor, son espíritu y vida.
Tú tienes palabras de vida eterna.
℟.   Aleluya, aleluya.

EVANGELIO

Señor, ¿a quién iremos? Tú tienes palabras de vida eterna.

✠ Del santo Evangelio según san Juan
6, 55. 60-69

E n aquel tiempo, Jesús dijo a los judíos: "Mi carne es verdadera comida y mi sangre es verdadera bebida". Al oír sus palabras, muchos discípulos de Jesús dijeron: "Este modo de hablar es intolerable, ¿quién puede admitir eso?".

Dándose cuenta Jesús de que sus discípulos murmuraban, les dijo: "¿Esto los escandaliza? ¿Qué sería si vieran al Hijo del hombre subir a donde estaba antes? El Espíritu es quien da la vida; la carne para nada aprovecha. Las palabras que les he dicho son espíritu y vida, y a pesar de esto, algunos de ustedes no creen". (En efecto, Jesús sabía desde el principio quiénes no creían y quién lo habría de traicionar). Después añadió: "Por eso les he dicho que nadie puede venir a mí, si el Padre no se lo concede".

Desde entonces, muchos de sus discípulos se echaron para atrás y ya no querían andar con él. Entonces Jesús les dijo a los Doce: "¿También ustedes quieren dejarme?". Simón Pedro le respondió: "Señor, ¿a quién iremos? Tú tienes palabras de vida eterna; y nosotros creemos y sabemos que tú eres el Santo de Dios".

Palabra del Señor.   ℟. **Gloria a ti, Señor Jesús.**

ORACIÓN SOBRE LAS OFRENDAS

Señor, que con un mismo y único sacrificio adquiriste para ti un pueblo de adopción, concede, propicio, a tu Iglesia, los dones de la unidad y de la paz. Por Jesucristo, nuestro Señor.

ANTÍFONA DE LA COMUNIÓN   Cfr. Sal 103, 13-15

La tierra está llena, Señor, de dones tuyos: el pan que sale de la tierra y el vino que alegra el corazón del hombre.

ORACIÓN DESPUÉS DE LA COMUNIÓN

Te pedimos, Señor, que la obra salvadora de tu misericordia fructifique plenamente en nosotros, y haz que, con la ayuda continua de tu gracia, de tal manera tendamos a la perfección, que podamos siempre agradarte en todo. Por Jesucristo, nuestro Señor.

¿TAMBIÉN USTEDES QUIEREN ABANDONARME?

✤ Las críticas contra Jesús llegan a su punto culminante en el evangelio de hoy; muchos lo abandonan cuando creen que su pretensión y sus exigencias son excesivas.

✤ Problema de suma actualidad. Hoy en día cuando a tantos católicos nos viene la tentación de abandonar a Cristo porque nos parecen excesivas sus exigencias con respecto:

– a la fidelidad conyugal ("lo que Dios ha unido, no lo separe el hombre") y consideramos el divorcio y el matrimonio subsiguiente como lo más natural;

– a la condenación tajante de la "interrupción del embarazo", que es lo mismo que "aborto" y "asesinato", aunque suene menos feo;

– a la no aceptación de las prácticas anticonceptivas basadas en métodos no naturales;

– a no permitir las relaciones prematrimoniales;

– a la prohibición de experimentos de ingeniería genética (experimentación con embriones y fecundaciones *in vitro,* es decir, fuera de su ámbito natural).

✤ Ojalá que ante esta pregunta de Cristo y ante esta tentación de abandonarlo, no tengamos otra respuesta que la de Pedro: "Señor, ¿a quién iremos? Tú (y tus sucesores, los Papas) tienes palabras de vida eterna".

30 de agosto   22º Domingo del T. Ordinario

(Verde)

ANTÍFONA DE ENTRADA   Cfr. Sal 85, 3. 5
Dios mío, ten piedad de mí, pues sin cesar te invoco: Tú eres bueno y clemente, y rico en misericordia con quien te invoca.

ORACIÓN COLECTA

Dios de toda virtud, de quien procede todo lo que es bueno, infunde en nuestros corazones el amor de tu nombre, y concede que, haciendo más religiosa nuestra vida, hagas crecer el bien que hay en nosotros y lo conserves con solicitud amorosa. Por nuestro Señor Jesucristo…

Hoy leemos cómo Moisés transmitió al pueblo hebreo la ley del Señor para que todos la pusieran en práctica (PRIMERA LECTURA). San Marcos nos repite las palabras de Jesús sobre lo que es verdaderamente esencial, porque Dios no juzga al hombre por la cantidad de observancias externas, sino por "lo que sale de dentro", que es la orientación profunda de la vida del hombre (EVANGELIO).

El apóstol Santiago añade que el verdadero culto a Dios consiste en ayudar a los más desprovistos y en "guardarse de este mundo corrompido" (SEGUNDA LECTURA).

PRIMERA LECTURA

No añadirán nada a lo que les mando… Cumplan los mandamientos del Señor.

Del libro del Deuteronomio
4, 1-2. 6-8

E n aquellos días, habló Moisés al pueblo, diciendo: "Ahora, Israel, escucha los mandatos y preceptos que te enseño, para que los pongas en práctica y puedas así vivir y entrar a tomar posesión de la tierra que el Señor, Dios de tus padres, te va a dar.

No añadirán nada ni quitarán nada a lo que les mando: Cumplan los mandamientos del Señor que yo les enseño, como me ordena el Señor, mi Dios. Guárdenlos y cúmplanlos porque ellos son la sabiduría y la prudencia de ustedes a los ojos de los pueblos. Cuando tengan noticias de todos estos preceptos, los pueblos se dirán: 'En verdad esta gran nación es un pueblo sabio y prudente'.

Porque, ¿cuál otra nación hay tan grande que tenga dioses tan cercanos como lo está nuestro Dios, siempre que lo invocamos? ¿Cuál es la gran nación cuyos mandatos y preceptos sean tan justos como toda esta ley que ahora les doy?".

Palabra de Dios.   ℟. **Te alabamos, Señor.**

SALMO RESPONSORIAL
Del salmo 14

U. Ochoa B.P. 1640

¿Quién se - rá gra - to_a tus o - jos, Se - ñor?

℟.   ¿Quién será grato a tus ojos, Señor?

El hombre que procede honradamente
y obra con justicia;
el que es sincero en sus palabras
y con su lengua a nadie desprestigia. ℟.

Quien no hace mal al prójimo
ni difama al vecino;
quien no ve con aprecio a los malvados,
pero honra a quienes temen al Altísimo. ℟.

Quien presta sin usura
y quien no acepta soborno en perjuicio de inocentes,
ése será agradable
a los ojos de Dios eternamente. ℟.

SEGUNDA LECTURA
Pongan en práctica la palabra.

De la carta del apóstol Santiago
1, 17-18. 21-22. 27

Hermanos: Todo beneficio y todo don perfecto viene de lo alto, del creador de la luz, en quien no hay ni cambios ni sombras. Por su propia voluntad nos engendró mediante la palabra de la verdad, para que fuéramos, en cierto modo, primicias de sus creaturas.

Acepten dócilmente la palabra que ha sido sembrada en ustedes y es capaz de salvarlos. Pongan en práctica esa palabra y no se limiten a escucharla, engañándose a ustedes mismos. La religión pura e intachable a los ojos de Dios Padre, consiste en visitar a los huérfanos y a las viudas en sus tribulaciones, y en guardarse de este mundo corrompido.

Palabra de Dios.   ℞. **Te alabamos, Señor.**

ACLAMACIÓN ANTES DEL EVANGELIO
Sant 1, 18

B.P. 1033 - Palazón

A - le - lu - ya,   a - le - lu - ya,   a - le - lu - ya.

℞.   Aleluya, aleluya.
Por su propia voluntad el Padre nos engendró
mediante la palabra de la verdad,
para que fuéramos, en cierto modo,
primicias de sus creaturas.
℞.   Aleluya, aleluya.

EVANGELIO
Dejan a un lado el mandamiento de Dios para aferrarse a las tradiciones de los hombres.

✠ Del santo Evangelio según san Marcos
7, 1-8. 14-15. 21-23

En aquel tiempo, se acercaron a Jesús los fariseos y algunos escribas venidos de Jerusalén. Viendo que algunos de los discípulos de Jesús comían con las manos impuras, es decir, sin habérselas lavado, los fariseos y los escribas le preguntaron: "¿Por qué tus discípulos comen con manos impuras y no siguen la tradición de nuestros mayores?". (Los fariseos y los judíos, en general, no comen sin lavarse antes las manos hasta el codo, siguiendo la tradición de sus mayores; al volver del mercado, no comen sin hacer primero las abluciones, y observan muchas otras cosas por tradición, como purificar los vasos, las jarras y las ollas).

Jesús les contestó: "¡Qué bien profetizó Isaías sobre ustedes, hipócritas, cuando escribió: *Este pueblo me honra con los labios, pero su corazón está lejos de mí. Es inútil el culto que me rinden, porque enseñan doctrinas que no son sino preceptos humanos!* Ustedes dejan a un lado el mandamiento de Dios, para aferrarse a las tradiciones de los hombres".

Después, Jesús llamó a la gente y les dijo: "Escúchenme todos y entiéndanme. Nada que entre de fuera puede manchar al hombre; lo que sí lo mancha es lo que sale de dentro; porque del corazón del hombre salen las intenciones malas, las fornicaciones, los robos, los homicidios, los adulterios, las codicias, las injusticias, los fraudes, el desenfreno, las envidias, la difamación, el orgullo y la frivolidad. Todas estas maldades salen de dentro y manchan al hombre".

Palabra del Señor.   R. **Gloria a ti, Señor Jesús.**

ORACIÓN SOBRE LAS OFRENDAS

Que esta ofrenda sagrada, Señor, nos traiga siempre tu bendición salvadora, para que dé fruto en nosotros lo que realiza el misterio. Por Jesucristo, nuestro Señor.

ANTÍFONA DE LA COMUNIÓN   Sal 30, 20

Qué grande es tu bondad, Señor, que tienes reservada para tus fieles.

ORACIÓN DESPUÉS DE LA COMUNIÓN

Saciados con el pan de esta mesa celestial, te suplicamos, Señor, que este alimento de caridad fortalezca nuestros corazones, para que nos animemos a servirte en nuestros hermanos. Por Jesucristo, nuestro Señor.

LO QUE SÍ MANCHA
AL HOMBRE

✎ es lo que sale de dentro…

✎ es la palabra injuriosa que nos sale de lo más profundo en una discusión matrimonial…

✎ es el "chisme" que se suelta para poner a una persona en contra de otra…

✎ es la acusación sin pruebas, para fastidiar a alguien…

✎ es la mentira para evitar un regaño o para culpar a un inocente…

✎ es el castigo al hijo no tanto para corregirlo cuanto para vengarse de él…

✎ es el deseo de hacer sufrir a alguien con nuestro silencio o nuestra actitud de "cubito de hielo"…

✎ es el descargar en el cónyuge o en los hijos nuestro mal humor…

✎ es el tono altanero con los inferiores…

✎ es la receta que se da –con toda mala fe– incompleta o equivocada…

✎ es la irresponsabilidad en el trabajo, estando conscientes de sus consecuencias.

6 de septiembre   23er Domingo del T. Ordinario

(Verde)

ANTÍFONA DE ENTRADA   Sal 118, 137. 124

Eres justo, Señor, y rectos son tus mandamientos; muéstrate bondadoso con tu siervo.

ORACIÓN COLECTA

Señor Dios, de quien nos viene la redención y a quien debemos la filiación adoptiva, protege con bondad a los hijos que tanto amas, para que todos los que creemos en Cristo obtengamos la verdadera libertad y la herencia eterna. Por nuestro Señor Jesucristo…

San Marcos nos relata el asombro y la admiración que causaban en la multitud los milagros de Jesús, que hacía "oír a los sordos y hablar a los mudos" (EVANGELIO). Sin duda que el pueblo veía en ellos la intervención divina y recordaba las profecías que hiciera Isaías, al anunciar esos milagros como señal de los tiempos en que aparecerá el Mesías (PRIMERA LECTURA).

El apóstol Santiago (SEGUNDA LECTURA) nos habla de la dignidad altísima de los pobres en la Iglesia, porque Dios los ama con amor de predilección, lo que los convierte en ricos en la fe.

PRIMERA LECTURA

Se iluminarán los ojos de los ciegos y los oídos de los sordos se abrirán.

Del libro del profeta Isaías
35, 4-7

E sto dice el Señor:
   "Digan a los de corazón apocado:
¡Ánimo! No teman.

He aquí que su Dios,
vengador y justiciero,
viene ya para salvarlos'.
Se iluminarán entonces los ojos de los ciegos
y los oídos de los sordos se abrirán.
Saltará como un venado el cojo
y la lengua del mudo cantará.
Brotarán aguas en el desierto
y correrán torrentes en la estepa.
El páramo se convertirá en estanque
y la tierra seca, en manantial".

Palabra de Dios.   ℟. **Te alabamos, Señor.**

SALMO RESPONSORIAL
Del salmo 145

U. Ochoa B.P. 1641

℟.   Alaba, alma mía, al Señor.

El Señor siempre es fiel a su palabra,
y es quien hace justicia al oprimido;
él proporciona pan a los hambrientos
y libera al cautivo. ℟.
Abre el Señor los ojos de los ciegos
y alivia al agobiado.
Ama el Señor al hombre justo
y toma al forastero a su cuidado. ℟.
A la viuda y al huérfano sustenta
y trastorna los planes del inicuo.
Reina el Señor eternamente,
reina tu Dios, oh Sión, reina por siglos. ℟.

SEGUNDA LECTURA
Dios ha elegido a los pobres del mundo para hacerlos herederos del Reino.

De la carta del apóstol Santiago
2, 1-5

Hermanos: Puesto que ustedes tienen fe en nuestro Señor Jesucristo glorificado, no tengan favoritismos. Supongamos que entran al mismo tiempo en su reunión un hombre con un anillo de oro, lujosamente vestido, y un pobre andrajoso, y que fijan ustedes la mirada en el que lleva el traje elegante y le dicen: "Tú, siéntate aquí, cómodamente". En cambio, le dicen al pobre: "Tú, párate allá o siéntate aquí en el suelo, a mis pies". ¿No es esto tener favoritismos y juzgar con criterios torcidos?

Queridos hermanos, ¿acaso no ha elegido Dios a los pobres de este mundo para hacerlos ricos en la fe y herederos del Reino que prometió a los que lo aman?

Palabra de Dios.   ℞. **Te alabamos, Señor.**

ACLAMACIÓN ANTES DEL EVANGELIO
Cfr. Mt 4, 23

B.P. 1033 - Palazón

A - le - lu - ya,   a - le - lu - ya,   a - le - lu - ya.

℞.   Aleluya, aleluya.
Jesús predicaba la buena nueva del Reino
y curaba a la gente de toda enfermedad.
℞.   Aleluya, aleluya.

EVANGELIO
Hace oír a los sordos y hablar a los mudos.

✠ Del santo Evangelio según san Marcos
7, 31-37

E n aquel tiempo, salió Jesús de la región de Tiro y vino de nuevo, por Sidón, al mar de Galilea, atravesando la región de Decápolis. Le llevaron entonces a un hombre sordo y tartamudo, y le suplicaban que le impusiera las manos. Él lo apartó a un lado de la gente, le metió los dedos en los oídos y le tocó la lengua con saliva. Después, mirando al cielo, suspiró y le dijo: "¡Effetá!" (que quiere decir "¡Ábrete!"). Al momento se le abrieron los oídos, se le soltó la traba de la lengua y empezó a hablar sin dificultad.

Él les mandó que no lo dijeran a nadie; pero cuanto más se lo mandaba, ellos con más insistencia lo proclamaban; y todos estaban asombrados y decían: "¡Qué bien lo hace todo! Hace oír a los sordos y hablar a los mudos".

Palabra del Señor.   ℞. **Gloria a ti, Señor Jesús.**

ORACIÓN SOBRE LAS OFRENDAS

Señor Dios, fuente de toda devoción sincera y de la paz, concédenos honrar de tal manera, con estos dones, tu majestad, que, al participar en estos santos misterios, todos quedemos unidos en un mismo sentir. Por Jesucristo, nuestro Señor.

ANTÍFONA DE LA COMUNIÓN   Cfr. Sal 41, 2-3

Como la cierva busca el agua de las fuentes, así, sedienta, mi alma te busca a ti, Dios mío. Mi alma tiene sed del Dios vivo.

ORACIÓN DESPUÉS DE LA COMUNIÓN

Concede, Señor, a tus fieles, a quienes alimentas y vivificas con tu palabra y el sacramento del cielo, aprovechar de tal manera tan grandes dones de tu Hijo amado, que merezcamos ser siempre partícipes de su vida. Él, que vive y reina por los siglos de los siglos.

QUE SE NOS SUELTE LA TRABA DE LA LENGUA

✍ al jefe, encargado o director que sabe que debe cortar por lo sano, que no le es lícito colaborar con eso que no está bien, pero… también sabe que con eso no va a ganar, sino a quedar mal, a perder el puesto, a perder un buen negocio…

✍ a los que sabemos que, hablando, se puede evitar un mal o una injusticia, pero tenemos miedo a las complicaciones, a las represalias…

✍ a los que, por "no asustar al enfermo", se nos dificulta siempre preguntarle si quiere recibir la "Unción de los enfermos" o la visita de un sacerdote…

✍ a los que a la hora de confesarnos se nos traba la lengua y callamos algunas cosillas…

✍ a los que se nos hacen impronunciables las palabras: "Perdóname", "Fue mi culpa" o las correspondientes: "Aquí no ha pasado nada".

13 de septiembre   24° Domingo del T. Ordinario

(Verde)

ANTÍFONA DE ENTRADA   Cfr. Sir 36, 18
Concede, Señor, la paz a los que esperan en ti, y cumple así las palabras de tus profetas; escucha las plegarias de tu siervo, y de tu pueblo Israel.

ORACIÓN COLECTA

Señor Dios, creador y soberano de todas las cosas, vuelve a nosotros tus ojos y concede que te sirvamos de todo corazón, para que experimentemos los efectos de tu misericordia. Por nuestro Señor Jesucristo...

Oímos a Pedro proclamar su fe en Jesús y lamentarse, enseguida, porque su Señor le hablaba de su próxima pasión y muerte (EVANGELIO). Pero Jesús es el "Siervo del Señor" y es necesario que sufra sin más consuelo que su confianza en Dios, como nos lo recuerda el profeta Isaías (PRIMERA LECTURA).

El apóstol Santiago nos recuerda que la fe del cristiano se manifiesta en las obras y, en especial, en el servicio de los hermanos más desheredados (SEGUNDA LECTURA).

PRIMERA LECTURA
Ofrecí mi espalda a los que me golpeaban.

Del libro del profeta Isaías
50, 5-9

En aquel entonces, dijo Isaías:
"El Señor Dios me ha hecho oír sus palabras
y yo no he opuesto resistencia,
ni me he echado para atrás.
Ofrecí la espalda a los que me golpeaban,
la mejilla a los que me tiraban de la barba.
No aparté mi rostro de los insultos y salivazos.

Pero el Señor me ayuda,
por eso no quedaré confundido,
por eso endurecí mi rostro como roca
y sé que no quedaré avergonzado.
Cercano está de mí el que me hace justicia,
¿quién luchará contra mí?
¿Quién es mi adversario? ¿Quién me acusa?
Que se me enfrente.
El Señor es mi ayuda,
¿quién se atreverá a condenarme?".
Palabra de Dios. ℟. **Te alabamos, Señor.**

SALMO RESPONSORIAL
Del salmo 114

J.J. García B.P. 1642

Ca - mi - na - ré   en   pre - sen - cia   del   Se - ñor.

℟.   Caminaré en la presencia del Señor.

Amo al Señor porque escucha
el clamor de mi plegaria,
porque me prestó atención
cuando mi voz lo llamaba. ℟.

Redes de angustia y de muerte
me alcanzaron y me ahogaban.
Entonces rogué al Señor
que la vida me salvara. ℟.

El Señor es bueno y justo,
nuestro Dios es compasivo.
A mí, débil, me salvó
y protege a los sencillos. ℟.

[R. Caminaré en la presencia del Señor.]

Mi alma libró de la muerte;
del llanto los ojos míos,
y ha evitado que mis pies
tropiecen por el camino.
Caminaré ante el Señor
por la tierra de los vivos. R.

SEGUNDA LECTURA

La fe, si no se traduce en obras, está completamente muerta.

De la carta del apóstol Santiago
2, 14-18

Hermanos míos: ¿De qué le sirve a uno decir que tiene fe, si no lo demuestra con obras? ¿Acaso podrá salvarlo esa fe?

Supongamos que algún hermano o hermana carece de ropa y del alimento necesario para el día, y que uno de ustedes le dice: "Que te vaya bien; abrígate y come", pero no le da lo necesario para el cuerpo, ¿de qué le sirve que le digan eso? Así pasa con la fe; si no se traduce en obras, está completamente muerta.

Quizás alguien podría decir: "Tú tienes fe y yo tengo obras. A ver cómo, sin obras, me demuestras tu fe; yo, en cambio, con mis obras te demostraré mi fe".

Palabra de Dios.   R. **Te alabamos, Señor.**

ACLAMACIÓN ANTES DEL EVANGELIO

Gál 6, 14

B.P. 1033 - Palazón

A - le - lu - ya,   a - le - lu - ya,   a - le - lu - ya.

R. Aleluya, aleluya.
No permita Dios que yo me gloríe en algo
que no sea la cruz de nuestro Señor Jesucristo,
por el cual el mundo está crucificado para mí
y yo para el mundo.
R. Aleluya, aleluya.

EVANGELIO

Dijo Pedro: "Tú eres el Mesías". - Es necesario que el Hijo del hombre padezca mucho.

✠ Del santo Evangelio según san Marcos
8, 27-35

En aquel tiempo, Jesús y sus discípulos se dirigieron a los poblados de Cesarea de Filipo. Por el camino les hizo esta pregunta: "¿Quién dice la gente que soy yo?". Ellos le contestaron: "Algunos dicen que eres Juan el Bautista; otros, que Elías; y otros, que alguno de los profetas".

Entonces él les preguntó: "Y ustedes, ¿quién dicen que soy yo?". Pedro le respondió: "Tú eres el Mesías". Y él les ordenó que no se lo dijeran a nadie.

Luego se puso a explicarles que era necesario que el Hijo del hombre padeciera mucho, que fuera rechazado por los ancianos, los sumos sacerdotes y los escribas, que fuera entregado a la muerte y resucitara al tercer día.

Todo esto lo dijo con entera claridad. Entonces Pedro se lo llevó aparte y trataba de disuadirlo. Jesús se volvió, y mirando a sus discípulos, reprendió a Pedro con estas palabras: "¡Apártate de mí, Satanás! Porque tú no juzgas según Dios, sino según los hombres".

Después llamó a la multitud y a sus discípulos, y les dijo: "El que quiera venir conmigo, que renuncie a sí mismo, que cargue con su cruz y que me siga. Pues el que quiera salvar su vida, la perderá; pero el que pierda su vida por mí y por el Evangelio, la salvará".

Palabra del Señor. ℟. **Gloria a ti, Señor Jesús.**

ORACIÓN SOBRE LAS OFRENDAS

Sé propicio, Señor, a nuestras plegarias y acepta benignamente estas ofrendas de tus siervos, para que aquello que cada uno ofrece en honor de tu nombre aproveche a todos para su salvación. Por Jesucristo, nuestro Señor.

ANTÍFONA DE LA COMUNIÓN   Cfr. Sal 35, 8

Señor Dios, qué preciosa es tu misericordia. Por eso los hombres se acogen a la sombra de tus alas.

ORACIÓN DESPUÉS DE LA COMUNIÓN

Que el efecto de este don celestial, Señor, transforme nuestro cuerpo y nuestro espíritu, para que sea su fuerza, y no nuestro sentir, lo que siempre inspire nuestras acciones. Por Jesucristo, nuestro Señor.

CON PERDÓN DE LOS HERMANOS SEPARADOS

Si la fe no se traduce en obras...

- en visitar a los enfermos (por lo menos a los propios);
- en dar de comer al hambriento (al menos al que nos toca cerca);
- en dar de beber al sediento (de agua, por supuesto, lo que entre otras cosas significa no desperdiciar el líquido que hace falta en tantas colonias);
- en dar posada al peregrino (difícil en nuestro tiempo, pero no imposible cuando se tiene un cuartito vacío y ganas de servir);
- en redimir al cautivo (si no de los sarracenos, quizá de los usureros o del alcohol o de las drogas o de los malos amigos);
- en enterrar a los muertos (o en ayudar a los familiares a que los puedan enterrar, porque con los precios actuales...);
- en enseñar al que no sabe (ni leer ni escribir ni hacer cuentas);
- en dar buen consejo al que lo necesita (o, ya de perdida, en no dar malos consejos);
- en corregir al que yerra (con modo, se entiende);
- en perdonar las injurias (los claxonazos, los cerrones...), en consolar al triste (que a veces es el cónyuge, los hijos o algún compañero de trabajo);
- en sufrir con paciencia las flaquezas de nuestros prójimos (empezando por los más "próximos": los de casa);
- en orar a Dios por vivos (a veces es lo único que podemos hacer por ellos) y muertos.

Esa fe está completamente muerta, como nos dice el apóstol Santiago en la segunda lectura, al que, por supuesto, nunca citan los hermanos separados.

20 de septiembre   25° Domingo del T. Ordinario

(Verde)

ANTÍFONA DE ENTRADA

Yo soy la salvación de mi pueblo, dice el Señor. Los escucharé cuando me llamen en cualquier tribulación, y siempre seré su Dios.

ORACIÓN COLECTA

Señor Dios, que has hecho del amor a ti y a los hermanos la plenitud de todo lo mandado en tu santa ley, concédenos que, cumpliendo tus mandamientos, merezcamos llegar a la vida eterna. Por nuestro Señor Jesucristo...

Sigue Jesús anunciando su pasión, una pasión y una muerte que ya habían sido anunciadas siglos antes en el libro de la Sabiduría (PRIMERA LECTURA). Pero al mismo tiempo, Jesús dio a sus discípulos una lección de humildad y servicio, como para indicarles que todo cristiano tiene que hacerse servidor de sus hermanos, comenzando por los más pequeños: los niños (EVANGELIO). Servir a los niños, igual que servir a los pobres, es estar al servicio de Cristo.

El apóstol Santiago (SEGUNDA LECTURA) nos pinta un cuadro de la vida social, fundada en la justicia y la paz, pero quebrantada a menudo por las guerras, que son el producto de la codicia.

PRIMERA LECTURA

Condenemos al justo a una muerte ignominiosa.

Del libro de la Sabiduría
2, 12. 17-20

L os malvados dijeron entre sí:
"Tendamos una trampa al justo,
porque nos molesta y se opone a lo que hacemos;
nos echa en cara nuestras violaciones a la ley,
nos reprende las faltas
contra los principios en que fuimos educados.
    Veamos si es cierto lo que dice,
vamos a ver qué le pasa en su muerte.
Si el justo es hijo de Dios,
él lo ayudará y lo librará de las manos de sus enemigos.
Sometámoslo a la humillación y a la tortura,
para conocer su temple y su valor.
Condenémoslo a una muerte ignominiosa,
porque dice que hay quien mire por él".

Palabra de Dios.   ℞. **Te alabamos, Señor.**

SALMO RESPONSORIAL
Del salmo 53

E. Estrella B.P. 1643

℞.   El Señor es quien me ayuda.

Sálvame, Dios mío, por tu nombre;
con tu poder defiéndeme.
Escucha, Señor, mi oración
y a mis palabras atiende. ℞.

    Gente arrogante y violenta
contra mí se ha levantado.
Andan queriendo matarme.
¡Dios los tiene sin cuidado! ℞.

    Pero el Señor Dios es mi ayuda,
él, quien me mantiene vivo.
Por eso te ofreceré
con agrado un sacrificio,
y te agradeceré, Señor,
tu inmensa bondad conmigo. ℞.

SEGUNDA LECTURA
Los pacíficos siembran la paz y cosechan frutos de justicia.

De la carta del apóstol Santiago
3, 16–4, 3

Hermanos míos: Donde hay envidias y rivalidades, ahí hay desorden y toda clase de obras malas. Pero los que tienen la sabiduría que viene de Dios son puros, ante todo. Además, son amantes de la paz, comprensivos, dóciles, están llenos de misericordia y buenos frutos, son imparciales y sinceros. Los pacíficos siembran la paz y cosechan frutos de justicia.

¿De dónde vienen las luchas y los conflictos entre ustedes? ¿No es, acaso, de las malas pasiones, que siempre están en guerra dentro de ustedes? Ustedes codician lo que no pueden tener y acaban asesinando. Ambicionan algo que no pueden alcanzar, y entonces combaten y hacen la guerra. Y si no lo alcanzan, es porque no se lo piden a Dios. O si se lo piden y no lo reciben, es porque piden mal, para derrocharlo en placeres.

Palabra de Dios. ℟. **Te alabamos, Señor.**

ACLAMACIÓN ANTES DEL EVANGELIO
Cfr. 2 Tes 2, 14

B.P. 1033 - Palazón

A - le - lu - ya, a - le - lu - ya, a - le - lu - ya.

℟. Aleluya, aleluya.
Dios nos ha llamado, por medio del Evangelio,
a participar de la gloria de nuestro Señor Jesucristo.
℟. Aleluya, aleluya.

EVANGELIO
El Hijo del hombre va a ser entregado. - Si alguno quiere ser el primero, que sea el servidor de todos.

✠ Del santo Evangelio según san Marcos
9, 30-37

En aquel tiempo, Jesús y sus discípulos atravesaban Galilea, pero él no quería que nadie lo supiera, porque iba enseñando a sus discípulos. Les decía: "El Hijo del hombre va a ser entregado en manos de los hombres; le darán muerte, y tres días después de muerto, resucitará". Pero ellos no entendían aquellas palabras y tenían miedo de pedir explicaciones.

Llegaron a Cafarnaúm, y una vez en casa, les preguntó: "¿De qué discutían por el camino?". Pero ellos se quedaron callados, porque en el camino habían discutido sobre quién de ellos era el más importante. Entonces Jesús se sentó, llamó a los Doce y les dijo: "Si alguno quiere ser el primero, que sea el último de todos y el servidor de todos".

Después, tomando a un niño, lo puso en medio de ellos, lo abrazó y les dijo: "El que reciba en mi nombre a uno de estos niños, a mí me recibe. Y el que me reciba a mí, no me recibe a mí, sino a aquel que me ha enviado".

Palabra del Señor.   ℟. **Gloria a ti, Señor Jesús.**

ORACIÓN SOBRE LAS OFRENDAS

Acepta benignamente, Señor, los dones de tu pueblo, para que recibamos, por este sacramento celestial, aquello mismo que el fervor de nuestra fe nos mueve a proclamar. Por Jesucristo, nuestro Señor.

ANTÍFONA DE LA COMUNIÓN   Sal 118, 4-5

Tú promulgas tus preceptos para que se observen con exactitud. Ojalá que mi conducta se ajuste siempre al cumplimiento de tu voluntad.

ORACIÓN DESPUÉS DE LA COMUNIÓN

A quienes alimentas, Señor, con tus sacramentos, confórtanos con tu incesante ayuda, para que en estos misterios recibamos el fruto de la redención y la conversión de nuestra vida. Por Jesucristo, nuestro Señor.

QUIEN RECIBE EN MI NOMBRE

▲ a uno de esos niños no nacidos todavía pero ya concebidos, y no le hace caso a la amiga, al médico, al papá del niño o a quien le aconseja deshacerse de la criatura…

▲ a esos niños que acuden al colegio y se preocupan verdaderamente por formarlos, y no sólo por instruirlos, para que sean buenos ciudadanos y buenos cristianos…

▲ a esos sobrinos o nietos cuando sus padres tienen que salir y no tienen con quién dejarlos…

▲ a esos compañeros de clase de los hijos, que quizá no tienen amigos…

▲ a sus propios hijos, y no les escatima su tiempo, su comprensión y su cariño, aunque a veces den ganas de apretarles el pescuezo…

A MÍ ME RECIBE

27 de septiembre   26º Domingo del T. Ordinario

(Verde)

ANTÍFONA DE ENTRADA   Dn 3, 31. 29. 30. 43. 42

Todo lo que hiciste con nosotros, Señor, es verdaderamente justo, porque hemos pecado contra ti y hemos desobedecido tus mandatos; pero haz honor a tu nombre y trátanos conforme a tu inmensa misericordia.

ORACIÓN COLECTA

Señor Dios, que manifiestas tu poder de una manera admirable sobre todo cuando perdonas y ejerces tu misericordia, multiplica tu gracia sobre nosotros, para que, apresurándonos hacia lo que nos prometes, nos hagas partícipes de los bienes celestiales. Por nuestro Señor Jesucristo…

Jesús advierte con energía a sus discípulos contra el escándalo y les sugiere que si por el ojo o por la mano se comete pecado, vale más arrancarlos que no llegar al Reino de los cielos. También les dio a entender a sus apóstoles que más allá del grupo que lo sigue, hay muchos que creen en él y trabajan por él (EVANGELIO). De lo mismo habla el libro de los Números (PRIMERA LECTURA) al revelarnos que el Espíritu de Dios sopla donde quiere.

Santiago, por su parte, advierte a los ricos que todos los que hayan edificado sus fortunas sobre la explotación de los trabajadores, tendrán que sufrir el juicio de Dios (SEGUNDA LECTURA).

PRIMERA LECTURA

Ojalá que todo el pueblo de Dios fuera profeta.

Del libro de los Números
11, 25-29

En aquellos días, el Señor descendió de la nube y habló con Moisés. Tomó del espíritu que reposaba sobre Moisés y se lo dio a los setenta ancianos. Cuando el espíritu se posó sobre ellos, se pusieron a profetizar.

Se habían quedado en el campamento dos hombres: uno llamado Eldad y otro, Medad. También sobre ellos se posó el espíritu, pues aunque no habían ido a la reunión, eran de los elegidos y ambos comenzaron a profetizar en el campamento.

Un muchacho corrió a contarle a Moisés que Eldad y Medad estaban profetizando en el campamento. Entonces Josué, hijo de Nun, que desde muy joven era ayudante de Moisés, le dijo: "Señor mío, prohíbeselo". Pero Moisés le respondió: "¿Crees que voy a ponerme celoso? Ojalá que todo el pueblo de Dios fuera profeta y descendiera sobre todos ellos el espíritu del Señor".

Palabra de Dios. ℟. **Te alabamos, Señor.**

SALMO RESPONSORIAL
Del salmo 18

B. Vega B.P. 1644

℟. Los mandamientos del Señor alegran el corazón.

La ley del Señor es perfecta del todo
y reconforta el alma;
inmutables son las palabras del Señor
y hacen sabio al sencillo. ℟.

　　La voluntad de Dios es santa
y para siempre estable;
los mandamientos del Señor son verdaderos
y enteramente justos. ℟.

　　Aunque tu servidor se esmera
en cumplir tus preceptos con cuidado,
¿quién no falta, Señor, sin advertirlo?
Perdona mis errores ignorados. ℟.

　　Presérvame, Señor, de la soberbia,
no dejes que el orgullo me domine;
así, del gran pecado
tu servidor podrá encontrarse libre. ℟.

SEGUNDA LECTURA
Sus riquezas se han corrompido.

De la carta del apóstol Santiago
5, 1-6

L loren y laméntense, ustedes, los ricos, por las desgracias que les esperan. Sus riquezas se han corrompido; la polilla se ha comido sus vestidos; enmohecidos están su oro y su plata, y ese moho será una prueba contra ustedes y consumirá sus carnes, como el fuego. Con esto ustedes han atesorado un castigo para los últimos días.

El salario que ustedes han defraudado a los trabajadores que segaron sus campos está clamando contra ustedes; los gritos de ellos han llegado hasta el oído del Señor de los ejércitos. Han vivido ustedes en este mundo entregados al lujo y al placer, engordando como reses para el día de la matanza. Han condenado a los inocentes y los han matado, porque no podían defenderse.

Palabra de Dios.   ℟. **Te alabamos, Señor.**

ACLAMACIÓN ANTES DEL EVANGELIO
Cfr. Jn 17, 17

B.P. 1033 - Palazón

A - le - lu - ya,   a - le - lu - ya,   a - le - lu - ya.

℟. Aleluya, aleluya.
Tu palabra, Señor, es la verdad;
santifícanos en la verdad.
℟. Aleluya, aleluya.

EVANGELIO
El que no está contra nosotros, está a nuestro favor. - Si tu mano te es ocasión de pecado, córtatela.

✠ Del santo Evangelio según san Marcos
9, 38-43. 45. 47-48

E n aquel tiempo, Juan le dijo a Jesús: "Hemos visto a uno que expulsaba a los demonios en tu nombre, y como no es de los nuestros, se lo prohibimos". Pero Jesús le respondió: "No se lo prohíban, porque no hay ninguno que haga milagros en mi nombre, que luego sea capaz de hablar mal de mí. Todo aquel que no está contra nosotros, está a nuestro favor.

Todo aquel que les dé a beber un vaso de agua por el hecho de que son de Cristo, les aseguro que no se quedará sin recompensa.

Al que sea ocasión de pecado para esta gente sencilla que cree en mí, más le valdría que le pusieran al cuello una de esas enormes piedras de molino y lo arrojaran al mar.

Si tu mano te es ocasión de pecado, córtatela; pues más te vale entrar manco en la vida eterna, que ir con tus dos manos al lugar de castigo, al fuego que no se apaga. Y si tu pie te es ocasión de pecado, córtatelo; pues más te vale entrar cojo en la vida eterna, que con tus dos pies ser arrojado al lugar de castigo. Y si tu ojo te es ocasión de pecado, sácatelo; pues más te vale entrar tuerto en el Reino de Dios, que ser arrojado con tus dos ojos al lugar de castigo, *donde el gusano no muere y el fuego no se apaga".*

Palabra del Señor.   ℟. **Gloria a ti, Señor Jesús.**

ORACIÓN SOBRE LAS OFRENDAS

Concédenos, Dios misericordioso, que nuestra ofrenda te sea aceptable y que por ella quede abierta para nosotros la fuente de toda bendición. Por Jesucristo, nuestro Señor.

ANTÍFONA DE LA COMUNIÓN   Cfr. Sal 118, 49-50

Recuerda, Señor, la promesa que le hiciste a tu siervo, ella me infunde esperanza y consuelo en mi dolor.

ORACIÓN DESPUÉS DE LA COMUNIÓN

Que este misterio celestial renueve, Señor, nuestro cuerpo y nuestro espíritu, para que seamos coherederos en la gloria de aquel cuya muerte, al anunciarla, la hemos compartido. Él, que vive y reina por los siglos de los siglos.

"TODO AQUEL QUE...

– dé a beber un vaso de agua...
– no engañe con el peso en el mercado...
– espere a que terminen de subir los pasajeros antes de arrancar...
– no deje su bolsa de basura en la puerta del vecino...
– ceda su asiento a los ancianos, o señoras con niños en brazos...
– se muestre atento y servicial en las ventanillas...
– tenga un poco de paciencia...

por el hecho de que son de Cristo (y todo ser humano es hermano de Cristo), LES ASEGURO QUE NO SE QUEDARÁ SIN RECOMPENSA".

4 de octubre   27º Domingo del T. Ordinario

(Verde)

ANTÍFONA DE ENTRADA   Cfr. Est 4, 17

En tu voluntad, Señor, está puesto el universo, y no hay quien pueda resistirse a ella. Tú hiciste todo, el cielo y la tierra, y todo lo que está bajo el firmamento; tú eres Señor del universo.

ORACIÓN COLECTA

Dios todopoderoso y eterno, que en la superabundancia de tu amor sobrepasas los méritos y aun los deseos de los que te suplican, derrama sobre nosotros tu misericordia para que libres nuestra conciencia de toda inquietud y nos concedas aun aquello que no nos atrevemos a pedir. Por nuestro Señor Jesucristo…

El Génesis nos habla de que Dios creó al hombre y a la mujer para que formaran una pareja con componentes de una misma naturaleza, la humana (PRIMERA LECTURA). Jesús se refirió a ese texto del Génesis, y a la pareja creada por Dios la unió con los lazos indisolubles del matrimonio, diciendo: "lo que Dios unió, que no lo separe el hombre" (EVANGELIO).

Después, en la carta a los hebreos (SEGUNDA LECTURA), se nos muestra a Jesús como el que se unió a todos los hombres en una misma condición, para conducirlos al Reino eterno al salvarlos por medio de su muerte.

PRIMERA LECTURA
Serán los dos una sola carne.

Del libro del Génesis
2, 18-24

En aquel día, dijo el Señor Dios: "No es bueno que el hombre esté solo. Voy a hacerle a alguien como él, para que lo ayude". Entonces el Señor Dios formó de la tierra todas las bestias del campo y todos los pájaros del cielo, y los llevó ante Adán para que les pusiera nombre y así todo ser viviente tuviera el nombre puesto por Adán.

Así, pues, Adán les puso nombre a todos los animales domésticos, a los pájaros del cielo y a las bestias del campo; pero no hubo ningún ser semejante a Adán para ayudarlo.

Entonces el Señor Dios hizo caer al hombre en un profundo sueño, y mientras dormía, le sacó una costilla y cerró la carne sobre el lugar vacío. Y de la costilla que le había sacado al hombre, Dios formó una mujer. Se la llevó al hombre y éste exclamó:

"Ésta sí es hueso de mis huesos
y carne de mi carne.
Ésta será llamada mujer,
porque ha sido formada del hombre".

Por eso el hombre abandonará a su padre y a su madre, y se unirá a su mujer y serán los dos una sola carne.

Palabra de Dios.   ℟. **Te alabamos, Señor.**

SALMO RESPONSORIAL
Del salmo 127

B. Vega B.P. 1645

Di - cho - so   el que   te - me   al   Se - ñor.

℟.   Dichoso el que teme al Señor.

Dichoso el que teme al Señor
y sigue sus caminos:
comerá del fruto de su trabajo,
será dichoso, le irá bien. ℟.

Su mujer, como vid fecunda,
en medio de su casa;
sus hijos, como renuevos de olivo,
alrededor de su mesa. ℟.

Ésta es la bendición del hombre que teme al Señor:
"Que el Señor te bendiga desde Sión,
que veas la prosperidad de Jerusalén
todos los días de tu vida". ℟.

SEGUNDA LECTURA

El santificador y los santificados tienen la misma condición humana.

De la carta a los hebreos
2, 8-11

Hermanos: Es verdad que ahora todavía no vemos el universo entero sometido al hombre; pero sí vemos ya al que *por un momento Dios hizo inferior a los ángeles,* a Jesús, que por haber sufrido la muerte, está *coronado de gloria y honor.* Así, por la gracia de Dios, la muerte que él sufrió redunda en bien de todos.

En efecto, el creador y Señor de todas las cosas quiere que todos sus hijos tengan parte en su gloria. Por eso convenía que Dios consumara en la perfección, mediante el sufrimiento, a Jesucristo, autor y guía de nuestra salvación.

El santificador y los santificados tienen la misma condición humana. Por eso no se avergüenza de llamar hermanos a los hombres.

Palabra de Dios. ℟. **Te alabamos, Señor.**

ACLAMACIÓN ANTES DEL EVANGELIO

1 Jn 4, 12

B.P. 1126 - Sosa

A - le - lu - ya, a - le - lu - ya, a - le - lu - ya.

℟. Aleluya, aleluya.
Si nos amamos los unos a los otros,
Dios permanece en nosotros
y su amor ha llegado en nosotros a su plenitud.
℟. Aleluya, aleluya.

EVANGELIO

Lo que Dios unió, que no lo separe el hombre.

Del santo Evangelio según san Marcos
10, 2-16

En aquel tiempo, se acercaron a Jesús unos fariseos y le preguntaron, para ponerlo a prueba: "¿Le es lícito a un hombre divorciarse de su esposa?".

Él les respondió: "¿Qué les prescribió Moisés?". Ellos contestaron: "Moisés nos permitió el divorcio mediante la entrega de un acta de divorcio a la esposa". Jesús les dijo: "Moisés prescribió esto, debido a la dureza del corazón de ustedes. Pero desde el principio, al crearlos, Dios *los hizo hombre y mujer. Por eso dejará el hombre a su padre y a su madre y se unirá a su esposa y serán los dos una sola carne.* De modo que ya no son dos, sino una sola carne. Por eso, lo que Dios unió, que no lo separe el hombre".

Ya en casa, los discípulos le volvieron a preguntar sobre el asunto. Jesús les dijo: "Si uno se divorcia de su esposa y se casa con otra, comete adulterio contra la primera. Y si ella se divorcia de su marido y se casa con otro, comete adulterio".

Después de esto, la gente le llevó a Jesús unos niños para que los tocara, pero los discípulos trataban de impedirlo.

Al ver aquello, Jesús se disgustó y les dijo: "Dejen que los niños se acerquen a mí y no se lo impidan, porque el Reino de Dios es de los que son como ellos. Les aseguro que el que no reciba el Reino de Dios como un niño, no entrará en él".

Después tomó en brazos a los niños y los bendijo imponiéndoles las manos.

Palabra del Señor.   ℟. **Gloria a ti, Señor Jesús.**

ORACIÓN SOBRE LAS OFRENDAS

Acepta, Señor, el sacrificio que tú mismo nos mandaste ofrecer, y, por estos sagrados misterios, que celebramos en cumplimiento de nuestro servicio, dígnate llevar a cabo en nosotros la santificación que proviene de tu redención. Por Jesucristo, nuestro Señor.

ANTÍFONA DE LA COMUNIÓN   Lam 3, 25

Bueno es el Señor con los que en él confían, con aquellos que lo buscan.

ORACIÓN DESPUÉS DE LA COMUNIÓN

Dios omnipotente, saciados con este alimento y bebida celestiales, concédenos ser transformados en aquel a quien hemos recibido en este sacramento. Por Jesucristo, nuestro Señor.

"DEJEN QUE LOS NIÑOS SE ACERQUEN A MÍ

❏ Palabras de Cristo en las que tendríamos que meditar hoy muchos padres de familia que no dejamos que nuestros hijos se acerquen a Jesús, no por mala voluntad, sino porque jamás o rara vez les hablamos de él, porque ni siquiera se nos ocurre poner alguna imagen de Cristo en el cuarto de los chicos, porque nunca oramos juntos en familia...

❏ Palabras evangélicas que no podrán menos que hacernos pensar a los educadores católicos que jamás hacemos mención de Cristo en nuestras clases, en nuestras conversaciones con los chicos, cuando se presenta la oportunidad...

❏ Palabras que deberían hacer reflexionar a jóvenes y adultos para que se acerquen a su parroquia y reciban la preparación necesaria, con el objetivo de ser buenos catequistas que ayuden a los niños de su comunidad a que conozcan y amen a nuestro Señor.

... Y NO SE LO IMPIDAN"

11 de octubre   28° Domingo del T. Ordinario

(Verde)

ORACIÓN COLECTA

Te pedimos, Señor, que tu gracia continuamente nos disponga y nos acompañe, de manera que estemos siempre dispuestos a obrar el bien. Por nuestro Señor Jesucristo...

La mejor de las cualidades del hombre es su voluntad de buscar la sabiduría (PRIMERA LECTURA). Para nosotros, los cristianos, la sabiduría es Jesucristo. Por eso, Jesús es el único que puede exigir al hombre que lo deje todo por seguirlo (EVANGELIO), y sólo él le da al hombre la fuerza necesaria para responder a su llamamiento.

En la carta a los hebreos se nos dice que ese llamamiento es muy eficaz, porque la palabra de Dios es una fuerza viva, una luz y un atractivo, que penetra hasta lo más profundo del alma (SEGUNDA LECTURA).

PRIMERA LECTURA

En comparación con la sabiduría, tuve en nada la riqueza.

Del libro de la Sabiduría
7, 7-11

Supliqué y se me concedió la prudencia;
invoqué y vino sobre mí el espíritu de sabiduría.
La preferí a los cetros y a los tronos,

y en comparación con ella tuve en nada la riqueza.
No se puede comparar con la piedra más preciosa,
porque todo el oro, junto a ella, es un poco de arena
y la plata es como lodo en su presencia.
        La tuve en más que la salud y la belleza;
la preferí a la luz, porque su resplandor nunca se apaga.
Todos los bienes me vinieron con ella;
sus manos me trajeron riquezas incontables.
Palabra de Dios.   ℟. **Te alabamos, Señor.**

SALMO RESPONSORIAL
Del salmo 89

M. Íñiguez B.P. 1646

Sá - cia - nos, Se - ñor, de tu mi - se - ri - cor - dia, de tu mi - se - ri - cor - dia.

℟.   Sácianos, Señor, de tu misericordia.

Enséñanos a ver lo que es la vida,
y seremos sensatos.
¿Hasta cuándo, Señor, vas a tener
compasión de tus siervos? ¿Hasta cuándo? ℟.

        Llénanos de tu amor por la mañana
y júbilo será la vida toda.
Alégranos ahora por los días
y los años de males y congojas. ℟.

        Haz, Señor, que tus siervos y sus hijos
puedan mirar tus obras y tu gloria.
Que el Señor bondadoso nos ayude
y dé prosperidad a nuestras obras. ℟.

SEGUNDA LECTURA
La palabra de Dios descubre los pensamientos e intenciones del corazón.

De la carta a los hebreos
4, 12-13

Hermanos: La palabra de Dios es viva, eficaz y más penetrante
que una espada de dos filos. Llega hasta lo más íntimo del
alma, hasta la médula de los huesos y descubre los pensamientos

e intenciones del corazón. Toda creatura es transparente para ella. Todo queda al desnudo y al descubierto ante los ojos de aquel a quien debemos rendir cuentas.

Palabra de Dios.   ℟. **Te alabamos, Señor.**

ACLAMACIÓN ANTES DEL EVANGELIO
Mt 5, 3

℟.   Aleluya, aleluya.
Dichosos los pobres de espíritu,
porque de ellos es el Reino de los cielos.
℟.   Aleluya, aleluya.

EVANGELIO
Ve y vende lo que tienes y sígueme.

Del santo Evangelio según san Marcos
10, 17-30

En aquel tiempo, cuando salía Jesús al camino, se le acercó corriendo un hombre, se arrodilló ante él y le preguntó: "Maestro bueno, ¿qué debo hacer para alcanzar la vida eterna?". Jesús le contestó: "¿Por qué me llamas bueno? Nadie es bueno sino sólo Dios. Ya sabes los mandamientos: *No matarás, no cometerás adulterio, no robarás, no levantarás falso testimonio,* no cometerás fraudes, *honrarás a tu padre y a tu madre".*

Entonces él le contestó: "Maestro, todo eso lo he cumplido desde muy joven". Jesús lo miró con amor y le dijo: "Sólo una cosa te falta: Ve y vende lo que tienes, da el dinero a los pobres y así tendrás un tesoro en los cielos. Después, ven y sígueme". Pero al oír estas palabras, el hombre se entristeció y se fue apesadumbrado, porque tenía muchos bienes.

Jesús, mirando a su alrededor, dijo entonces a sus discípulos: "¡Qué difícil les va a ser a los ricos entrar en el Reino de Dios!". Los discípulos quedaron sorprendidos ante estas palabras; pero Jesús insistió: "Hijitos, ¡qué difícil es para los que confían en las riquezas, entrar en el Reino de Dios! Más fácil le es a un camello pasar por el ojo de una aguja, que a un rico entrar en el Reino de Dios".

Ellos se asombraron todavía más y comentaban entre sí: "Entonces, ¿quién puede salvarse?". Jesús, mirándolos fijamente, les dijo: "Es imposible para los hombres, mas no para Dios. Para Dios todo es posible".

Entonces Pedro le dijo a Jesús: "Señor, ya ves que nosotros lo hemos dejado todo para seguirte".

Jesús le respondió: "Yo les aseguro: Nadie que haya dejado casa, o hermanos o hermanas, o padre o madre, o hijos o tierras, por mí y por el Evangelio, dejará de recibir, en esta vida, el ciento por uno en casas, hermanos, hermanas, madres, hijos y tierras, junto con persecuciones, y en el otro mundo, la vida eterna".

Palabra del Señor. ℟. **Gloria a ti, Señor Jesús.**

ORACIÓN SOBRE LAS OFRENDAS

Recibe, Señor, las súplicas de tus fieles junto con estas ofrendas que te presentamos, para que, lo que celebramos con devoción, nos lleve a alcanzar la gloria del cielo. Por Jesucristo, nuestro Señor.

ANTÍFONA DE LA COMUNIÓN   Cfr. Sal 33, 11

Los ricos se empobrecen y pasan hambre; los que buscan al Señor, no carecen de nada.

ORACIÓN DESPUÉS DE LA COMUNIÓN

Señor, suplicamos a tu majestad que así como nos nutres con el sagrado alimento del Cuerpo y de la Sangre de tu Hijo, nos hagas participar de la naturaleza divina. Por Jesucristo, nuestro Señor.

QUÉ DIFÍCIL LES VA A SER A LOS RICOS ENTRAR EN EL REINO DE DIOS

✳ A los ricos… y a los que no lo somos, pero nos morimos de ganas de serlo…

✳ A los ricos… y a los que, no contentos con lo que tenemos, siempre queremos tener más y más y más…

✳ A los ricos… y a los que estamos dispuestos a enriquecernos a cualquier precio, llámese este precio honradez, virtud, conciencia, religión…

✳ A los ricos… y a los que, no siéndolo, confiamos, al igual que ellos, más en nuestras propias fuerzas y en nuestros haberes, que en Dios…

✳ A los ricos… y a los pobres con espíritu de ricos.

Y NO POR SER RICOS O NO SERLO, SINO POR CONFIAR EN LAS RIQUEZAS MÁS QUE EN DIOS

18 de octubre   29° Domingo del T. Ordinario
(O bien: **Domingo Mundial de las Misiones**)

(Verde)

ANTÍFONA DE ENTRADA   Cfr. Sal 16, 6. 8

Te invoco, Dios mío, porque tú me respondes; inclina tu oído y escucha mis palabras. Cuídame, Señor, como a la niña de tus ojos y cúbreme bajo la sombra de tus alas.

ORACIÓN COLECTA

Dios todopoderoso y eterno, haz que nuestra voluntad sea siempre dócil a la tuya y que te sirvamos con un corazón sincero. Por nuestro Señor Jesucristo...

Cristo nos enseña que una de las leyes de su Reino es el sufrimiento, el servicio a los demás (EVANGELIO). Sólo el Señor es capaz de compadecerse de nuestros sufrimientos, puesto que él mismo ha pasado por las mismas pruebas que nosotros (SEGUNDA LECTURA). Ya en la PRIMERA LECTURA lo anuncia Isaías: "Con sus sufrimientos justificará mi siervo a muchos" (o bien, si se celebra el DOMUND, Isaías nos habla del reconocimiento del Señor por todos los pueblos, que habrán de caminar bajo su luz).

PRIMERA LECTURA
El siervo del Señor hizo de su vida un sacrificio.

Del libro del profeta Isaías
53, 10-11

E l Señor quiso triturar a su siervo con el sufrimiento.
Cuando entregue su vida como expiación,
verá a sus descendientes, prolongará sus años

y por medio de él prosperarán los designios del Señor.
Por las fatigas de su alma, verá la luz y se saciará;
con sus sufrimientos justificará mi siervo a muchos,
cargando con los crímenes de ellos.

Palabra de Dios.   ℟. **Te alabamos, Señor.**

O bien, cuando se celebra el **Domingo Mundial de las Misiones**:

Caminarán los pueblos a tu luz.

Del libro del profeta Isaías
60, 1-6

Levántate y resplandece, Jerusalén,
porque ha llegado tu luz
y la gloria del Señor alborea sobre ti.
Mira: las tinieblas cubren la tierra
y espesa niebla envuelve a los pueblos;
pero sobre ti resplandece el Señor
y en ti se manifiesta su gloria.
Caminarán los pueblos a tu luz
y los reyes, al resplandor de tu aurora.
    Levanta los ojos y mira alrededor:
todos se reúnen y vienen a ti;
tus hijos llegan de lejos, a tus hijas las traen en brazos.
Entonces verás esto radiante de alegría;
tu corazón se alegrará, y se ensanchará,
cuando se vuelquen sobre ti los tesoros del mar
y te traigan las riquezas de los pueblos.
Te inundará una multitud de camellos y dromedarios,
procedentes de Madián y de Efá.
Vendrán todos los de Sabá
trayendo incienso y oro
y proclamando las alabanzas del Señor.

Palabra de Dios.   ℟. **Te alabamos, Señor.**

SALMO RESPONSORIAL
Del salmo 32

J.G Negrete B.P. 1647

Mués-tra - te, Se - ñor,   bon-da - do - so con no - so - tros.

℟.   Muéstrate bondadoso con nosotros, Señor.

Sincera es la palabra del Señor
y todas sus acciones son leales.
Él ama la justicia y el derecho,
la tierra llena está de sus bondades.   ℟.

Cuida el Señor de aquellos que lo temen
y en su bondad confían;
los salva de la muerte
y en épocas de hambre les da vida.   ℟.

En el Señor está nuestra esperanza,
pues él es nuestra ayuda y nuestro amparo.
Muéstrate bondadoso con nosotros,
puesto que en ti, Señor, hemos confiado.   ℟.

O bien, cuando se celebra el Domingo Mundial de las Misiones:

Del salmo 116

℟.   Vayan por todo el mundo y prediquen el Evangelio.

Que alaben al Señor todas las naciones,
que lo aclamen todos los pueblos.   ℟.

Porque grande es su amor hacia nosotros
y su fidelidad dura por siempre.   ℟.

SEGUNDA LECTURA
Acerquémonos con plena confianza al trono de la gracia.

De la carta a los hebreos
4, 14-16

Hermanos: Jesús, el Hijo de Dios, es nuestro sumo sacerdote, que ha entrado en el cielo. Mantengamos firme la profesión de nuestra fe. En efecto, no tenemos un sumo sacerdote que no sea capaz de compadecerse de nuestros sufrimientos, puesto que él mismo ha pasado por las mismas pruebas que nosotros, excepto el pecado.

Acerquémonos, por lo tanto, con plena confianza al trono de la gracia, para recibir misericordia, hallar la gracia y obtener ayuda en el momento oportuno.

Palabra de Dios.   ℟. **Te alabamos, Señor.**

ACLAMACIÓN ANTES DEL EVANGELIO
Mc 10, 45

B.P. 1126 - Sosa

A - le - lu - ya, a - le - lu - ya, a - le - lu - ya.

℟. Aleluya, aleluya.
El Hijo del hombre vino a servir
y a dar su vida por la redención de todos.
℟. Aleluya, aleluya.

EVANGELIO
El Hijo del hombre ha venido a dar la vida por la redención de todos.

✠ Del santo Evangelio según san Marcos
10, 35-45

En aquel tiempo, se acercaron a Jesús Santiago y Juan, los hijos de Zebedeo, y le dijeron: "Maestro, queremos que nos concedas lo que vamos a pedirte". Él les dijo: "¿Qué es lo que desean?". Le respondieron: "Concede que nos sentemos uno a tu derecha y otro a tu izquierda, cuando estés en tu gloria". Jesús les replicó: "No saben lo que piden. ¿Podrán pasar la prueba que yo voy a pasar y recibir el bautismo con que seré bautizado?". Le respondieron: "Sí podemos". Y Jesús les dijo: "Ciertamente pasarán la prueba que yo voy a pasar y recibirán el bautismo con que yo seré bautizado; pero eso de sentarse a mi derecha o a mi izquierda no me toca a mí concederlo; eso es para quienes está reservado".

Cuando los otros diez apóstoles oyeron esto, se indignaron contra Santiago y Juan. Jesús reunió entonces a los Doce y les dijo: "Ya saben que los jefes de las naciones las gobiernan como si fueran sus dueños y los poderosos las oprimen. Pero no debe ser así entre ustedes. Al contrario: el que quiera ser grande entre ustedes, que sea su servidor, y el que quiera ser el primero, que sea el esclavo de todos, así como el Hijo del hombre, que no ha venido a que lo sirvan, sino a servir y a dar su vida por la redención de todos".

Palabra del Señor. ℟. **Gloria a ti, Señor Jesús.**

ORACIÓN SOBRE LAS OFRENDAS

Concédenos, Señor, el don de poderte servir con libertad de espíritu, para que, por la acción purificadora de tu gracia, los mismos misterios que celebramos nos limpien de toda culpa. Por Jesucristo, nuestro Señor.

ANTÍFONA DE LA COMUNIÓN   Cfr. Sal 32, 18-19

Los ojos del Señor están puestos en sus hijos, en los que esperan en su misericordia; para librarlos de la muerte, y reanimarlos en tiempo de hambre.

ORACIÓN DESPUÉS DE LA COMUNIÓN

Te rogamos, Señor, que la frecuente recepción de estos dones celestiales, produzca fruto en nosotros y nos ayude a aprovechar los bienes temporales y alcanzar con sabiduría los eternos. Por Jesucristo, nuestro Señor.

UNO A TU DERECHA Y OTRO A TU IZQUIERDA

✤ Nada más, pero nada menos, que sentarse en la gloria, uno a su derecha y otro a su izquierda, era lo que le estaban pidiendo a Cristo los hijos del Zebedeo.

✤ Lo malo de la petición de estos dos apóstoles es que están pidiendo el premio antes de hacer los méritos, el triunfo antes de la lucha.

✤ Es una petición que encierra un poquito de trampa, como muchas de las que inconscientemente hemos formulado todos. Nosotros también le hemos pedido, muchas veces, a Dios ese puesto en el cielo, sin ofrecerle que a la vez beberemos nuestro cáliz en la tierra.

✤ Si queremos los mejores puestos **allá**, tendremos que escoger los peores puestos **aquí**.

✤ El mismo evangelio de hoy termina con estas palabras de Jesús: "El que quiera ser grande entre ustedes, que sea su servidor, y el que quiera ser el primero, que sea el esclavo de todos".

25 de octubre   30º Domingo del T. Ordinario

(Verde)

ANTÍFONA DE ENTRADA   Cfr. Sal 104, 3-4

Alégrese el corazón de los que buscan al Señor. Busquen al Señor y serán fuertes; busquen su rostro sin descanso.

ORACIÓN COLECTA

Dios todopoderoso y eterno, aumenta en nosotros la fe, la esperanza y la caridad, y para que merezcamos alcanzar lo que nos prometes, concédenos amar lo que nos mandas. Por nuestro Señor Jesucristo...

Cuando el ciego de Jericó le gritó a Jesús, llamándolo "hijo de David", lo aclamó como el Mesías. Jesús le devolvió la vista como recompensa a su fe (EVANGELIO); pero al mismo tiempo como una confirmación de que habían llegado los tiempos del Mesías, los tiempos que verán acudir a Jerusalén a los ciegos y los cojos, como dijo el profeta Jeremías (PRIMERA LECTURA).

La carta a los hebreos (SEGUNDA LECTURA) contiene una amplia disertación sobre el sacerdocio de Cristo: Jesús, Hijo de Dios y hermano de los hombres, es el sacerdote ante Dios en favor de la humanidad entera.

PRIMERA LECTURA

Vienen a mí llorando, pero yo los consolaré y los guiaré.

Del libro del profeta Jeremías
31, 7-9

Esto dice el Señor:
"Griten de alegría por Jacob,
regocíjense por el mejor de los pueblos;
proclamen, alaben y digan:
'El Señor ha salvado a su pueblo,
al grupo de los sobrevivientes de Israel'.
    He aquí que yo los hago volver del país del norte
y los congrego desde los confines de la tierra.
Entre ellos vienen el ciego y el cojo,
la mujer encinta y la que acaba de dar a luz.
    Retorna una gran multitud;
vienen llorando, pero yo los consolaré y los guiaré;
los llevaré a torrentes de agua
por un camino llano en el que no tropezarán.
Porque yo soy para Israel un padre
y Efraín es mi primogénito".
Palabra de Dios.   ℟. **Te alabamos, Señor.**

SALMO RESPONSORIAL
Del salmo 125

J.G. Negrete B.P. 1648

℟.   Grandes cosas has hecho por nosotros, Señor.

Cuando el Señor nos hizo volver del cautiverio,
creíamos soñar;
entonces no cesaba de reír nuestra boca
ni se cansaba entonces la lengua de cantar. ℟.
    Aun los mismos paganos con asombro decían:
"¡Grandes cosas ha hecho por ellos el Señor!".
Y estábamos alegres,
pues ha hecho grandes cosas por su pueblo el Señor. ℟.
    Como cambian los ríos la suerte del desierto,
cambia también ahora nuestra suerte, Señor,
y entre gritos de júbilo
cosecharán aquellos que siembran con dolor. ℟.

Al ir, iban llorando, cargando la semilla;
al regresar, cantando vendrán con sus gavillas. ℟.

SEGUNDA LECTURA
Tú eres sacerdote eterno, como Melquisedec.

De la carta a los hebreos
5, 1-6

H ermanos: Todo sumo sacerdote es un hombre escogido entre los hombres y está constituido para intervenir en favor de ellos ante Dios, para ofrecer dones y sacrificios por los pecados. Él puede comprender a los ignorantes y extraviados, ya que él mismo está envuelto en debilidades. Por eso, así como debe ofrecer sacrificios por los pecados del pueblo, debe ofrecerlos también por los suyos propios.

Nadie puede apropiarse ese honor, sino sólo aquel que es llamado por Dios, como lo fue Aarón. De igual manera, Cristo no se confirió a sí mismo la dignidad de sumo sacerdote; se la otorgó quien le había dicho: *Tú eres mi Hijo, yo te he engendrado hoy.* O como dice otro pasaje de la Escritura: *Tú eres sacerdote eterno, como Melquisedec.*

Palabra de Dios. ℟. **Te alabamos, Señor.**

ACLAMACIÓN ANTES DEL EVANGELIO
Cfr. 2 Tim 1, 10

B.P. 1126 - Sosa

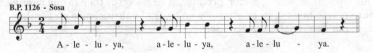

A - le - lu - ya,   a - le - lu - ya,   a - le - lu - ya.

℟. Aleluya, aleluya.
Jesucristo, nuestro Salvador, ha vencido la muerte
y ha hecho resplandecer la vida por medio del Evangelio.
℟. Aleluya, aleluya.

EVANGELIO
Maestro, que pueda ver.

✠ Del santo Evangelio según san Marcos
10, 46-52

En aquel tiempo, al salir Jesús de Jericó en compañía de sus discípulos y de mucha gente, un ciego, llamado Bartimeo, se hallaba sentado al borde del camino pidiendo limosna. Al oír que el que pasaba era Jesús Nazareno, comenzó a gritar: "¡Jesús, hijo de David, ten compasión de mí!". Muchos lo reprendían para que se callara, pero él seguía gritando todavía más fuerte: "¡Hijo de David, ten compasión de mí!".

Jesús se detuvo entonces y dijo: "Llámenlo". Y llamaron al ciego, diciéndole: "¡Ánimo! Levántate, porque él te llama". El ciego tiró su manto; de un salto se puso en pie y se acercó a Jesús. Entonces le dijo Jesús: "¿Qué quieres que haga por ti?". El ciego le contestó: "Maestro, que pueda ver". Jesús le dijo: "Vete; tu fe te ha salvado". Al momento recobró la vista y comenzó a seguirlo por el camino.

Palabra del Señor.   ℟. **Gloria a ti, Señor Jesús.**

ORACIÓN SOBRE LAS OFRENDAS

Mira, Señor, los dones que presentamos a tu majestad, para que lo que hacemos en tu servicio esté siempre ordenado a tu mayor gloria. Por Jesucristo, nuestro Señor.

ANTÍFONA DE LA COMUNIÓN   Cfr. Sal 19, 6

Nos alegraremos en tu victoria y cantaremos alabanzas en el nombre de nuestro Dios.

ORACIÓN DESPUÉS DE LA COMUNIÓN

Que tus sacramentos, Señor, produzcan en nosotros todo lo que significan, para que lo que ahora celebramos en figura lo alcancemos en su plena realidad. Por Jesucristo, nuestro Señor.

¡LLÁMENLO!

✚ El ciego que estaba al borde del camino, gritaba: **"Jesús, hijo de David, ten compasión de mí"**.

✚ Los que iban con Cristo regañaban al hombre y le decían que se callara. Cristo se detuvo y dijo: "Llámenlo".

✚ A la orilla del camino de nuestra vida hay muchos ciegos, tullidos, ancianos, mujeres con niños hambrientos en brazos, indígenas pidiendo limosna…

✚ Hay, quizá, también un cónyuge pidiendo un poco más de cariño o un poco más de comprensión…

✚ Hay, probablemente, algún hijo pidiendo nuestro afecto y nuestro tiempo…

✚ Hay, tal vez, algún familiar que vive muy solo o en circunstancias económicas muy difíciles…

✚ Hay –si somos jefes o empresarios– muchos subordinados pidiendo respeto como personas humanas…

✚ Hay, quizá, trabajadores en nuestras fábricas que estén pidiendo con razón más justicia y mejores salarios…

✚ Hay muchos hombres y mujeres y niños, especialmente en nuestras zonas indígenas, exigiendo un mínimo de solidaridad humana y de ayuda económica…

✚ Hay muchas personas a las que por nuestro trabajo o profesión tenemos que servir, pidiendo atención y eficacia…

✚ La orden de Cristo –entonces como ahora– sigue siendo la misma: "Llámenlos".

A nosotros nos toca ver qué podemos hacer por ellos.

1 de noviembre

Domingo

Todos los Santos

(Blanco)

ANTÍFONA DE ENTRADA

Alegrémonos en el Señor y alabemos al Hijo de Dios, junto con los ángeles, al celebrar hoy esta solemnidad de Todos los Santos.

Se dice Gloria.

ORACIÓN COLECTA

Dios todopoderoso y eterno, que nos concedes venerar los méritos de todos tus santos en una sola fiesta, te rogamos, por las súplicas de tan numerosos intercesores, que en tu generosidad nos concedas la deseada abundancia de tu gracia. Por nuestro Señor Jesucristo...

La visión del Apocalipsis y el Evangelio de las bienaventuranzas son dos pilares sobre los que descansa la liturgia de esta fiesta. La enorme muchedumbre de los redimidos, descrita en el Apocalipsis (PRIMERA LECTURA), es a la vez una realidad presente, aunque invisible, y un futuro en pos del cual caminamos. El EVANGELIO de las bienaventuranzas nos señala el camino que hay que seguir: "Dichosos los limpios de corazón, porque verán a Dios". San Juan hace, en la SEGUNDA LECTURA, un lazo de unión entre estas dos lecturas. Afirma nuestro presente: "ahora somos hijos de Dios", y predice el futuro: "lo veremos tal cual es".

PRIMERA LECTURA

Vi una muchedumbre tan grande, que nadie podía contarla. Eran individuos de todas las naciones y razas, de todos los pueblos y lenguas.

Del libro del Apocalipsis del apóstol san Juan
7, 2-4. 9-14

Yo, Juan, vi a un ángel que venía del oriente. Traía consigo el sello del Dios vivo y gritaba con voz poderosa a los cuatro ángeles encargados de hacer daño a la tierra y al mar. Les dijo: "¡No hagan daño a la tierra, ni al mar, ni a los árboles, hasta que terminemos de marcar con el sello la frente de los servidores de nuestro Dios!". Y pude oír el número de los que habían sido marcados: eran ciento cuarenta y cuatro mil, procedentes de todas las tribus de Israel.

Vi luego una muchedumbre tan grande, que nadie podía contarla. Eran individuos de todas las naciones y razas, de todos los pueblos y lenguas. Todos estaban de pie, delante del trono y del Cordero; iban vestidos con una túnica blanca; llevaban palmas en las manos y exclamaban con voz poderosa: "La salvación viene de nuestro Dios, que está sentado en el trono, y del Cordero".

Y todos los ángeles que estaban alrededor del trono, de los ancianos y de los cuatro seres vivientes, cayeron rostro en tierra delante del trono y adoraron a Dios, diciendo: "Amén. La alabanza, la gloria, la sabiduría, la acción de gracias, el honor, el poder y la fuerza, se le deben para siempre a nuestro Dios".

Entonces uno de los ancianos me preguntó: "¿Quiénes son y de dónde han venido los que llevan la túnica blanca?". Yo le respondí: "Señor mío, tú eres quien lo sabe". Entonces él me dijo: "Son los que han pasado por la gran tribulación y han lavado y blanqueado su túnica con la sangre del Cordero".

Palabra de Dios. ℟. **Te alabamos, Señor.**

SALMO RESPONSORIAL
Del salmo 23

H. Ramírez B.P. 1661

Es - ta es la cla - se de hom - bres que te bus - can, Se - ñor.

℟. Ésta es la clase de hombres que te buscan, Señor.

Del Señor es la tierra y lo que ella tiene,
el orbe todo y los que en él habitan,
pues él lo edificó sobre los mares,
él fue quien lo asentó sobre los ríos. ℟.

[R. Ésta es la clase de hombres que te buscan, Señor.]

¿Quién subirá hasta el monte del Señor?
¿Quién podrá entrar en su recinto santo?
El de corazón limpio y manos puras
y que no jura en falso. R.

Ése obtendrá la bendición de Dios,
y Dios, su salvador, le hará justicia.
Ésta es la clase de hombres que te buscan
y vienen ante ti, Dios de Jacob. R.

SEGUNDA LECTURA
Veremos a Dios tal cual es.

De la primera carta del apóstol san Juan
3, 1-3

Q ueridos hijos: Miren cuánto amor nos ha tenido el Padre, pues no sólo nos llamamos hijos de Dios, sino que lo somos. Si el mundo no nos reconoce, es porque tampoco lo ha reconocido a él.

Hermanos míos, ahora somos hijos de Dios, pero aún no se ha manifestado cómo seremos al fin. Y ya sabemos que, cuando él se manifieste, vamos a ser semejantes a él, porque lo veremos tal cual es.

Todo el que tenga puesta en Dios esta esperanza, se purifica a sí mismo para ser tan puro como él.

Palabra de Dios.   R. **Te alabamos, Señor.**

ACLAMACIÓN ANTES DEL EVANGELIO
Mt 11, 28

B.P. 1126 - Sosa

A - le - lu - ya,   a - le - lu - ya,   a - le - lu - ya.

R. Aleluya, aleluya.
Vengan a mí, todos los que están fatigados
y agobiados por la carga,
y yo les daré alivio, dice el Señor.
R. Aleluya, aleluya.

EVANGELIO
Alégrense y salten de contento, porque su premio será grande en los cielos.

✠ Del santo Evangelio según san Mateo
5, 1-12

E n aquel tiempo, cuando Jesús vio a la muchedumbre, subió al monte y se sentó. Entonces se le acercaron sus discípulos. Enseguida comenzó a enseñarles, y les dijo:

"Dichosos los pobres de espíritu,
porque de ellos es el Reino de los cielos.
Dichosos los que lloran,
porque serán consolados.
Dichosos los sufridos,
porque heredarán la tierra.
Dichosos los que tienen hambre y sed de justicia,
porque serán saciados.
Dichosos los misericordiosos,
porque obtendrán misericordia.
Dichosos los limpios de corazón,
porque verán a Dios.
Dichosos los que trabajan por la paz,
porque se les llamará hijos de Dios.
Dichosos los perseguidos por causa de la justicia,
porque de ellos es el Reino de los cielos.

Dichosos serán ustedes cuando los injurien, los persigan y digan cosas falsas de ustedes por causa mía. Alégrense y salten de contento, porque su premio será grande en los cielos".

Palabra del Señor. ℟. **Gloria a ti, Señor Jesús.**

Se dice Credo.

ORACIÓN SOBRE LAS OFRENDAS

Que te sean gratos, Señor, los dones que ofrecemos en honor de todos los santos, y concédenos experimentar la ayuda para obtener nuestra salvación, de aquellos que ya alcanzaron con certeza la felicidad eterna. Por Jesucristo, nuestro Señor.

ANTÍFONA DE LA COMUNIÓN   Mt 5, 8-10

Dichosos los limpios de corazón, porque verán a Dios. Dichosos los que trabajan por la paz, porque se les llamará hijos de Dios. Dichosos los perseguidos por causa de la justicia, porque de ellos es el Reino de los cielos.

ORACIÓN DESPUÉS DE LA COMUNIÓN

Dios nuestro, a quien adoramos, admirable y único Santo entre todos tus santos, imploramos tu gracia para que, al consumar nuestra santificación en la plenitud de tu amor, podamos pasar de esta mesa de la Iglesia peregrina, al banquete de la patria celestial. Por Jesucristo, nuestro Señor.

¿SÓLO SE SALVARÁN 144 MIL PERSONAS?

✔ Los Testigos de Jehová, basados en una interpretación literal del versículo 4 del texto del Apocalipsis que leemos hoy en la primera lectura: "Y pude oír el número de los que habían sido marcados: eran ciento cuarenta y cuatro mil, procedentes de todas las tribus de Israel", predican que el paraíso está reservado sólo para 144 mil personas. Éstos que se salvarán son, naturalmente, los que pertenecen a su grupo.

✔ Lo primero que hay que decir al respecto, es que esta interpretación del texto por parte de los Testigos de Jehová es contraria a todo el espíritu de la Biblia y del Evangelio, que proclaman que la salvación se ofrece a todos los seres humanos y no sólo a un grupo reducido.

✔ San Pablo, en su primera carta a Timoteo (2, 4) afirma que "Dios quiere que todos los hombres se salven y lleguen al conocimiento de la verdad".

✔ Lo segundo que hay que decir, es que en su interpretación del pasaje del Apocalipsis y de otros muchos pasajes bíblicos, los Testigos de Jehová ignoran por completo el simbolismo de los números en la Biblia. El solo hecho de que en cada tribu haya el mismo número de marcados, revela que estamos muy lejos de las matemáticas ordinarias.

✔ Por otra parte, es absurdo pensar que Cristo padeció, murió y resucitó sólo para salvar a 144 mil seres humanos de todos los millones que hemos existido y existirán.

2 de noviembre
Lunes

Todos los fieles difuntos
(Blanco o morado)

ANTÍFONA DE ENTRADA   Cfr. 4 Esd 2, 34-35

Dales, Señor, el descanso eterno y brille para ellos la luz perpetua.

ORACIÓN COLECTA

Señor Dios, gloria de los fieles y vida de los justos, que nos has redimido por la muerte y resurrección de tu Hijo, acoge con bondad a tus fieles difuntos, que creyeron en el misterio de nuestra resurrección, y concédeles alcanzar los gozos de la eterna bienaventuranza. Por nuestro Señor Jesucristo...

La visión cristiana de que quienes tienen la esperanza puesta en el Señor no mueren para siempre, ya había sido anunciada por el profeta Isaías (PRIMERA LECTURA); y san Pablo, en su carta a los cristianos de Tesalónica (SEGUNDA LECTURA), los invita a no estar tristes, ya que quienes "murieron en Jesús" estarán con él perpetuamente. En el EVANGELIO, Jesús nos asegura que aquel que vive en comunión con él por alimentarse de su carne y su sangre, "tiene vida eterna" y él lo resucitará "el último día".

PRIMERA LECTURA
El Señor destruirá la muerte para siempre.

Del libro del profeta Isaías
25, 6. 7-9

E n aquel día, el Señor del universo
preparará sobre este monte
un festín con platillos suculentos
para todos los pueblos.
    Él arrancará en este monte
el velo que cubre el rostro de todos los pueblos,
el paño que oscurece a todas las naciones.
Destruirá la muerte para siempre;
el Señor Dios enjugará las lágrimas de todos los rostros
y borrará de toda la tierra la afrenta de su pueblo.
Así lo ha dicho el Señor.
    En aquel día se dirá:
"Aquí está nuestro Dios,
de quien esperábamos que nos salvara;
alegrémonos y gocemos con la salvación que nos trae".

Palabra de Dios.   ℟. **Te alabamos, Señor.**

SALMO RESPONSORIAL
Del salmo 129

M.T. Carrasco B.P. 1663

Se - ñor,   es - cu - cha   mi_o - ra - ción.

℟.   Señor, escucha mi oración.

Desde el abismo de mis pecados clamo a ti;
Señor, escucha mi clamor;
que estén atentos tus oídos
a mi voz suplicante. ℟.
    Si conservaras el recuerdo de las culpas,
¿quién habría, Señor, que se salvara?
Pero de ti procede el perdón,
por eso con amor te veneramos. ℟.
    Confío en el Señor,
mi alma espera y confía en su palabra;
mi alma aguarda al Señor,
mucho más que a la aurora el centinela. ℟.

Como aguarda a la aurora el centinela,
aguarda Israel al Señor,
porque del Señor viene la misericordia
y la abundancia de la redención,
y él redimirá a su pueblo
de todas sus iniquidades. ℟.

SEGUNDA LECTURA

Estaremos con el Señor para siempre.

De la primera carta del apóstol san Pablo a los tesalonicenses
4, 13-14. 17-18

Hermanos: No queremos que ignoren lo que pasa con los difuntos, para que no vivan tristes, como los que no tienen esperanza. Pues, si creemos que Jesús murió y resucitó, de igual manera debemos creer que, a los que murieron en Jesús, Dios los llevará con él, y así estaremos siempre con el Señor.

Consuélense, pues, unos a otros, con estas palabras.

Palabra de Dios.   ℟. **Te alabamos, Señor.**

ACLAMACIÓN ANTES DEL EVANGELIO
Jn 3, 16

B.P. 1126 - Sosa

A - le - lu - ya,   a - le - lu - ya,   a - le - lu - ya.

℟.   Aleluya, aleluya.
Tanto amó Dios al mundo, que le entregó a su Hijo único,
para que todo el que crea en él tenga vida eterna.
℟.   Aleluya, aleluya.

EVANGELIO
El que coma de este pan vivirá para siempre y yo lo resucitaré el último día.

✠ Del santo Evangelio según san Juan
6, 51-58

En aquel tiempo, Jesús dijo a los judíos: "Yo soy el pan vivo que ha bajado del cielo; el que coma de este pan vivirá para siempre. Y el pan que yo les voy a dar es mi carne, para que el mundo tenga vida".

Entonces los judíos se pusieron a discutir entre sí: "¿Cómo puede éste darnos a comer su carne?".

Jesús les dijo: "Yo les aseguro: Si no comen la carne del Hijo del hombre y no beben su sangre, no podrán tener vida en ustedes. El que come mi carne y bebe mi sangre, tiene vida eterna y yo lo resucitaré el último día.

Mi carne es verdadera comida y mi sangre es verdadera bebida. El que come mi carne y bebe mi sangre, permanece en mí y yo en él. Como el Padre, que me ha enviado, posee la vida y yo vivo por él, así también el que me come vivirá por mí.

Éste es el pan que ha bajado del cielo; no es como el maná que comieron sus padres, pues murieron. El que come de este pan, vivirá para siempre".

Palabra del Señor. ℟. **Gloria a ti, Señor Jesús.**

ORACIÓN SOBRE LAS OFRENDAS

Por este sacrificio, Dios todopoderoso y eterno, te rogamos que laves de sus pecados en la sangre de Cristo a tus fieles difuntos, para que, a los que purificaste en el agua del bautismo, no dejes de purificarlos con la misericordia de tu amor. Por Jesucristo, nuestro Señor.

ANTÍFONA DE LA COMUNIÓN   Cfr. 4 Esd 2, 35. 34

Brille, Señor, para nuestros hermanos difuntos la luz perpetua y vivan para siempre en compañía de tus santos, ya que eres misericordioso.

ORACIÓN DESPUÉS DE LA COMUNIÓN

Habiendo recibido el sacramento de tu Unigénito, que se inmoló por nosotros y resucitó glorioso, te pedimos humildemente, Señor, por tus fieles difuntos, para que, ya purificados por este sacrificio pascual, alcancen la gloria de la futura resurrección. Por Jesucristo, nuestro Señor.

EN VIDA, HERMANO, EN VIDA

Si quieres hacer feliz
a alguien que quieres mucho,
dícelo HOY, sé muy bueno...
En vida, hermano, en vida.

Si deseas dar una flor,
no esperes a que se mueran,
mándala HOY con amor...
En vida, hermano, en vida.

Si deseas decir: "Te quiero"
a la gente de tu casa,
al amigo, cerca o lejos...
En vida, hermano, en vida.

No esperes a que se muera
la gente, para quererla
y hacerle sentir tu afecto...
En vida, hermano, en vida.

Tú serás muy feliz
si aprendes a hacer felices
a todos los que conozcas...
En vida, hermano, en vida.

Nunca visites panteones
ni llenes tumbas de flores;
llena de amor corazones...
En vida, hermano, en vida.

A. Rabatté

8 de noviembre   32° Domingo del T. Ordinario

(Verde)

ORACIÓN COLECTA

Dios omnipotente y misericordioso, aparta de nosotros todos los males, para que, con el alma y el cuerpo bien dispuestos, podamos con libertad de espíritu cumplir lo que es de tu agrado. Por nuestro Señor Jesucristo…

Jesús hace resaltar la modesta ofrenda que una viuda deposita en la alcancía del templo, comparándola con la ostentación de las personas ricas (EVANGELIO). El gesto de aquella mujer es igual al de aquella otra viuda que, a pesar de su miseria, acogió en su casa al profeta Elías (PRIMERA LECTURA).

En la carta a los hebreos se compara el culto en el templo del Antiguo Testamento, donde el sacerdote entraba cubierto con la sangre de las víctimas del sacrificio, con la nueva liturgia en la que vemos que Cristo entró en el cielo, cubierto con su propia sangre (SEGUNDA LECTURA).

PRIMERA LECTURA

Con el puñado de harina la viuda hizo un panecillo y se lo llevó a Elías.

Del primer libro de los Reyes
17, 10-16

E n aquel tiempo, el profeta Elías se puso en camino hacia Sarep-
ta. Al llegar a la puerta de la ciudad, encontró allí a una viuda

que recogía leña. La llamó y le dijo: "Tráeme, por favor, un poco de agua para beber". Cuando ella se alejaba, el profeta le gritó: "Por favor, tráeme también un poco de pan". Ella le respondió: "Te juro por el Señor, tu Dios, que no me queda ni un pedazo de pan; tan sólo me queda un puñado de harina en la tinaja y un poco de aceite en la vasija. Ya ves que estaba recogiendo unos cuantos leños. Voy a preparar un pan para mí y para mi hijo. Nos lo comeremos y luego moriremos".

Elías le dijo: "No temas. Anda y prepáralo como has dicho; pero primero haz un panecillo para mí y tráemelo. Después lo harás para ti y para tu hijo, porque así dice el Señor Dios de Israel: 'La tinaja de harina no se vaciará, la vasija de aceite no se agotará, hasta el día en que el Señor envíe la lluvia sobre la tierra' ".

Entonces ella se fue, hizo lo que el profeta le había dicho y comieron él, ella y el niño. Y tal como había dicho el Señor por medio de Elías, a partir de ese momento ni la tinaja de harina se vació, ni la vasija de aceite se agotó.

Palabra de Dios.   ℟. **Te alabamos, Señor.**

SALMO RESPONSORIAL
Del salmo 145

B. Carrillo B.P. 1650

El   Se - ñor   siem - pre_es   fiel   a   su   pa - la - bra.

℟.   El Señor siempre es fiel a su palabra.

El Señor siempre es fiel a su palabra,
y es quien hace justicia al oprimido;
él proporciona pan a los hambrientos
y libera al cautivo. ℟.

    Abre el Señor los ojos de los ciegos
y alivia al agobiado.
Ama el Señor al hombre justo
y toma al forastero a su cuidado. ℟.

    A la viuda y al huérfano sustenta
y trastorna los planes del inicuo.
Reina el Señor eternamente,
reina tu Dios, oh Sión, reina por siglos. ℟.

SEGUNDA LECTURA
Cristo se ofreció una sola vez para quitar los pecados de todos.

De la carta a los hebreos
9, 24-28

Hermanos: Cristo no entró en el santuario de la antigua alianza, construido por mano de hombres y que sólo era figura del verdadero, sino en el cielo mismo, para estar ahora en la presencia de Dios, intercediendo por nosotros.

En la antigua alianza, el sumo sacerdote entraba cada año en el santuario para ofrecer una sangre que no era la suya; pero Cristo no tuvo que ofrecerse una y otra vez a sí mismo en sacrificio, porque en tal caso habría tenido que padecer muchas veces desde la creación del mundo. De hecho, él se manifestó una sola vez, en el momento culminante de la historia, para destruir el pecado con el sacrificio de sí mismo.

Y así como está determinado que los hombres mueran una sola vez y que después de la muerte venga el juicio, así también Cristo se ofreció una sola vez para quitar los pecados de todos. Al final se manifestará por segunda vez, pero ya no para quitar el pecado, sino para la salvación de aquellos que lo aguardan y en él tienen puesta su esperanza.

Palabra de Dios.   ℟. **Te alabamos, Señor.**

ACLAMACIÓN ANTES DEL EVANGELIO
Mt 5, 3

B.P. 1126 - Sosa

A - le - lu - ya,   a - le - lu - ya,   a - le - lu - ya.

℟.   Aleluya, aleluya.
Dichosos los pobres de espíritu,
porque de ellos es el Reino de los cielos.
℟.   Aleluya, aleluya.

EVANGELIO
Esa pobre viuda ha echado en la alcancía más que todos.

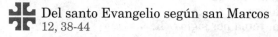 Del santo Evangelio según san Marcos
12, 38-44

E n aquel tiempo, enseñaba Jesús a la multitud y le decía: "¡Cuidado con los escribas! Les encanta pasearse con amplios ropajes y recibir reverencias en las calles; buscan los asientos de honor en las sinagogas y los primeros puestos en los banquetes; se echan sobre los bienes de las viudas haciendo ostentación de largos rezos. Éstos recibirán un castigo muy riguroso".

En una ocasión Jesús estaba sentado frente a las alcancías del templo, mirando cómo la gente echaba allí sus monedas. Muchos ricos daban en abundancia. En esto, se acercó una viuda pobre y echó dos moneditas de muy poco valor. Llamando entonces a sus discípulos, Jesús les dijo: "Yo les aseguro que esa pobre viuda ha echado en la alcancía más que todos. Porque los demás han echado de lo que les sobraba; pero ésta, en su pobreza, ha echado todo lo que tenía para vivir".

Palabra del Señor. ℟. **Gloria a ti, Señor Jesús.**

ORACIÓN SOBRE LAS OFRENDAS

Señor, mira con bondad este sacrificio, y concédenos alcanzar los frutos de la pasión de tu Hijo, que ahora celebramos sacramentalmente. Él, que vive y reina por los siglos de los siglos.

ANTÍFONA DE LA COMUNIÓN   Cfr. Sal 22, 1-2

El Señor es mi pastor, nada me falta; en verdes praderas me hace recostar; me conduce hacia fuentes tranquilas.

ORACIÓN DESPUÉS DE LA COMUNIÓN

Alimentados con estos sagrados dones, te damos gracias, Señor, e imploramos tu misericordia, para que, por la efusión de tu Espíritu, cuya eficacia celestial recibimos, nos concedas perseverar en la gracia de la verdad. Por Jesucristo, nuestro Señor.

CÓMO HACER UN ACTO DE CONTRICIÓN ANTES DE CONFESARTE

Sigue estos seis pasos:

1. Déjate querer. Recuerda que la venida de Cristo, su vida, su Pasión, su Iglesia, sus sacramentos… todo es obra suya para que tú y yo y todos tuviéramos su gracia y nos salváramos.

2. ¿Cómo se dice, niño? Si piensas en todo lo que Cristo ha hecho por tu bien, la conciencia te dirá: ¿Cómo se dice, niño?

3. Trata de darle una explicación. La conciencia no dejará de hacerte penosas comparaciones entre lo que Cristo ha tratado de hacer por ti y las dificultades que tú le has puesto. Algún amargor de boca te vendrá. Háblale de esto a Cristo.

4. Ya no lo vuelvo a hacer. También háblale de esto. De que ya estás de acuerdo otra vez en obedecerlo, sobre todo en eso en que has fallado y que prometes confesar, y dile que confías en su ayuda.

5. No confundas las cosas. No creas que por saber que tarde o temprano puedes fallar, ya por eso no estás arrepentido.

6. Dale "siga" a un amor sincero. Ofender a Cristo ya te duele en algún grado. Ahí está lo principal. Basta con decirle sinceramente que lo sientes.

La contrición, es decir, la pena o dolor que nos da el haber ofendido a Dios por ser él tan bueno con uno, es necesaria para tener el deseo de mejorar nuestra vida, y nos ha de mover a acercarnos al sacramento de la Reconciliación.

15 de noviembre   33ᵉʳ Domingo del T. Ordinario

(Verde)

ANTÍFONA DE ENTRADA   Jer 29, 11. 12. 14

Yo tengo designios de paz, no de aflicción, dice el Señor. Ustedes me invocarán y yo los escucharé y los libraré de la esclavitud donde quiera que se encuentren.

ORACIÓN COLECTA

Concédenos, Señor, Dios nuestro, alegrarnos siempre en tu servicio, porque la profunda y verdadera alegría está en servirte siempre a ti, autor de todo bien. Por nuestro Señor Jesucristo...

Hoy se nos pide que miremos al cielo, de donde vendrá el Hijo del hombre el día señalado por Dios para juzgar al mundo (EVANGELIO). También Daniel nos habla, por su parte (PRIMERA LECTURA), del fin del mundo, de la resurrección de los muertos y del juicio que abrirá a los hombres las puertas de la vida eterna. En la carta a los hebreos (SEGUNDA LECTURA) se habla de Cristo, el sumo sacerdote glorificado que está junto a Dios, después de haber ofrecido su propia vida como sacrificio para salvar a los hombres.

PRIMERA LECTURA

Entonces se salvará tu pueblo.

Del libro del profeta Daniel
12, 1-3

En aquel tiempo, se levantará Miguel, el gran príncipe que defiende a tu pueblo.

Será aquél un tiempo de angustia, como no lo hubo desde el principio del mundo. Entonces se salvará tu pueblo; todos aquellos que están escritos en el libro. Muchos de los que duermen en el polvo, despertarán: unos para la vida eterna, otros para el eterno castigo.

Los guías sabios brillarán como el esplendor del firmamento, y los que enseñan a muchos la justicia, resplandecerán como estrellas por toda la eternidad.

Palabra de Dios.   ℞. **Te alabamos, Señor.**

SALMO RESPONSORIAL
Del salmo 15

B. Carrillo B.P. 1534

En - sé - ña - me, Se - ñor, el ca - mi - no de la vi - da.

℞.   Enséñanos, Señor, el camino de la vida.

El Señor es la parte que me ha tocado en herencia:
mi vida está en sus manos.
Tengo siempre presente al Señor
y con él a mi lado, jamás tropezaré. ℞.

   Por eso se me alegran el corazón y el alma
y mi cuerpo vivirá tranquilo,
porque tú no me abandonarás a la muerte
ni dejarás que sufra yo la corrupción. ℞.

   Enséñame el camino de la vida,
sáciame de gozo en tu presencia
y de alegría perpetua junto a ti. ℞.

SEGUNDA LECTURA
Con una sola ofrenda Cristo hizo perfectos para siempre a los que ha santificado.

De la carta a los hebreos
10, 11-14. 18

Hermanos: En la antigua alianza los sacerdotes ofrecían en el templo, diariamente y de pie, los mismos sacrificios, que no podían perdonar los pecados. Cristo, en cambio, ofreció un solo sacrificio por los pecados y *se sentó para siempre a la derecha de Dios;* no le queda sino aguardar a que *sus enemigos sean puestos bajo sus pies.* Así, con una sola ofrenda, hizo perfectos para siempre a los que ha santificado. Porque una vez que los pecados han sido perdonados, ya no hacen falta más ofrendas por ellos.

Palabra de Dios.   ℟. **Te alabamos, Señor.**

ACLAMACIÓN ANTES DEL EVANGELIO
Cfr. Lc 21, 36

B.P. 1126 - Sosa

A - le - lu - ya,   a - le - lu - ya,   a - le - lu - ya.

℟.   Aleluya, aleluya.
Velen y oren,
para que puedan presentarse sin temor
ante el Hijo del hombre.
℟.   Aleluya, aleluya.

EVANGELIO
Congregará a sus elegidos desde los cuatro puntos cardinales.

✠ Del santo Evangelio según san Marcos
13, 24-32

En aquel tiempo, Jesús dijo a sus discípulos: "Cuando lleguen aquellos días, después de la gran tribulación, la luz del sol se apagará, no brillará la luna, caerán del cielo las estrellas y el universo entero se conmoverá. Entonces verán venir al Hijo del hombre sobre las nubes con gran poder y majestad. Y él enviará a sus ángeles a congregar a sus elegidos desde los cuatro puntos cardinales y desde lo más profundo de la tierra a lo más alto del cielo.

Entiendan esto con el ejemplo de la higuera. Cuando las ramas se ponen tiernas y brotan las hojas, ustedes saben que el verano está cerca. Así también, cuando vean ustedes que suceden estas cosas, sepan que el fin ya está cerca, ya está a la puerta. En verdad que no pasará esta generación sin que todo esto se cumpla. Podrán dejar de existir el cielo y la tierra, pero mis palabras no dejarán de cumplirse. Nadie conoce el día ni la hora. Ni los ángeles del cielo ni el Hijo; solamente el Padre".

Palabra del Señor.   ℟. **Gloria a ti, Señor Jesús.**

ORACIÓN SOBRE LAS OFRENDAS
Concédenos, Señor, que estas ofrendas que ponemos bajo tu mirada, nos obtengan la gracia de vivir entregados a tu servicio y nos alcancen, en recompensa, la felicidad eterna. Por Jesucristo, nuestro Señor.

ANTÍFONA DE LA COMUNIÓN   Sal 72, 28

Mi felicidad consiste en estar cerca de Dios y en poner sólo en él mis esperanzas.

ORACIÓN DESPUÉS DE LA COMUNIÓN

Al recibir, Señor, el don de estos sagrados misterios, te suplicamos humildemente que lo que tu Hijo nos mandó celebrar en memoria suya, nos aproveche para crecer en nuestra caridad fraterna. Por Jesucristo, nuestro Señor.

NADIE CONOCE EL DÍA NI LA HORA...

Esto dijo Cristo refiriéndose al fin del mundo. Ese día se nos apagará la luz del sol, de las estrellas y de todo lo apagable. Y como no es cosa de que ese "apagón" terrible nos vaya a tomar desprevenidos, es bueno seguir algunas medidas prácticas. Por ejemplo:

✴ Asistir hoy a nuestra Misa y comulgar, como si fuera la última Misa y Comunión de nuestra vida...

✴ Hacer hoy lo que tenemos que hacer, con toda la responsabilidad y empeño con que lo haríamos si supiéramos que ésta iba a ser la última vez...

✴ Demostrar a nuestro cónyuge, a nuestros hijos y a nuestros familiares todo el cariño que les demostraríamos si hoy fuera el último día que viviéramos...

✴ Pedir perdón a Dios y a quien hayamos ofendido o causado algún daño, como si estuviéramos ciertos de que mañana ya no podríamos hacerlo...

✴ Perdonar a quienes nos hayan lastimado y a quienes les guardamos resentimiento, como si ya no fuéramos a tener otra ocasión para ello...

✴ Vivir, en resumen, cada día como quisiéramos vivir el último de nuestra vida.

Porque, en realidad, ninguno de nosotros conoce el día ni la hora.

22 de noviembre **Nuestro Señor Jesucristo,**
Rey del universo

(Blanco)

ANTÍFONA DE ENTRADA   Apoc 5, 12; 1, 6
**Digno es el Cordero que fue inmolado, de recibir el
poder y la riqueza, la sabiduría, la fuerza y el honor. A él la
gloria y el imperio por los siglos de los siglos.**

ORACIÓN COLECTA
Dios todopoderoso y eterno, que quisiste fundamentar todas las
cosas en tu Hijo muy amado, Rey del universo, concede, benigno,
que toda la creación, liberada de la esclavitud del pecado, sirva a tu
majestad y te alabe eternamente. Por nuestro Señor Jesucristo...

*Jesús afirma ante Pilato que él es Rey, pero que su Reino no es de este mun-
do (EVANGELIO). Ante el tribunal religioso se había identificado como el
misterioso Hijo del hombre, que Daniel veía venir sobre las nubes del cielo,
investido por Dios con una realeza eterna y universal (PRIMERA LECTU-
RA). San Juan, en su Apocalipsis (SEGUNDA LECTURA), nos presenta a
Jesús como "el soberano de los reyes de la tierra" que, con su sangre, nos
convirtió en súbditos de su Reino.*

PRIMERA LECTURA
Su poder es eterno.

Del libro del profeta Daniel
7, 13-14

Yo, Daniel, tuve una visión nocturna:
Vi a alguien semejante a un hijo de hombre,
que venía entre las nubes del cielo.
Avanzó hacia el anciano de muchos siglos
y fue introducido a su presencia.
Entonces recibió la soberanía, la gloria y el reino.
Y todos los pueblos y naciones
de todas las lenguas lo servían.
Su poder nunca se acabará, porque es un poder eterno,
y su reino jamás será destruido.
Palabra de Dios.   ℟. **Te alabamos, Señor.**

SALMO RESPONSORIAL
Del salmo 92

B. Carrillo B.P. 1651

Se - ñor, tú e - res nues - tro rey.

℟.   Señor, tú eres nuestro rey.

Tú eres, Señor, el rey de todos los reyes.
Estás revestido de poder y majestad. ℟.

    Tú mantienes el orbe y no vacila.
Eres eterno, y para siempre está firme tu trono. ℟.

    Muy dignas de confianza son tus leyes
y desde hoy y para siempre, Señor,
la santidad adorna tu templo. ℟.

SEGUNDA LECTURA
El soberano de los reyes de la tierra ha hecho de nosotros un reino de sacerdotes para su Dios y Padre.

Del libro del Apocalipsis del apóstol san Juan
1, 5-8

Hermanos míos: Gracia y paz a ustedes, de parte de Jesucristo, el testigo fiel, el primogénito de entre los muertos, el soberano de los reyes de la tierra; aquel que nos amó y nos purificó de nuestros pecados con su sangre y ha hecho de nosotros un reino de sacerdotes para su Dios y Padre. A él la gloria y el poder por los siglos de los siglos. Amén.

Miren: él viene entre las nubes, y todos lo verán, aun aquellos que lo traspasaron. Todos los pueblos de la tierra harán duelo por su causa.

"Yo soy el Alfa y la Omega, dice el Señor Dios, el que es, el que era y el que ha de venir, el Todopoderoso".

Palabra de Dios.   ℞. **Te alabamos, Señor.**

ACLAMACIÓN ANTES DEL EVANGELIO
Mc 11, 9. 10

B.P. 1245 - Haendel

A - le - lu - ya,   a - le - lu - ya,   a - le - lu - ya.

℞. Aleluya, aleluya.
¡Bendito el que viene en el nombre del Señor!
¡Bendito el reino que llega, el reino de nuestro padre David!
℞. Aleluya, aleluya.

EVANGELIO
Tú lo has dicho. Soy rey.

✠ Del santo Evangelio según san Juan
18, 33-37

En aquel tiempo, preguntó Pilato a Jesús: "¿Eres tú el rey de los judíos?". Jesús le contestó: "¿Eso lo preguntas por tu cuenta o te lo han dicho otros?". Pilato le respondió: "¿Acaso soy yo judío? Tu pueblo y los sumos sacerdotes te han entregado a mí. ¿Qué es lo que has hecho?". Jesús le contestó: "Mi Reino no es de este mundo. Si mi Reino fuera de este mundo, mis servidores habrían luchado para que no cayera yo en manos de los judíos. Pero mi Reino no es de aquí".

Pilato le dijo: "¿Conque tú eres rey?". Jesús le contestó: "Tú lo has dicho. Soy rey. Yo nací y vine al mundo para ser testigo de la verdad. Todo el que es de la verdad, escucha mi voz".

Palabra del Señor.   ℞. **Gloria a ti, Señor Jesús.**

ORACIÓN SOBRE LAS OFRENDAS
Al ofrecerte, Señor, el sacrificio de la reconciliación humana, te suplicamos humildemente que tu Hijo conceda a todos los pueblos los dones de la unidad y de la paz. Él, que vive y reina por los siglos de los siglos.

ANTÍFONA DE LA COMUNIÓN   Sal 28, 10-11

En su trono reinará el Señor para siempre y le dará a su pueblo la bendición de la paz.

ORACIÓN DESPUÉS DE LA COMUNIÓN

Habiendo recibido, Señor, el alimento de vida eterna, te rogamos que quienes nos gloriamos de obedecer los mandamientos de Jesucristo, Rey del universo, podamos vivir eternamente con él en el reino de los cielos. Él, que vive y reina por los siglos de los siglos.

¿CON QUE TÚ, CRISTO...

◈ reducido a la mínima expresión humana en esos teporochos de la esquina...

◈ estacionado –y olvidado– con tu enfermedad a cuestas en esa sala de espera del Seguro Social o del ISSSTE...

◈ encaramado –por hambre– en el cofre de un automóvil para limpiarle el parabrisas...

◈ cobijado por unas cuantas láminas de cartón en un lote baldío...

◈ semidesnudo en esos niños que juguetean entre los charcos...

◈ hambriento y humillado en cada uno de nuestros indígenas...

◈ angustiado económicamente en tantísimas familias...

◈ despreciado frente a tantas ventanillas públicas...

ERES REY?

– "TÚ LO HAS DICHO. SOY REY"

Adviento

Inicia nuevo año litúrgico
Ciclo C

Es un tiempo en que nosotros, como comunidad eclesial, estamos llamados a preparar la Navidad, crecer en la esperanza y acoger con fe la venida continua de nuestro Señor, Cristo Jesús. Forma una unidad con la Navidad y la Epifanía. Las tres palabras tienen un significado relacionado: venida, nacimiento, manifestación.

El Dios que ha querido ser Dios-con-nosotros entró en nuestra historia en Belén hace más de dos mil años, y esto lo actualiza sacramentalmente cada año en este tiempo fuerte de seis o siete semanas: desde el primer domingo de Adviento hasta la fiesta del Bautismo del Señor. Lo hacemos con la mirada hacia su retorno glorioso al final de los tiempos.

Se trata de un tiempo hecho sacramento, esto es, signo eficaz de la gracia que Dios comunica a su Iglesia y de la fe con que la comunidad eclesial acoge este don siempre nuevo de Dios. Gracia y oportunidad constante de profundizar en nuestra vida cristiana, en sus actitudes fundamentales de fe y esperanza.

El Adviento se nos manifiesta como tiempo de una expectación piadosa y alegre.

29 de noviembre

1er Domingo de Adviento

(Inicia nuevo año litúrgico, Ciclo C)

(Morado)

ORACIÓN COLECTA

Concede a tus fieles, Dios todopoderoso, el deseo de salir al encuentro de Cristo, que viene a nosotros, para que, mediante la práctica de las buenas obras, colocados un día a su derecha, merezcamos poseer el reino celestial. Por nuestro Señor Jesucristo...

Con este primer domingo de Adviento, que inicia el año litúrgico, san Lucas nos recuerda que el Señor, al anunciarnos su venida, nos manda permanecer en vela y orar (EVANGELIO). San Pablo nos pide que nos preparemos para esa venida de Cristo, llenándonos de amor por todos (SEGUNDA LECTURA). Ya se anuncia la Navidad, la venida del hijo de David que brotará como un vástago y traerá la felicidad a los hombres (PRIMERA LECTURA).

PRIMERA LECTURA

Yo haré nacer del tronco de David un vástago santo.

Del libro del profeta Jeremías
33, 14-16

"Se acercan los días, dice el Señor, en que cumpliré la promesa que hice a la casa de Israel y a la casa de Judá.

En aquellos días y en aquella hora, yo haré nacer del tronco de David un vástago santo, que ejercerá la justicia y el derecho en la tierra. Entonces Judá estará a salvo, Jerusalén estará segura y la llamarán 'el Señor es nuestra justicia' ".

Palabra de Dios. ℟. **Te alabamos, Señor.**

SALMO RESPONSORIAL
Del salmo 24

E. Estrella B.P. 1599

Des - cú - bre - nos, Se - ñor, tus ca - mi - nos.

℟. Descúbrenos, Señor, tus caminos.

Descúbrenos, Señor, tus caminos,
guíanos con la verdad de tu doctrina.
Tú eres nuestro Dios y salvador
y tenemos en ti nuestra esperanza. ℟.

Porque el Señor es recto y bondadoso,
indica a los pecadores el sendero,
guía por la senda recta a los humildes
y descubre a los pobres sus caminos. ℟.

Con quien guarda su alianza y sus mandatos,
el Señor es leal y bondadoso.
El Señor se descubre a quien lo teme
y le enseña el sentido de su alianza. ℟.

SEGUNDA LECTURA
Que el Señor los fortalezca hasta que Jesús vuelva.

De la primera carta del apóstol san Pablo a los tesalonicenses
3, 12—4, 2

Hermanos: Que el Señor los llene y los haga rebosar de un amor mutuo y hacia todos los demás, como el que yo les tengo a ustedes, para que él conserve sus corazones irreprochables en la santidad ante Dios, nuestro Padre, hasta el día en que venga nuestro Señor Jesús, en compañía de todos sus santos.

Por lo demás, hermanos, les rogamos y los exhortamos en el nombre del Señor Jesús a que vivan como conviene, para agradar a Dios, según aprendieron de nosotros, a fin de que sigan ustedes progresando. Ya conocen, en efecto, las instrucciones que les hemos dado de parte del Señor Jesús.

Palabra de Dios.   ℟. **Te alabamos, Señor.**

ACLAMACIÓN ANTES DEL EVANGELIO
Sal 84, 8

B.P. 1246 - Bernal

A - le - lu - ya, a - le - lu - ya.

℟. Aleluya, aleluya.
Muéstranos, Señor, tu misericordia
y danos tu salvación.
℟. Aleluya, aleluya.

EVANGELIO
Se acerca su liberación.

✠ Del santo Evangelio según san Lucas
21, 25-28. 34-36

En aquel tiempo, Jesús dijo a sus discípulos: "Habrá señales prodigiosas en el sol, en la luna y en las estrellas. En la tierra, las naciones se llenarán de angustia y de miedo por el estruendo de las olas del mar; la gente se morirá de terror y de angustiosa espera por las cosas que vendrán sobre el mundo, pues hasta las estrellas se bambolearán. Entonces verán venir al Hijo del hombre en una nube, con gran poder y majestad. Cuando estas cosas comiencen a suceder, pongan atención y levanten la cabeza, porque se acerca la hora de su liberación.

Estén alerta, para que los vicios, la embriaguez y las preocupaciones de esta vida no entorpezcan su mente y aquel día los sorprenda desprevenidos; porque caerá de repente como una trampa sobre todos los habitantes de la tierra.

Velen, pues, y hagan oración continuamente, para que puedan escapar de todo lo que ha de suceder y comparecer seguros ante el Hijo del hombre".

Palabra del Señor.   ℟. **Gloria a ti, Señor Jesús.**

ORACIÓN SOBRE LAS OFRENDAS
Recibe, Señor, estos dones que te ofrecemos, tomados de los mismos bienes que nos has dado, y haz que lo que nos das en el tiempo presente

para aumento de nuestra devoción, se convierta para nosotros en prenda de tu redención eterna. Por Jesucristo, nuestro Señor.

ANTÍFONA DE LA COMUNIÓN   Sal 84, 13

El Señor nos mostrará su misericordia y nuestra tierra producirá su fruto.

ORACIÓN DESPUÉS DE LA COMUNIÓN

Te pedimos, Señor, que nos aprovechen los misterios en que hemos participado, mediante los cuales, mientras caminamos en medio de las cosas pasajeras, nos inclinas ya desde ahora a anhelar las realidades celestiales y a poner nuestro apoyo en las que han de durar para siempre. Por Jesucristo, nuestro Señor.

PARA ENCENDER LA CORONA DE ADVIENTO

El Adviento es un tiempo especial para orar y prepararnos a la venida del Señor. Proponemos un breve acto en familia para encender cada vela de la corona de Adviento.

Todos se reúnen en torno a la mesa donde se pone la corona.

Papá o mamá: Esperamos la venida triunfante del Señor Jesús al final de los tiempos, y el día de Navidad recordaremos su nacimiento en Belén. Nos preparamos escuchando la Palabra de Dios.

Se lee alguno de los siguientes textos de la Biblia: 1 Tesalonicenses 5, 23-24; Romanos 13, 11-12, o Filipenses 4, 4-7. Al finalizar la lectura todos dicen: Te alabamos, Señor. *Se enciende la primera vela.*

Papá o mamá: Pidamos a Cristo que nos ayude a estar preparados para salir a su encuentro. *(Silencio).*

Papá o mamá: Que nos preocupemos más por abrir el corazón a tus enseñanzas.

Todos: Ven, Señor Jesús.

Papá o mamá: Que podamos ayudar a los demás a conocerte mejor y a quererte de verdad.

Todos: Ven, Señor Jesús.

Papá o mamá: Que estemos dispuestos, como tu Madre santísima, a ser cada día más serviciales y comprensivos con los demás.

Todos: Ven, Señor Jesús.

Padrenuestro, Avemaría y Gloria.

Papá o mamá: Dios y Padre nuestro, concédenos tu gracia mientras esperamos la venida de tu Hijo. Ayúdanos a reconocerlo en la Eucaristía, en el Evangelio y en las personas que nos rodean. Te lo pedimos por él, que vive y reina por los siglos de los siglos.

Todos: Amén.

6 de diciembre

2º Domingo de Adviento

(Morado)

No se dice Gloria.

ORACIÓN COLECTA

Dios omnipotente y misericordioso, haz que ninguna ocupación terrena sirva de obstáculo a quienes van presurosos al encuentro de tu Hijo, antes bien, que el aprendizaje de la sabiduría celestial, nos lleve a gozar de su presencia. Él, que vive y reina contigo...

Con mucha solemnidad nos presenta hoy san Lucas el comienzo del ministerio de Juan el Bautista, que había venido a preparar "el camino del Señor", predicando la penitencia (EVANGELIO). El profeta Baruc, con frases poéticas, anuncia que el Señor trazará el camino de su pueblo allanando todas las asperezas, para conducirlo a la tierra de sus padres (PRIMERA LECTURA). San Pablo, por su parte, pide que nos dispongamos para la llegada de Cristo con una vida recta (SEGUNDA LECTURA).

PRIMERA LECTURA

Dios mostrará tu grandeza.

Del libro del profeta Baruc
5, 1-9

J erusalén, despójate de tus vestidos de luto y aflicción,
y vístete para siempre
con el esplendor de la gloria que Dios te da;
envuélvete en el manto de la justicia de Dios
y adorna tu cabeza con la diadema de la gloria del Eterno,
porque Dios mostrará tu grandeza
a cuantos viven bajo el cielo.
Dios te dará un nombre para siempre:
"Paz en la justicia y gloria en la piedad".

Ponte de pie, Jerusalén, sube a la altura,
levanta los ojos y contempla a tus hijos,
reunidos de oriente y de occidente,
a la voz del espíritu,
gozosos porque Dios se acordó de ellos.
Salieron a pie, llevados por los enemigos;
pero Dios te los devuelve llenos de gloria,
como príncipes reales.

Dios ha ordenado que se abajen
todas las montañas y todas las colinas,
que se rellenen todos los valles hasta aplanar la tierra,
para que Israel camine seguro bajo la gloria de Dios.
Los bosques y los árboles fragantes
le darán sombra por orden de Dios.
Porque el Señor guiará a Israel en medio de la alegría
y a la luz de su gloria,
escoltándolo con su misericordia y su justicia.

Palabra de Dios.   ℟. **Te alabamos, Señor.**

SALMO RESPONSORIAL
Del salmo 125

Grandes cosas has hecho por nosotros, Señor, por eso estamos alegres.

℞.   Grandes cosas has hecho por nosotros, Señor.

Cuando el Señor nos hizo volver del cautiverio,
creíamos soñar;
entonces no cesaba de reír nuestra boca,
ni se cansaba entonces la lengua de cantar. ℞.
    Aun los mismos paganos con asombro decían:
"¡Grandes cosas ha hecho por ellos el Señor!".
Y estábamos alegres,
pues ha hecho grandes cosas por su pueblo el Señor. ℞.
    Como cambian los ríos la suerte del desierto,
cambia también ahora nuestra suerte, Señor,
y entre gritos de júbilo
cosecharán aquellos que siembran con dolor. ℞.
    Al ir, iban llorando, cargando la semilla;
al regresar, cantando vendrán con sus gavillas. ℞.

SEGUNDA LECTURA
Manténganse limpios e irreprochables para el día de Cristo.

De la carta del apóstol san Pablo a los filipenses
1, 4-6. 8-11

Hermanos: Siempre que pido por ustedes, lo hago con gran alegría, porque han colaborado conmigo en la propagación del Evangelio, desde el primer día hasta ahora. Estoy convencido de que aquel que comenzó en ustedes esta obra, la irá perfeccionando siempre hasta el día de la venida de Cristo Jesús.

Dios es testigo de cuánto los amo a todos ustedes con el amor entrañable con que los ama Cristo Jesús. Y ésta es mi oración por ustedes: Que su amor siga creciendo más y más y se traduzca en un mayor conocimiento y sensibilidad espiritual. Así podrán escoger siempre lo mejor y llegarán limpios e irreprochables al día de la venida de Cristo, llenos de los frutos de la justicia, que nos viene de Cristo Jesús, para gloria y alabanza de Dios.

Palabra de Dios.   ℞. **Te alabamos, Señor.**

ACLAMACIÓN ANTES DEL EVANGELIO
Lc 3, 4. 6

B.P. 1246 - Bernal

A - le - lu - ya,   a - le - lu - ya.

℟. Aleluya, aleluya.
Preparen el camino del Señor, hagan rectos sus senderos,
y todos los hombres verán la salvación de Dios.
℟. Aleluya, aleluya.

EVANGELIO
Todos verán la salvación de Dios.

✠ Del santo Evangelio según san Lucas
3, 1-6

En el año decimoquinto del reinado del César Tiberio, siendo Poncio Pilato procurador de Judea; Herodes, tetrarca de Galilea; su hermano Filipo, tetrarca de las regiones de Iturea y Traconítide; y Lisanias, tetrarca de Abilene; bajo el pontificado de los sumos sacerdotes Anás y Caifás, vino la palabra de Dios en el desierto sobre Juan, hijo de Zacarías.

Entonces comenzó a recorrer toda la comarca del Jordán, predicando un bautismo de penitencia para el perdón de los pecados, como está escrito en el libro de las predicciones del profeta Isaías:
Ha resonado una voz en el desierto:
Preparen el camino del Señor,
hagan rectos sus senderos.
Todo valle será rellenado,
toda montaña y colina, rebajada;
lo tortuoso se hará derecho,
los caminos ásperos serán allanados
y todos los hombres verán la salvación de Dios.
Palabra del Señor. ℟. **Gloria a ti, Señor Jesús.**

ORACIÓN SOBRE LAS OFRENDAS
Que te sean agradables, Señor, nuestras humildes súplicas y ofrendas, y puesto que no tenemos merecimientos en qué apoyarnos, socórranos el poderoso auxilio de tu benevolencia. Por Jesucristo, nuestro Señor.

ANTÍFONA DE LA COMUNIÓN   Bar 5, 5; 4, 36
Levántate, Jerusalén, sube a lo alto, para que contemples la alegría que te viene de Dios.

ORACIÓN DESPUÉS DE LA COMUNIÓN
Saciados por el alimento que nutre nuestro espíritu, te rogamos, Señor, que, por nuestra participación en estos misterios, nos enseñes a valorar sabiamente las cosas de la tierra y a poner nuestro corazón en las del cielo. Por Jesucristo, nuestro Señor.

PREPARARSE A RECIBIR A CRISTO ES ENDEREZAR LO TORTUOSO

Prepararse a recibir a Cristo no se reduce –como muchos pensamos– a ir a comprar un arbolito de Navidad y empezar a preparar el "nacimiento".

Prepararse de veras a recibir al Niño Dios es cuestión de enderezar lo tortuoso, es decir, lo que no ha estado muy bien que digamos en nuestra vida. Por ejemplo:

✳ Hacer **"a lo derecho"** nuestro trabajo de todos los días, esto es, sin trampas (como salir antes de tiempo, llevar a casa cosas que no son nuestras, presentar "incapacidades" falsas…).

✳ No **"darles vueltas"** a nuestros padres (diciendo que vamos a donde no vamos y viceversa, que no hicimos lo que sí hicimos, que tuvimos que gastar en lo que no gastamos…).

✳ En una palabra, arreglar todo aquello en lo que le estamos **"jugando chueco"** a alguien: a Dios, a nuestro cónyuge, a nuestros hijos, a los subordinados, a los jefes, a los amigos…

PREPARAR EL ARBOLITO, EL NACIMIENTO Y LAS POSADAS ESTÁ BIEN, PERO NO ES LO MÁS IMPORTANTE

8 de diciembre
Martes

Inmaculada Concepción de la santísima Virgen María

(Blanco o azul)

ANTÍFONA DE ENTRADA   Is 61, 10

Me alegro en el Señor con toda el alma y me lleno de júbilo en mi Dios, porque me revistió con vestiduras de salvación y me cubrió con un manto de justicia, como la novia que se adorna con sus joyas.

Se dice Gloria.

ORACIÓN COLECTA

Dios nuestro, que por la Inmaculada Concepción de la Virgen María preparaste una digna morada para tu Hijo y, en previsión de la muerte redentora de Cristo, la preservaste de toda mancha de pecado, concédenos que, por su intercesión, nosotros también, purificados de todas nuestras culpas, lleguemos hasta ti. Por nuestro Señor Jesucristo...

El ángel saludó a María, diciéndole: "Alégrate, llena de gracia, el Señor está contigo" (EVANGELIO). María recibió plenamente la bendición con que Dios nos ha colmado en Cristo, "para que fuéramos –dice san Pablo– santos e irreprochables a sus ojos, por el amor" (SEGUNDA LECTURA). El libro del Génesis (PRIMERA LECTURA), anuncia la victoria de la descendencia de la Virgen, es decir, de Cristo sobre Satanás.

PRIMERA LECTURA

Pondré enemistad entre ti y la mujer, entre tu descendencia y la suya.

Del libro del Génesis

3, 9-15. 20

Después de que el hombre y la mujer comieron del fruto del árbol prohibido, el Señor Dios llamó al hombre y le preguntó: "¿Dónde estás?". Éste le respondió: "Oí tus pasos en el jardín y tuve miedo, porque estoy desnudo, y me escondí". Entonces le dijo Dios: "¿Y quién te ha dicho que estabas desnudo? ¿Has comido acaso del árbol del que te prohibí comer?".

Respondió Adán: "La mujer que me diste por compañera me ofreció del fruto del árbol y comí". El Señor Dios dijo a la mujer: "¿Por qué has hecho esto?". Repuso la mujer: "La serpiente me engañó y comí".

Entonces dijo el Señor Dios a la serpiente:
"Porque has hecho esto,
serás maldita entre todos los animales
y entre todas las bestias salvajes.
Te arrastrarás sobre tu vientre y comerás polvo
todos los días de tu vida.
Pondré enemistad entre ti y la mujer,
entre tu descendencia y la suya;
y su descendencia te aplastará la cabeza,
mientras tú tratarás de morder su talón".

El hombre le puso a su mujer el nombre de "Eva", porque ella fue la madre de todos los vivientes.

Palabra de Dios.   ℟. **Te alabamos, Señor.**

SALMO RESPONSORIAL
Del salmo 97

B. Vega B.P. 1654

℟.   Cantemos al Señor un canto nuevo,
pues ha hecho maravillas.

Cantemos al Señor un canto nuevo,
pues ha hecho maravillas.
Su diestra y su santo brazo
le han dado la victoria. ℟.

El Señor ha dado a conocer su victoria
y ha revelado a las naciones su justicia.
Una vez más ha demostrado Dios
su amor y su lealtad hacia Israel. ℞.

La tierra entera ha contemplado
la victoria de nuestro Dios.
Que todos los pueblos y naciones
aclamen con júbilo al Señor. ℞.

SEGUNDA LECTURA
Dios nos eligió en Cristo, antes de crear el mundo.

De la carta del apóstol san Pablo a los efesios
1, 3-6. 11-12

Bendito sea Dios, Padre de nuestro Señor Jesucristo,
que nos ha bendecido en él
con toda clase de bienes espirituales y celestiales.
Él nos eligió en Cristo, antes de crear el mundo,
para que fuéramos santos e irreprochables
a sus ojos, por el amor,
y determinó, porque así lo quiso,
que, por medio de Jesucristo, fuéramos sus hijos,
para que alabemos y glorifiquemos la gracia
con que nos ha favorecido, por medio de su Hijo amado.

Con Cristo somos herederos también nosotros. Para esto
estábamos destinados, por decisión del que lo hace todo según su
voluntad: para que fuéramos una alabanza continua de su gloria,
nosotros, los que ya antes esperábamos en Cristo.

Palabra de Dios. ℞. **Te alabamos, Señor.**

ACLAMACIÓN ANTES DEL EVANGELIO
Cfr. Lc 1, 28

B.P. 1034 - Palazón

A - le - lu - ya, a - le - lu - ya, a - le - lu - ya.

℞. Aleluya, aleluya.
Dios te salve, María, llena de gracia,
el Señor está contigo,
bendita tú entre las mujeres.
℞. Aleluya, aleluya.

EVANGELIO
Alégrate, llena de gracia, el Señor está contigo.

✠ Del santo Evangelio según san Lucas
1, 26-38

En aquel tiempo, el ángel Gabriel fue enviado por Dios a una ciudad de Galilea, llamada Nazaret, a una virgen desposada con un varón de la estirpe de David, llamado José. La virgen se llamaba María.

Entró el ángel a donde ella estaba y le dijo: "Alégrate, llena de gracia, el Señor está contigo". Al oír estas palabras, ella se preocupó mucho y se preguntaba qué querría decir semejante saludo.

El ángel le dijo: "No temas, María, porque has hallado gracia ante Dios. Vas a concebir y a dar a luz un hijo y le pondrás por nombre Jesús. Él será grande y será llamado Hijo del Altísimo; el Señor Dios le dará el trono de David, su padre, y él reinará sobre la casa de Jacob por los siglos y su reinado no tendrá fin".

María le dijo entonces al ángel: "¿Cómo podrá ser esto, puesto que yo permanezco virgen?". El ángel le contestó: "El Espíritu Santo descenderá sobre ti y el poder del Altísimo te cubrirá con su sombra. Por eso, el Santo, que va a nacer de ti, será llamado Hijo de Dios. Ahí tienes a tu parienta Isabel, que a pesar de su vejez, ha concebido un hijo y ya va en el sexto mes la que llamaban estéril, porque no hay nada imposible para Dios". María contestó: "Yo soy la esclava del Señor; cúmplase en mí lo que me has dicho". Y el ángel se retiró de su presencia.

Palabra del Señor. ℟. **Gloria a ti, Señor Jesús.**

Se dice Credo.

ORACIÓN SOBRE LAS OFRENDAS
Recibe favorablemente, Señor, la ofrenda que te presentamos en la solemnidad de la Inmaculada Concepción de la santísima Virgen María, y concédenos que, así como profesamos que tu gracia la preservó de toda mancha de pecado, así también nosotros, por su intercesión, quedemos libres de toda culpa. Por Jesucristo, nuestro Señor.

ANTÍFONA DE LA COMUNIÓN
Grandes cosas se cantan de ti, María, porque de ti ha nacido el sol de justicia, Cristo nuestro Dios.

ORACIÓN DESPUÉS DE LA COMUNIÓN
Que el sacramento que acabamos de recibir, Señor Dios nuestro, repare en nosotros las consecuencias de aquella culpa de la cual preservaste singularmente a la Virgen María en su Inmaculada Concepción. Por Jesucristo, nuestro Señor.

BREVE HISTORIA DEL AVEMARÍA

Dos saludos separados

✴ San Lucas nos habla de dos saludos hechos a la Virgen: 1) por el ángel Gabriel: **Salve, llena de gracia, el Señor es contigo.** 2) por Isabel: **Bendita tú entre las mujeres y bendito el fruto de tu vientre.** Estos saludos no tienen lugar ni el mismo día ni en el mismo sitio. No son de la misma persona. No se continúan.

La liturgia los unió

✴ En cierto número de manuscritos antiguos del Evangelio se ve que el copista ha reproducido el saludo del ángel en estos términos: **Salve, llena de gracia, el Señor es contigo. Bendita tú entre las mujeres.** ¿Cómo pudo ocurrir que un copista del siglo V haya añadido **Bendita tú entre las mujeres** al saludo del ángel? Es que en su tiempo, la piedad del pueblo cristiano e incluso algunas oraciones de la liturgia habían unido los dos saludos en una sola oración.

El nombre de María

✴ El ángel había saludado a la Virgen, pero no la había llamado por su nombre. No era necesario, puesto que se dirigía a la que estaba frente a él. Cuando los cristianos empezaron a repetir por su cuenta el saludo del ángel, añadieron a sus palabras el nombre de María: **Dios te salve, María.**

El nombre de Jesús

✴ El nombre de Jesús fue añadido al Avemaría por el Papa Urbano IV en 1263, es decir, en la época de san Luis, rey de Francia.

Ruega por nosotros

✴ Hacia el siglo XV, en la época de los Reyes Católicos, se comenzó a añadir a la doble salutación del ángel y de Isabel una invocación: **Santa María, ruega por nosotros.**

Un Papa concluye la oración

✴ Por fin, en 1568, en la época de santa Teresa de Jesús y de san Juan de la Cruz, un gran Papa, san Pío V, publicó el Breviario, es decir, el libro de oraciones del sacerdote. En este libro el Avemaría figura ya como la decimos actualmente.

12 de diciembre
Sábado

Nuestra Señora de Guadalupe

(Blanco)

ANTÍFONA DE ENTRADA   Cfr. Apoc 12, 1

Una gran señal apareció en el cielo: una mujer vestida de sol, con la luna bajo sus pies y una corona de doce estrellas sobre su cabeza.

Se dice Gloria.

ORACIÓN COLECTA

Dios, Padre de misericordia, que has puesto a este pueblo tuyo bajo la especial protección de la siempre Virgen María de Guadalupe, Madre de tu Hijo, concédenos, por su intercesión, profundizar en nuestra fe y buscar el progreso de nuestra patria por caminos de justicia y de paz. Por nuestro Señor Jesucristo...

Toda la Misa de hoy exalta a la Virgen María. La Iglesia acomoda un pasaje del libro del Sirácide a la santísima Virgen, o bien, utiliza el mensaje profético de Isaías sobre la maternidad virginal de María (PRIMERA LECTURA). San Lucas nos señala a la Virgen María, escogida por Dios para ser la madre de su Hijo hecho hombre, como la mujer que tiene la misión de entregarnos al Redentor. Ya lo lleva en su seno y la presencia salvadora de su Hijo se manifiesta en Isabel y en Juan. Todo eso fue posible porque María creyó y respondió sin condiciones al llamado de Dios (EVANGELIO). San Pablo aclara la misión salvadora de Cristo (SEGUNDA LECTURA), como Hijo de Dios nacido de María, así como el papel del Espíritu Santo en la obra redentora.

PRIMERA LECTURA
He aquí que la virgen concebirá y dará a luz un hijo.

Del libro del profeta Isaías
7, 10-14

En aquellos tiempos, el Señor le habló a Ajaz diciendo: "Pide al Señor, tu Dios, una señal de abajo, en lo profundo, o de arriba, en lo alto". Contestó Ajaz: "No la pediré. No tentaré al Señor".

Entonces dijo Isaías: "Oye, pues, casa de David: ¿No satisfechos con cansar a los hombres, quieren cansar también a mi Dios? Pues bien, el Señor mismo les dará por eso una señal: He aquí que la virgen concebirá y dará a luz un hijo y le pondrán el nombre de Emmanuel, que quiere decir Dios-con-nosotros".

Palabra de Dios.   ℟. **Te alabamos, Señor.**

O bien:

Yo soy la madre del amor. Vengan a mí, los que me aman.

Del libro del Sirácide (Eclesiástico)
24, 23-31

Yo soy como una vid de fragantes hojas
y mis flores son producto de gloria y de riqueza.
Yo soy la madre del amor, del temor,
del conocimiento y de la santa esperanza.
En mí está toda la gracia del camino y de la verdad,
toda esperanza de vida y de virtud.
Vengan a mí, ustedes, los que me aman
y aliméntense de mis frutos.
Porque mis palabras son más dulces que la miel
y mi heredad, mejor que los panales.
Los que me coman seguirán teniendo hambre de mí,
los que me beban seguirán teniendo sed de mí;
los que me escuchan no tendrán de qué avergonzarse
y los que se dejan guiar por mí no pecarán.
Los que me honran tendrán una vida eterna.

Palabra de Dios.   ℟. **Te alabamos, Señor.**

SALMO RESPONSORIAL
Del salmo 66

J. Sosa B.P. 1578

Que te_a - la - ben, Se - ñor,   to - dos los pue - blos de la   tie - rra.

℞.   Que te alaben, Señor, todos los pueblos.

Ten piedad de nosotros y bendícenos;
vuelve, Señor, tus ojos a nosotros.
Que conozca la tierra tu bondad
y los pueblos tu obra salvadora. ℞.

    Las naciones con júbilo te canten,
porque juzgas al mundo con justicia;
con equidad tú juzgas a los pueblos
y riges en la tierra a las naciones. ℞.

    Que te alaben, Señor, todos los pueblos,
que los pueblos te aclamen todos juntos.
Que nos bendiga Dios
y que le rinda honor el mundo entero. ℞.

SEGUNDA LECTURA
Dios envió a su Hijo, nacido de una mujer.

De la carta del apóstol san Pablo a los gálatas
4, 4-7

Hermanos: Al llegar la plenitud de los tiempos, envió Dios a su Hijo, nacido de una mujer, nacido bajo la ley, para rescatar a los que estábamos bajo la ley, a fin de hacernos hijos suyos.

    Puesto que ya son ustedes hijos, Dios envió a sus corazones el Espíritu de su Hijo, que clama: "¡Abbá!", es decir, ¡Padre! Así que ya no eres siervo, sino hijo; y siendo hijo, eres también heredero por voluntad de Dios.

Palabra de Dios.   ℞. **Te alabamos, Señor.**

ACLAMACIÓN ANTES DEL EVANGELIO
Lc 1, 47

B.P. 1246 - Bernal

A - le   -   lu - ya,   a - le - lu   -   ya.

℟. Aleluya, aleluya.
Mi alma glorifica al Señor
y mi espíritu se llena de júbilo en Dios, mi salvador.
℟. Aleluya, aleluya.

EVANGELIO

Bendita tú entre las mujeres y bendito el fruto de tu vientre.

✠ Del santo Evangelio según san Lucas
1, 39-48

E n aquellos días, María se encaminó presurosa a un pueblo de las montañas de Judea, y entrando en la casa de Zacarías, saludó a Isabel. En cuanto ésta oyó el saludo de María, la criatura saltó en su seno.

Entonces Isabel quedó llena del Espíritu Santo, y levantando la voz, exclamó: "¡Bendita tú entre las mujeres y bendito el fruto de tu vientre! ¿Quién soy yo, para que la madre de mi Señor venga a verme? Apenas llegó tu saludo a mis oídos, el niño saltó de gozo en mi seno. Dichosa tú, que has creído, porque se cumplirá cuanto te fue anunciado de parte del Señor".

Entonces dijo María: "Mi alma glorifica al Señor *y mi espíritu se llena de júbilo en Dios, mi salvador,* porque *puso sus ojos en la humildad de su esclava".*

Palabra del Señor.   ℟. **Gloria a ti, Señor Jesús.**

Se dice **Credo.**

ORACIÓN SOBRE LAS OFRENDAS

Acepta, Señor, los dones que te presentamos en esta solemnidad de nuestra Señora de Guadalupe, y haz que este sacrificio nos dé fuerza para cumplir tus mandamientos, como verdaderos hijos de la Virgen María. Por Jesucristo, nuestro Señor.

ANTÍFONA DE LA COMUNIÓN   Cfr. Sal 147, 20

No ha hecho nada semejante con ningún otro pueblo; a ninguno le ha manifestado tan claramente su amor.

ORACIÓN DESPUÉS DE LA COMUNIÓN

Que el Cuerpo y la Sangre de tu Hijo, que acabamos de recibir en este sacramento, nos ayuden, Señor, por intercesión de santa María de Guadalupe, a reconocernos y amarnos todos como verdaderos hermanos. Por Jesucristo, nuestro Señor.

IR HACIA LOS MÁS NECESITADOS QUE NOSOTROS: EL MENSAJE GUADALUPANO

Ir hacia los pobres

✓ Emprender la peregrinación desde Tenochtitlán (el centro del poder, de la riqueza y de la cultura) hasta el Tepeyácac (la periferia, los barrios pobres y marginados de la ciudad, el lugar donde viven los indígenas, pero también, donde la Virgen eligió tener su casa), pero con el mismo sentido que ella quiso darle a su propia peregrinación a este "cerrito":

"Para dar todo nuestro amor, compasión, auxilio y defensa a todos… y escuchar allí sus lamentos y remediar todas sus miserias, penas y dolores".

✓ Como al obispo Zumárraga, la Virgen no nos habla directamente, sino a través de los pobres, de los oprimidos y de los ninguneados. Solamente cuando escuchemos a los eternos "juandiegos" de México –buscando servir en ellos al mismo Cristo, pobre y humilde– percibiremos la voz de nuestra Señora de Guadalupe.

✓ Si ella, pudiendo haberse aparecido en el centro de Tenochtitlán o en Tlatelolco, los lugares de la riqueza y el poder, quiso aparecerse en el barrio de Tepeyácac, lugar de los pobres y oprimidos, y fijó ahí su morada, es porque quiso que dirigiéramos la mirada a los más necesitados que nosotros, para tenderles la mano.

Éste es el mensaje guadalupano.

13 de diciembre   3ᵉʳ Domingo de Adviento

(Morado o rosa)

ANTÍFONA DE ENTRADA   Cfr. Flp 4, 4. 5

Estén siempre alegres en el Señor, les repito, estén alegres. El Señor está cerca.

No se dice Gloria.

ORACIÓN COLECTA

Dios nuestro, que contemplas a tu pueblo esperando fervorosamente la fiesta del nacimiento de tu Hijo, concédenos poder alcanzar la dicha que nos trae la salvación y celebrarla siempre, con la solemnidad de nuestras ofrendas y con vivísima alegría. Por nuestro Señor Jesucristo...

San Pablo nos invita (SEGUNDA LECTURA) a vivir con alegría, con benevolencia, con serenidad y en acción de gracias, porque "el Señor está cerca". La alegría, nacida de la presencia íntima de Dios, llenaba el corazón del profeta Sofonías, que saludaba esperanzado la llegada del día del Señor (PRIMERA LECTURA). También Juan el Bautista (EVANGELIO) anuncia la realización de la esperanza de Israel: "ya viene otro más poderoso que yo". Pero al mismo tiempo nos enseña que debemos prepararnos para su venida con la práctica de la justicia y compartiendo lo nuestro con los demás.

PRIMERA LECTURA

El Señor se alegrará en ti.

Del libro del profeta Sofonías
3, 14-18

Canta, hija de Sión,
da gritos de júbilo, Israel,
gózate y regocíjate de todo corazón, Jerusalén.
El Señor ha levantado su sentencia contra ti,
ha expulsado a todos tus enemigos.
El Señor será el rey de Israel en medio de ti
y ya no temerás ningún mal.
Aquel día dirán a Jerusalén:
"No temas, Sión,
que no desfallezcan tus manos.
El Señor, tu Dios, tu poderoso salvador,
está en medio de ti.
Él se goza y se complace en ti;
él te ama y se llenará de júbilo por tu causa,
como en los días de fiesta".

Palabra de Dios.   ℟. **Te alabamos, Señor.**

SALMO RESPONSORIAL
Isaías 12

B.P. 1665

El Se - ñor es mi Dios y mi sal - va - dor.

℟.   El Señor es mi Dios y salvador.

El Señor es mi Dios y salvador,
con él estoy seguro y nada temo.
El Señor es mi protección y mi fuerza
y ha sido mi salvación.
Sacarán agua con gozo
de la fuente de salvación. ℟.

Den gracias al Señor,
invoquen su nombre,
cuenten a los pueblos sus hazañas,
proclamen que su nombre es sublime. ℟.

Alaben al Señor por sus proezas,
anúncienlas a toda la tierra.
Griten jubilosos, habitantes de Sión,
porque el Dios de Israel
ha sido grande con ustedes. ℟.

SEGUNDA LECTURA
El Señor está cerca.

De la carta del apóstol san Pablo a los filipenses
4, 4-7

Hermanos míos: Alégrense siempre en el Señor; se lo repito: ¡Alégrense! Que la benevolencia de ustedes sea conocida por todos. El Señor está cerca. No se inquieten por nada; más bien presenten en toda ocasión sus peticiones a Dios en la oración y la súplica, llenos de gratitud. Y que la paz de Dios, que sobrepasa toda inteligencia, custodie sus corazones y sus pensamientos en Cristo Jesús.

Palabra de Dios.   ℞. **Te alabamos, Señor.**

ACLAMACIÓN ANTES DEL EVANGELIO
Is 61, 1 (cit. en Lc 4, 18)

B.P. 1246 - Bernal

A - le - lu - ya, a - le - lu - ya.

℞.   Aleluya, aleluya.
El Espíritu del Señor está sobre mí.
Me ha enviado para anunciar la buena nueva a los pobres.
℞.   Aleluya, aleluya.

EVANGELIO
¿Qué debemos hacer?

✠ Del santo Evangelio según san Lucas
3, 10-18

En aquel tiempo, la gente le preguntaba a Juan el Bautista: "¿Qué debemos hacer?". Él contestó: "Quien tenga dos túnicas, que dé una al que no tiene ninguna, y quien tenga comida, que haga lo mismo".

También acudían a él los publicanos para que los bautizara, y le preguntaban: "Maestro, ¿qué tenemos que hacer nosotros?". Él les decía: "No cobren más de lo establecido". Unos soldados le preguntaron: "Y nosotros, ¿qué tenemos que hacer?". Él les dijo: "No extorsionen a nadie, ni denuncien a nadie falsamente, sino conténtense con su salario".

Como el pueblo estaba en expectación y todos pensaban que quizá Juan era el Mesías, Juan los sacó de dudas, diciéndoles: "Es cierto que yo bautizo con agua, pero ya viene otro más poderoso que yo, a quien no merezco desatarle las correas de sus sandalias. Él los bautizará con el Espíritu Santo y con fuego. Él tiene el bieldo en la mano para separar el trigo de la paja; guardará el trigo en su granero y quemará la paja en un fuego que no se extingue".

Con éstas y otras muchas exhortaciones anunciaba al pueblo la buena nueva.

Palabra del Señor.   R. **Gloria a ti, Señor Jesús.**

ORACIÓN SOBRE LAS OFRENDAS

Que este sacrificio, Señor, que te ofrecemos con devoción, nunca deje de realizarse, para que cumpla el designio que encierra tan santo misterio y obre eficazmente en nosotros tu salvación. Por Jesucristo, nuestro Señor.

ANTÍFONA DE LA COMUNIÓN   Cfr. Is 35, 4

Digan a los cobardes: "¡Ánimo, no teman!; miren a su Dios: viene en persona a salvarlos".

ORACIÓN DESPUÉS DE LA COMUNIÓN

Imploramos, Señor, tu misericordia, para que estos divinos auxilios nos preparen, purificados de nuestros pecados, para celebrar las fiestas venideras. Por Jesucristo, nuestro Señor.

PREPARARSE PARA NAVIDAD ES... COMPARTIR

No podemos prepararnos para celebrar en esta Navidad a quien quiso hacerse hombre para compartir con nosotros su herencia, si nosotros no compartimos con los demás lo que tenemos:
- ☞ con los que viven muy solitarios (quizá muchos ancianos, solteros o algunos enfermos), nuestra compañía y nuestra solicitud...
- ☞ con los que no reciben aguinaldo (porque no tienen trabajo o trabajan por su cuenta, como los boleros, los cuidadores de coches, los vendedores de periódicos...) alguna partecita del que recibimos los que trabajamos en alguna empresa.

20 de diciembre   4º Domingo de Adviento

(Morado)

ANTÍFONA DE ENTRADA   Cfr. Is 45, 8
   Cielos, destilen el rocío; nubes, lluevan la salvación; que la tierra se abra, y germine el Salvador.

No se dice Gloria.

ORACIÓN COLECTA

Te pedimos, Señor, que infundas tu gracia en nuestros corazones, para que, habiendo conocido, por el anuncio del ángel, la encarnación de tu Hijo, lleguemos, por medio de su pasión y de su cruz, a la gloria de la resurrección. Por nuestro Señor Jesucristo...

El profeta Miqueas anunciaba el nacimiento de Cristo en Belén; ocho siglos después, el oráculo de Miqueas sirvió para guiar a los Magos hasta el Niño que había nacido en Belén (PRIMERA LECTURA). En la carta a los hebreos (SEGUNDA LECTURA) se nos revelan las disposiciones que tenía el Hijo de Dios al entrar al mundo: "Aquí estoy, Dios mío; vengo para hacer tu voluntad". Después, podremos saludar a la Virgen María, junto con Isabel, exclamando: "¡Bendita tú entre las mujeres!" (EVANGELIO).

PRIMERA LECTURA
De ti saldrá el jefe de Israel.

Del libro del profeta Miqueas
5, 1-4

E sto dice el Señor:
   "De ti, Belén Efrata,
pequeña entre las aldeas de Judá,
de ti saldrá el jefe de Israel,
cuyos orígenes se remontan a tiempos pasados,
a los días más antiguos.
      Por eso, el Señor abandonará a Israel,
mientras no dé a luz la que ha de dar a luz.
Entonces el resto de sus hermanos
se unirá a los hijos de Israel.
Él se levantará para pastorear a su pueblo
con la fuerza y la majestad del Señor, su Dios.
Ellos habitarán tranquilos,
porque la grandeza del que ha de nacer llenará la tierra
y él mismo será la paz".

Palabra de Dios.   ℟. **Te alabamos, Señor.**

SALMO RESPONSORIAL
Del salmo 79

R. Orendáin B.P. 1666

Se - ñor, mués - tra - nos tu fa - vor y sál - va - nos.

℟.   Señor, muéstranos tu favor y sálvanos.

Escúchanos, pastor de Israel;
tú que estás rodeado de querubines,
manifiéstate;
despierta tu poder y ven a salvarnos. ℟.
      Señor, Dios de los ejércitos, vuelve tus ojos,
mira tu viña y visítala;
protege la cepa plantada por tu mano,
el renuevo que tú mismo cultivaste. ℟.
      Que tu diestra defienda al que elegiste,
al hombre que has fortalecido.
Ya no nos alejaremos de ti;
consérvanos la vida y alabaremos tu poder. ℟.

SEGUNDA LECTURA
Aquí estoy, Dios mío, para hacer tu voluntad.

De la carta a los hebreos
10, 5-10

H ermanos: Al entrar al mundo, Cristo dijo, conforme al salmo: *No quisiste víctimas ni ofrendas; en cambio, me has dado un cuerpo. No te agradaron los holocaustos ni los sacrificios por el pecado; entonces dije –porque a mí se refiere la Escritura–: "Aquí estoy, Dios mío; vengo para hacer tu voluntad".*

Comienza por decir: *No quisiste víctimas ni ofrendas, no te agradaron los holocaustos ni los sacrificios por el pecado* –siendo así que eso es lo que pedía la ley–; y luego añade: *"Aquí estoy, Dios mío; vengo para hacer tu voluntad".*

Con esto, Cristo suprime los antiguos sacrificios, para establecer el nuevo. Y en virtud de esta voluntad, todos quedamos santificados por la ofrenda del cuerpo de Jesucristo, hecha una vez por todas.

Palabra de Dios.   ℞. **Te alabamos, Señor.**

ACLAMACIÓN ANTES DEL EVANGELIO
Lc 1, 38

B.P. 1246 - Bernal

A - le - lu - ya, a - le - lu - ya.

℞.   Aleluya, aleluya.
Yo soy la esclava del Señor;
cúmplase en mí lo que me has dicho.
℞.   Aleluya, aleluya.

EVANGELIO
¿Quién soy yo, para que la madre de mi Señor venga a verme?

✠ Del santo Evangelio según san Lucas
1, 39-45

E n aquellos días, María se encaminó presurosa a un pueblo de las montañas de Judea, y entrando en la casa de Zacarías, saludó a Isabel. En cuanto ésta oyó el saludo de María, la criatura saltó en su seno.

Entonces Isabel quedó llena del Espíritu Santo, y levantando la voz, exclamó: "¡Bendita tú entre las mujeres y bendito el fruto de tu vientre! ¿Quién soy yo, para que la madre de mi Señor venga a verme? Apenas llegó tu saludo a mis oídos, el niño saltó de gozo en mi seno. Dichosa tú, que has creído, porque se cumplirá cuanto te fue anunciado de parte del Señor".

Palabra del Señor.   ℟. **Gloria a ti, Señor Jesús.**

ORACIÓN SOBRE LAS OFRENDAS

Que santifique, Señor, estos dones, colocados en tu altar, el mismo Espíritu Santo que fecundó con su poder el seno de la bienaventurada Virgen María. Por Jesucristo, nuestro Señor.

ANTÍFONA DE LA COMUNIÓN   Is 7, 14

Miren: la Virgen concebirá y dará a luz un hijo, a quien le pondrá el nombre de Emmanuel.

ORACIÓN DESPUÉS DE LA COMUNIÓN

Habiendo recibido esta prenda de redención eterna, te rogamos, Dios todopoderoso, que, cuanto más se acerca el día de la festividad que nos trae la salvación, con tanto mayor fervor nos apresuremos a celebrar dignamente el misterio del nacimiento de tu Hijo. Él, que vive y reina por los siglos de los siglos.

... Y SALUDÓ A ISABEL

✤ saludar amablemente al vecino, a la señora del puesto de periódicos, a la persona que espera el autobús todos los días en la misma esquina que nosotros, al compañero de trabajo, al que nos atiende en una ventanilla...

✤ ir a saludar con frecuencia a los padres ancianos, a la madre viuda, al familiar que vive solo, al pariente pobre, al amigo enfermo...

✤ devolverle el saludo a quien se lo hayamos negado porque nos ofendió, o habló mal de nosotros o nos "ninguneó"...

✤ no escatimarles el saludo a los subordinados, a los de categoría más modesta que la nuestra, a los pobres, al que no comparte nuestras ideas políticas o religiosas...

✤ saludar, no por rutina ni por compromiso, sino con verdadero interés por la otra persona y con el deseo de manifestarle nuestra estimación...

✤ saludar para hacerles sentir a los demás que existen, que se les toma en cuenta, que son importantes para nosotros...

✤ saludar, saludar, saludar...

**UNA FORMA
DE PREPARARNOS
PARA NAVIDAD,
DE VIVIR LA NAVIDAD
Y EL TIEMPO
DESPUÉS DE NAVIDAD**

Navidad

Celebramos el Tiempo de Navidad desde la víspera del 25 de diciembre hasta la fiesta del Bautismo del Señor, posterior a la Epifanía.

Celebramos la venida del Señor y sus primeras manifestaciones: a los pastores, a los sabios de oriente, y la del bautismo en el Jordán. Y lo intentamos vivir siempre en espera de la manifestación definitiva al final de los tiempos.

La Navidad es un sacramento por el cual la gracia del nacimiento del Hijo de Dios se hace presente y se nos comunica en la celebración de esta solemnidad. No se trata sólo de un recuerdo pedagógico del acontecimiento de Belén. Es actualización y nueva presencia del misterio salvador de

Dios que se ha hecho de nuestra familia. De alguna manera nos hacemos contemporáneos del nacimiento de Cristo y de su manifestación.

Entre el ayer de Belén y el mañana de la Parusía está el hoy de cada Navidad, el Dios-con-nosotros que nos quiere comunicar su vida, su luz y su alegría.

Navidad y Epifanía celebran el mismo misterio. La Navidad acentúa el nacimiento: Dios se ha hecho nuestro hermano. La Epifanía enfatiza la manifestación de su divinidad.

25 de diciembre
Viernes

La Natividad del Señor
(Misa de la noche)

(Blanco)

ORACIÓN COLECTA

Señor Dios, que hiciste resplandecer esta noche santísima con la claridad de Cristo, luz verdadera, concede a quienes hemos conocido los misterios de esa luz en la tierra, que podamos disfrutar también de su gloria en el cielo. Por nuestro Señor Jesucristo…

El nacimiento que hacía gritar de alegría a Isaías: "¡Un niño nos ha nacido, un hijo se nos ha dado!", tiene lugar esta noche (PRIMERA LECTURA). Aquello no era más que un lejano vaticinio del nacimiento que, al producirse, es gloria para Dios y paz para los hombres (EVANGELIO). Si la venida de Jesús es una prenda de paz para la tierra es porque en él, como dice san Pablo (SEGUNDA LECTURA), apareció la gracia de Dios, que trae la salvación para todos los hombres.

PRIMERA LECTURA
Un hijo se nos ha dado.

Del libro del profeta Isaías
9, 1-3. 5-6

El pueblo que caminaba en tinieblas vio una gran luz; sobre los que vivían en tierra de sombras, una luz resplandeció.
Engrandeciste a tu pueblo
e hiciste grande su alegría.
Se gozan en tu presencia como gozan al cosechar,
como se alegran al repartirse el botín.
Porque tú quebrantaste su pesado yugo,
la barra que oprimía sus hombros y el cetro de su tirano,
como en el día de Madián.
Porque un niño nos ha nacido, un hijo se nos ha dado;
lleva sobre sus hombros el signo del imperio y su nombre será:
"Consejero admirable", "Dios poderoso",
"Padre sempiterno", "Príncipe de la paz";
para extender el principado con una paz sin límites
sobre el trono de David y sobre su reino;
para establecerlo y consolidarlo
con la justicia y el derecho, desde ahora y para siempre.
El celo del Señor lo realizará.

Palabra de Dios. ℟. **Te alabamos, Señor.**

SALMO RESPONSORIAL
Del salmo 95

B. Carrillo B.P. 1668

Hoy nos ha na - ci - do el Sal - va - dor.

℟. Hoy nos ha nacido el Salvador.

Cantemos al Señor un canto nuevo,
que le cante al Señor toda la tierra;
cantemos al Señor y bendigámoslo. ℟.

Proclamemos su amor día tras día,
su grandeza anunciemos a los pueblos;
de nación en nación, sus maravillas. ℟.

Alégrense los cielos y la tierra,
retumbe el mar y el mundo submarino.
Salten de gozo el campo y cuanto encierra,
manifiesten los bosques regocijo. ℟.

Regocíjese todo ante el Señor,
porque ya viene a gobernar el orbe.
Justicia y rectitud serán las normas
con las que rija a todas las naciones. ℟.

SEGUNDA LECTURA
La gracia de Dios se ha manifestado a todos los hombres.

De la carta del apóstol san Pablo a Tito
2, 11-14

Querido hermano: La gracia de Dios se ha manifestado para salvar a todos los hombres y nos ha enseñado a renunciar a la vida sin religión y a los deseos mundanos, para que vivamos, ya desde ahora, de una manera sobria, justa y fiel a Dios, en espera de la gloriosa venida del gran Dios y Salvador, Cristo Jesús, nuestra esperanza. Él se entregó por nosotros para redimirnos de todo pecado y purificarnos, a fin de convertirnos en pueblo suyo, fervorosamente entregado a practicar el bien.

Palabra de Dios.   ℟. **Te alabamos, Señor.**

ACLAMACIÓN ANTES DEL EVANGELIO
Cfr. Lc 2, 10-11

B.P. 1246 - Bernal

A - le - lu - ya,   a - le - lu - ya.

℟.   Aleluya, aleluya.
Les anuncio una gran alegría:
Hoy nos ha nacido el Salvador,
que es Cristo, el Señor.
℟.   Aleluya, aleluya.

EVANGELIO
Hoy nos ha nacido el Salvador.

✠ Del santo Evangelio según san Lucas
2, 1-14

Por aquellos días, se promulgó un edicto de César Augusto, que ordenaba un censo de todo el imperio. Este primer censo se hizo cuando Quirino era gobernador de Siria. Todos iban a empadronarse, cada uno en su propia ciudad; así es que también José, perteneciente a la casa y familia de David, se dirigió desde la ciudad de Nazaret, en Galilea, a la ciudad de David, llamada Belén, para empadronarse, juntamente con María, su esposa, que estaba encinta.

Mientras estaban ahí, le llegó a María el tiempo de dar a luz y tuvo a su hijo primogénito; lo envolvió en pañales y lo recostó en un pesebre, porque no hubo lugar para ellos en la posada.

En aquella región había unos pastores que pasaban la noche en el campo, vigilando por turno sus rebaños. Un ángel del Señor se les apareció y la gloria de Dios los envolvió con su luz y se llenaron de temor. El ángel les dijo: "No teman. Les traigo una buena noticia, que causará gran alegría a todo el pueblo: hoy les ha nacido, en la ciudad de David, un Salvador, que es el Mesías, el Señor. Esto les servirá de señal: encontrarán al niño envuelto en pañales y recostado en un pesebre".

De pronto se le unió al ángel una multitud del ejército celestial, que alababa a Dios, diciendo: "¡Gloria a Dios en el cielo, y en la tierra paz a los hombres de buena voluntad!".

Palabra del Señor.   ℟. **Gloria a ti, Señor Jesús.**

Se dice **Credo**. *A las palabras:* Y por obra…, *todos se arrodillan.*

ORACIÓN SOBRE LAS OFRENDAS

Te rogamos, Señor, que la ofrenda de esta festividad sea de tu agrado, para que, mediante este sagrado intercambio, lleguemos a ser semejantes a aquel por quien nuestra naturaleza quedó unida a la tuya. Él, que vive y reina por los siglos de los siglos.

ANTÍFONA DE LA COMUNIÓN   Jn 1, 14
El Verbo se hizo hombre y hemos visto su gloria.

ORACIÓN DESPUÉS DE LA COMUNIÓN

Señor, Dios nuestro, que nos has concedido el gozo de celebrar el nacimiento de nuestro Redentor, haz que después de una vida santa, merezcamos alcanzar la perfecta comunión con él. Que vive y reina por los siglos de los siglos.

TERCER MISTERIO DEL AMA DE CASA:
LA GRUTA DE BELÉN

❋ Tu casa, como una gruta de Belén, encerrando tanto misterio gozoso oculto a los ojos de los hombres y conocido solamente por Dios y por ustedes.

❋ Tu casa, de la que tienes que hacer uno de esos pocos reductos del mundo donde se dé gloria al Dios de las alturas y donde reinen la paz y la buena voluntad; en pocas palabras, donde se viva el mensaje de Cristo.

❋ Tu casa, donde no sólo han de nacer los hombres y mujeres del mañana, sino donde tú tienes que hacer que nazcan la fe, la bondad, la generosidad y el mundo mejor del mañana.

Tú, la que tienes el gozo inmenso de poder hacer –mucho más que los grandes hombres de Estado– que el mundo del mañana sea habitado por gente mejor y más cristiana que la del mundo de hoy.

25 de diciembre
Viernes

La Natividad del Señor
(Misa del día)
(Blanco)

ANTÍFONA DE ENTRADA   Cfr. Is 9, 5

Un niño nos ha nacido, un hijo se nos ha dado; lleva sobre sus hombros el imperio y su nombre será Ángel del gran consejo.

Se dice Gloria.

ORACIÓN COLECTA

Señor Dios, que de manera admirable creaste la naturaleza humana y, de modo aún más admirable, la restauraste, concédenos compartir la divinidad de aquel que se dignó compartir nuestra humanidad. Él, que vive y reina...

La Misa de hoy nos lleva a ver en el pesebre de Jesús lo que está más allá de lo humano. Aquel niño recién nacido es la Palabra de Dios hecha hombre (EVANGELIO); es el Hijo, por medio del cual Dios hizo y conserva el mundo, y es el resplandor de la gloria de Dios (SEGUNDA LECTURA). Su venida a la tierra trae consigo la salvación de Dios, que habrá de llegar a todos los rincones del mundo (PRIMERA LECTURA).

PRIMERA LECTURA

La tierra entera verá la salvación que viene de nuestro Dios.

Del libro del profeta Isaías
52, 7-10

¡Qué hermoso es ver correr sobre los montes
al mensajero que anuncia la paz,

al mensajero que trae la buena nueva,
que pregona la salvación,
que dice a Sión: "Tu Dios es rey"!

Escucha: Tus centinelas alzan la voz
y todos a una gritan alborozados,
porque ven con sus propios ojos al Señor,
que retorna a Sión.

Prorrumpan en gritos de alegría, ruinas de Jerusalén,
porque el Señor rescata a su pueblo, consuela a Jerusalén.
Descubre el Señor su santo brazo
a la vista de todas las naciones.
Verá la tierra entera
la salvación que viene de nuestro Dios.

Palabra de Dios. ℟. **Te alabamos, Señor.**

SALMO RESPONSORIAL
Del salmo 97

R. Orendáin B.P. 1670

To - da la tie - rra ha vis - to_al Sal - va - dor.

℟. Toda la tierra ha visto al Salvador.

Cantemos al Señor un canto nuevo,
pues ha hecho maravillas.
Su diestra y su santo brazo
le han dado la victoria. ℟.

El Señor ha dado a conocer su victoria
y ha revelado a las naciones su justicia.
Una vez más ha demostrado Dios
su amor y su lealtad hacia Israel. ℟.

La tierra entera ha contemplado
la victoria de nuestro Dios.
Que todos los pueblos y naciones
aclamen con júbilo al Señor. ℟.

Cantemos al Señor al son del arpa,
suenen los instrumentos.
Aclamemos al son de los clarines
al Señor, nuestro rey. ℟.

SEGUNDA LECTURA
Dios nos ha hablado por medio de su Hijo.

De la carta a los hebreos
1, 1-6

En distintas ocasiones y de muchas maneras habló Dios en el pasado a nuestros padres, por boca de los profetas. Ahora, en estos tiempos, que son los últimos, nos ha hablado por medio de su Hijo, a quien constituyó heredero de todas las cosas y por medio del cual hizo el universo.

El Hijo es el resplandor de la gloria de Dios, la imagen fiel de su ser y el sostén de todas las cosas con su palabra poderosa. Él mismo, después de efectuar la purificación de los pecados, se sentó a la diestra de la majestad de Dios, en las alturas, tanto más encumbrado sobre los ángeles, cuanto más excelso es el nombre que, como herencia, le corresponde.

Porque, ¿a cuál de los ángeles le dijo Dios: *Tú eres mi Hijo; yo te he engendrado hoy*? ¿O de qué ángel dijo Dios: *Yo seré para él un padre y él será para mí un hijo*? Además, en otro pasaje, cuando introduce en el mundo a su primogénito, dice: *Adórenlo todos los ángeles de Dios.*

Palabra de Dios.   ℟. **Te alabamos, Señor.**

ACLAMACIÓN ANTES DEL EVANGELIO

B.P. 1246 - Bernal

A - le - lu - ya,   a - le - lu - ya.

℟.   Aleluya, aleluya.
Un día sagrado ha brillado para nosotros.
Vengan, naciones, y adoren al Señor,
porque hoy ha descendido una gran luz sobre la tierra.
℟.   Aleluya, aleluya.

EVANGELIO

Aquel que es la Palabra se hizo hombre y habitó entre nosotros.

✠ Del santo Evangelio según san Juan
1, 1-18

En el principio ya existía aquel que es la Palabra,
y aquel que es la Palabra estaba con Dios y era Dios.
Ya en el principio él estaba con Dios.
Todas las cosas vinieron a la existencia por él
y sin él nada empezó de cuanto existe.

Él era la vida, y la vida era la luz de los hombres.
La luz brilla en las tinieblas
y las tinieblas no la recibieron.
Hubo un hombre enviado por Dios, que se llamaba Juan.
Éste vino como testigo, para dar testimonio de la luz,
para que todos creyeran por medio de él.
Él no era la luz, sino testigo de la luz.
Aquel que es la Palabra era la luz verdadera,
que ilumina a todo hombre que viene a este mundo.
En el mundo estaba;
el mundo había sido hecho por él
y, sin embargo, el mundo no lo conoció.
Vino a los suyos y los suyos no lo recibieron;
pero a todos los que lo recibieron
les concedió poder llegar a ser hijos de Dios,
a los que creen en su nombre,
los cuales no nacieron de la sangre,
ni del deseo de la carne, ni por voluntad del hombre,
sino que nacieron de Dios.
Y aquel que es la Palabra se hizo hombre
y habitó entre nosotros.
Hemos visto su gloria,
gloria que le corresponde como a Unigénito del Padre,
lleno de gracia y de verdad.
Juan el Bautista dio testimonio de él, clamando:
"A éste me refería cuando dije:
'El que viene después de mí, tiene precedencia sobre mí,
porque ya existía antes que yo'".
De su plenitud hemos recibido todos gracia sobre gracia.
Porque la ley fue dada por medio de Moisés,
mientras que la gracia y la verdad vinieron por Jesucristo.
A Dios nadie lo ha visto jamás.
El Hijo unigénito, que está en el seno del Padre,
es quien lo ha revelado.
Palabra del Señor.   ℟. **Gloria a ti, Señor Jesús.**

Se dice **Credo**. *A las palabras:* Y por obra…, *todos se arrodillan.*

ORACIÓN SOBRE LAS OFRENDAS

Que sea aceptable ante ti, Señor, la oblación de la presente solemnidad, por la que llegó a nosotros tu benevolencia para nuestra perfecta reconciliación y nos fue concedido participar en plenitud del culto divino.
Por Jesucristo, nuestro Señor.

ANTÍFONA DE LA COMUNIÓN
Cfr. Sal 97, 3
Los confines de la tierra han contemplado la salvación que nos viene de Dios.

ORACIÓN DESPUÉS DE LA COMUNIÓN

Concédenos, Dios misericordioso, que el Salvador del mundo, que hoy nos ha nacido, puesto que es el autor de nuestro nacimiento a la vida, también nos haga partícipes de su inmortalidad. Él, que vive y reina por los siglos de los siglos.

Y LOS SUYOS NO LO RECIBIERON

↪ Es curioso el que sigamos celebrando todos los años, con el mayor regocijo y hasta con emoción y ternura, el día en que Dios vino a su casa… y nosotros no lo recibimos.

↪ No pretendemos entristecer a nadie, porque, a pesar de todo esto y quizá, paradójicamente, por eso mismo, Navidad es nuestra fiesta más alentadora y enternecedora.

↪ Es enternecedor que este Niño, al que le hemos dado con la puerta en las narices no sólo entonces sino muchas veces en nuestra propia vida, no se haya marchado para siempre, sino que haya querido volver a nuestra casa.

↪ Es alentador que este Niño no haga berrinches, no se enfade fácilmente y vuelva a llamar, como si nada hubiera pasado, a nuestra casa.

↪ El día –que ojalá sea hoy, este 25 de diciembre de 2015– que lo dejemos entrar en nuestra casa y en nuestro corazón, será más Navidad que nunca.

27 de diciembre
Domingo

La Sagrada Familia de Jesús, María y José
(Blanco)

ANTÍFONA DE ENTRADA   Lc 2, 16
Llegaron los pastores a toda prisa y encontraron a María y a José, y al niño recostado en un pesebre.

Se dice Gloria.

ORACIÓN COLECTA
Señor Dios, que te dignaste dejarnos el más perfecto ejemplo en la Sagrada Familia de tu Hijo, concédenos benignamente que, imitando sus virtudes domésticas y los lazos de caridad que la unió, podamos gozar de la eterna recompensa en la alegría de tu casa. Por nuestro Señor Jesucristo...

Hoy vemos que Jesús emprende con sus padres una peregrinación a Jerusalén y, después de perderse en la ciudad y de hablar con los doctores de la ley en el templo, vuelve a Nazaret para continuar su vida de familia. Jesús apenas tenía doce años (EVANGELIO). La PRIMERA LECTURA nos habla de Ana, que consagró a su hijo al servicio del Señor en su santuario. La SEGUNDA LECTURA trata del amor que Dios nos ha tenido y del amor que debemos practicar unos con otros.

PRIMERA LECTURA
Samuel quedará consagrado de por vida al Señor.

Del primer libro de Samuel
1, 20-22. 24-28

En aquellos días, Ana concibió, dio a luz un hijo y le puso por nombre Samuel, diciendo: "Al Señor se lo pedí". Después de un año, Elcaná, su marido, subió con toda la familia para hacer el sacrificio anual para honrar al Señor y para cumplir la promesa que habían hecho, pero Ana se quedó en su casa.

Un tiempo después, Ana llevó a Samuel, que todavía era muy pequeño, a la casa del Señor, en Siló, y llevó también un novillo de tres años, un costal de harina y un odre de vino.

Una vez sacrificado el novillo, Ana presentó el niño a Elí y le dijo: "Escúchame, señor: te juro por mi vida que yo soy aquella mujer que estuvo junto a ti, en este lugar, orando al Señor. Éste es el niño que yo le pedía al Señor y que él me ha concedido. Por eso, ahora yo se lo ofrezco al Señor, para que le quede consagrado de por vida". Y adoraron al Señor.

Palabra de Dios. ℟. **Te alabamos, Señor.**

SALMO RESPONSORIAL
Del salmo 83

B.P. 1497 B. Carrillo

Se - ñor, di - cho-sos los que vi - ven en tu ca - sa.

℟. Señor, dichosos los que viven en tu casa.

Anhelando los atrios del Señor
se consume mi alma.
Todo mi ser de gozo se estremece
y el Dios vivo es la causa. ℟.

    Dichosos los que viven en tu casa,
te alabarán para siempre;
dichosos los que encuentran en ti su fuerza
y la esperanza de su corazón. ℟.

    Escucha mi oración, Señor de los ejércitos;
Dios de Jacob, atiéndeme.
Míranos, Dios y protector nuestro,
y contempla el rostro de tu Mesías. ℟.

SEGUNDA LECTURA
Nos llamamos hijos de Dios y lo somos.

De la primera carta del apóstol san Juan
3, 1-2. 21-24

Q ueridos hijos: Miren cuánto amor nos ha tenido el Padre, pues no sólo nos llamamos hijos de Dios, sino que lo somos. Si el mundo no nos reconoce, es porque tampoco lo ha reconocido a él.

Hermanos míos, ahora somos hijos de Dios, pero aún no se ha manifestado cómo seremos al fin. Y ya sabemos que, cuando él se manifieste, vamos a ser semejantes a él, porque lo veremos tal cual es.

Si nuestra conciencia no nos remuerde, entonces, hermanos míos, nuestra confianza en Dios es total. Puesto que cumplimos los mandamientos de Dios y hacemos lo que le agrada, ciertamente obtendremos de él todo lo que le pidamos.

Ahora bien, éste es su mandamiento: que creamos en la persona de Jesucristo, su Hijo, y nos amemos los unos a los otros, conforme al precepto que nos dio. Quien cumple sus mandamientos permanece en Dios y Dios en él. En esto conocemos, por el Espíritu que él nos ha dado, que él permanece en nosotros.

Palabra de Dios. ℟. **Te alabamos, Señor.**

ACLAMACIÓN ANTES DEL EVANGELIO
Cfr. Hech 16, 14

B.P. 1246 - Bernal

A - le - lu - ya, a - le - lu - ya.

℟. Aleluya, aleluya.
Abre, Señor, nuestros corazones,
para que aceptemos las palabras de tu Hijo.
℟. Aleluya, aleluya.

EVANGELIO
Los padres de Jesús lo encontraron en medio de los doctores.

✠ Del santo Evangelio según san Lucas
2, 41-52

L os padres de Jesús solían ir cada año a Jerusalén para las festividades de la Pascua. Cuando el niño cumplió doce años, fueron a la fiesta, según la costumbre. Pasados aquellos días, se volvieron, pero el niño Jesús se quedó en Jerusalén, sin que sus padres lo supieran. Creyendo que iba en la caravana, hicieron un día de camino; entonces lo buscaron, y al no encontrarlo, regresaron a Jerusalén en su busca.

Al tercer día lo encontraron en el templo, sentado en medio de los doctores, escuchándolos y haciéndoles preguntas. Todos los que lo oían se admiraban de su inteligencia y de sus respuestas. Al verlo, sus padres se quedaron atónitos y su madre le dijo: "Hijo mío, ¿por qué te has portado así con nosotros? Tu padre y yo te hemos estado buscando, llenos de angustia". Él les respondió: "¿Por qué me andaban buscando? ¿No sabían que debo ocuparme en las cosas de mi Padre?". Ellos no entendieron la respuesta que les dio. Entonces volvió con ellos a Nazaret y siguió sujeto a su autoridad. Su madre conservaba en su corazón todas aquellas cosas.

Jesús iba creciendo en saber, en estatura y en el favor de Dios y de los hombres.

Palabra del Señor.   ℟. **Gloria a ti, Señor Jesús.**

Se dice **Credo.**

ORACIÓN SOBRE LAS OFRENDAS

Te ofrecemos, Señor, este sacrificio de reconciliación, y te pedimos humildemente que, por la intercesión de la Virgen Madre de Dios y de san José, fortalezcas nuestras familias en tu gracia y en tu paz. Por Jesucristo, nuestro Señor.

ANTÍFONA DE LA COMUNIÓN   Bar 3, 38
Nuestro Dios apareció en el mundo y convivió con los hombres.

ORACIÓN DESPUÉS DE LA COMUNIÓN

Padre misericordioso, haz que, reanimados con este sacramento celestial, imitemos constantemente los ejemplos de la Sagrada Familia, para que, superadas las aflicciones de esta vida, consigamos gozar eternamente de su compañía. Por Jesucristo, nuestro Señor.

LOS NIÑOS APRENDEN
LO QUE VIVEN

✣ Si un niño vive en un ambiente de críticas,
aprende a condenar.

✣ Si un niño vive en un ambiente de hostilidad,
aprende a pelear.

✣ Si un niño vive ridiculizado,
aprende a ser tímido.

✣ Si un niño vive en medio de castigos,
aprende a sentirse culpable.

✣ Si un niño recibe palabras de alabanza,
aprende a apreciar.

✣ Si un niño vive en un ambiente de justicia,
aprende a tener fe.

✣ Si un niño vive en un ambiente de aprobación,
aprende a quererse.

✣ Si un niño vive en medio de palabras de aliento,
aprende a tener confianza.

✣ Si un niño vive en un ambiente de aceptación y amistad,
aprende a encontrar amor en el mundo.

SANTO ROSARIO

El que guía: Por la señal… Señor mío Jesucristo… *(Acto de contrición)*
El que guía: ¡Abre, Señor, mis labios y publicaré tu alabanza!
Todos: ¡Atiende a mí sin tardanza, dame tu auxilio y favor!

(Un Padrenuestro, diez Avemarías y Gloria. Así en todos los misterios).

Misterios Gozosos:

(Lunes y sábados)

1° La Anunciación.

2° La Visitación.

3°
El Nacimiento del Niño Dios.

4° La Presentación.

5° El hallazgo del Niño Jesús.

Misterios Luminosos:

(Jueves)

1°
El Bautismo
de Jesús en el Jordán.

2°
La autorre-
velación
del Señor
en las bodas de Caná.

3° El
anuncio
del
Reino
de Dios y
la invitación a la conversión.

4° La
Transfiguración del Señor.

5° La
institución de la Eucaristía.

Misterios Dolorosos:

(Martes y viernes)

1º La Oración en el huerto.

2º La Flagelación.

3º La Coronación de espinas.

4º Jesús con la cruz a cuestas.

5º Crucifixión y muerte de Jesús.

Misterios Gloriosos:

(Miércoles y domingos)

1º La Resurrección.

2º La Ascensión.

3º La venida del Espíritu Santo.

4º La Asunción de María.

5º La Coronación de María.

Letanía:

Señor, ten piedad de nosotros.
Cristo, ten piedad de nosotros.
Señor, ten piedad de nosotros.
Jesucristo, óyenos.
Jesucristo, escúchanos.

Señor, ten piedad de nosotros.
Cristo, ten piedad de nosotros.
Señor, ten piedad de nosotros.
Jesucristo, óyenos.
Jesucristo, escúchanos.

Dios, Padre celestial,	**ten piedad de nosotros.**
Dios Hijo, Redentor del mundo,	**ten piedad de nosotros.**
Dios Espíritu Santo,	**ten piedad de nosotros.**
Santísima Trinidad, que eres un solo Dios,	**ten piedad de nosotros.**

Santa María,
Santa Madre de Dios,
Santa Virgen de las vírgenes,
Madre de Jesucristo,
Madre de la Iglesia,
Madre de la divina gracia,
Madre purísima,
Madre castísima,
Madre virgen,
Madre sin mancha,
Madre inmaculada,
Madre amable,
Madre admirable,
Madre del buen consejo,
Madre del Creador,
Madre del Salvador,
Virgen prudentísima,
Virgen digna de veneración,
Virgen digna de alabanza,
Virgen poderosa,
Virgen clemente,
Virgen fiel,
Espejo de justicia,
Trono de la eterna Sabiduría,
Causa de nuestra alegría,
Vaso espiritual de elección,

ruega por nosotros.

Vaso precioso de la gracia,
Vaso de verdadera devoción,
Rosa mística,
Torre de David,
Torre de marfil,
Casa de oro,
Arca de la alianza,
Puerta del cielo,
Estrella de la mañana,
Salud de los enfermos,
Refugio de los pecadores,
Consoladora de los afligidos,
Auxilio de los cristianos,
Reina de los ángeles,
Reina de los patriarcas,
Reina de los profetas,
Reina de los apóstoles,
Reina de los mártires,
Reina de los confesores,
Reina de las vírgenes,
Reina de todos los santos,
Reina concebida sin pecado original,
Reina llevada al cielo,
Reina del santísimo Rosario,
Reina de las familias,
Reina de la paz,

ruega por nosotros.

Cordero de Dios, que quitas el pecado del mundo,	**perdónanos, Señor.**
Cordero de Dios, que quitas el pecado del mundo,	**óyenos, Señor.**
Cordero de Dios, que quitas el pecado del mundo,	**ten piedad de nosotros.**

Bajo tu amparo nos acogemos, Santa Madre de Dios; no desprecies las súplicas que te hacemos en nuestras necesidades, antes bien líbranos de todos los peligros, ¡oh Virgen gloriosa y bendita! Ruega por nosotros, Santa Madre de Dios, **para que seamos dignos de alcanzar las divinas gracias y promesas de nuestro Señor Jesucristo.**

Señor, que por el anuncio del ángel nos has hecho conocer la encarnación de tu Hijo, infunde tu gracia en nosotros y concédenos, por la intercesión de la Santísima Virgen María, que podamos alcanzar, por la virtud de la pasión y de la cruz de tu Hijo Jesucristo, la gloria de su resurrección. Por el mismo Jesucristo, nuestro Señor. **Amén.**

En el nombre del Padre, y del Hijo, y del Espíritu Santo. Amén.

VIACRUCIS

Introducción

- En el nombre del Padre y del Hijo y del Espíritu Santo.
- R. Amén.
- Señor, que esta breve meditación de tu pasión nos anime y ayude a tomar la cruz de nuestra vida y a seguirte.
- R. Amén.

1 ESTACION

Jesús es condenado a muerte.
- Por la envidia de los fariseos y la debilidad de Pilato, Jesús fue juzgado injustamente y condenado a muerte. Porque yo también te he juzgado y condenado en mis hermanos o he dejado, con mi silencio, que otros lo hagan...
- R. Perdón, Señor, perdón.

2 ESTACION

Jesús carga con la cruz.
- Simplemente se la echaron encima sin ninguna consideración, y él no la rechazó. Por las veces que yo he dejado caer la cruz de mis obligaciones diarias y he renegado de la de mis penas y enfermedades...
- R. Perdón, Señor, perdón.

3 ESTACION

Jesús cae por primera vez.
- No es fácil llevar la cruz. Muchas veces cae uno vencido bajo su peso. Por las ocasiones en que he tardado tanto en levantarme y por todos mis hermanos que ya no se han levantado...
- R. Perdón, Señor, perdón.

4 ESTACION

Jesús se encuentra con su Madre.
- Hay muchas ocasiones en que lo único que se puede hacer por otro es acompañarlo en su viacrucis. Por las veces en que he dejado a tantos enfermos y ancianos solos en ese penoso camino...
- R. Perdón, Señor, perdón.

5
ESTACION

Simón de Cirene ayuda a Jesús.
• No quería, claro que no; era como muchos de nosotros que no queremos ayudar. Por haber dejado solos con sus cruces de hambre, de desnudez, de abandono a tantos hermanos, cuando podía haberlos ayudado a llevarla...
R. Perdón, Señor, perdón.

6
ESTACION

La Verónica limpia el rostro de Jesús.
• Aquella mujer supo descubrir el rostro de Cristo bajo aquella capa de sudor, polvo y salivazos. Por no haberte descubierto en tantos rostros sudorosos de obreros y campesinos y no haberte enjugado tantas lágrimas...
R. Perdón, Señor, perdón.

7
ESTACION

Jesús cae por segunda vez.
• ¿Fue un tropezón con una piedra esta vez o un empujón? No lo sabemos. Por las veces que con nuestro ejemplo hemos hecho que los demás tropiecen y por las veces, quizás, que deliberadamente los hemos empujado...
R. Perdón, Señor, perdón.

8
ESTACION

Jesús habla a las hijas de Jerusalén.
• En medio de su propio dolor, Cristo no deja de preocuparse por la pena de aquellas mujeres. Por las veces en que mis problemas me han hecho olvidarme de los sufrimientos de los que me rodean.
R. Perdón, Señor, perdón.

9 ESTACION

• *Jesús cae por tercera vez.*
Y por tercra vez hace un esfuerzo supremo y se levanta. Por esas ocasiones en las que, ante las dificultades, no he perseverado en la obra emprendida en favor de los demás.

R.	Perdón, Señor, perdón.

10 ESTACION

• *Jesús es despojado de sus vestiduras.*
Antes de ponerlo en la cruz lo despojaron de sus vestiduras. Por las veces en que yo he despojado a los otros de su fama, de sus bienes, de sus derechos, de su inocencia, de sus ilusiones...

R.	Perdón, Señor, perdón.

11 ESTACION

• *Jesús es clavado en la cruz.*
Y desde la cruz pidió a su Padre que nos perdonara. Por tantos perdones que yo he negado, por tantas represalias y venganzas que he tomado...

R.	Perdón, Señor, perdón.

12 ESTACION

Jesús muere en la cruz.
No hay amor mayor que dar la vida por los amigos. Por la facilidad con que me olvido de lo que me quisiste y de lo que me quieres y de lo que te costaron mis pecados...

R.	Perdón, Señor, perdón.

13 ESTACION

• *Jesús es bajado de la cruz.*
Y su cuerpo es puesto en brazos de su madre. Por ese tierno Niño que tú nos diste una Nochebuena y que una mala tarde te devolvimos muerto por nuestros pecados...

R.	Perdón, Señora, perdón.

14
ESTACION

·

Jesús es sepultado.
Aquel que los judíos esperaban que fuera el libertador de Israel ha sido sepultado. Por las veces en que he olvidado, como los discípulos de Emaús, que es necesario pasar por todas estas cosas para entrar en la gloria...

R.   Perdón, Señor, perdón.

15
ESTACION

·

Y al tercer día resucitó.
Esta estación no está en el viacrucis tradicional, pero es la esencial. Si Cristo no resucitó, vana es nuestra fe. Por las veces en que olvido que si no muero con Cristo, no podré resucitar con él...

R.   Perdón, Señor, perdón.

ORACION FINAL
Señor mío Jesucristo, que con tu pasión y muerte diste vida al mundo, líbranos de todas nuestras culpas y de todo mal, concédenos vivir apegados a tus mandamientos y jamás permitas que nos separemos de ti, que vives y reinas por los siglos de los siglos.
R.   Amén.

ORACIONES

Acto de contrición. Señor mío Jesucristo, Dios y Hombre verdadero, me pesa de todo corazón de haber pecado, porque he merecido el infierno y perdido el cielo, y sobre todo, porque te ofendí a ti, que eres tan bueno, y que tanto me amas y a quien yo quiero amar sobre todas las cosas. Propongo firmemente, con tu gracia, enmendarme y alejarme de las ocasiones de pecar, confesarme y cumplir la penitencia. Confío me perdonarás por tu infinita misericordia. Amén.

Alma de Cristo, santifícame. Cuerpo de Cristo, sálvame. Sangre de Cristo, embriágame. Agua del costado de Cristo, lávame. Pasión de Cristo, confórtame. Oh buen Jesús, óyeme. Dentro de tus llagas, escóndeme. No permitas que me aparte de ti. Del maligno enemigo, defiéndeme. En la hora de mi muerte, llámame. Y mándame ir a ti, para que con tus santos te alabe, por los siglos de los siglos. Amén.

Oración de san Ignacio de Loyola. Toma, Señor, y recibe toda mi libertad, mi memoria, mi entendimiento y toda mi voluntad; todo mi haber y mi poseer. Tú me lo diste; a ti, Señor, lo torno; todo es tuyo, dispón a toda tu voluntad. Dame tu amor y tu gracia, que esto me basta.

Oración a Jesús crucificado. Mírame, oh mi amado y buen Jesús, postrado ante tu santísima presencia; te ruego con el mayor fervor, que imprimas en mi corazón vivos sentimientos de fe, esperanza y caridad, dolor de mis pecados y firmísimo propósito de jamás ofenderte. Mientras que yo, con todo el amor y con toda la compasión de que soy capaz, voy considerando tus cinco llagas, comenzando por aquello que dijo de ti, oh Dios mío, el santo profeta David: *Han taladrado mis manos y mis pies y se pueden contar todos mis huesos.*

Comunión espiritual. Jesús y Señor mío, creo con firmísima fe que estás realmente presente en el augusto Sacramento del altar. Dios mío, qué feliz sería yo si pudiera recibirte en mi corazón. Espero, Señor, que vengas a él y lo llenes de tu gracia. Te amo, dulcísimo Jesús mío. Siento no haberte amado siempre. Ojalá nunca te hubiera agraviado ni ofendido, dulcísimo Jesús de mi corazón. Deseo recibirte en mi pobre morada.

Ofrecimiento del Apostolado de la Oración. Divino Corazón de Jesús, por medio del Corazón Inmaculado de María santísima, te ofrezco todas mi oraciones, obras y padecimientos de este día en reparación de nuestros pecados y por todas las intenciones por las cuales te ofreces continuamente en el santísimo Sacrificio del altar. Te ofrezco todo esto en especial por las intenciones del Apostolado de la Oración y por las señaladas por el Papa para este mes. Todo por ti, Corazón Sacratísimo de Jesús.

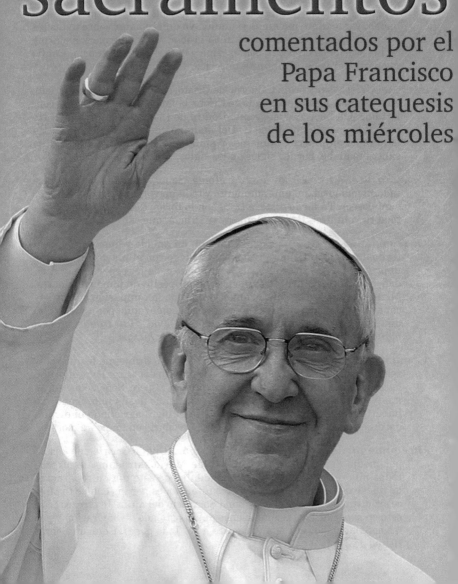

Los siete
sacramentos

comentados por el
Papa Francisco
en sus catequesis
de los miércoles

Pero antes…
¿Qué son esas catequesis?

Por Alejandro Reza Heredia

Pues verá usted. El Papa Francisco asiste durante la semana a muchas audiencias de gente que lo va a visitar. Unas son personales, otras oficiales; o como la de los miércoles, abierta a todos los que quieran ir y oírlo. Son en la Plaza de San Pedro, en el Vaticano, y desde muy temprano se llena, sobre todo de familias.

Se ve que Francisco (como quiere que le digan) las aprecia mucho. E igual que su predecesor Benedicto, las aprovecha para catequizar a los miles de cristianos que con gran gusto –se ve– van a oírlo.

Catequizar. Sí. Eso es lo que está haciendo; enseñar el catecismo a gente grande. Porque ya ve usted que los católicos sabemos muy bien lo de nuestra carrera o trabajo: medicina, electrónica… Pero cuando el niño nos pregunta algo sobre religión…

> –Oye, papá, de veras existen el diablo y el infierno?
> –¡Ups! Pregúntale a tu mamá. O mejor, de una vez, a tu tía.
> Ella sí sabe de esas cosas:

Pues Francisco, que también sabe de estas cosas… y mucho, ha estado aprovechando sus audiencias para exponer temas de bastante interés para un cristiano, pero en forma sencilla, como es él. Y así fue con los *siete sacramentos*, que hemos querido reproducir para usted, amable lector, amable lectora.

Francisco hizo con cada uno de ellos lo que a veces hacemos en casa con las modestas joyas de familia. Checamos en qué estado se encuentran, las limpiamos y las volvemos a disfrutar: –¡Mira las arras de boda, lo bonitas que son! ¿Creerás que no nos las han robado? ¡Y el reloj de tu papá! Es de cuando todavía se les daba cuerda. ¡Ay!, y mira las mancuernillas. Ya ni se usan, pero qué elegantes se veían…

Y así, nuestras pequeñas riquezas familiares volvemos a apreciarlas y valorarlas, que hasta se hacen acreedoras a una buena rejuvenecida con algún abrillantador del súper.

Pues eso mismo estuvo haciendo, como quien dice, nuestro Papa, con los siete sacramentos, los tesoros de la Iglesia. A cada uno le fue devolviendo su valor, ante nuestros ojos mal acostumbrados a verlos. Y es que tal vez, sólo los vemos como ceremonias eclesiásticas: uno se casa según un determinado rito para hacerlo. Luego uno va a bautizar a sus hijos, según lo que le dicen que hay que hacer. Si se comulga, uno debe confesarse... pero no profundizamos en que, por encima de todo, lo sacramentos son **un encuentro** con Jesús de Nazaret; tan real y tan auténtico como los encuentros que le cambiaron la vida a sus discípulos. Cada uno de aquellos hombres y mujeres que lo escuchaban, no tardaban en decir lo que aquel escriba que al oírlo se convirtió a él: "Maestro, te seguiré a donde quiera que vayas".

Jesús que viene

Cuando el Hijo de Dios quiso habitar entre nosotros –o mejor "armar su tienda entre nosotros", como dice san Juan en su evangelio– vino en plan de buscarnos. Más aún, de que nos **encontráramos** con él, movido por el amor de padre que le tiene a cada uno de sus hijos. Y este **encuentro**, quiso que nos resultara muy fácil, a través de los sacramentos.

Así, en el **Bautismo**, Jesús sale a nuestro encuentro para abrirnos las puertas de su Iglesia. En la **Confirmación** se nos hace presente, igual que lo hizo con sus Apóstoles en el Cenáculo, y nos dice como a ellos: "Reciban el Espíritu Santo". En la **Eucaristía** no es sino el propio Cristo, que viene a nuestro encuentro para alimentarnos de él. Y en la **Reconciliación** él se pone frente a nosotros y nos abraza con cariño, porque nos ha perdonado.

Por eso, qué distinto verlo así, que sólo decir: "Hoy toca ir a Misa". E igual en los demás sacramentos: No son únicamente "ceremonias"; eso es lo de fuera, lo exterior, lo que se ve. Lo que no se ve más que con los ojos de la fe, eso es lo importante, **la presencia de Jesús**, trayéndonos su ayuda para guiarnos por el buen camino.

El agua que brota...

Pues según todo esto, más que buscarles parecido a los sacramentos con las joyas que se revisan y luego se vuelven a guardar, habría que compararlas como lo hace Jesucristo, con una fuente, un "manantial capaz de dar la vida eterna".

Él, platicando con aquella mujer samaritana, de la que nos habla san Juan, en el capítulo 4 de su evangelio, le dijo refiriéndose a la gracia, que "se convertirá... en un manantial". "Si conocieras el don de Dios y quién es el que te pide de beber, tú le pedirías a él, y él te daría agua viva". Y más adelante añadió: "Pero el que beba del agua que yo le daré, nunca más tendrá sed; el agua que yo le daré se convertirá dentro de él en un manantial capaz de dar la vida eterna".

Y ella, aunque de seguro no entendió bien a lo que se estaba refiriendo Jesús, de todos modos, siguiendo su consejo, le pidió "Señor, dame de esa agua". Y aquella mujer, junto con los samaritanos, que por medio de ella conocieron a Jesús, según lo narra el evangelio de Juan, sin duda que habrán estado entre los primeros que —ya subido el Señor a su Reino de los cielos— pidieron a los Apóstoles el bautismo, con el agua que brota hasta la vida eterna.

Él, muchas veces habló de sí mismo como de agua viva que brota en una corriente de salvación, en la que el cristiano —como explica san Pablo— se sumerge al recibir el agua bautismal. ¡Se sumerge en Cristo!

Al instituir los sacramentos, Jesús hizo realidad las profecías que los Salmos anunciaban, hablando de fuentes por las que el Señor se nos daría a sí mismo a raudales (Le sugerimos por ejemplo, el Salmo 36 o Isaías capítulo 12)

Así, cuando hemos pecado, acudimos a beber de la fuente del perdón divino. Cuando tenemos necesidad de Dios —que es siempre— nos acercamos a la fuente de la gracia eucarística, Jesús mismo. Y la que siempre está fluyendo para los esposos, la gracia matrimonial. En ella se bebe paciencia que, ¡cómo la necesitan las parejas! Se bebe humildad, ¡con la falta que hace! El amor verdadero, no el de intercambio (Te doy, pero si... Con tal de que...). Y mil otras ayudas más, que están a nuestra disposición. A lo mejor yendo al sagrario para recibirlas. Y así en los demás sacramentos.

Pero ya echamos mucho rollo y hay que dejarle a Francisco que él nos lo explique. Hasta puede usted hacer de cuenta que está escuchándolo a gusto en la Plaza de San Pedro. Con la ventaja de que él lo dice en italiano, y nosotros en español.

1
SACRAMENTO
DEL BAUTISMO

S u catequesis sobre el primero de los sacramentos la inició Francisco –como acostumbra– con un sencillo "Buenos días, queridos hermanos y hermanas". Y como dispone de poco tiempo, de inmediato inició su explicación:

¿UN SIMPLE RITO?

"El Bautismo es el sacramento en el cual se funda nuestra fe misma. El que nos injerta como miembros vivos en Cristo y en su Iglesia.

"Puede surgir en nosotros una pregunta: ¿es verdaderamente necesario el Bautismo, para vivir como cristianos y seguir a Jesús? ¿No es en el fondo un simple rito, un acto formal de la Iglesia para dar nombre al niño o la niña?

"Es una pregunta que puede surgir, y a este punto es iluminador lo que escribe el apóstol Pablo:

'¿No saben ustedes que todos los que hemos sido incorporados a Cristo Jesús por medio del bautismo, hemos sido incorporados a él en su muerte? En efecto, por el bautismo fuimos sepultados con él en su muerte, para que, así como Cristo resucitó de entre los muertos por la gloria del Padre, así también nosotros llevemos una vida nueva' (Romanos 6, 3-4).

"Por lo tanto, no es una formalidad, es un acto que toca en profundidad nuestra existencia.

"No es lo mismo una persona bautizada o una persona no bautizada, un niño o un adulto. Nosotros, con el Bautismo estamos inmersos en esa fuente inagotable de vida, que es la muerte de Jesús, el más grande acto de amor de toda la historia. Y gracias a ese amor podemos vivir una vida nueva, no ya en poder del mal, del pecado y de la muerte, sino en comunión con Dios y con los hermanos.

ES IMPORTANTE SABERLO

"Muchos de nosotros no tenemos el mínimo recuerdo de la celebración de este sacramento; y es obvio, si fuimos bautizados poco después del nacimiento.

"Pero he hecho esta pregunta dos o tres veces, aquí en la Plaza: 'El que de ustedes sepa la fecha de su propio Bautismo, que levante la mano'. Es importante saber el día en que fui inmerso en esta corriente de salvación de Jesús.

"Me permito darles un consejo, pero más que un consejo, una tarea para el día de hoy: Hoy en casa, busquen, pregunten la fecha de su bautismo, y así sabrán bien cuándo fue ese día tan hermoso. Conocer la fecha de nuestro bautismo, es conocer una fecha feliz. El riesgo de ignorarla es perder el recuerdo de lo que el Señor ha hecho con nosotros; la memoria de lo que hemos recibido y que acabemos por considerarlo sólo como un acontecimiento que tuvo lugar en el pasado –y ni siquiera por voluntad nuestra, sino de nuestros padres– por lo cual ya no tiene ninguna incidencia en el presente.

"Debemos despertar la memoria de nuestro Bautismo. Estamos llamados a vivirlo como una realidad actual de nuestra existencia.

"Si hemos logrado seguir a Jesús y permanecer en la Iglesia, incluso con nuestros límites, con nuestras fragilidades y pecados, es precisamente porque hemos sido convertidos en nuevas creaturas y hemos sido revestidos de Cristo. Por el Bautismo hemos sido liberados del pecado original y hemos sido injertados a través de Jesucristo, con Dios Padre.

PORTADORES DE UNA ESPERANZA

"Así, somos portadores de una esperanza nueva que nos da nuestro Bautismo: la esperanza de ir por el camino de la salvación toda la vida. Una esperanza que nada ni nadie puede apagar, porque la esperanza en el Señor no decepciona.

"Gracias al Bautismo somos capaces de perdonar y amar, incluso a quien nos ofende y nos causa el mal. El Bautismo nos ayuda a reconocer en el rostro de las personas necesitadas, en los que sufren, incluso en el de nuestros prójimos, el rostro de Jesús. Ésta es la fuerza del Bautismo.

"Pidamos entonces, de corazón al Señor, poder experimentar cada vez más en la vida diaria, esta gracia que hemos recibido en el Bautismo: que al encontrarnos, nuestros hermanos puedan hallar en nosotros auténticos hijos de Dios; auténticos hermanos o hermanas de Jesucristo. Auténticos miembros de la Iglesia". Y no olviden la tarea de hoy".

Francisco, por el poco tiempo con que cuenta en sus catequesis, tiene que dejar muchos puntos de interés sin tocarlos; como sería, por ejemplo, aclarar en qué momento Cristo instituyó los sacramentos.

En realidad, sólo de tres, del **Bautismo**, la **Eucaristía** y la **Reconciliación** o **Confesión**, nos dice el Evangelio cuándo y cómo lo hizo. De los demás, es por la tradición católica por la que sabemos que proceden de él. Y si usted nos sigue favoreciendo con su atención (gracias), le compartiremos el dato de cuándo instituyó Jesús el Bautismo, antes de continuar con el comentario de Francisco sobre este sacramento.

El Bautismo Jesús lo instituyó al recibirlo él mismo de manos de san Juan Bautista, el primero entre todos nosotros, como jefe y cabeza de la Iglesia que él estaba iniciando.

En ese momento se hizo presente la Santísima Trinidad: El Espíritu Santo, tomando el aspecto de una paloma se posó sobre el Verbo de Dios y se oyó la voz del Padre que decía:

"Éste es mi Hijo muy amado". Y de igual manera en el bautizo de cada uno de los que después de él recibimos el agua bautismal, los cielos se han abierto también sobre nosotros y se ha oído la voz del Padre, aunque sólo sea en los corazones (El que tenga oídos para oír, que oiga, como dijo Jesús) y ha dicho: "Éste es mi hijo muy amado. Ésta es mi hija muy amada". Y allí Jesús mismo nos recibió en su Iglesia como hermanos y hermanas suyos, hijos también del Eterno Padre.

Tiempo después de su Bautismo, Jesús, ayudado por sus discípulos, empezó a bautizar a quienes se lo pedían. Y antes de regresar al Padre, el día de la Ascensión, el último encargo que les hizo a sus seguidores fue: "Vayan y bauticen **al mundo entero**".

IGLESIA "CATÓLICA"

Cristo nos hizo saber allí, justo en sus últimos momentos entre nosotros, el gran deseo que tenía de que ningún hombre, ni mujer se quedara fuera de su plan de salvación y éste es el sentido de llamar a la Iglesia "católica", palabra que significa "para todo el mundo"; porque las ayudas para nuestra salvación personal, que él puso en manos de su Iglesia, son para usted y para mí y para todo ser humano.

El Bautismo, pues, como veremos que lo explica el Papa, nos da un don que nunca alcanzamos a valorar: ¡nos hace hijos de la Iglesia que él vino a fundar! Y en el silencio de la oración, como aconseja Francisco, hay que hacer nuestras las palabras del Padre Eterno: "Tú eres mi hijo, mi hijo muy amado".

En la siguiente audiencia general, el Papa volvió a tomar el Bautismo como tema. Se ve que es gran fan de este sacramento, más que lo era de su equipo de fútbol (El Club Deportivo San Lorenzo de Almagro).

"Queridos hermanos y hermanas.

"Quisiera destacar hoy un fruto muy importante del Bautismo: que nos convierte en miembros del Cuerpo de Cristo y del Pueblo de Dios (que es la Iglesia), un pueblo que peregrina a lo largo de la historia del mundo.

"En efecto, así como de generación en generación se transmite la vida, así también de generación en generación se transmite la gracia, a través de volver a nacer en la fuente bautismal.

"Desde el momento en que Jesús les dio el encargo, los discípulos fueron a bautizar. Y desde entonces hasta hoy existe una cadena en la transmisión de la fe mediante el Bautismo, y cada uno de nosotros es un eslabón de ella. Así es la fe que debemos transmitir a nuestros hijos, para que ellos cuando sean adultos puedan transmitirla a los de ellos. El Bautismo nos hace entrar en este pueblo de Dios que transmite la fe. Esto es muy importante. Un pueblo de Dios que camina y transmite la fe.

"En virtud del Bautismo nos convertimos en discípulos y misioneros: En discípulos porque recibimos la fe, y misioneros porque la transmitimos. Discípulos lo somos para siempre, para toda la vida; y cada uno en el sitio que el Señor le tenga asignado, y somos misioneros. Cada uno de los bautizados, cualquiera que sea su grado de ilustración, es un evangelizador (empezando por su familia, por sus hijos).

COMPARTIR

"Nadie se salva solo. Somos comunidad de creyentes, pueblo de Dios. Y en esta comunidad experimentamos la belleza de compartir un amor, el amor de Dios que nos pide que seamos, los unos para los otros, canales de gracia, a pesar de nuestros límites y nuestros pecados.

"El que seamos comunidad es parte integrante de la vida cristiana; del testimonio que debemos dar y de la evangelización que nos toca. Por eso en el Bautismo la familia y la parroquia celebran la incorporación de cada nuevo miembro de Cristo y de su Iglesia, que es su cuerpo".

"Y por esto mismo, de que cada cristiano es recibido en la Iglesia al bautizarse, el Papa responde negativamente a la pregunta de si uno mismo se puede bautizar.

"Podemos pedirlo, desearlo; pero siempre necesitamos de alguien que nos confiera, en nombre del Señor, este sacramento. Es un don que viene en un plan de solicitar y compartir, en una cadena que empezó con los apóstoles, en la que uno bautiza al otro y este al otro. Por eso no me puedo bautizar a mí mismo. Allí podemos reconocer la línea más genuina de la Iglesia, la cual, como madre, sigue generando nuevos hijos, en la fecundidad del Espíritu Santo.

UN EJEMPLO INSPIRADOR

"A propósito de la importancia del Bautismo para el pueblo de Dios, es un gran ejemplo la historia de la comunidad cristiana en Japón.

"Ésta sufrió una dura persecución a inicios del siglo XVII. Hubo numerosos mártires, los miembros del clero fueron expulsados y miles de fieles fueron asesinados. No quedó ningún sacerdote en Japón, todos fueron expulsados. Entonces la comunidad se retiró a la clandestinidad, conservando la fe y la oración en el ocultamiento. Y cuando nacía un niño, el papá o la mamá lo bautizaban, porque todos los fieles pueden bautizar en circunstancias especiales.

"Cuando, después de casi dos siglos y medio, 250 años más tarde, los misioneros regresaron a Japón, miles de cristianos salieron a la luz y la Iglesia pudo florecer. Habían sobrevivido con la gracia de su Bautismo.

"Esto es grande: el pueblo de Dios transmite la fe, bautiza a sus hijos y sigue adelante. Y conservaron, incluso en el secreto, un fuerte espíritu comunitario, porque el Bautismo los había convertido en un solo cuerpo en Cristo: estaban aislados y ocultos, pero eran siempre miembros del Pueblo de Dios, miembros de la Iglesia. Mucho podemos aprender de esta historia".

2
SACRAMENTO
DE LA
CONFIRMACIÓN

Para su comentario sobre este sacramento, el Papa Francisco nos vuelve a los primeros tiempos del cristianismo, cuando aquellos paganos de buena voluntad escuchaban a los discípulos de Jesús hablar de él con tanto convencimiento, que se sentían atraídos a seguirlo también ellos, y pedían ser admitidos en aquel grupo de seguidores del Resucitado, la primitiva Iglesia, que tuvo que crecer y desarrollarse bajo las catacumbas.

El Papa se refiere a que los apóstoles o su representante oraban para que el Espíritu Santo descendiera sobre los nuevos bautizados y ya entonces los admitían a la Cena del Señor.

"Hay que notar que en estos primeros tiempos del cristianismo, se trataba de adultos y familias enteras, que habían pasado por un periodo –en general largo– de preparación. Pero hoy los tiempos son distintos, y somos los padres, ya cristianos, los que pedimos que nuestros hijos sean recibidos también en la Iglesia de Cristo; y esperamos un tiempo antes de la Confirmación, para que ellos puedan instruirse en su fe cristiana y reciban el gran don de la venida del Espíritu Santo sobre ellos.

"La Confirmación se entiende en continuidad con el Bautismo, al cual está vinculado de modo inseparable. Por estos dos sacramentos, junto con la Eucaristía, nos convertimos en nuevas creaturas y miembros de la Iglesia. He aquí por qué en los orígenes estos tres sacramentos se celebraban en un único momento, al término del camino catecumenal, normalmente en la Vigilia Pascual. Así se sellaba el itinerario de formación y de inserción gradual en la comunidad cristiana que podía durar incluso algunos años. Se hacía paso a paso para llegar al Bautismo, luego a la Confirmación e ir a la Eucaristía.

"También se le llama a este sacramento 'santo Crisma' por el óleo con el que somos conformados, con el poder del Espíritu, a Jesucristo (con el sentido de 'tomar la forma de él') quien es el único ungido, el Mesías.

"Recordemos que los israelitas del Antiguo Testamento, esperaban al descendiente de David que estaría ungido, ya no por ningún profeta, sino por el mismo Dios, como su Hijo.

"El término 'Confirmación' nos recuerda que este sacramento aporta un crecimiento de la gracia bautismal: nos une más firmemente a Cristo; conduce a su realización nuestro vínculo con la Iglesia; nos concede una fuerza especial del Espíritu Santo para difundir y defender la fe, para confesar el nombre de Cristo y para no avergonzarnos nunca de su cruz.

"Por eso hay que estar atentos para que nuestros niños y nuestros adolescentes reciban este sacramento. Todos nosotros estamos atentos a que sean bautizados. Y esto es bueno, pero tal vez no estamos muy atentos a que reciban la Confirmación. Sin ella quedarían a la mitad del camino y no recibirían al Espíritu Santo, que es tan importante en la vida cristiana, porque nos dará fuerza para seguir adelante.

"Pensemos un poco: ¿Tenemos de verdad la preocupación de que nuestros niños, nuestros jóvenes, reciban la Confirmación? Esto es importante. Y si ustedes en su casa tienen niños, muchachos que aún no la han recibido y tienen edad para recibirla, hagan todo lo posible para que lleven a término su Iniciación cristiana y reciban la fuerza del Espíritu Santo. ¡Es importante!

"Y desde luego hay que ofrecer a los confirmados una buena preparación, que debe estar orientada a conducirlos hacia una adhesión personal a la fe en Cristo y al despertar en ellos el sentido de pertenencia a la Iglesia.

"La Confirmación, como cada sacramento, no es obra de los hombres, sino de Dios, quien se ocupa de nuestra vida para modelarnos a la imagen de su Hijo, para hacernos capaces de amar como él. Esto lo hace infundiendo en nosotros su Espíritu Santo, cuya acción impregna a toda la persona y toda la vida. Como se transluce de los siete dones que la tradición, a la luz de la Sagrada Escritura, siempre ha evidenciado".

LA DELICADEZA DE FRANCISCO

Queremos resaltar en los renglones que siguen, la delicadeza del Papa, que evita hacer lo que a veces se da en otras catequesis similares, en las que puede suceder que a los asistentes se les haga pasar un mal rato con preguntas o interrogatorios.

Quién sabe cuántos de los oyentes se sabrían de memoria los dones del Espíritu Santo; pero Francisco da por hecho que los recuerdan:

"Estos siete dones no quiero preguntarles si los recuerdan. Tal vez todos lo saben. Pero los digo en su nombre. ¿Cuáles son estos dones? Sabiduría, inteligencia, consejo, fortaleza, ciencia, piedad y temor de Dios. Y estos dones nos han sido dados precisamente con el Espíritu Santo en el sacramento de la Confirmación. A estos dones quiero dedicar las catequesis que seguirán luego de los sacramentos.

CRISTO MISMO

"Cuando acogemos al Espíritu Santo en nuestro corazón y lo dejamos obrar, Cristo mismo se hace presente en nosotros y toma forma en nuestra vida. Y, a través de nosotros, será él, Cristo mismo, quien reza, perdona, infunde esperanza y consuelo, sirve a los hermanos, se hace cercano a los necesitados y a los últimos, crea comunión, siembra paz. Piensen cuán importante es esto: por medio del Espíritu Santo, Cristo viene a hacer todo esto entre nosotros y por nosotros. Por ello es importante que los niños y las niñas, los muchachos y las muchachas, reciban el sacramento de la Confirmación.

"Queridos hermanos y hermanas, recordemos que hemos recibido la Confirmación. ¡Todos nosotros! Recordémoslo ante todo para dar gracias al Señor por este don y luego, para pedirle que nos ayude a vivir como cristianos auténticos, a caminar siempre con alegría conforme al Espíritu Santo que se nos ha dado".

3
SACRAMENTO
DE LA
EUCARISTÍA

En el sacramento del Cuerpo de Cristo sí que Francisco se da vuelo, utilizando dos audiencias: De la "abundancia de su corazón", salen las palabras a raudales. Y lo mejor que podemos hacer es dejarlo hablar de corrido. Sólo al final, nos animamos a añadir algún comentario.

"Queridos hermanos y hermanas, ¡buenos días!

"Hoy les hablaré de la Eucaristía, camino de fe, de comunión y de testimonio.

"Lo que vemos cuando nos reunimos para celebrar la Eucaristía, la Misa, nos hace ya intuir lo que estamos por vivir. En el centro del espacio destinado a la celebración se encuentra el altar, que es una mesa, cubierta por un mantel, y esto nos hace pensar en un banquete. Sobre la mesa hay una cruz, que indica que sobre ese altar se ofrece el sacrificio de Cristo: él es el alimento espiritual que allí se recibe, bajo los signos del pan y del vino. Junto a la mesa está el ambón, es decir, el lugar desde el que se proclama la Palabra de Dios: y esto indica que allí se reúnen para escuchar al Señor que habla mediante las Sagradas Escrituras, y por lo tanto, el alimento que se recibe es también su Palabra.

"Palabra y pan en la Misa se convierten en una sola cosa, como en la Última Cena, cuando todas las palabras de Jesús, todos los signos que realizó, se condensaron en el gesto de partir el pan y ofrecer el cáliz, anticipo del sacrificio de la cruz, y en aquellas palabras: 'Tomen, coman, éste es mi cuerpo… Tomen, beban, ésta es mi sangre' ".

"El gesto de Jesús realizado en la Última Cena es la gran acción de gracias al Padre por su amor, por su misericordia. 'Acción de gracias' en griego se dice 'eucaristía'. Y por ello el sacramento se llama Eucaristía: es la suprema acción de gracias al Padre, que nos ha amado tanto que nos dio a su Hijo por amor. He aquí por qué el término Eucaristía resume todo ese gesto, que es gesto de Dios y del hombre juntamente, gesto de Jesucristo, verdadero Dios y verdadero hombre.

MUCHO MÁS

"Por lo tanto, la celebración eucarística es mucho más que un simple banquete: es precisamente el memorial de la Pascua de Jesús, el misterio central de la salvación. 'Memorial' no significa sólo un recuerdo, un simple recuerdo, sino que quiere decir que cada vez que celebramos este sacramento participamos en el misterio de la pasión, muerte y resurrección de Cristo. La Eucaristía constituye la cumbre de la acción de la salvación de Dios: el Señor Jesús, haciéndose pan partido por nosotros, vuelca, en efecto, sobre nosotros toda su misericordia y su amor, de tal modo que renueva nuestro corazón, nuestra existencia y nuestro modo de relacionarnos con él y con los hermanos.

"Es por ello que comúnmente, cuando nos acercamos a este sacramento, decimos 'recibir la comunión', 'comulgar': esto significa que el poder del Espíritu Santo, la participación en la mesa eucarística nos conforma de modo único y profundo a Cristo, haciéndonos pregustar, ya ahora, la plena comunión con el Padre, que caracterizará el banquete celestial, donde con todos los santos tendremos la alegría de contemplar a Dios cara a cara.

"Queridos amigos, no agradecemos nunca bastante al Señor por el don que nos ha hecho con la Eucaristía. Es un don tan grande y, por ello, es tan importante ir a Misa el domingo. Ir a Misa no sólo para rezar, sino para recibir la Comunión, este pan que es el cuerpo de Jesucristo que nos salva, nos perdona, nos une al Padre. ¡Es hermoso hacer esto! y todos los domingos vamos a Misa, porque es precisamente el día de la resurrección del Señor. Por ello el domingo es tan importante para nosotros. Y con la Eucaristía sentimos precisamente esta pertenencia a la Iglesia, al Pueblo de Dios, al Cuerpo de Dios, a Jesucristo.

"No acabaremos nunca de entender todo su valor y riqueza. Pidámosle, entonces, que este sacramento siga manteniendo viva su presencia en la Iglesia y que les dé forma a nuestras comunidades en la caridad y en la comunión, según el corazón del Padre.

"Y esto se hace durante toda la vida, pero se comienza a hacerlo el día de la Primera Comunión. Es importante que los niños se preparen bien para la Primera Comunión y que cada niño la reciba, porque es el primer paso de esta pertenencia fuerte a Jesucristo, después del Bautismo y la Confirmación".

Y un pequeño añadido nuestro:

MISTERIO Y MEMORIAL

El Papa utiliza en esta catequesis varias veces la palabra **misterio**, y nos ayudará para aclarar a qué se está refiriendo; que nada tiene que ver con el tema de una "novela de misterio" en la que hasta el final sabemos que el mayordomo fue el asesino. Tampoco con los "misterios del pasado"; que si las pirámides las construyeron o no los extraterrestres, etcétera; o peor con los "misterios de ultratumba", etcétera.

"Misterio" es la palabra que tiene la Iglesia para expresar, en especial en la liturgia, esas verdades reveladas por Dios, que sobrepasan con mucho nuestra capacidad de entenderlas. Dios se comunica con nosotros en una forma "misteriosa" que sólo él sabe. Así, la iglesia nos habla de los Misterios de nuestra fe, como son la Encarnación, la Pasión, el Último Día, etcétera. Y aquí Francisco se refiere a la "Pascua de Jesús y al Misterio central de la salvación".

También, en una forma más cotidiana hablamos de "los misterios del rosario" y se le llama el misterio al grupo de la Sagrada Familia en el pesebre de Navidad. En las posadas a la antigüita, se hace la procesión con "el misterio" pidiendo posada.

Otra palabra que nos ayudaría a conocerla mejor es "Memorial". Jesucristo la usó: "Hagan esto en memoria mía"; y la Iglesia católica la utiliza diciendo: "Nos dejaste un memorial de tu Pasión".

Es importante entender lo que Jesús quiso decirnos con esta palabra, para que no vayamos a malentenderla, pensando que al asistir a la Misa estamos sólo recordando lo que Cristo sufrió. Subrayamos "Sólo" porque nos será muy bueno recordar lo que él pasó por nosotros. Pero la Iglesia siempre ha entendido –porque así lo recibió de los Apóstoles– que "Memorial de la Pasión" significa su actualización aquí y hoy.

Por eso Francisco nos explica que "Memorial" no es sólo recordar a Cristo, sino que es nuestra participación en su Pasión y Resurrección.

Pero volvamos al Papa Francisco, que en la siguiente audiencia continuó con el mismo tema de la Eucaristía. Seguimos dejándolo hablar a él:

"Queridos hermanos y hermanas, ¡buenos días!

"En la última catequesis destaqué cómo la Eucaristía nos introduce en la comunión real con Jesús y su misterio. Ahora podemos plantearnos algunas preguntas respecto a la relación entre la Eucaristía que celebramos y nuestra vida, como Iglesia y como cristianos. ¿Cómo vivimos la Eucaristía? Cuando vamos a Misa el domingo, ¿cómo la vivimos? ¿Es sólo un momento de fiesta, es una tradición consolidada, es una ocasión para encontrarnos o para sentirnos bien, o es algo más.

CÓMO MIRAMOS A LOS DEMÁS

"Hay indicadores muy concretos para comprender cómo vivimos todo esto, cómo vivimos la Eucaristía; indicadores que nos dicen si vivimos bien la Eucaristía o no la vivimos bien. El primer indicio es nuestro modo de mirar y considerar a los demás.

"En la Eucaristía, Cristo vive siempre de nuevo el don de sí mismo realizado en la cruz. Toda su vida es un acto de total entrega de sí por amor. A él le gustaba estar con los discípulos y con las personas que tenía ocasión de conocer. Esto significaba para él compartir sus deseos, sus problemas, lo que agitaba su alma y su vida. Ahora, nosotros, cuando participamos en la santa Misa, nos encontramos con hombres y mujeres de todo tipo: jóvenes, ancianos, niños, pobres, acomodados; originarios del lugar y extranjeros; acompañados por familiares y solos… ¿Pero la Eucaristía que celebro me lleva a sentirlos a todos, verdaderamente como hermanos y hermanas? ¿Hace crecer en mí la capacidad de alegrarme con quien se alegra y de llorar con quien llora? ¿Me impulsa a ir hacia los pobres, los enfermos, los marginados? ¿Me ayuda a reconocer en ellos el rostro de Jesús?

"Todos nosotros vamos a Misa porque amamos a Jesús y queremos compartir, en la Eucaristía, su pasión y su resurrección. ¿Pero amamos, como quiere Jesús, a aquellos hermanos y hermanas más necesitados? Por ejemplo, en Roma en estos días hemos visto muchos malestares sociales; o por la lluvia, que causó numerosos daños en barrios enteros, o por la falta de trabajo, consecuencia de la crisis económica en todo el mundo. Me pregunto, y cada uno de nosotros pregúntese: Yo, que voy a Misa, ¿cómo vivo esto? ¿Me preocupo por ayudar, acercarme, rezar por quienes tienen ese problema? O bien, ¿soy un poco indiferente? ¿O tal vez me preocupo de murmurar: '¿Has visto cómo está vestida aquella, o cómo está vestido aquel'? A veces se hace esto después de la Misa, y no se debe hacer. Debemos preocuparnos de nuestros hermanos y de nuestras hermanas que pasan necesidad por una enfermedad, por un problema.

"Hoy nos hará bien pensar en estos hermanos y hermanas nuestros que tienen estos problemas aquí en Roma: problemas por la tragedia provocada por la lluvia y problemas sociales y del trabajo. Pidamos a Jesús, a quien recibimos en la Eucaristía, que nos ayude a ayudarlos.

SI NO SE SIENTE PECADOR...

"Un segundo indicio, muy importante, es la gracia de sentirse perdonados y dispuestos a perdonar. A veces alguien pregunta: "¿Por qué se debe ir a la iglesia, si quien participa habitualmente en la Misa es pecador como los demás?". ¡Cuántas veces lo hemos escuchado! En realidad, quien celebra la Eucaristía no lo hace porque se considera o quiere aparentar ser mejor que los demás, sino porque precisamente se reconoce siempre necesitado de ser acogido y regenerado por la misericordia de Dios, hecha carne en Jesucristo. Si cada uno de nosotros no se siente necesitado de la misericordia de Dios, no se siente pecador, es mejor que no vaya a Misa.

"Nosotros vamos a Misa porque somos pecadores y queremos recibir el perdón de Dios, participar en la redención de Jesús, en su perdón. El 'yo confieso' que decimos al inicio no es una fórmula, es un auténtico acto de penitencia. Yo soy pecador y lo confieso, así empieza la Misa. No debemos olvidar nunca que la Última Cena de Jesús tuvo lugar 'en la noche en la que iba a ser entregado' (1 Cor 11, 23). En ese pan y en ese vino que ofrecemos y en torno a los cuales nos reunimos, se renueva cada vez el don del cuerpo y de la sangre de Cristo para la remisión de nuestros pecados. Debemos ir a Misa humildemente, como pecadores, y el Señor nos reconcilia.

UN SUSTENTO PARA EL CORAZÓN

"Un último indicio precioso nos ofrece la relación entre la celebración eucarística y la vida de nuestras comunidades cristianas. Es necesario tener siempre presente que la Eucaristía no es algo que hacemos nosotros; no es una conmemoración nuestra de lo que Jesús dijo e hizo. No. Es precisamente una acción de Cristo. Es Cristo quien actúa allí, que está en el altar. Es un don de Cristo, quien se hace presente y nos reúne en torno a sí, para nutrirnos con su Palabra y su vida. Esto significa que la misión y la identidad misma de la Iglesia brotan de allí, de la Eucaristía, y allí siempre toman forma.

"Una celebración puede resultar incluso impecable desde el punto de vista exterior, bellísima, pero si no nos conduce al encuentro de Jesucristo, corre el riesgo de no traer ningún sustento a nuestro corazón y a nuestra vida. A través de la Eucaristía, en cambio, Cristo quiere entrar en nuestra existencia e impregnarla con su gracia, de tal modo que en cada comunidad cristiana exista esta coherencia entre liturgia y vida.

"El corazón se llena de confianza y esperanza pensando en las palabras de Jesús, citadas en el Evangelio: 'El que come mi carne y bebe mi sangre tiene vida eterna, y yo lo resucitaré en el último día' (Jn 6, 54).

"Vivamos la Eucaristía con espíritu de fe, de oración, de perdón, de penitencia, de alegría comunitaria, de atención hacia los necesitados y hacia las necesidades de tantos hermanos y hermanas, con la certeza de que el Señor cumplirá lo que nos ha prometido: la vida eterna. Que así sea".

¡Sin comentarios!

4
SACRAMENTO
DE LA
PENITENCIA
Y DE LA
RECONCILIACIÓN

Francisco saluda cordialmente a su auditorio y comienza su catequesis:

"Queridos hermanos y hermanas:

"La catequesis de hoy está centrada en el sacramento de la Reconciliación. Este sacramento brota directamente del Misterio Pascual. Jesús resucitado se apareció a sus apóstoles y les dijo: 'reciban el Espíritu Santo, a quienes perdonen los pecados, les quedarán perdonados'. Así pues, el perdón de los pecados no es fruto de nuestro esfuerzo personal, sino que es un regalo, un don del Espíritu Santo que nos purifica con la misericordia y la gracia del Padre.

"Este sacramento tiene hoy en día un nuevo rostro. El Concilio Vaticano II le devolvió su semblante de un reencuentro con el Señor; lo que estaba un poco olvidado por habernos fijado más en su aspecto de un tribunal por el que teníamos que ser juzgados, más que una amable invitación del Señor a recuperar nuestra amistad con él".

Al Papa Francisco el Espíritu Santo le ha concedido –para el bien de la Iglesia– el don de entender y vivir la compasión, sobre todo en el sacramento del perdón. Y, a sus sacerdotes les insiste en que la Iglesia no es una aduana, en la que ellos estén para juzgar quién pasa adelante y quién no; sino que es la casa del Padre, a la que él quiere que regresen sus hijos desbalagados.

Francisco continúa:

"La Confesión, que se realiza de forma personal y privada, no debe hacernos olvidar su carácter eclesial. En la comunidad cristiana es donde se hace presente el Espíritu Santo, que renueva los corazones en el amor de Dios y une a todos los hermanos en un solo corazón, en Jesucristo. Por eso, no basta pedir perdón al Señor interiormente; es necesario confesar con humildad los propios pecados ante el sacerdote, que es nuestro hermano y representa a Dios y a la Iglesia.

"Pero no debe llamarnos la atención que la Confesión haya ido evolucionando juntamente con la comunidad cristiana, que es un cuerpo vivo (el Cuerpo Místico o Espiritual de Dios) porque en lo esencial, este sacramento sigue siendo lo mismo. Es decir: Que la Confesión tiene el poder concedido por Cristo, de perdonar los pecados como lo hacía él, pero a través de sus sacerdotes. En esto nada ha cambiado".

Habría que evidenciar que en los primeros años de la Iglesia no se veía claro –como se ve ahora– cuándo y cómo se había de facilitar ese don divino. Al principio era efectivamente un juicio público que sólo se podía recibir en contadas ocasiones y además, con la imposición de muy severas penitencias. Pero poco a poco, la Iglesia, guiada por el Espíritu Santo, entendió que de lo que se trataba era de recuperar las ovejas perdidas, de las que habló Jesucristo.

Hoy ya no se confiesan en público los pecados, sino en la privacidad de un confesionario y Dios es el único testigo de lo que confesamos. Ya no sólo en ocasiones muy especiales, como se llegó a suponer en aquellos tiempos, sino que la Iglesia nos encarga que la Cuaresma la aprovechemos para reconciliarnos con Dios: Ella que es madre, está abierta como el corazón de Cristo, para ayudarnos a enmendar nuestra vida. Es la gracia propia de este sacramento: ayudarnos a salir adelante en nuestro caminar hacia Dios, y por ello, ¡qué bueno acudir a la confesión frecuente! a la que el Papa nos invita con delicadeza:

"Nos puede hacer bien hoy a cada uno, pensar cuánto tiempo hace que no me confieso. Que cada uno responda, le puede hacer bien."

Y nos anima a buscar la Confesión como un bien del que nos estamos perdiendo. Buscarlo como reconciliación y no sólo fijarnos en el riesgo de caer en el infierno. Aunque, por ejemplo, san Ignacio de Loyola decía que "si del amor a mi Señor me olvidare, al menos el temor al infierno me ayude a no caer en pecado".

Francisco, pues, continúa:

"El ministerio de la Reconciliación es un auténtico tesoro, que en ocasiones corremos el peligro de olvidar, por pereza o por vergüenza, pero sobre todo por haber perdido el sentido del pecado, que en el fondo es la pérdida del sentido de Dios".

Esto que el Papa menciona, que podemos estar perdiendo el sentido de lo que es el pecado, que en el fondo es perder el sentido de lo que es Dios, es importante como para rumiarlo en nuestro interior.

Tal vez deberíamos cuidarnos más de actitudes que de algún modo prescinden de Dios, cuando nos justificamos a nosotros mismos diciéndonos: "Así soy yo... así somos los seres humanos... Todo mundo lo hace".

Y si esto lo decimos cuando hemos lastimado o herido o ignorado a nuestro hermano, nos estamos olvidando de lo que Cristo nos dice tan insistentemente en el Evangelio: "A mí me lo hiciste".

Francisco habla muchas veces de cómo somos las manos, los pies, el corazón del Señor Jesús para con los que necesitan nuestra ayuda, y nos anima a que no nos sigamos de largo como los de la parábola del Buen Samaritano. Y a que nos examinemos para ver si nosotros procedemos también así.

En nuestra preparación para la Confesión debemos tener en cuenta todo esto que nos recuerda el Papa.

Francisco termina su catequesis con una frase alentadora:

"Cuando nos dejamos reconciliar por Jesús, encontramos una paz verdadera".

Francisco nos habla de ese gran momento en que Jesús transmitió a sus apóstoles el perdonar ellos también. Y tal vez ellos se hayan acordado de las innumerables veces en las que él perdonó a quienes se le acercaban dolientes y arrepentidos.

Siempre perdonó. Es bueno aclarar la frase con la que les pasó el poder:

"A quienes les perdonen sus pecados *les serán perdonados* y a quienes se los retengan, *les serán retenidos*".

Es que el Señor perdona a todos… menos a los que **no quieren** ser perdonados. A ellos consiguientemente, sus pecados les quedan sin perdonar.

Es lo que Cristo explicó como "el pecado contra el Espíritu Santo". El pecado del que no quiere salvarse (¡Aunque usted no lo crea!).

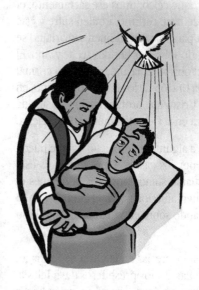

5
SACRAMENTO DE LA UNCIÓN DE LOS ENFERMOS

El Papa Francisco, en otra nueva audiencia, ante un público cada vez más numeroso y con muchas ganas de escucharlo, pasó a tratar el tema de la Unción que se ha de dar a quienes han perdido la salud. Y como explicó, no es un sacramento sólo para moribundos, como se malinterpretaba antes, sino también —y principalmente— para pedir por la curación de un enfermo.

Éstas son sus palabras:

"Queridos hermanos y hermanas, ¡buenos días!

"Hoy quisiera hablarles del sacramento de la Unción de los Enfermos, que nos permite tocar con la mano la compasión de Dios por el hombre. Antiguamente se le llamaba Extrema Unción, porque se entendía como un consuelo espiritual en la inminencia de la muerte. Hablar, en cambio, de Unción de los Enfermos nos ayuda a ampliar la mirada a la experiencia de la enfermedad y del sufrimiento, en el horizonte de la misericordia de Dios.

"Hay una imagen bíblica que expresa en toda su profundidad el misterio que trasluce en la Unción de los Enfermos: es la parábola del Buen Samaritano, en el evangelio de Lucas (10, 30-35). Cada vez que celebramos ese sacramento, el Señor Jesús, en la persona del sacerdote, se hace cercano a quien sufre y está gravemente enfermo, o es anciano. Dice la parábola que el buen samaritano se hace cargo del hombre que sufre, derramando sobre sus heridas aceite y vino. El aceite nos hace pensar en el que bendice el obispo cada año, en la Misa crismal del Jueves Santo, precisamente en vista de la Unción de los Enfermos. El vino, en cambio, es signo del amor y de la gracia de Cristo que brotan del don de su vida por nosotros y se expresa en toda su riqueza en la vida sacramental de la Iglesia.

"Por último, se confía la persona que sufre a algún hotelero, a fin de que pueda seguir cuidando de ella, sin preocuparse por los gastos. Bien, ¿quién es este hotelero? Es la Iglesia, la comunidad cristiana, somos nosotros, a quienes el Señor Jesús, cada día, confía a los que tienen aflicciones, en el cuerpo y en el espíritu, para que podamos seguir derramando sobre ellos, sin medida toda su misericordia y la salvación.

"Este mandato se recalca de manera explícita y precisa en la Carta de Santiago, donde se dice: '¿Hay alguno enfermo? Que llame a los presbíteros de la Iglesia, para que oren por él y lo unjan con aceite, invocando al Señor. La oración hecha con fe le dará la salud al enfermo y el Señor hará que se levante; y si tiene pecados se le perdonarán' (5, 14-15). Se trata, por lo tanto, de una práctica ya en uso en el tiempo de los Apóstoles. Jesús, en efecto, enseña a sus discípulos a tener su misma predilección por los enfermos y por quienes sufren; y les transmitió la capacidad y la tarea de seguir dispensando en su nombre y según su corazón, alivio y paz a través de la gracia especial de ese sacramento. Esto, sin embargo, no nos debe hacer caer en la búsqueda obsesiva del milagro o en la presunción de poder obtener siempre y de todos modos la curación. Sino que es la seguridad de la cercanía de Jesús al enfermo; y también al anciano, porque cada anciano, cada persona de más de 65 años, puede recibir este sacramento, mediante el cual es Jesús mismo quien se acerca a nosotros.

"Pero cuando hay un enfermo muchas veces se piensa: '¿llamamos al sacerdote para que venga? No, trae mala suerte, no hay que llamarlo, podría asustarse el enfermo'. ¿Por qué se piensa esto? Porque existe un poco la idea de que después del sacerdote, llega el servicio fúnebre. Y esto no es verdad. El sacerdote viene para ayudar al enfermo o al anciano; por ello es tan importante la visita de los sacerdotes a los enfermos. Es necesario llamar al sacerdote y decirle: 'vaya, dele la Unción y bendígalo'. Es Jesús mismo quien llega para aliviar al enfermo, para darle fuerza, para darle esperanza, para ayudarlo; también para perdonarle los pecados. Y esto es hermoso. No hay que pensar que esto es un tabú, porque siempre es hermoso saber que en el momento del dolor y de la enfermedad no estamos solos: el sacerdote y quienes están presentes durante la Unción de los Enfermos, representan en efecto, a toda la comunidad cristiana que, como un único cuerpo, nos reúne alrededor de quien sufre y de los familiares, alimentando en ellos la fe y la esperanza, y sosteniéndolos con la oración y el calor fraterno.

"Pero el consuelo más grande deriva del hecho de que quien se hace presente en el sacramento es el Señor Jesús mismo, que nos toma de la mano, nos acaricia como hacía con los enfermos y nos recuerda que le pertenecemos y que nada –ni siquiera el mal y la muerte– podrá jamás separarnos de él.

"¿Tenemos esta costumbre de llamar al sacerdote para que venga a nuestros enfermos –no digo enfermos de gripe, de tres o cuatro días, sino cuando es una enfermedad seria– y también a nuestros ancianos, para que les dé este sacramento, este consuelo, esta fuerza de Jesús para seguir adelante?

¡Hagámoslo!".

No podríamos añadir nada a los comentarios tan sentidos y auténticos del Papa, sobre "este sacramento con el que la comunidad cristiana, la Iglesia, acoge a los que sufren por la vejez o la enfermedad".

Sólo queremos subrayar la forma en que Francisco va sacando del Evangelio las enseñanzas de Jesús de Nazaret, como lo hace con el pasaje del Buen Samaritano. Con esto nos hace reflexionar sobre la importancia para nuestra vida espiritual, de que tengamos en casa una Biblia y nos nutramos de ella.

6
SACRAMENTO DEL ORDEN

Francisco, en la siguiente catequesis de los miércoles, habló sobre el sacramento que le dio continuidad a la presencia de Cristo en su Iglesia. Así es, porque si Jesús no hubiera ordenado sacerdotes a sus Apóstoles, no lo tendríamos ahora ni en la Eucaristía, ni tampoco en el perdón de los pecados, en la Confesión sacramental.

Los ordenó cuando en la Última Cena les dijo: "hagan esto en conmemoración mía". Con estas palabras les estaba infundiendo el poder de *convertir* también ellos, el pan y el vino en su cuerpo y en su sangre. Lo hizo así: "Tú eres sacerdote eterno, como Melquisedec". Es Palabra de Dios, que se lee en la Carta a los hebreos, refiriéndose a aquel patriarca del Antiguo Testamento, del que se dice en la Biblia que sus sacrificios a Yahveh no eran de animales, sino de pan y vino; anunciando así el sacrificio eucarístico de Jesús, el "único Sacerdote", pero que de su sacerdocio participan los que reciben las órdenes sagradas.

Esta catequesis, el Papa la dirige principalmente a los obispos, sus hermanos en el Episcopado —él lo es de la Diócesis de Roma— pero también se dirige al pueblo de Dios, pidiéndonos que oremos mucho por ellos; conscientes de la carga y la responsabilidad que pesa sobre ellos. Oigamos sus palabras:

"Queridos hermanos y hermanas:

"Hemos tenido ya ocasión de destacar que los tres sacramentos: Bautismo, Confirmación y Eucaristía, constituyen juntos el misterio de la 'Iniciación cristiana', un único y gran acontecimiento de gracia, que nos regenera en Cristo. Es esta la vocación fundamental que une a todos en la Iglesia, como discípulos del Señor Jesús. Hay luego dos sacramentos que corresponden a dos vocaciones específicas; se trata del Orden y del Matrimonio. Ellos constituyen dos grandes caminos a través de los cuales el cristiano puede hacer, en la propia vida, un don de amor, siguiendo el ejemplo y en el nombre de Cristo, y así cooperar en la edificación de la Iglesia.

LOS TRES GRADOS

"El Orden, constituido por los tres grados de episcopado, presbiterado y diaconado, es el sacramento que habilita para el ejercicio del ministerio confiado por el Señor Jesús a los Apóstoles, de apacentar su rebaño, con el poder de su Espíritu y según su corazón.

"Apacentar el rebaño de Jesús no con el poder de la fuerza humana o con el propio poder, sino por el poder del Espíritu y según su corazón; el corazón de Jesús que es un corazón de amor. El sacerdote, el obispo y el diácono deben apacentar el rebaño del Señor con amor. Si no lo hacen con amor no sirve. Y en este sentido, los ministros que son elegidos y consagrados para este servicio, prolongan en el tiempo la presencia de Jesús, si lo hacen con el poder del Espíritu Santo en nombre de Dios y con amor.

SERVICIO A LA COMUNIDAD

"Un primer aspecto. Aquellos que son ordenados, son puestos al frente de la comunidad. Están 'al frente' sí, pero para Jesús significa poner la propia autoridad al servicio, como él mismo lo demostró y enseñó a los discípulos, con estas palabras: 'Ya saben que los jefes de los pueblos los tiranizan y que los grandes los oprimen. Que no sea así entre ustedes. El que quiera ser grande entre ustedes, que sea el que los sirva, y el que quiera ser primero, que sea su esclavo; así como el Hijo del hombre no ha venido a ser servido, sino a servir y a dar la vida por la redención de todos'. Un obispo que no está al servicio de la comunidad no hace bien; un sacerdote que no está al servicio de su comunidad no hace bien, se equivoca.

AMOR A LA IGLESIA

"Otra característica que deriva siempre de esta unión sacramental con Cristo, es el amor apasionado por la Iglesia. Pensemos en ese pasaje de la Carta a los efesios donde san Pablo dice que Cristo 'amó a su Iglesia y se entregó por ella para santificarla, purificándola por el agua y la palabra, pues él quería presentársela a sí mismo toda resplandeciente, sin mancha ni arruga ni cosa semejante, sino santa e inmaculada'. En virtud del Orden, el ministro se entrega por entero a la propia comunidad y la ama con todo el corazón: es su familia. El obispo, el sacerdote aman a la Iglesia en la propia vida, la aman fuertemente. ¿Cómo? Como Cristo ama a la Iglesia. Lo mismo dirá san Pablo del matrimonio: el esposo ama a su esposa como Cristo ama a la Iglesia. Es un misterio grande de amor; el ministerio sacerdotal y el del matrimonio, dos sacramentos que son el camino por el cual las personas van habitualmente al Señor.

RENOVAR EL DON

"Un último aspecto. El apóstol Pablo recomienda al discípulo Timoteo que no descuide, es más que reavive siempre el don que está en él. El don que le fue dado por la imposición de las manos. Cuando no se alimenta el ministerio, el ministerio del obispo, el ministerio del sacerdote, con la oración, con la escucha de la Palabra de Dios y con la celebración cotidiana de la Eucaristía y también con una frecuentación al sacramento de la Penitencia, se termina inevitablemente por perder de vista el sentido auténtico del propio servicio y la alegría que deriva de una profunda comunión con Jesús.

"El obispo que no reza, el obispo que no escucha la Palabra de Dios, que no celebra todos los días, que no se confiesa regularmente, y el sacerdote mismo que no hace estas cosas, a la larga pierde la unión con Jesús y se convierte en una mediocridad que no hace bien a la Iglesia. Por ello debemos ayudar a los obispos y a los sacerdotes a rezar, a escuchar la Palabra de Dios, que es el alimento cotidiano; a celebrar cada día la Eucaristía y a confesarse habitualmente. Esto es muy importante porque concierne precisamente a la santificación de los obispos y los sacerdotes.

¿SERÉ YO, MAESTRO?

"Quisiera terminar con algo que me viene a la mente, pero, ¿cómo se debe hacer para llegar a ser sacerdote?, ¿dónde se venden las entradas al sacerdocio? No. No se venden. Es una iniciativa que toma el Señor. El Señor llama. Llama a cada uno de los que quiere que lleguen a ser sacerdotes. Tal vez aquí hay algunos jóvenes que han sentido en su corazón esta llamada, el deseo de llegar a ser sacerdotes; las ganas de servir a los demás en las cosas que vienen de Dios; las ganas de estar toda la vida al servicio para catequizar, bautizar, perdonar, celebrar la Eucaristía, atender a los enfermos… y toda la vida así. Si alguno de ustedes ha sentido esto en el corazón, es Jesús quien lo ha puesto allí. Cuide esta invitación y rece para que crezca y dé fruto en toda la Iglesia".

En su catequesis, el Papa menciona —sin que lo breve de una audiencia general le permita ampliarlo— los tres grados de que consta en orden sacerdotal:

1.- El grado del **Episcopado (obispo)**, sucesor de los apóstoles. En él radica la plenitud del Orden Sacerdotal. Y lo recibe de otro obispo.

2.- El del **Presbiterado (presbítero o sacerdote)**, por el que el obispo trasmite a un miembro de su comunidad —para que le ayude en el ministerio de su diócesis— la facultad de consagrar la Eucaristía y de perdonar los pecados en la Confesión.

3.- El de **Diaconado (diácono)** que coopera con el obispo en la enseñanza, en la Liturgia y en todo lo que no sea celebrar la Eucaristía, reservada al presbítero.

Diríamos que el sacramento que Jesús instituyó fue el de "sucesor de los Apóstoles". Un carisma para hacer crecer y darle forma a la Iglesia que su fundador les encargó. Los Apóstoles, empezando por San Pablo, fueron nombrando sucesores suyos conforme la Iglesia iba creciendo, como fue Timoteo, al que menciona el Papa Francisco.

Es importante hacer notar que estos tres grados de servicio a la comunidad cristiana, a la Madre Iglesia, no son los únicos, si consideramos que el cristiano, por razón de su Bautismo, ha recibido el carisma de participar del sacerdocio profético de Jesús, por ser ya hijo o hija del Rey.

Así, el cristiano que generosamente se entrega y consagra a trabajar en la mies del Señor, está convirtiendo en una realidad su sacerdocio con Cristo sacerdote.

Estamos hablando, igual de las vocaciones religiosas, para monjas, hermanos, sacerdotes, que del "cristiano consagrado" en alguna institución de servicio a la Iglesia. O de simples fieles que dentro de su propia vida –su *modus vivendi*– tratan de cooperar con el Señor en extender el Reino, en apoyo del sucesor de los Apóstoles, su obispo.

El apostolado de este cristiano tiene la misma dignidad que la del más encumbrado eclesiástico, porque en su Bautismo fue ungido con el crisma que el obispo bendijo solemnemente en la Vigilia de Resurrección, para que los nuevos hijos de la Iglesia fueran unidos a Cristo, para siempre –igual que los presbíteros– "según el orden de Melquisedec".

La Iglesia ha enseñado desde el principio que el Bautismo y el Sacerdocio "imprimen carácter": Son para la eternidad.

Quizá muchos de los cristianos de hoy no se hayan descubierto a sí mismos como portadores de este carisma sacerdotal. Francisco, sobre todo en su catequesis del Bautismo, nos invita a que lo vivamos.

Y también nos invita insistentemente a que ayudemos a nuestros obispos y a sus sacerdotes a vivir su vocación. Que Dios nos conceda obispos y sacerdotes santos, según su corazón. "Ayudar a los obispos –dice– es muy importante" y recalca "importa mucho".

Quizás, a veces, ante las fallas humanas que no podemos menos que ver en los sucesores de los Apóstoles y en sus presbíteros, nuestra primera reacción debería ser de pedir por ellos, mejor que someterlos a juicio; perdiendo así la oportunidad que Cristo nos ofrece: "No juzguen y no serán juzgados". Otra enseñanza de Francisco.

7
SACRAMENTO
DEL MATRIMONIO

Nuestro Papa no se anda por las ramas, cuando en la catequesis sobre el Matrimonio nos lo presenta con su calidad de **vocación divina**. Es decir, como una invitación personal de Cristo a la pareja, para que trabajen por su Reino, formando otra nueva familia.

Francisco, hablando del Orden y del Matrimonio –en páginas anteriores– dice que son "dos grandes caminos, a través de los cuales **el cristiano** puede hacer de la propia vida un don de amor". Y como se está dirigiendo de una forma general al pueblo de Dios, podemos entender que lo que tiene en mente es el sacerdocio con el que todo cristiano es ungido en su Bautismo.

Son pues, las dos opciones que se abren ante el joven o la joven que quieren "hacer de su vida un acto de amor"; deseosos de responderle al Señor que los ama y los llama a trabajar por su Reino:

> – Servirlo en el celibato, como consagrado o consagrada.
> – Con el matrimonio, principalmente educando y sacando
> adelante a los hijos que el Señor les dé.

Para Francisco, que no se anda por las ramas, el matrimonio es una vocación, un llamamiento, que debe considerarse como "una consagración". Oigamos sus propias palabras:

"Queridos hermanos y hermanas, ¡buenos días!

"Hoy concluimos el ciclo de catequesis sobre los sacramentos hablando del Matrimonio. Este sacramento nos conduce al corazón del designio de Dios, que es un designio de alianza con su pueblo, con todos nosotros, un designio de comunión. Al inicio del libro del Génesis, el primer libro de la Biblia, como coronación del relato de la creación se dice: 'Y creó Dios al hombre a su imagen; a imagen suya lo creó; hombre y mujer los creó… por eso el hombre abandonará a su padre y a su madre, y se unirá a su mujer y serán los dos una sola carne'. La imagen de Dios es la pareja matrimonial; el hombre y la mujer porque, no sólo el varón, no sólo la mujer, sino los dos. Ésta es la imagen de Dios: El amor, la alianza de Dios con nosotros está representada en esa alianza entre el hombre y la mujer. Y esto es hermoso. Somos creados para amar, como reflejo de Dios y de su amor. Y en la unión conyugal, el hombre y la mujer realizan esa vocación en el signo de la reciprocidad y de la comunión de vida plena y definitiva.

EL REFLEJO DIVINO

"Cuando un hombre y una mujer celebran el sacramento del Matrimonio, Dios, por decirlo así, se 'refleja' en ellos, imprime en ellos los propios rasgos y el carácter indeleble de su amor. El matrimonio es la imagen del amor de Dios por nosotros. También Dios, en efecto, es comunión. Las tres personas del Padre, Hijo y Espíritu Santo viven desde siempre y para siempre en unidad perfecta. Y es precisamente este el misterio del Matrimonio. Dios hace de los dos esposos una sola existencia. La Biblia usa una expresión fuerte y dice 'una sola carne', tan íntima es la unión entre el hombre y la mujer en el matrimonio. Y es precisamente éste el misterio del Matrimonio; el amor de Dios que se refleja en la pareja que deciden vivir juntos. Por esto el hombre deja su casa, la casa de sus padres y va a vivir con su mujer y se une tan fuertemente a ella que los dos se convierten –dice la Biblia– en una sola carne.

UNA VOCACIÓN MUY CONCRETA

"San Pablo, en la Carta a los efesios, pone de relieve que en los esposos cristianos se refleja un misterio grande: la relación establecida por Cristo con la Iglesia, con una relación nupcial. La Iglesia es la esposa de Cristo. Ésta es la relación. Esto significa que el matrimonio responde a una vocación específica, y debe considerarse como una consagración. Es una consagración: el hombre y la mujer son consagrados en su amor. Los esposos, en efecto, en virtud del sacramento son investidos de una auténtica misión, para que puedan hacer visible, a partir de las cosas sencillas, ordinarias, el amor con el que Cristo ama a su Iglesia que sigue entregando la vida por ella, en la fidelidad y en servicio.

"Es verdaderamente un designio estupendo, connatural en el sacramento del Matrimonio. Y se realiza en la sencillez y también en la fragilidad de la condición humana. Sabemos bien cuántas dificultades y problemas tiene la vida de dos esposos… lo importante es mantener viva la relación con Dios que es el fundamento del vínculo conyugal. Y la relación auténtica es siempre con el Señor. Cuando la familia reza, el vínculo se mantiene. Cuando el esposo reza por la esposa y la esposa reza por el esposo, ese vínculo llega a ser fuerte; uno reza por el otro.

CUANDO VUELAN LOS PLATOS

"Es verdad que en la vida matrimonial hay muchas dificultades. Muchas. Que el trabajo, que el dinero no es suficiente, que los niños tienen problemas. Muchas dificultades. Y muchas veces el marido y la mujer llegan a estar un poco nerviosos y pelean entre ellos. Pelean, es así… Siempre se pelea en el matrimonio. Algunas veces vuelan los platos. Pero no debemos ponernos tristes por esto, la condición humana es así. Y el secreto es que el amor es más fuerte que el momento en que se pelea.

Por ello yo aconsejo siempre a los esposos no terminar la jornada en la que han peleado sin hacer las paces. ¡Siempre! Y para hacer las paces no es necesario llamar a las Naciones Unidas a que vengan a casa a poner paz. Es suficiente un pequeño gesto, una caricia, y ¡hasta mañana! Y mañana se comienza otra vez. Ésta es la vida, llevarla adelante así, llevarla adelante con el valor de querer vivirla juntos. Y esto es grande, es hermoso. La vida matrimonial es algo hermoso y debemos custodiarla siempre, custodiar a los hijos.

TRES PALABRAS MÁGICAS

"Otras veces he dicho en esta plaza una cosa que ayuda mucho en la vida matrimonial. Son tres palabras que se deben decir siempre. Tres palabras que deben estar en la casa: Permiso, gracias y perdón. Las tres palabras mágicas. Permiso: para no ser entrometido en la vida del cónyuge. Permiso: ¿Qué te parece? Permiso: ¿Puedo? Gracias: dar las gracias al cónyuge, gracias por lo que has hecho por mí, gracias por esto. Esa belleza de dar las gracias. Y como todos nosotros nos equivocamos, esa otra palabra que es un poco difícil de pronunciar, pero que es necesario decirla: Perdón. Permiso, gracias y perdón.

"Con estas tres palabras, con la oración del esposo por la esposa y viceversa, hacer las paces siempre antes de que termine la jornada, el matrimonio irá adelante. Las tres palabras mágicas, la oración y hacer las paces siempre.

"Que el Señor los bendiga y recen por mí".

En esta catequesis, el Papa nos hace ver cómo el matrimonio es un reflejo de la Divina Trinidad.

La teología católica se esfuerza por aproximarnos de alguna manera, a la comprensión del misterio de la Santísima Trinidad (sólo aproximarse, siempre se queda muy lejos) y esto, siguiendo como lo hace Cristo, el modelo de una familia humana: El esposo que ama a su esposa y se entrega a ella que también hace lo mismo, están reflejando el acto infinito de Dios, de la entrega del Padre al Hijo y la del Hijo al Padre, por amor. Y entonces, de ese amor de las dos Divinas Personas... nace −desde la eternidad− una tercera, el ¡Espíritu Santo!

Un esplendoroso reflejo. Ya que Dios hizo a la pareja humana a su imagen y semejanza, como lo enseña Francisco, vale la pena repetir sus palabras:

"El Matrimonio es una consagración: el hombre y la mujer son consagrados en su amor mutuo. Son investidos de una auténtica misión. La de que hagan visible el amor con el que Cristo ama a su Iglesia...".